Inger G. Madsen
Leichen bluten nicht

Inger Gammelgaard Madsen arbeitete lange Zeit als Grafikdesignerin in verschiedenen Werbeagenturen. 2008 debütierte sie mit ihrem Kriminalroman *Dukkebarnet*, der bei Osburg unter dem Titel »Der Schrei der Kröte« erschien. Sowohl der erste als auch der zweite Band ihrer Krimireihe um den Ermittler Roland Benito wurden von Kritik und Publikum begeistert aufgenommen. 2010 gründete Madsen ihren eigenen Verlag *Farfalla* und seit 2014 konzentriert sie sich ganz auf das Schreiben. Die *Roland Benito*-Reihe umfasst inzwischen neun Bände. Inger Madsen lebt in Aarhus.

Inger G. Madsen

Leichen bluten nicht

Kriminalroman

Aus dem Dänischen von
Kirsten Krause

Osburg Verlag

Titel der dänischen Originalausgabe
Lig bløder ikke
Copyright © 2013 Forlaget Farfalla

Erste Auflage 2017
© der deutschsprachigen Ausgabe
Osburg Verlag Hamburg 2017
www.osburgverlag.de
Alle Rechte vorbehalten, insbesondere das des öffentlichen Vortrags sowie der Übertragung durch Rundfunk und Fernsehen, auch einzelner Teile. Kein Teil des Werkes darf in irgendeiner Form (durch Fotografie, Mikrofilm oder andere Verfahren) ohne schriftliche Genehmigung des Verlages reproduziert oder unter Verwendung elektronischer Systeme verarbeitet, vervielfältigt oder verbreitet werden.
Umschlaggestaltung: Judith Hilgenstöhler, Hamburg
Druck und Bindung: CPI books GmbH, Leck
Printed in Germany
ISBN 978-3-95510-131-2

1

Die Sonne ging über dem Horizont auf wie eine Kugel glühenden Lebens. Die Schwärze der Nacht war vertrieben. Ein neuer Tag brach an. Für einige jedenfalls, dachte er, als er auf dem Pfad zwischen den Gräbern zu der kleinen Versammlung ging, die er glücklicherweise sofort entdeckt hatte, als er den parkähnlichen Friedhof von immerhin über sechzehn Hektar Größe betreten hatte. Hier war Platz für alle, unabhängig vom Glauben; selbst Atheisten hatten ihre eigene Gräberfläche bekommen.

Der Kies knirschte unter seinen Schuhen und störte die ehrfürchtige Stille, die Friedhöfe kennzeichnet, hier jedoch mit der Ausnahme, dass man zwischen Vogelgezwitscher schwach den Verkehr vom Viborgweg und der Westringstraße hörte. Seine krumme, südländische Nase nahm den würzigen Duft von Zypressen und Thujen und die Frische nächtlichen Taus auf.

Zum Glück kam nicht länger Licht oder schwarzer Rauch aus dem viereckigen weißen Schornstein des Krematoriums. Er schielte dorthin und versuchte, nicht daran zu denken, warum er oben leicht geschwärzt war. Er hatte gehört, dass die übergewichtigen Menschen den schwarzen Rauch erzeugten. Aber diese Zeit war vorbei. Jetzt, in Kälteperioden, trat nur ein wenig Dampf aus. Zu viele Dioxine und Schwermetalle, unter anderem Quecksilber von Zahnplomben, hatten dem Krematorium vor einigen Jahren bei neuen verschärften Umweltschutzanforderungen schlechte Noten beschert. Die Technik, um dieses Problem zu beheben, hatte einen Anbau erfordert; jetzt konnte man den Rauch abkühlen und ihn mit einem Filter reinigen, bevor er in die Atmosphäre verschwand. Das Kühlwasser dieses Prozesses wurde verwendet, um die Kapellen und das Krematorium zu beheizen, der Überschuss ging in die Heizungen für die Fernwärmeverbraucher. So konnte man nach dem Tod wenigstens ein bisschen von Nutzen sein, ohne schwarzen Rauch zu verursachen, dachte er. Das war ein kleiner Trost. Roland zog die weiße Schutzkleidung an, die ihm ein Beamter reichte, ehe er sich dem Tatort näherte.

Der Westfriedhof war früher schon Vandalismus ausgesetzt gewesen, teilweise von ganz unfassbaren Dimensionen. Einer der Fälle wurde von der Presse als ›größte Grabschändung aller Zeiten‹ bezeichnet. 179 umgeworfene und zerstörte Grabsteine und Monumente, einige von ihnen so groß, dass ein Kran sie danach wieder aufrichten musste. Nichts hatte auf Satanismus oder etwas anderes Okkultes hingedeutet, aber diese Art Verbrechen waren ohne Zeugen schwer aufzuklären, und die gab es selten, da sie oft nachts verübt wurden, zu einer Zeit, in der Friedhöfe in der Regel nicht so gut besucht waren.

Den bizarren Anblick, der sich ihm bot, als die Anwesenden mit heiseren, aber höflichen Morgengrüßen vor ihm zurückwichen, damit er sehen konnte, was der Kriminaltechniker gerade auf seiner Kamera digital verewigte, hatte er jedoch nicht erwartet. Einige Erdklumpen rollten ins Grab, als er sich vorbeugte und hinuntersah. Ein Hauch von Kühle und der Geruch muffiger Erde schlugen ihm entgegen. Es war der Tod, der auf die Morgenluft traf, die von der Sonne bereits ein bisschen aufgewärmt worden war.

»Ja, man denkt fast an die Rache der Zombies oder sowas«, sagte der Rechtsmediziner Henry Leander, ohne dass es witzig klang, was es sicher auch nicht sein sollte. Dass Leander auch erschienen war, zeigte, für wie ernst Vizepolizeidirektor Kurt Olsen die Lage hielt. Oder vielleicht war es nur, um der Gemeinde, besonders dem Bürgermeister gegenüber Entgegenkommen zu zeigen, da es sich hier nun einmal um eine kommunale Einrichtung handelte. Vielleicht als Kompensation für die mangelnde Aufklärungsquote bei den vielen Grabschändungen. Henry Leander hatte im Übrigen angefangen, sich mit kleinen Schritten seiner Pension zu nähern. Es war lange her, dass Roland seinen alten Freund zuletzt gesehen hatte, aber nicht einmal als er sich neben ihn stellte, wandte Leander den Blick von dem offenen Grab ab. Er war gebräunter als sonst, was seinen elegant geschwungenen Schnurrbart kreideweiß wirken und zu dem Schutzanzug passen ließ. Der Mundschutz hing unter seinem Kinn. Er hatte die Hände hinter dem Rücken verschränkt und schien gar nicht er selbst zu sein. Oder war es bloß so, dass sich alte Kollegen und Mitarbeiter veränderten, wenn sie aus dem Arbeitsalltag verschwanden und man sie nicht mehr jeden Tag sah? Dass sie auf irgendeine Weise aufblühten, jünger wirkten, entspannter, lebendiger. Sie hatten jetzt Zeit, auszuspannen, länger zu schlafen und ihren Hobbies nachzugehen. Leander verbrachte jetzt sicher viel Zeit in seinem Keller mit seinen Insekten. Soweit Roland wusste, würde er seine Forschung dieser kleinen Viecher und ihrer wichtigen Bedeutung für die Polizeiarbeit fortsetzen. Er gab sporadisch Seminare über Entomologie an der Universität. Seine Stellvertreterin, die sehr junge Natalie Davidsen, machte sich bereit, die Leichenschau vorzunehmen, und zog ebenfalls die weiße Schutzkleidung und Latexhandschuhe an, bevor sie mit dem Kriminaltechniker die Plätze tauschte. Leander reichte ihr helfend die Hand; das Loch war fast zwei Meter tief. Sobald der Techniker aus dem Grab gestiegen war, bürstete er sich hektisch die Erde vom Anzug, als wäre es giftiger Staub. Dann kontrollierte er die Qualität der Beweisfotos.

»Willst du sie dir auch anschauen, Herr Kommissar?«, fragte er, als wären es Urlaubsbilder aus den Katakomben.

Roland schaute ihm über die Schulter. Der Tote lag in einer krampfartig verrenkten Stellung. Normaler Körperbau. Er hatte einen dreckigen, aber schicken, hellen Trenchcoat an, eine Rasur nötiger als Roland und markante Pigmentstörungen im Gesicht. Mit der rechten Hand umklammerte er einen Spaten. Roland hörte, dass hinter ihm etwas vorging und drehte sich um. Gerade legten sie die Leiche auf eine weiße Plastikunterlage. Natalie kramte in den Taschen des toten Mannes. Der Kriminaltechniker machte wieder Bilder, als sie ein braunes Lederportemonnaie aus einer Hosentasche zog und es öffnete.

»Harald Lund Iversen«, las sie von einem abgenutzten, geknickten Führerschein ab. »56 Jahre alt.«

»Was zum Teufel hat er da unten in dem Grab gemacht?«, fragte der Techniker, während er immer wieder auf den Auslöser der Kamera drückte, während Natalie in das Diktiergerät sprach und die Beweise dokumentierte. Ein paar Geldscheine, Münzen, ein Einkaufszettel, ein Bon von 7-Eleven, ein Schlüsselbund mit vier Schlüsseln, ein Foto von ihm und sicher seiner Ehefrau, ein zerknülltes Bild eines jungen Mannes, vielleicht sein Sohn. Gott sei Dank hatte der Verstorbene selbst gerade die wichtigsten Informationen geliefert, das ersparte ihnen eine zeitraubende Identifizierung. Seltsamerweise hatte er kein Handy bei sich.

»Wie ist er gestorben?«

»Das kann ich dir noch nicht sagen, Benito«, antwortete Natalie, stand auf und verstaute die Gegenstände in kleinen Plastiktüten, in Tütchen, die sie dem Kriminaltechniker reichte. Ihr Augenkontakt dauerte einen Moment zu lang.

»Wenn jemand es weiß, soll er es bitte für sich behalten«, sagte der Techniker mit einem verschmitzten Grinsen, riss, nur widerwillig, den Blick von Natalie los und studierte wieder das Ergebnis seiner Aufnahmen.

Roland warf ihm einen irritierten Seitenblick zu; noch einer dieser Neuen, der nicht wusste, wann man besser seine Klappe halten sollte. Er hatte gehört, dass er Single war, mit einer Harley Davidson herumfuhr, an der er gern selbst herumschraubte, und Mitglied eines Motorradclubs war, der letzten Sommer eine Tour durch die Staaten gemacht hatte: Orlando-Los Angeles inklusive eines guten Stücks der Route 66. Ein junger Mann mit einem Hang zu grenzüberschreitenden Beschäftigungen. Roland vermutete, er war einer der vielen, die im Fernsehen von CSI fasziniert waren und sicher mit ihrem Job prahlten, um bei Ladys in der Disco zu landen. Falls man mit der Art Job irgendwo landen konnte.

Er schaute nach unten in das feuchte Grab, wo einer der Friedhofsgärtner ihn entdeckt hatte.

»Wann ist er gestorben?«, fragte er weiter. Die üblichen Fragen, über die die Rechtsmediziner allmählich die Augen verdrehten, weil sie sie meistens nicht vor einer Obduktion beantworten konnten, und das wussten die Ermittler ganz genau. Aber Natalie war neu und unternahm trotz allem einen Versuch, damit Roland mit seiner Arbeit beginnen konnte.

»Die Leichenstarre ist voll ausgeprägt. Es war eine verhältnismäßig milde Nacht, aber feucht …« Sie schob die Ärmel ihres Anzugs hoch und schaute auf die Uhr. »Ich würde sagen, der Tod ist vor ungefähr sechs Stunden eingetreten. Vor Mitternacht. Es sei denn, hier wäre die Rede von kataleptischer Totenstarre. Aber ich werde versuchen, das ein bisschen weiter einzugrenzen, wenn ich ihn auf dem Tisch liegen habe.«

Leander warf ihr ein diskretes anerkennendes Lächeln zu, das von dem weißen Schnurrbart beinahe verdeckt wurde. Er konnte seinen Ruhestand unbesorgt fortsetzen; sein alter Job war in guten Händen.

»Sieht aus, als wäre es ihm gelungen, den Sargdeckel abzuschrauben. Was er wohl vorhatte?«, sagte Natalie nachdenklich.

Roland trat über die Erdhaufen, die entlang der Grabränder aufgehäuft worden waren, und bog die Zweige eines Wachholderbusches zur Seite, sodass er den Namen auf dem Stein lesen konnte.

»David Lund Iversen. Er ist vor zehn Tagen gestorben und nur achtzehn Jahre alt geworden.«

»Das muss wohl ein Familienmitglied sein. Aber warum wollte er ihn ausgraben?« Natalie war wieder ins Grab geklettert und stand auf dem Sargdeckel.

»Vielleicht war er psychisch krank. Ob er wohl etwas mit den Grabschändungen zu tun hat, die hier passiert sind?«, fragte der Kriminaltechniker und sah sich um, als ob er erwartete, noch weitere zu entdecken.

»Kaum«, erwiderte Roland.

Man ging davon aus, dass die Täter Jugendliche waren, die wahrscheinlich in betrunkenem Zustand hier randaliert hatten. Das waren wirklich keine Jungsstreiche mehr, so viel stand fest. Er starrte auf den Toten, der gerade von den ersten Sonnenstrahlen, die sich über die Baumkronen schlichen und einen neuen, warmen Sommertag ankündigten, beschienen wurde. Der Ausdruck in Harald Lund Iversens Gesicht konnte beinahe darauf hindeuten, dass er wirklich einen Zombie gesehen hatte, und er sah nicht wie jemand aus, der sich normalerweise in der Nacht auf Friedhöfen herumtrieb, um Gräber zu schänden – wie solche Typen auch aussehen mochten.

»Wie hat er es wohl geschafft, dieses Loch zu graben?«, fragte Henry Leander und schüttelte verwundert den Kopf.

»Das Grab hier liegt ja ein bisschen abseits, daher …«

»Aber gibt es hier nicht auch Nachtwächter seit den Vorfällen damals 2005? Oder Videoüberwachung?« Leander schaute sich um, als suche sein Blick nach Kameras in den Baumkronen. Aber dort hingen nur die vielen Nistkästen, hier machte man sich verdient um den Vogelschutz. Über 50 Holzkästen waren rund um den Friedhof angebracht worden, sie waren aber kaum so genial gewesen, diskret Kameras darin zu installieren.

»Es gab viel Gerede darüber, doch es wurde nie etwas daraus. Es gibt ethische Einwände.«

Leander nickte. »Vielleicht war es der Anblick der Leiche, der ihn umgebracht hat. Ein Schock. Nicht alle können sowas ab.«

»Vielleicht hat die Leiche ihn ermordet und ist dann abgehauen«, unterbrach der Kriminaltechniker und lachte allein über seinen Witz, aber sein Lachen gefror jäh und er wurde sichtlich blass, als Natalies Ruf unten aus der Tiefe ertönte:

»Der Sarg ist leer!«

»Leer?«

Roland beugte sich wieder vor und schaute zu ihr hinunter. Sie hatte ihre Beine links und rechts auf den Grabrändern abgestellt, sodass sie in der Grätsche über dem Sarg stand, und den Deckel so weit angehoben, dass man hineinschauen konnte.

»Wie kann der leer sein? Man begräbt doch nicht einfach einen leeren Sarg!«, murmelte Roland.

Er sah, wie die Beamten weiter oben auf dem Pfad mit einer Familie sprachen, die auf dem Weg zu einem Grab war. Die Kinder hatten Blumen im Arm. Sie sollten zusehen, dass sie hier fertig wurden.

»Irgendjemand tut das offenbar. Wir müssen den Sarg mit ins Kriminaltechnische Zentrum nehmen«, sagte Natalie und strich sich mit der Oberseite des Armes die Haare aus der verschwitzten Stirn.

»Kümmerst du dich um die Genehmigung, Benito?«

2

Der beste Job der Welt! Keine lange und mühsame Ausbildung! Niemals Arbeitslosigkeit!

So hatte sein Vater seine Profession stets angepriesen, die er schon von seinem Vater übernommen hatte.

Johan Spang, Gott habe ihn selig, hatte oft versucht, seinen jüngsten Sohn zu überreden, auch ins Familienunternehmen einzusteigen, wie auch sein Bruder und seine älteste Schwester. Aber er hatte sich dagegen gesträubt, wie seine andere Schwester, die sich ebenfalls für einen anderen Weg entschieden hatte. Dieser Beruf war mit einem Tabu belegt. Als Kind hatte ihn der Anblick der Särge geängstigt, selbst der der leeren, oder nein, *gerade* der. Er hatte immer mit Abscheu auf seinen Vater geschaut, wenn er sich an den Tisch setzte, nachdem er einen toten Körper berührt hatte. Ihn in einen Sarg gelegt hatte. Es hatte ihn geprägt, der Sohn eines Bestatters zu sein, und unter keinen Umständen wollte er diesen Beruf eines Tages selbst ausüben.

Er nahm eine der weißen Karten aus dem Visitenkartenhalter, der vor ihm auf dem Palisanderschreibtisch stand. Nicht bloß ein billiger Halter aus Plastik. Nein, er war aus blankem Sterlingsilber. So blank, dass er sich darin spiegeln konnte. Die kurz geschnittenen, gekräuselten Haare mit den weißen Strähnen saßen perfekt – McDonald's Haare, wie Mathilde sie aufgrund seiner Geheimratsecken spöttisch nannte, die sich wie das berühmte ›M‹

bogen. Er hob das Kinn ein wenig und betrachtete zufrieden den akkurat getrimmten Schnurrbart, der sein jungenhaftes Gesicht männlicher machte. Auch der Bart hatte weiße Sprenkel bekommen. Der Teint war ebenmäßig und sonnengebräunt, aber er sah auch, dass seine sonst ruhigen, stahlgrauen Augen Unsicherheit ausstrahlten. Er kippte die Karte zwischen zwei Fingern, während er darauf starrte. Der Geruch von Druckerschwärze haftete noch daran. Das Papier war so glatt, dass es an den Fingerspitzen unangenehm kitzelte und das Licht vom Fenster reflektierte. Er las den Text: *Andreas Spang. Bestatter.* Der Name war in gotischer Schrift geschrieben. Schwarze, geschwungene Buchstaben. Der Stil, den sein Großvater einst im 19. Jahrhundert festgelegt hatte, war bewahrt worden. Das Logo war ebenfalls altmodisch. Ein hässliches kleines Kreuz war oben auf die Karte gedruckt, darunter eine traurige schwarze Borte. Das würde er mit der Zeit ändern. Etwas Moderneres musste her. Ein Bestattungsunternehmen musste sich nicht so trist präsentieren. Eine ansprechende Homepage hatte er auch im Sinn. Vielleicht sogar mit einer Art Online-Shop. Mit einem Mausklick könnten die Kunden wählen, ob es eine Erdbestattung oder Einäscherung und welcher Sarg oder welche Urne es sein sollte. Ob die Asche über dem Meer oder einem Vulkan verstreut und ob der Sarg in einem ganz persönlich ausgewählten Bereich begraben werden sollte. Neue Zeiten waren angebrochen.

Pia hatte dafür gesorgt, dass die Visitenkarten genau heute, an seinem ersten Tag, geliefert worden waren. In der Regel hielt seine Schwester zuverlässig Wort. Sie kümmerte sich um die Abrechnung und andere Büroarbeit und auch um die Dekoration des Schaufensters. Frauen kennen sich besser damit aus, war die Devise seines Vaters gewesen, und damals hatte seine Frau, Andreas' Mutter, diese Arbeit gemacht, bis sie ihn verließ. Pia, die auch gerade geschieden worden war, übernahm ihren Part. Aber auch hier würde er Änderungen vornehmen, obwohl er genau wusste, dass es keine leichte Aufgabe war, den Tod spannend, einladend – und verkäuflich – zu präsentieren.

Er lehnte sich auf dem Stuhl zurück und betrachtete die Vitrine mit ausgewählten Urnen. Mehrere verschiedene Modelle waren systematisch aufgereiht, wie Aufbewahrungsdosen auf einem Küchenregal. Wieder Pias Werk. Einige hatten kunstvolle Muster, gestaltet von einem bekannten Designer. Die teuren. Andere waren schlicht in einer gedeckten Farbe gehalten. Aber wem bedeutete das etwas? An der gegenüberliegenden Wand hing das Firmenportrait von Johan Spang neben dem seines Vaters. Ihre Augen schienen über den Raum zu wachen. Über ihn. Sie hatten den gleichen ernsten Blick, der zu dem Gewerbe passte. Fast schien diese Berufung angeboren. Beide hatten etwas Ehrfurcht gebietendes. Großvaters Schnurrbart wand sich elegant nach oben, der seines Vaters, nicht ganz so exorbitant, hing nach unten, was ihm einen etwas verschlossenen Ausdruck verlieh. Aber was beide mit ihrer Haltung ausstrahlten, war absolute Disziplin.

Andreas wusste nur zu gut, dass sein neuer Job genau dies erforderte, samt vielen anderen wichtigen Eigenschaften: Mitgefühl, Geduld, Demut, und nicht zuletzt die Fähigkeit, mit Menschen in Trauer und Krise reden zu können. Diese Fähigkeiten hatten sowohl sein Großvater als auch sein Vater besessen, trotz allem. Sein Bruder hingegen hatte überhaupt keine soziale Kompetenz, deswegen kümmerte sich Erling um die schwere Arbeit mit den Särgen und fuhr den Leichenwagen. Andreas hatte keine Ahnung, ob er selbst jemanden trösten konnte. Würde er Gitta und Mathilde fragen, würden sie seine Frage ganz sicher nicht ernst nehmen. War das etwas, das man in dem vierzehntägigen Kurs lernen konnte, bei dem Pia ihn angemeldet hatte?

Erst, als er als Exportverkäufer bei *Danish Crown* gefeuert wurde, hatte er gemeinsam mit seiner Frau und seiner Tochter beschlossen, in Ringsted die Zelte abzubrechen und heim in die Provinz in Jütland zu ziehen. Nicht, weil der Export von Schweinefleisch zurückging – im Gegenteil –, seine Zahlen waren bloß einfach zu schlecht und so wurde er während der letzten Entlassungsrunde gefeuert. Er verstand nicht, wie die anderen das anstellten. Man konnte doch das Ausland nicht einfach zwingen, dänisches Schweinefleisch zu kaufen. *Sie* konnten es offenbar.

Aber es war trotzdem nicht so tragisch. Gitta musste nicht einmal ihren Job wechseln, sie wurde einfach auf die neue Route zwischen dem Aarhuser Flughafen und Helsinki versetzt und flog nicht länger Kopenhagen-London. Ihr sei es egal, hatte sie gesagt und ihr einstudiertes Zahnpastalächeln gelächelt; das, was ihn sofort umgehauen hatte, als er sie das erste Mal am Flughafen Heathrow getroffen hatte. Damals wollten sie beide nach Kopenhagen, doch der Flug hatte Verspätung gehabt und sie waren sich zufällig in der Abflughalle begegnet. Er hätte nie geglaubt, dass eine so hübsche Frau, die fünf Jahre jünger war als er, überhaupt Interesse an ihm haben könnte, aber sie hatte ihn mit ihren wasserblauen Augen angeschaut, sie waren ins Gespräch gekommen und als er das Flugzeug verließ, hatten sie Telefonnummern ausgetauscht. Sie hatte ihn angerufen. Er hatte nicht den Mut gehabt. Jetzt war Mathilde geradedabei, sich gut in der neuen Schule einzuleben. Aber wie würde ihr Alltag jetzt aussehen, wenn ihr Vater Bestatter war? Würde er wie sein Vater werden? Er hoffte nicht. Wie würde Gitta reagieren, wenn er nach einem Tag bei den Toten heimkäme und ihren Körper berührte? Wie seine Mutter, die ihren Mann am liebsten in Quarantäne geschickt hätte, als sich neben ihn in das gemeinsame Ehebett zu legen? Hatte er sich doch falsch entschieden, als er diesen Job hier angenommen hatte?

»Du bist es gewohnt, tote Schweine zu verkaufen, was ist der Unterschied?«, hatte Pia zynisch gefragt, damals, als er ihr seine Bedenken geschildert hatte. Seine Geschwister brauchten seine Unterstützung, nachdem ihr Vater vor einem Monat das Zeitliche gesegnet und die Firma ohne Leitung hinterlassen hatte.

Andreas legte die Visitenkarte an ihren Platz und fuhr mit den Händen über die polierte Oberfläche des Holztisches, wie um die Qualität zu beurteilen, aber er wusste, dass er das nicht zu tun brauchte. Sein Vater hatte immer nur Dinge von sehr hoher

Qualität angeschafft. Davon zeugte auch das Büro. Aber stilvoll, nicht protzig. Man sollte ja nicht damit hausieren gehen, dass der Tod ein einträgliches Geschäft war, was er jetzt überrascht erkennen musste. Einträglicher als ein Verkäuferjob in der Fleischbranche jedenfalls. Das konnte ganz sicher der entscheidende Baustein in der Beziehung zu Gitta werden. Geld bedeutete ihr mehr als ihm.

»Guten Morgen! Na, du bist da! Erster Tag, was! Hast du schon gefrühstückt?« Pia war dabei, ihre schulterlangen, dunklen, fast schwarzen Haare, ebenfalls klein gekräuselte Locken wie die ihres Vaters, in einen Knoten hochzustecken, als sie in sein Büro kam. Sie redete undeutlich, da eine Haarnadel zwischen ihren Zähnen klemmte. Andreas nickte nur, überwältigt, wieder mit seiner Schwester zusammen zu sein. Es war so lange her. So viel aufzuarbeiten. Vieles, das unausgesprochen war.

»Okay, aber dann einen Kaffee? Ich mache eine Kanne. Dein erster Kunde kommt ja bald und will sicher auch einen. So läuft das hier«, fügte sie hinzu, als wolle sie unterstreichen, dass das hier etwas war, über das er nicht so viel wusste wie sie.

»Nervös?« neckte sie ihn. Er mochte diesen Anflug von Boshaftigkeit nicht, es klang, als mache sie sich über ihn lustig. Oder bildete er sich das bloß ein, genau wie das Gefühl, dass sie gerne in diesem Stuhl hier gesessen hätte und es nur nicht tat, weil Johan Spang in seinem Grab rotieren würde, wenn eine Frau seinen Platz eingenommen hätte? Genau deswegen hatte er es auch in seinem Testament anders verfügt, was am meisten Andreas selbst überrascht hatte. Aber Pia musste dankbar sein und ihm ein bisschen Respekt zeigen. Hätte er den letzten Wunsch seines Vaters nicht erfüllt, hätte das Familienunternehmen schließen müssen. Erling wirkte jedenfalls dankbar. Er hätte es auch schwer gehabt, einen anderen Job zu finden.

»Nein, ich bin nicht nervös«, log er.

»Ich kann's dir ansehen, Brüderchen. Ich kenne dich. Deinen Blick.«

»Welchen Blick?«

Aber er wusste genau, was sie meinte; er hatte ihn selbst gerade in der Spiegelung im Visitenkartenhalter gesehen.

»Natürlich bist du das, wenn es das erste Mal ist. Ich werde wohl hierbleiben, dann kann ich dir zeigen, wie man sich anstellt. Nicht?«

Er wollte dankend ablehnen, sagen, dass er wohl allein klarkäme, nickte aber stattdessen und warf ihr ein Lächeln zu, das Erleichterung ausdrücken sollte. Pia lächelte zurück und verschwand in die Küche, die direkt gegenüber von seinem Büro lag. Er sah auf den Kalender, der auf der blanken Oberfläche des Tisches lag wie eine Störung der Perfektion. Der schwarze Lederumschlag war voller Fettflecken und abgenutzt. Johan Spang hatte seine Kalender immer darin aufbewahrt. Ein Erbstück seines Vaters, der die gleiche Tradition gepflegt hatte. Als Kind war es Andreas streng verboten gewesen, ihn anzufassen. Er öffnete ihn mit einem vorsichtigen Blick zum Porträt seines Vaters, als ob er erwartete, von ihm angebrüllt zu werden; dann blätterte er zum heutigen Datum. Pia hatte mit ihrer kindlichen Handschrift, die sich seit dem Teenageralter nicht sehr verändert hatte, den Namen seines ersten Kunden aufgeschrieben. Eine Frau, deren Mann gerade verstorben war. Sie war vielleicht betagt. Alt. Er wusste nicht, warum ihn dieser Gedanke ein wenig beruhigte. Oft fand diese Art von Gesprächen bei dem Kunden zu Hause statt, wusste er. Er erinnerte sich deutlich, dass sein Vater wegen dieser Art Treffen ständig weg gewesen war. Aber diese Kundin hatte aus irgendeinem Grund gewünscht, dass das Treffen bei ihnen im Bestattungsinstitut stattfinden sollte. Auch das erleichterte ihn ein bisschen. Hier wäre er zumindest einigermaßen in seinem Element. Er warf einen Blick auf die Uhr. Es war nur noch eine Viertelstunde, bis sie kommen würde.

3

Der Grabschänder war eines natürlichen Todes gestorben, was angesichts der Tatsache, wo und wann er gefunden wurde, seltsam klang. Aber das Ergebnis der Obduktion war eindeutig. Der Mann hatte einen akuten Herzstillstand erlitten. Was den verursacht hatte, konnte man nur mutmaßen. Roland dachte an die spöttisch Theorie des Kriminaltechnikers; dass die Leiche verschwunden war, konnte sicher auch einige unheimliche Gedanken in Gang setzen. Aber Harald Lund Inversen hatte ohnehin schon ein schwaches Herz gehabt und die anstrengende Arbeit, ein Loch von zwei Metern zu graben, hätte allein für einen Infarkt gereicht. Roland entschied sich, bei dieser Theorie zu bleiben. Jeden konnte ein akuter Herzstillstand ereilen, selbst Profisportler. Der Todeszeitpunkt war nicht ganz so leicht einzugrenzen gewesen, da Natalie mit ihrer Theorie bezüglich der kataleptischen Totenstarre Recht gehabt hatte. Leichenspasmus, wie sie auch genannt wurde. Wenn der Todesfall während anstrengender körperlicher Aktivität erfolgte, trat die Starre innerhalb kürzester Zeit ein und nicht erst, wie gewöhnlich, nach zwei bis drei Stunden.

Harald Lund Iversens Leiche war sofort freigegeben worden, damit seine Frau Lissi mit der Beerdigung nicht warten musste. Sie war widerwillig mitgegangen, als der Sarg ihres Sohnes ausgegraben und zur näheren Untersuchung ins Kriminaltechnische Zentrum gebracht worden war.

»Na, was hat die Witwe gesagt?«

Kurt Olsen stand auf einmal in der Türöffnung und hatte vergessen, die goldene, blank polierte Stanwell-Pfeife, die seiner Unterlippe einen leicht hängenden Zug gab, aus dem Mundwinkel zu nehmen. Sonst rauchte er nur in seinem eigenen Büro. Er rückte seinen Krawattenknoten zurecht und sah aus wie jemand, der auf dem Weg zu einer der gewöhnlichen Besprechungen war, auf die die hohen Tiere stets viel Zeit verwendeten. Diese Meetings waren in Rolands Augen nichts als reine Zeitverschwendung, die von anderen wichtigen Aufgaben abhielt.

»Ihr Sohn hätte in diesem Sarg liegen sollen. Er ist vor einer Woche bei einem Motorradunfall gestorben und wurde gerade erst beerdigt.«

»Verdammt nochmal, die arme Frau! Hat sie irgendeine Ahnung, warum ihr Ehemann ihren Sohn ausgraben wollte? Irgendwie ungewöhnlich und bizarr, nicht?«

Roland nickte. »Selbstverständlich war sie völlig schockiert darüber, auch ihren Mann so plötzlich zu verlieren, und natürlich nicht weniger über den leeren Sarg ihres Sohnes. Das Handeln ihres Mannes war ihr ganz und gar unverständlich. Als ich gehen wollte, fiel ihr allerdings plötzlich etwas ein.«

Der Vizepolizeidirektor bemerkte, dass er die Pfeife noch immer im Mund hatte und stopfte sie in seine Jackentasche.

»Und was?«

»Es bestand wohl ein großes Interesse an den Organen ihres Sohnes. Der Junge lag einige Tage, nachdem ihn die Ärzte für hirntot erklärt hatten, im Koma. Ein künstliches Koma, das einzig dazu diente, seine Organe am Leben zu erhalten. Kein Elternteil wünscht sich, dass ihr Sohn als Ersatzteillager für andere benutzt wird, wie sie es ausdrückte.«

»Eine etwas egoistische Haltung, wenn man weiß, wie viele Patienten auf ein neues Organ warten.«

»Das ist wohl etwas anderes, wenn es plötzlich aktuell wird und um die eigenen Lieben geht. Man hofft ja immer, dass sie doch überleben.«

Kurt Olsen schüttelte den Kopf und kratzte sich am Hals. Der Hemdkragen und der Schlips schienen ihn plötzlich zu stören.

»Harald Lund Iversen hat nicht darauf vertraut, dass man ihre Wünsche respektieren würde, weil man sie unter Druck setzte. Als wären die Körperteile ihres Sohnes plötzlich eine beliebige ›Exportware zum Verkauf für den Meistbietenden‹ geworden, wie sie sich ausdrückte.«

»Beliebig waren sie ja auf jeden Fall nicht«, unterbrach Kurt.

»Es hat Harald Inversen so sehr umgetrieben, dass er …«

»Dass er selbst kontrollieren wollte, ob sein Sohn, nennen wir es *intakt* in seinem Grab lag. Ist das die Erklärung?«, mischte sich Kurt wieder ein, als ob er keine Zeit hätte, auf Rolands Bericht zu warten.

Roland nickte. »Es deutet einiges darauf hin, ja.«

»Und dann findet er den Sarg leer vor! Kein Wunder, dass er einen Herzstillstand hatte. Aber wo zum Teufel ist die Leiche abgeblieben? Und wann ist sie verschwunden? Sicher vor der Beisetzung?«

»Ja, davon darf man fast ausgehen. Es ist höchst ungewöhnlich. Wo suchen wir nach einer Leiche?«

»Die Sargträger müssen doch gemerkt haben, dass er leer war, sollte man annehmen. Was wiegt ein leerer Sarg?«

Roland zuckte die Schultern. Woher sollte er das wissen? Der Sarg seiner Mutter hatte ungefähr eine Tonne gewogen, so hatte es sich angefühlt, aber das war nicht nur dem Sarg geschuldet. Salvatores hingegen, ein magerer junger Körper von knapp fünfzehn Jahren …

»Auf dem Bild, das wir im Portemonnaie des Vaters gefunden haben, sieht der Sohn aus, als ob er schmächtig gewesen ist, wenn er also nicht besonders viel gewogen hat, haben die Träger es vielleicht nicht bemerkt«, murmelte er.

»Hat die Kriminaltechnik keine Spuren im Sarg gefunden?«

»Sie sind noch nicht fertig mit der Untersuchung.«

Kurt Olsen streckte nonchalant seinen Arm aus und beugte ihn, sodass der Jackenärmel automatisch hoch glitt und er die Ziffern auf seiner modernen Armbanduhr sehen konnte.

»Ich gehe jetzt zu einer Besprechung, die dauert sicher den restlichen Nachmittag. Hältst du mich auf dem Laufenden?«

Roland stapelte einige Papiere, um beschäftigt zu wirken.

»Selbstverständlich.«

Der Fall war wirklich recht ungewöhnlich und konnte nicht wie ein anderer angegangen werden. Gehörte er überhaupt auf seinen Tisch? Eine verschwundene Leiche! Als ob sie nichts anderes zu tun hätten. Kurt Olsens Wohlwollen dem verhältnismäßig neuen Bürgermeister gegenüber kannte offenbar keine Grenzen. Es war ein Skandal, dass so etwas auf einem von Aarhus' besten städtischen Friedhöfen passieren konnte. Wenn die Presse Wind von dieser Geschichte bekam, wollte er sich die Schlagzeilen gar nicht vorstellen: Leichenraub? Scheintod? Wiederauferstehung?

Fast glaubte er, dass ein Fluch auf dem Tag lag, als in diesem Moment das Telefon klingelte und ihre überforsche Stimme in sein Ohr drang:

»Ich war gerade beim Westfriedhof, was ist da los? Warum habt ihr ein Gebiet da draußen abgesperrt? Ist jemand tot?«

»Was hast du denn auf einem Friedhof erwartet?«, antwortete er müde und abweisend und nicht einmal, um witzig zu sein.

»Ich hab' gehört, dass es dem Mann gelungen ist, seinen Sohn auszugraben, ist das korrekt?«

Roland schloss die Augen und drückte Daumen und Mittelfinger fest gegen seine Schläfen. »Wer um alles in der Welt hat dir diese Information gegeben?«

»Ein Journalist von der BT. Stimmt das?«

»Nein, Anne. Das stimmt nicht, und ich gebe im Übrigen keinen Kommentar ab. Woher hast du meine neue Nummer?«

Er bekam keine Antwort, aber spürte ihren Eifer nach schlüpfrigen Details wie Elektrizität durch's Telefon vibrieren.

»Komm schon, Roland. Du weißt, dass ich es trotzdem irgendwie herausfinde, also kannst du mir genauso gut die richtige Version geben.«

»Ist dir nicht egal, ob die es vielleicht schon ist?«

Er vernahm ein ärgerliches Seufzen.

»Natürlich nicht. Nachrichten-Online ist ein sehr seriöses Nachrichtenportal, andere Zeitungen kaufen nicht umsonst unsere Artikel.«

Ja, leider Gottes, dachte er.

»Vielleicht ist es gar kein Verbrechen. Der Mann ist eines natürlichen Todes gestorben. Es war ein Herzstillstand, das kannst du schreiben, dann können wir das schon mal klarstellen.«

»Aber der Sarg war ja leer. Wo ist dann die Leiche? Grabschändung ist doch ein Verbrechen.«

Er wusste es. Es musste eine makabre Sensation geschaffen werden, das war das Mantra der Journalisten, und Anne Larsen war eine Meisterin in dieser Disziplin.

»Kein weiterer Kommentar, wie ich bereits sagte. Wenn du das nicht akzeptierst, muss ich auflegen.« Er tat es, bevor sie antworten konnte, weil er wusste, dass sie wie gewöhnlich nicht locker lassen würde.

Eine Zeit lang hatte er bei seiner Arbeit Frieden vor ihr gehabt, als die kleine Redaktion, für die sie früher als Kriminalreporterin gearbeitet hatte, in dem Massengrab der gedruckten Zeitungen unterging und sie eine neue Karriere als Reinigungsfachkraft gestartet hatte. Aber jetzt war sie zurück und hatte sich mit ihrem früheren Journalistenpraktikanten zusammengetan. Sie hatten ein erfolgreiches Onlineportal aufgebaut, das in Nullkommanichts alle Neuigkeiten direkt in das digitale Universum hinaus senden konnte. Er seufzte resigniert.

»Nachrichten-Online ist ein sehr seriöses Nachrichtenportal«, äffte er sie lautstark nach und versuchte ihre Stimme mit dem Nørrebro-Dialekt zu imitieren, was zu seiner eigenen Überraschung ziemlich gut klappte. Na klar, genauso wie alle anderen Sensationsmedien.

»Was hast du gesagt?« Niels Nyborg füllte den kompletten Türrahmen aus. Argwöhnisch schaute er ihn an und glaubte sicher, dass Roland wirklich einen an der Klatsche hatte.

»Sind sie auf dem Friedhof fertig?«, fragte Roland, um von seinem kleinen Selbstgespräch abzulenken.

Niels zog seine Jacke an, sein Blick war beunruhigend. »Ja, da gibt's nichts mehr zu holen. Sieht so aus, als wäre er allein gewesen, und was er im Grab seines Sohnes verloren hatte, werden wir wohl nie herausfinden. Aber die vom Traumazentrum haben angerufen. Eine sehr schwere Vergewaltigung. Eine Frau hat ihre Freundin heute Morgen gefunden und es ist wirklich ein Wunder, dass das Opfer überlebt hat. Sie ist gerade aus der OP aufgewacht.«

»Ach du Scheiße.« Roland hatte bereits seine Jacke von der Stuhllehne gerissen, wo sie immer zum schnellen Ausrücken bereit hing. »Wo wurde sie gefunden?« Er versuchte mit Niels und dessen langen Beinen Schritt zu halten, während er die Jacke anzog. Eigentlich war es warm genug ohne, aber er wollte nicht nur im Hemd dort aufkreuzen.

»In ihrer eigenen Wohnung. Wenn du zum Krankenhaus fährst, nehme ich mir zusammen mit ein paar Kriminaltechnikern die Wohnung in der Neuen Munkestraße vor. Ich habe sie schon kontaktiert.«

Das alte Aarhuser Stadtkrankenhaus, gerade erst erweitert durch einen Anbau und einen neuen Flügel für das Dänische Neuro-Forschungszentrum, sollte jetzt bald geschlossen und durch das größte Riesen-Krankenhaus des Nordens auf den Feldern bei Skejby ersetzt werden. Gerüchten zufolge wollte die Universität die schönen alten Gebäude zwar übernehmen, aber dennoch war es ein Jammer, fand Roland.

Roland setzte die Sonnenbrille auf, während er vom Parkplatz direkt zum Traumazentrum ging. Gott sei Dank hatten sie von sich aus angerufen und mitgeteilt, dass das Mädchen für einen Besuch der Polizei und eine Vernehmung bereit war, sonst würde man ihn ganz sicher sofort an der Pforte abweisen. Auch mit einer Dienstmarke bekam man hier keine Sonderbehandlung.

Als er an die angelehnte Tür eines Büros klopfte, empfing man ihn auch nicht gerade mit offenen Armen. Eine kräftig gebaute Krankenschwester in einem offenbar zu engen und daher geöffneten Kittel sah sich seinen Ausweis skeptisch an und deutete auf eine Tür am anderen Ende des Flures. Und solche Leute belehrten einen über falsche Ernährungsgewohnheiten und Bewegungsmangel. Sie verwies auf die leitende Krankenschwester, im Hintergrund klingelten die Telefone unaufhörlich; dann knallte sie die Tür zu. Sie hatten viel zu tun. Stress konnte sich auf viele Arten zeigen und er wusste, dass sie es glücklicherweise nicht an den Patienten ausließen. Die letzte jährliche Evaluation der Patientenzufriedenheit hatte das Krankenhaus ganz an die Spitze geschickt. Er ging den Flur hinunter zu der bezeichneten Tür. Der Krankenhausgeruch ließ etwas in seinem Brustkorb verkrampfen und erschwerte ihm das Atmen, er bescherte ihm einfach zu viele hässliche Erinnerungen. Die Tür öffnete sich und eine schlanke, jüngere Frau mit zugeknöpftem Kittel kam ihm mit einem netten Lächeln entgegen. Vermutlich, weil sie noch nicht wusste, wer er war. Die dürfte ihn gerne über was auch immer belehren, dachte Roland bei sich. Er blickte auf das Namensschild auf ihrer Brusttasche, sie hieß Signe Hansen und war zu seinem großen Glück die Person, an die er sich wenden sollte.

»Maja kann nicht besonders lange sprechen, aber es ist wichtig, dass sie Ihnen erzählt, woran sie sich erinnert, bevor sie bewusst oder unbewusst alle Details vergisst. Wann kommt Ihre Kollegin?« Sie steckte einen Kugelschreiber in die Brusttasche und schaute ihm weiter direkt in die Augen. Ihre waren grün mit braunen Einsprengseln um die Pupille herum.

»Kollegin?« Verständnislos runzelte er die Stirn.

»Ja, aber das war doch eine ausdrückliche Bedingung, dass Sie eine Frau herschicken. Sonst kann Maja nicht erzählen, was passiert ist.«

Roland verfluchte Niels innerlich, sollte er derjenige sein, der die Nachricht vom Krankenhaus entgegengenommen hatte.

»Sie haben vielleicht keine Frauen bei der Polizei?«, fragte Signe Hansen in einem fast vorwurfsvollen Ton, hob eine dunkle Augenbrauen und wurde im selben Augenblick von dem Piepen des Pagers in ihrer Kitteltasche abgelenkt.

»Doch, natürlich. Selbstverständlich haben wir auch weibliche Kollegen. Ich hole jemanden her.«

»Gut. Sie kann mich einfach rufen, wenn sie soweit ist, ich sitze in diesem Büro.« Sie deutete auf die Tür, die ihm gerade vor der Nase zugeschlagen worden war. Er ging ins Wartezimmer, wo es erlaubt war, das Handy einzuschalten, und kontaktierte das

Polizeipräsidium. Isabella war auf Streife, aber sie sollte sofort zum Krankenhaus geschickt werden, sobald der Diensthabende sie erreichte.

An diesem Vormittag saß nur eine junge Frau im Wartezimmer. Hochkonzentriert tippte sie in ihr Smartphone und schaute nicht einmal auf, als er hereinkam. Heutzutage war es selten, dass man jungen Menschen in die Augen sehen konnte. Selbst sein ältestes Enkelkind, Marianna, gerade neun geworden, war immer in irgendetwas auf einem digitalen Bildschirm vertieft. Solange hatten die Eltern natürlich ihre Ruhe. Olivias Zwillinge in Italien waren zum Glück noch so klein, dass sie noch nicht an so etwas dachten. Aber das würde früh genug kommen. Er setzte sich und wartete, während er das Mädchen betrachtete. Sie war tatsächlich ganz hübsch, diese schöne Kombination aus blonden Haaren und braunen Augen, ganz natürlich, ungeschminkt, vielleicht ein bisschen Wimperntusche, die benutzten ja die meisten jungen Mädchen. Ihr Gesicht war sehr ernst, es waren bestimmt keine Witze, die sie ihren Freunden da gerade schickte. Plötzlich spielte der dünne Apparat eine aktuelle Popmelodie; er hatte sie oft im Radio gehört, wusste aber nicht, wie der Song hieß; das war nicht die Art Musik, die er normalerweise hörte. Sofort klemmte sie sich das Telefon ans Ohr und das schwache »Hi« drückte ebenso viel Ernst aus wie ihre Augen, die nun kurz in seine sahen. Sie schaute jedoch schnell wieder weg, fast als ob sie den zwischenmenschlichen Kontakt fürchtete, und blickte nach unten auf ihre Sneaker mit orangefarbenem Schnürsenkeln und Nike-Logo, und mit denen sie nun nervös zu wippen begann, während sie sprach. Es war unhöflich, die Privatgespräche anderer zu belauschen, dachte Roland, aber in diesem öffentlichen Bereich waren sie ja irgendwie nicht privat, und wenn er vermeiden sollte zu lauschen, müsste er den Raum verlassen. Da ging ihm auf, dass das Mädchen die Freundin sein musste, die Maja am Morgen gefunden hatte. Sie erklärte ihrem Telefongegenüber, dass sie immer noch auf Neuigkeiten warte und bleiben wolle, bis sie mit eigenen Augen gesehen habe, ob Maja okay war. Denn sie habe echt abgefuckt ausgesehen, als sie sie gefunden habe, aber sie würde über Facebook alle auf dem Laufenden halten, versprach sie. Als sie die Verbindung unterbrochen hatte, fing sie sofort wieder an, zu tippen. Roland nahm seinen Dienstausweis aus der Tasche und hielt ihn in ihr Sichtfeld.

»Ich habe gehört, dass Sie Majas Freundin sind. Darf ich Ihnen ein paar Fragen stellen?«

Das Mädchen schaute ihn misstrauisch an, es fiel ihr schwer, sich vom ihrem Smartphone loszureißen.

»Ich muss das gerade noch abschicken.«

»Okay.« Roland wartete und steckte den Ausweis wieder in die Tasche. Er schaute auf die Uhr. Isabella musste bald auftauchen.

»Woher kann ich wissen, dass das eine richtige Dienstmarke ist?«, fragte sie unvermittelt, während sie weitertippte.

Roland zuckte die Schultern. Vernünftiges Mädchen, vorsichtig zu sein war eine gute Sache. Er hoffte, sie war es auch, wenn sie sich im Internet bewegte, wo mindestens genauso viele Gefahren im Verborgenen lauerten.

»Sie können ja eine SMS ans Polizeipräsidium schreiben und es sich bestätigen lassen.«

Endlich schaute sie ihn an.

»Wie heißen Sie?«, leitete er ein.

»Nanette.«

»Haben Sie auch einen Nachnamen?«

»Sunds.«

»Sie haben Maja heute Morgen gefunden?«

Sie nickte und ihre Bestürzung machte die braunen Augen noch dunkler.

»Hat Maja einen Freund?«

»Ja, aber der war's nicht, falls Sie das glauben.«

»Wie können Sie sich da so sicher sein?« Er warf ihr ein kleines, aufmunterndes Lächeln zu, das nicht erwidert wurde.

»Der wohnt in Kopenhagen.«

»Okay. Und da war er auch gestern Abend und heute Nacht?«

»Ja, er war übers Wochenende bei Maja, ist aber am Sonntagabend heimgefahren. Jetzt ist er wieder auf dem Weg hierher. Ich hab' ihm heute Morgen sofort eine SMS geschickt, als …«

Eine eingehende Nachricht ließ ihr Handy piepsen, das sie umklammerte wie eine Rettungsboje; der unentbehrliche Kontakt zu den Freunden und der Welt. Sie hatte ihre Aufmerksamkeit wieder auf das Ding mit dem silberschimmernden Apple-Logo gerichtet, ein ultimatives Statussymbol.

»Wissen Sie, ob Maja gestern Abend mit jemandem ausgegangen ist?«

»Ist sie nicht. Wir waren gestern Nachmittag zusammen beim Spinning und da hat sie gesagt, dass sie sich einen ruhigen Abend machen und früh ins Bett gehen wollte. Wir hatten auch ein etwas wildes Wochenende.«

»Inwiefern wild?«, fragte Roland und hörte selbst, wie naiv das klang.

»Halt in der Stadt und so.«

Jetzt klingelte Rolands Telefon. Es war Niels, der wissen wollte, was er aus dem Mädchen herausbekommen hatte. Roland erklärte ihm, dass er auf Isabella warten müsse. In Majas Wohnung hatten sie keine Anzeichen für einen Einbruch oder Kampf gefunden, alles war in bester Ordnung und es sah nicht aus, als hätte sie Besuch gehabt. Aber das Schlafzimmer fanden sie etwas verwüstet vor, mit einem umgestürzten Nachttisch und einer zerbrochenen Lampe. Sowohl auf dem Boden als auch auf der Bettwäsche war Blut. Die Kriminaltechniker nahmen Proben, es handelte sich um Majas Blut. Roland bedankte sich für die Informationen und konzentrierte sich wieder auf Nanette.

»Hat sich Maja mit jemandem in der Stadt getroffen?«

Nanette schaute ihn beinahe beleidigt an.

»Nein, natürlich nicht. Sie ist verrückt nach Carsten, außerdem war der doch mit.«

Das klang fast, als wäre es etwas ganz anderes gewesen, wenn ihr Freund nicht dabei gewesen wäre.

»Wo haben Sie sie gefunden?«

»Im Bett. Sie hat nicht aufgemacht und ist nicht ans Handy gegangen. Ich hab' einen Wohnungsschlüssel. Sie hat auch einen für meine, wenn wir uns mal ausschließen oder so, damit wir … als ich 'reingekommen bin war sie nicht da, und ich hab' nach ihr gerufen. Aber dann, im Schlafzimmer …« Sie drückte zwei Finger gegen die Stirn und schloss die Augen fest, als ob sie so das Bild, das sie heraufbeschworen hatte, wieder verschwinden lassen könnte.

Roland gab ihr einen Moment, um sich zu sammeln.

»Sie sagen also, die Tür war abgeschlossen?«

Nanette nickte.

»Konnten Sie mit ihr reden?«

»Nein, ich dachte, sie wär' tot. Ich hab' sofort einen Krankenwagen gerufen.«

Plötzlich schaute sie zur Tür herüber. Er folgte ihrem Blick und stand sofort auf, als er Isabella mit der gleichen blonden Haarfarbe wie Nanette entdeckte. Man hätte sie fast für Schwestern halten können. Roland stellte sie einander vor.

»Ich unterhalte mich noch ein bisschen mit Nanette, während du mit Maja redest.« An Nanette gewandt fügte er hinzu: »Dann werden wir den, der das hier getan hat, bestimmt finden.« Ihre großen, braunen Augen waren voller Tränen. Mehrere ungeklärte schwere Vergewaltigungen in Aarhus – das würde einen Skandal geben. Das würde dem Bürgermeister garantiert nicht gefallen.

4

Pia hatte vollständig das Kommando übernommen. So hatte Andreas sie sehr gut in Erinnerung – herrschsüchtig und dominant. Er überlegte, wie wohl ihre Zusammenarbeit mit ihrem Vater gewesen war. Johan Spang tolerierte die Mitbestimmung der Frauen nicht. Wie es seine Mutter trotz allem so lange mit ihm ausgehalten hatte, begriff er nicht. Es hatte der Mann zu sein, der sowohl die Finanzen als auch die Arbeit steuert. Vielleicht war Pia *ihm* untertänig gewesen und revanchierte sich jetzt, indem sie ihren neuen Chef von Anfang an auf seinen Platz verwies. Der kleine Bruder, den sie immer hatte knechten können. Aber die unglückliche Frau auf dem Stuhl ihnen gegenüber sah diese Seite von ihr nicht. Er musste zugeben, dass Pia ihren Job verstand. Sie sprach beruhigend und verständnisvoll, zeigte Entwürfe für Anzeigen und Blumendekoration für die Kirche und schlug vor, die Beisetzung könne in der Kirche in Vejlby stattfinden. Die Frau nickte bloß, nahm ihre Brille ab und trocknete sich die Augen mit einem weißen, mit Spitzen besetzten Baumwolltaschentuch, das sie aus der Tasche gefischt hatte. Es war, als ob ihr erst jetzt aufging, dass sie ihren Mann nach 40 Jahren für immer verloren hatte, und Andreas fühlte einen starken Druck in der Brust, als er die Trauer so deutlich in ihrem Gesicht sah. Er schämte sich innerlich dafür, nicht die gleichen Gefühle gehabt zu haben, als sein Vater starb. Er hatte nicht eine einzige Träne vergossen, als er die Nachricht von seinem plötzlichen Tod erhalten hatte. Nun, wo er diese echte Trauer sah, überkam ihn der Drang zu weinen, obwohl er den Verstorbenen überhaupt nicht gekannt hatte. Eignete er sich für diesen Job, wenn es ihm so ging? Würde das mit der Zeit nachlassen?

Sie waren zu der Präsentation der Särge gekommen, als Pia in ihren Ausführungen abrupt unterbrochen wurde. Eine Frau in einem geblümten Sommerkleid trat plötzlich durch die Tür. Ihr Gesicht war vor Wut und Verzweiflung verzerrt. Anklagend deutete sie auf Pia.

»Wo ist er?«, schrie sie mit einer Stimme, die nicht klang, als ob sie von einem so schmächtigen Menschen käme.

Pia erwiderte ihren Blick ruhig und schien sie plötzlich wiederzuerkennen. »Was meinen Sie, Frau Iversen?« Schnell stand sie auf, führte die aufgewühlte Frau in den Vorraum und schloss die Tür hinter sich. Andreas war auf einmal mit der Kundin alleine und hatte keine Ahnung, was er sagen sollte oder was da vor sich ging.

Die Frau schaute ihn nervös an, ganz offensichtlich interessierte sie das auch.

»Sollen wir uns jetzt die Särge ansehen?«, fragte er und öffnete den Katalog mit Bildern und Preisen des Sortiments. Er deutete auf einen ganz gewöhnlichen weißlackierten.

»Ja, der ist gut«, sagte die Frau, ohne das Bild richtig anzusehen und benutzte wieder das durchnässte Taschentuch. Sie schielte zu der geschlossenen Tür, durch die die lautstarke Stimme der Fremden drang, ohne dass sie jedoch verstehen konnten, was sie sagte. Er entdeckte jetzt auf der Preisliste, dass er auf den billigsten Sarg gedeutet hatte, aber das passte sicher gut zum Status der Witwe. Sie sah nicht wie jemand mit viel Geld aus.

Hinter der Tür wurde es still. Kurz darauf kam Pia zurück und lächelte entschuldigend.

»Bitte entschuldigen Sie die Störung. Es hat sich als Missverständnis herausgestellt.« Sie setzte sich. »Wir sind sicher bei den Särgen angekommen, nicht?«

»Ich habe den ausgewählt, den ihr Kollege mir empfohlen hat«, sagte die Frau heiser. Ihre Augen hatten einen neugierigen Schimmer angenommen, und hätte die Trauer nicht gerade jetzt alles in ihrer Welt überschattet, hätte sie ganz sicher um eine Erklärung für die sonderbare Unterbrechung gebeten.

»Welcher ist das?«, fragte Pia lächelnd.

Andreas deutete auf die Abbildung und sie warf ihm sofort einen scharfen Blick zu.

»Den würde ich jetzt nicht gerade empfehlen, Frau Kjeldsen. Er ist von nicht so hoher Qualität wie zum Beispiel dieser hier.« Sie drehte den Katalog zu der Kundin um und zeigte ihr einen Sarg aus hellem Birkenholz. »Der soll doch auch präsentabel aussehen, wenn er in der Kirche steht, nicht? Das sind Sie Ihrem Mann doch wohl schuldig?«

Die Witwe nickte passiv und sank wieder traurig in sich zusammen.

»Okay, dann nehmen wir stattdessen die Variante aus Birkenholz«, korrigierte Pia mit einem tadelnden Blick in Andreas'

Richtung. Der kostete fast siebentausend Kronen. Andreas wurde schlecht und er trank von dem kalten Kaffee in seiner Tasse, was ihm nur eine noch stärkere Übelkeit bescherte.

Pia besprach die letzten notwendigen Details der Beerdigung mit der Witwe, unter anderem, wann sie die Leiche ihres Mannes aus dem Krankenhaus abholen konnten, wo er nach kurzer Krankheit verstorben war. Pia begleitete sie zur Tür und verabschiedete sie. Versprach, dass alles genau nach Plan verlaufen würde. Andreas stand auf, um die Beine zu strecken. Während des gesamten Gesprächs hatte sich sein Körper verkrampft angefühlt und er zweifelte immer mehr daran, dass er mit dieser Arbeit würde umgehen können. Und er hatte bisher noch nicht einmal das Schwerste durchgemacht. Den Kontakt mit den Toten und den Särgen.

»Das lief doch prima«, meinte Pia, als sie zurückkam und die Tassen auf ein Tablett stellte.

Die Witwe hatte den Kaffee nicht angerührt, aber sie hatte das nasse Taschentuch auf dem Tisch liegen lassen. Pia warf es in den Papierkorb.

»Pia, ich weiß echt nicht, ob ich das hier schaffe.«

Sie stoppte ihn auf dem Weg in die Küche mit dem Tablett und schaute ihn vorwurfsvoll an.

»Was meinst du? Das lief doch prima, habe ich gesagt.«

»Ich merke, dass mir diese Art Gespräche nicht liegt. Ich habe keine Ahnung, wie ich die Leute trösten soll, ich ...«

Pia ging schnell in die Küche und stellte das Tablett ab, sodass die Tassen klirrten, dann kam sie zurück und stellte sich direkt vor ihn wie eine unüberwindbare Mauer.

»Du sollst nicht trösten, Andreas. Du sollst dafür sorgen, dass unsere Kunden nicht an all das denken müssen, was mit einem Todesfall einhergeht. Sie haben ohnehin schon genug im Kopf. Es ist allein schon ein Trost, dass wir uns um all das Organisatorische kümmern.«

»Vielleicht, aber ...« Obwohl er versuchte, den Blickkontakt zu vermeiden, konnte er dem Blick ihrer scharfen, schwarzen Augen nicht ausweichen. Sie leuchteten so intensiv wie die seines Vaters und Großvaters auf den Porträts.

»Jetzt sei mal nicht so egoistisch, ja, Andreas! Denk an Gitta und Mathilde, die haben sich hier so gut eingelebt. Denk an Papa und Opa! Wenn du abspringst, zerfällt ihr ganzes Lebenswerk!«

»Ich bin mir recht sicher, dass du das hier gut im Griff hättest.«

»Wie sollte ich das? Und dann mit einem geistig behinderten Bruder als Teilhaber!«

»Nennst du Erling geistig behindert?«

»Ist er doch. Das weißt du genau. Ich könnte den Laden unmöglich alleine schmeißen.«

»Ach, und ob. Einen Sarg für siebentausend Kronen! Sind wir wirklich die Aasgeier, zu denen uns manche machen?« Seine Stimme war nun ein Knurren, das registrierte er selbst.

»Sie kann es sich leisten. Hast du nicht gesehen, in welchem Auto sie gekommen ist? Ein neuer Audi! Und weißt du, wer ihr Mann war?«

Andreas schüttelte den Kopf und setzte sich müde zurück auf den Stuhl, auch wenn sich seine Beine immer noch steif anfühlten.

»Ist es nicht egal, wer er ist?«

»Nicht ganz. Er hatte etliche Vorstandsposten in großen Unternehmen hier in der Stadt inne, weißt du nicht, was die verdienen? Die hat genug Geld!«

»Sie sah aber nicht so aus!«, verteidigte er sich.

Pia setzte sich geduldig auf den Stuhl ihm gegenüber und strich sich eine verirrte Locke hinters Ohr.

»So kann sich Trauer auch zeigen, Bruderherz. Sie hat es einfach nicht geschafft, das Betty Barclay Kostüm anzuziehen und die Gucci-Tasche rauszusuchen.«

Andreas starrte auf den blanken Tisch und schüttelte über ihre Bemerkung den Kopf.

»Und wer war diese Frau, die das Ganze mittendrin unterbrochen hat? Und von wem hat sie gesprochen? Wer war das, von dem sie glaubte du wüsstest, wo er ist?«

»Ach, die!« Pia winkte ab, als ob sie eine lästige Fliege verscheuchte. »Das ist eine andere Form, in der sich Trauer zeigen kann. Einige werden paranoid und glauben, wir hätten ihre Lieben gestohlen. Die wollen der Tatsache nicht ins Auge sehen, dass sie dahingeschieden sind.«

»Da kannst du es sehen! Mit so etwas würde ich überhaupt nicht klar kommen. Sie braucht doch Hilfe! Von einem Psychologen! Ich bin kein Psychologe!« Andreas gestikulierte wild.

»Das musst du auch nicht sein, kleiner Idiot. Du lernst eine Menge darüber, wie man so etwas meistert, in dem Kurs, in den du nächste Woche gehst«, beschwichtigte Pia und versuchte ihm durch die Haare zu wuscheln, wie sie es immer getan hatte, als sie Kinder waren, wenn er sich dämlich angestellt hatte. Unbewusst zog er sich vor ihrer Berührung zurück.

»Außerdem«, fuhr sie ungerührt fort, »kennst du Mama. Sie würde nie zulassen, dass ich hier die Leitung übernehme. Du warst immer ihr ... Augenstern.«

Nun schaute er sie an, nicht nur aufgrund der Bitterkeit in ihrer Stimme.

»Was hat Mama damit zu tun?«

Pia erhob sich irritiert vom Stuhl und ging ans Fenster. Ihr Blick folgte einen Moment lang abwesend den Autos, die draußen auf der Straße vorbeifuhren.

»Ich habe ganz vergessen, dass du so lange weg warst. Sie ist natürlich wieder angekrochen gekommen. Sonderbarerweise hat Papa sie nicht aus dem Testament gestrichen, wie er es hätte tun sollen, nachdem sie ... sie besitzt jetzt die Hälfte der Firma.«

Andreas wusste nicht, ob er lachen oder weinen sollte. Er hatte mit seiner Mutter nur sehr wenig Kontakt gehabt, seit sie seinen Vater verlassen hatte. Ihr neuer Mann hatte all ihre Aufmerksamkeit beansprucht und sie wohnten einfach zu weit weg. Mathilde kannte ihre Oma kaum. Aber er hasste sie nicht, wie es seine Geschwister taten. Sie waren dichter dran gewesen.

»Dann seht ihr sie jetzt bestimmt oft?« Es überraschte ihn, eine zurückhaltende Hoffnung in seiner Stimme zu hören.

»Nicht, wenn wir es vermeiden können. Aber sie ist auch nicht clever genug, um ein Geschäft zu führen. Es reicht nicht, Inhaber zu sein. Halber Inhaber«, korrigierte sie, denn Andreas besaß ja die andere Hälfte. Irgendwie verstand er die Bitterkeit seiner Schwester gut. Sie hatte über Jahre hinweg zusammen mit ihrem Vater und ihrem Bruder so viel Arbeit in das Bestattungsunternehmen gesteckt, während er einfach nach Seeland abgehauen war und sich geweigert hatte, mit dem Ganzen etwas zu tun zu haben. Jetzt war dieses blühende Geschäft seins und sie nur angestellt. Johan Spang hatte das in seinem Testament festgelegt und Andreas hatte keine Ahnung wieso. Sie hatten sich überhaupt nicht nahegestanden. Es wunderte ihn auch, wie es seine Mutter geschafft hatte, die Hälfte zu erben. Aber was wusste *er* schon darüber, was sein Vater für sie empfunden hatte. Er wusste nicht einmal, wie er die Scheidung aufgenommen hatte. Seine Mutter hatte ihn persönlich angerufen und ihm erzählt, dass sie einen anderen Mann getroffen habe und Johan verlassen werde, wie sie ihn gegenüber ihren Kindern immer genannt hatte, nie ›Papa‹. Mathilde war gerade erst geboren und er hatte sich um so viel anderes in seinem Leben kümmern müssen.

Pia drehte sich vom Fenster weg und sah in anklagend an.

»Ich finde, du solltest dich nützlich machen und den Pfarrer anrufen. Die Familie will ein schnelles Begräbnis. Es darf nichts schief gehen! Eine Beerdigung kann man nicht einfach an einem anderen Tag wiederholen.«

»Was soll ich ihm sagen?«

»Du machst bloß auf den Todesfall aufmerksam und beschreibst, wie die Angehörigen die Zeremonie wünschen, das, was wir gerade besprochen haben. Der Küster wird sich dann später melden und uns mitteilen, wann der nächstmögliche Termin frei ist und welcher Pfarrer die Trauerfeier abhalten kann. Erst danach kannst du die Urkunden für die Gemeinde fertig machen. Dann kannst du versuchen, den Steinmetz zu erreichen. Also, falls er nicht gerade in der Kneipe sitzt. Der Grabstein soll vorbereitet werden. Um Blumen und Schmuck für den Sarg werde ich mich wohl kümmern, und mit dem Ausfüllen diverser Unterlagen helfe ich dir natürlich jetzt beim ersten Mal. Sterbegeld muss in diesem Fall wohl nicht beantragt werden.«

Es zuckte leicht um ihren Mund, aber er konnte nicht erkennen, ob es wirklich ein kleines Lächeln war.

»Wenn du mit dem Pfarrer eine Vereinbarung getroffen hast, kannst du die Zeitungsredaktion kontaktieren und die Anzeige aufgeben. Das kriegst du sicher alleine hin? Der Text steht hier.« Sie deutete auf einen handgeschriebenen Zettel auf dem Tisch. »Zwei Spalten à dreißig Millimeter. Mehr konnte sie ihrem Ehemann trotz allem nicht opfern. Bis zur Beerdigung müssen wir dann die Leiche vorbereitet haben.«

Die Leiche! Andreas erschauderte. Dieses Wort klang so geschlechtslos und anonym. Der Text, auf den Pia gedeutet hatte, zeigte, dass es sich um einen Mann handelte. *Unser geliebter Vater, Schwiegervater und Großvater,* begann er. Ein Mensch mit Familie. Ein Mensch, der nicht mehr war, und den er nun auf diese letzte Reise schicken sollte. Er wusste immer noch nicht, ob er das hier fertig bringen würde.

5

Isabella wirkte erschüttert, als sie endlich aus dem Traumazentrum kam. Nanette bekam immer noch keine Erlaubnis, ihre Freundin zu besuchen, man sagte ihr, sie solle später wiederkommen.

Roland begleitete Isabella nach unten zum Parkplatz. Sie war still und leichenblass.

»Kann ich mit dir fahren? Kim hat mich bloß mit dem Dienstwagen hier abgesetzt.«

»Selbstverständlich.«

Roland öffnete ihr die Beifahrertür und setzte sich danach selbst ans Steuer.

»Hast du etwas aus ihr herausbekommen?«

Er betrachtete Isabellas versteiftes Profil und ließ das Auto an. Er hatte sie selbst während der schlimmsten Obduktionen noch nie so gesehen.

»Männer sind Schweine!«, sagte sie verbissen.

»Nicht alle. Mikkel ist doch ein feiner Kerl!«

Er wollte ein kleines Lächeln bei der Erwähnung ihres Freundes und Lebensgefährten sehen, der mal sein Partner gewesen war. Jetzt war er damit beschäftigt, eine Leiche zu finden, die vom Westfriedhof verschwunden war. Aber Isabella lächelte nicht.

»Der hier muss einfach schnell gefunden werden, Roland. Nicht auszudenken, wenn er wieder zuschlägt! Es ist außergewöhnlich makaber. Du hättest sie gerade sehen sollen. Sie wurde bis zur Unkenntlichkeit verprügelt, er hat sie so gefesselt, dass sie Fleischwunden an den Knöcheln und Handgelenken hat und sie …« Isabella schüttelte den Kopf, gab auf und starrte durchs Seitenfenster hinaus in den Verkehr. Er sah, dass sie Tränen in den Augen hatte und wartete geduldig. Sie hielten an der roten Ampel in der Nørreport, als sie sich gefangen hatte und mit heiserer Stimme fortfuhr.

»Sie hat ernste Verletzungen, sowohl anal als auch vaginal, sagt die Krankenschwester. Sie mussten sie operieren, er … sie …« Es war deutlich, dass Isabella nicht darüber reden wollte. »Er hat einen Gegenstand benutzt, von dem man noch nicht weiß, worum es sich handelt. Maja weiß es auch nicht. Sie ist ohnmächtig geworden, als … Sie mussten ihre Gebärmutter entfernen … sie ist erst 20, verflucht nochmal!«

»Hat sie ihn nicht gesehen? Kann sie nicht einfach eine simple Beschreibung geben? Was auch immer.«

»Nichts. Sie war ins Bett gegangen und eingeschlafen, als er sich plötzlich im Bett auf sie geworfen und ihr den Mund zugehalten hat. Er muss sich irgendwo in ihrer Wohnung versteckt haben.

Unheimlich. Sie hatte keine Ahnung, dass er die ganze Zeit dort war und nur darauf gewartet hat, dass sie einschläft. Er hat ihr aufgelauert, während sie gebadet hat, und … aber mehr habe ich nicht aus ihr herausbekommen. Als ich sie gebeten habe, mir eine Personenbeschreibung zu geben, ist sie völlig in Panik geraten. Die Apparate fingen an zu heulen und die Krankenschwester kam hereingestürzt und hat mich rausgejagt. Maja war zu Tode erschrocken, das steht fest.«

»Und sie ist sich sicher, dass sie ihn nicht kennt? Sie hat ihn nicht selbst hereingelassen?«

»Das müsste sie doch verdammt nochmal wissen, wenn sie es getan hätte! Sie hatte keine Ahnung. Plötzlich war er einfach da.«

Roland bog auf den Polizeiparkplatz ein. Wie war der Vergewaltiger reingekommen, wenn sie nicht selbst aufgemacht hatte? Die Tür war ja abgeschlossen, hatte Nanette gesagt. Also, falls sie die Wahrheit sagte.

»Würdest du ihre Familie und Kommilitonen überprüfen? Ihre Freundin im Krankenhaus, die sie gefunden hat, darfst du auch gerne etwas näher unter die Lupe nehmen. Sie heißt Nanette Sunds. Wir müssen wissen, ob ihre Aussage korrekt ist. Du bekommst meinen Bericht über unser Gespräch im Wartezimmer so schnell wie möglich.«

»Aber Maja will nicht, dass ihre Familie informiert wird.«

»Hat sie das gesagt? Was ist das für ein Unsinn? Natürlich müssen sie erfahren, was passiert ist.«

»Ich habe es ihr versprochen, Roland.«

»So etwas kannst du nicht versprechen, Isabella. Wieso dürfen sie nichts davon wissen?«

»Sie sagte, dass sie bloß ihrem Freund die Schuld geben würden. Sie können ihn nicht ausstehen.«

»Und sie ist sich sicher, dass *er* es nicht war?«

»Ja.«

»Wie das, wenn sie den Vergewaltiger nicht gesehen hat?«

»So etwas weiß man wohl einfach. Sie ist mir ein paar Mal entglitten, also ohnmächtig geworden, und ich habe mich nicht getraut, sie zu sehr unter Druck zu setzen.«

Isabella schnallte sich ab und stieg aus dem Auto. Sie schwankte einen Augenblick, was Roland besorgt registrierte. War es verkehrt gewesen, diese junge Beamtin zu einer so traumatischen Vernehmung eines Opfers in beinahe ihrem eigenen Alter zu schicken? Aber Isabella war die einzige qualifizierte Beamtin, die gerade verfügbar gewesen war. Sie hatten keine andere Wahl gehabt. Sie musste auch lernen, mit so etwas umzugehen, sonst sollte sie sich lieber nach einem anderen Job umsehen.

»Diesen Freund sollten wir sehr gründlich überprüfen. Der Freundin zufolge wohnt er in Kopenhagen, ist aber auf dem Weg hierher.«

Isabella nickte und ging vor ihm zum Aufzug. Schweigend fuhren sie nach oben. Ihre Wangen hatten ein bisschen mehr Farbe bekommen, aber in ihrem Blick lag etwas verborgen, etwas, das eher nach Angst als nach Entsetzen über diesen brutalen Übergriff auf eine junge Frau aussah. Sobald die Aufzugtür aufgeglitten war, ging sie hastig ins Büro, ohne ihn anzuschauen.

»Ich sehe bald einen Bericht von dir, ja, Isabella?«, rief er ihr nach. Zur Antwort hob sie eine Hand.

»Die vom Kriminaltechnischen Zentrum haben angerufen«, sagte die Dame am Empfang, als er an ihr vorbeiging. Sie war bereits so lange dort, dass sie fast zum Inventar gehörte; keiner bemerkte sie. Sie war bloß immer treu zur Stelle in ihrem Bürostuhl, wenn sie nicht in der Kantine war, um für den Chef Kaffee zu holen.

»Irgendeine Nachricht?«

»Du sollst zurückrufen.«

Er nickte nur über diese Selbstverständlichkeit. Sie hatten vielleicht etwas Neues über den Sarg. Kurt Olsens Büro war immer noch leer. Seine Tür war offen und der schwache Duft von Tabak wogte hinaus, aber Roland spürte kein Verlangen nach Nikotin.

Nur das Kaugummi war immer noch sein Laster, aber daran hatte er sich so gewöhnt, dass er es wohl nie wieder ablegen würde. Es war zu einem Teil seiner Persönlichkeit geworden – wie einst die Zigaretten.

Das Kriminaltechnische Zentrum hatte keine Spuren im Sarg gefunden, die beweisen konnten, dass tatsächlich ein Mensch darin gelegen hatte.

»Auf dem Seidenfutter haben wir Haare gefunden, aber die scheinen auf den ersten Blick nicht von einem Menschen zu stammen«, sagte der Techniker.

Roland kratzte sich den Nacken. »Nicht von einem Menschen? Aber was in aller Welt ist es dann?« Sofort befürchtete er die Antwort »Vampir« oder »Werwolf«, aber der junge Kriminaltechniker hatte dieses Mal offenbar keine Horrorkomödie-artigen Ideen.

»Sie wurden zur näheren Analyse geschickt«, entgegnete er nur.

Sonst gab es nichts Verwendbares. Die Fingerabdrücke auf dem Sarg waren nach der Zeit in der feuchten Erde unbrauchbar.

Kim hatte das Bestattungsunternehmen ausfindig gemacht, das für die Zeremonie verantwortlich war, sodass Roland mit dem Inhaber sprechen konnte, die Nachricht lag auf seinem Tisch. Roland seufzte laut. Nach einer Leiche zu suchen wirkte so unverhältnismäßig, besonders, wenn es sich anscheinend nicht um ein Verbrechen handelte. Wäre die Leiche gestohlen worden, wäre es selbstverständlich etwas anderes, aber gehörte der Fall dann nicht zur Lokalpolizei wie jeder andere Diebstahl? Hier konnte man sich nicht nach irgendeinem Präzedenzfall richten. Die Leiche konnte doch eigentlich nur bei dem Bestatter sein. Er traf eine Entscheidung und verließ sein Büro.

Eine kleine Melodie spielte munter, als er die Tür öffnete. Das erschreckte ihn, da er in einem Betrieb wie diesem totale Stille erwartet hatte. Er stand in einem Vorraum mit ein paar hellgrauen Lehnstühlen und einer ausladenden Grünpflanze auf einem runden Glastisch am Fenster, auf dem er spiegelverkehrt *Pietät Spang* las. Der Raum war heller und harmonischer als er erwartet hatte, als er von der Straße aus die triste Fassade gesehen hatte. Auf dem Tisch lagen einige Flyer. *Mein letzter Wille* war die Überschrift, schwarze Schrift auf dem abgetönten Bild einer weißen Tulpe und mit dem Logo der Dänischen Bestatter darunter. Er räusperte sich. Er konnte nicht behaupten, dass er es genoss, hier zu sein, obwohl dieser Ort ein ebenso natürlicher Teil seiner Arbeit sein müsste wie das Institut für Rechtsmedizin. Aber das war dennoch etwas anderes. Näher dran. Näher am Grab. Die allerletzte Station des Lebens vor dem Himmel oder der Hölle.

Er wurde mitten in seinen morbiden Gedanken unterbrochen, als ein Mann, wohl ungefähr um die dreißig, die nächstgelegene Tür öffnete und ihm mit ausgestreckter Hand und lächelnd entgegenkam.

»Bitte entschuldigen Sie die Wartezeit.«

Der Mann hatte Geheimratsecken, kurzes, krauses Haar mit einigen grauen Sprenkeln, einen kleinen, gepflegten Schnurrbart und war mit einem weißen Hemd, einer schwarzen Hose und schicken Schuhen bekleidet. Er stellte sich als Andreas Spang vor. Roland bemerkte, dass er einen Ehering trug. Er stellte sich ebenfalls vor und zeigte seinen Dienstausweis; in den Augen des Bestatters erschien ein sowohl überraschter als auch erschrockener Ausdruck.

»Sollen wir dann nicht in mein Büro gehen?«

Roland folgte ihm durch die Tür, durch die der Bestatter gerade gekommen war, und hier sah es schon mehr wie ein Bestattungsunternehmen aus mit der Ausstellung diverser Urnen in einem Schaukasten und mehreren Flyern und Broschüren auf einem blankpolieren Tisch. Alles in dem Büro hatte eine exklusive und teure Ausstrahlung, aber auf eine antike Weise, die nicht zu dem jungen Mann passte, der sich auf den Bürostuhl aus braunem Leder setzte und ihn abwartend ansah. Der Stil passte besser zu den beiden älteren Herren, die als hübsch ausgeführte Originalgemälde in Goldrahmen verewigt an der Wand hingen.

»Möchten Sie einen Kaffee?« Andreas Spang trommelte nervös mit den Fingern auf die blanke Tischplatte.

»Nein, aber danke.«

Roland setzte sich und schielte zu den Bildern verschiedener Särge in einem Katalog, der aufgeschlagen auf dem Tisch lag. Eine Holzkiste für den letzten Aufenthalt des Körpers auf dieser Erde. Die Erinnerungen an Salvatores schlichten Sarg, den er vor einigen Jahren mit durch die schmalen, heißen Straßen Neapels getragen hatte, durchfluteten seinen Magen wie Säure, noch verstärkt durch seinen unerbittlichen Hass auf Salvatores Mörder, die nie ausfindig gemacht und bestraft worden waren. Wie die seines Vaters. Die Camorra war ein verborgener Feind, gnadenlos und ohne Gesicht.

»Natürlich bin ich sehr gespannt zu hören, wie ich der Polizei weiterhelfen kann. Ich habe das Geschäft gerade von meinem Vater übernommen«, er warf einen respektvollen Blick zu dem Porträt an der Wand, »daher kenne ich die täglichen Routinen noch nicht richtig.«

Roland konnte nicht umhin, ein wenig zu lächeln. »Es ist nun keine tägliche Routine, dass ich hierher komme, aber ich habe ein paar Fragen ein Begräbnis betreffend, um das Sie sich vor ungefähr einer Woche gekümmert haben.«

»Wie gesagt habe ich das Geschäft gerade erst von meinem Vater übernommen, der vor einem knappen Monat verstorben ist. Heute ist mein erster Arbeitstag, deswegen kann ich Ihnen leider nicht behilflich sein. Vielleicht kann es Pia, meine Schwester, sie hat sich nach dem Tod unseres Vaters um alles gekümmert. Aber sie ist im Augenblick nicht im Haus. Worum geht es denn?«

»Eine verschwundene Leiche«, erwiderte Roland und bemerkte die Irritation im Gesicht seines Gegenübers.

»Das klingt merkwürdig. Wie ... verschwunden?«

»Es handelt sich um einen jungen Mann, der vor zehn Tagen bei einem Motorradunfall ums Leben gekommen ist. Als der Sarg geöffnet wurde, stellte sich heraus, dass er leer war.«

»Leer! Geöffnet? Warum wurde der Sarg denn geöffnet?«
Der Bestatter starrte Roland entsetzt an.
»Das wird derzeit noch geklärt. Aber nachdem sich ihr Unternehmen um die Bestattung gekümmert hat, sind Sie die Letzten, die mit der Leiche in Kontakt waren. Daher wenden wir uns zunächst an Sie. Ich würde natürlich gerne wissen, falls in diesem Zusammenhang irgendwelche Besonderheiten aufgetreten sind.«
Andreas Spangs linkes Auge zuckte leicht, offenbar ein Nerv, der nicht tat, was er sollte.
»Ich kann mir unmöglich vorstellen, dass unser Geschäft etwas damit zu tun hat. Das ist eine sehr ernste Anklage. Es muss etwas anderes passiert sein, das …«
»Was würden Sie vermuten?«
»Ja … das weiß ich nicht. Ich kenne das Prozedere wie gesagt noch nicht, und …«
»Wann ist Ihre Schwester zurück?«
»Ich weiß es nicht. Sie hatte zusammen mit meinem Bruder etwas zu erledigen. Soviel ich weiß, ging es um einen Sarg, der zur Kapelle gefahren werden sollte.«
Roland schaute auf die Uhr und stand auf. Wenn es stimmte, dass es der erste Arbeitstag des Mannes war, konnte er unmöglich etwas über die Sache wissen. Er legte seine Visitenkarte auf den Tisch vor Andreas, der sich ebenfalls sofort erhob.
»Würden Sie sie bitten, mich zu kontaktieren?«
»Ja, selbstverständlich.«
Er begleitete Roland zur Tür.
»Es tut mir sehr leid, dass ich nicht helfen konnte. Aber ich glaube nicht, dass es etwas mit uns zu tun hat«, sagte er und öffnete die Tür. Die muntere Melodie ertönte wieder.
»Wir müssen hören, was Ihre Schwester zu sagen hat.«
Roland sah, dass der Bestatter ihm durch die Scheibe in der grauen Fassade hinterherschaute, als er sich in sein Auto setzte. Er war froh, hier wegzukommen. Hoffentlich dauerte es lange,

bis er sich wieder an so einem Ort aufhalten musste, umgeben von Urnen, Särgen, Broschüren über den Tod und den letzten Willen.

6

Natalie machte sich normalerweise nicht viel aus ihrem Abendessen. Es war für gewöhnlich leicht und gesund. Salat oder frisches Gemüse und irgendein mageres Fleisch. Jetzt stand sie da, den Zeigefinger in dem großen italienischen Kochbuch, *Der Silberlöffel*, und versuchte, sich durch ein *Risotto con i gamberi* zu kämpfen, was der dänischen Übersetzung zufolge Risotto mit Garnelen bedeutete. Wohlgemerkt riesige Garnelen. Tigergarnelen. Sie lagen auf einem Teller und sahen nicht besonders appetitlich aus. Schwarz und glänzend, und mit diesen langen Beinen eher wie riesige Insekten. Der Geruch erinnerte sie an irgendetwas in der Rechtsmedizin, aber sie wusste, dass er Garnelen liebte.

Amalie war bei ihren Eltern, und sie schämte sich ein wenig dafür, sich frei zu fühlen, weil ihre Tochter nicht um sie herumwuselte und ihre ständige Aufmerksamkeit erforderte. Sie hatte ihm nicht einmal erzählt, dass sie eine kleine Tochter hatte, also was würde er sagen und tun, wenn er es erfuhr? Sie schob den Gedanken beiseite und konzentrierte sich wieder auf das Rezept. Das Wasser begann zu kochen und dann sollten die Garnelen hinein. Als sie sich für dieses Rezept entschieden hatte, hatte sie lächelnd gedacht, wenn es völlig schiefgehen sollte, könnte sie noch immer einfach Benito anrufen und Expertenhilfe von ihm einholen, wie er auch so oft von ihr, nach Feierabend, wenn ihm plötzlich noch etwas einfiel, das er vergessen hatte sie zu fragen. Henry Leander sagte, so wäre er halt einfach. So war Roland Benito. Aber das zeigte nur, dass er seine Arbeit ernst nahm. Aber jetzt, wo es nötig war ihn anzurufen, bekam sie kalte Füße. In dem Rezept stand, dass sie die Schalen der Garnelen in einem Mörser zerstoßen solle.

Sie sollten später in einem Püree verwendet werden. Konnte das wirklich stimmen? Sie runzelte die Stirn und trank abwesend aus einem Glas Rotwein, den sie selbst erst probieren musste, bevor sie ihn ihm servierte. Er schmeckte ihr. Er war auch nicht gerade billig gewesen. Ach, das mit den Garnelenschalen würde sie einfach überspringen, das klang nicht besonders lecker, und es gab wohl Platz für künstlerische Freiheit, auch wenn es um italienische Rezepte ging. Dann brauchte sie Benito nicht zu stören. Kochendes Wasser spritzte hoch auf ihre nackten Arme, als sie die Garnelen in den Topf schüttete. Sie fluchte ein bisschen und trat ein Stück vom Herd zurück. Es würde circa zwanzig Minuten dauern, bis der Reis war, wie er sein sollte. Sie schaute auf die Uhr und nippte wieder an dem Wein. Das sollte doch wohl passen. Sie hatte beschlossen, dass sie draußen sitzen würden, wenn schon fast eine Tropennacht vorhergesagt worden war. Während sie auf der Terrasse den Tisch deckte, spürte sie die Unruhe in ihrem Körper. Ihr letztes Date war lange her. Und war das hier eigentlich ein Date? Es war nicht leicht, mit einem so anspruchsvollen Job und einer Tochter Zeit zu finden. Beides hatte die letzten beiden Versuche ruiniert. Die Männer, die sie eines Abends in der Stadt getroffen hatten, als sie zusammen mit ihrer Freundin Geburtstag gefeiert hatte, zogen sich schnell zurück, als das Gespräch auf ihre Arbeit kam. Erst hatte sie gesagt, sie sei Ärztin, was ja nicht gelogen war. Fast sah es so aus, als würde es den Typen anmachen, aber als sie verriet, dass sie eine Ärztin für Tote war, hatte er plötzlich eine dringende Verabredung und rief auch nicht zurück, obwohl er um ihre Telefonnummer gebeten hatte. Daraus hatte sie gelernt. Beim nächsten Date erwähnte sie ihren Job erst gar nicht, aber als der Typ erfuhr, dass sie eine Tochter hatte, war auch er im Nu über alle Berge. Sie gab es auf und hatte sich jetzt lange Zeit abgesondert. Glaubte, sie hätte sich an den Verzicht gewöhnt und daran, nur für ihre Tochter und ihren Job zu leben. Dann traf sie ihn, und das hier war etwas ganz anderes. Aber wie würde er es aufnehmen, dass Amalie ein Teil ihres Lebens war und auch einer seines werden würde, wenn sich die Beziehung entwickelte? In ihren Unterhaltungen waren Kinder nie zur Sprache gekommen, das meiste war arbeitsbezogen gewesen. Einen Augenblick lang zog sie in Erwägung, all das zu verstecken, was von der Existenz ihrer Tochter zeugen könnte; Bilder und Spielzeug in einen Schrank zu packen und ihn abzuschließen. Doch sie schämte sich sofort für diesen Gedanken. Amalie war ihr Leben, sie sollte nicht für irgendjemanden versteckt werden. Dann lieber auf einen Mann verzichten, falls es darauf ankam.

Sie hatte sich gerade für ein kurzes Sommerkleid entschieden, das ihr sexy genug, aber nicht zu aufreizend erschien, nachdem sie ihre gesamte Garderobe vor dem Spiegel anprobiert hatte, und ein leichtes Make-up aufgelegt, als es an der Tür klingelte. Sie warf einen Blick in den großen Spiegel und wuschelte ein bisschen durch ihre blonden, kurzen Haare, die von der Sonne noch weiter aufgehellt worden waren. Ein bisschen braun war sie auch geworden, als sie einige der sonnenreichen Wochenenden mit Amalie am Strand verbracht hatte; das beigefarbene Trägerkleid stand ihr. Sie wusste, dass sie viel jünger aussah als sie war, und warf ihrem Spiegelbild ein süßes Lächeln zu. Es wirkte allerdings ein wenig angestrengt. Mit einem Fingernagel entfernte sie schnell ein Stückchen Karotte, das zwischen ihren Zähnen steckte. Es machte nichts, dass er ein bisschen warten musste, dann wirkte sie nicht zu übereifrig. Auf dem Weg zur Tür sammelte sie Amalies Sachen dennoch zusammen, warf sie in ihr Zimmer und schloss die Tür.

Glücklicherweise hatte er keine Blumen oder irgendetwas anderes dabei. Stand bloß da auf der Treppe, die Hände tief in den Hosentaschen seiner Jeans vergraben, und lächelte verlegen. Er sah das Ganze sicher nicht als Date. Er war bloß bei einer Kollegin zum Essen eingeladen. Oder?

»Hi.«

»Hi. Komm doch rein.« Sie öffnete die Tür ganz.

Er betrat den Flur und roch an ihren Haaren, als er an ihr vorbeiging.

»Du siehst toll aus. Ganz anders als in deinem gewöhnlichen Outfit.«

»Danke gleichfalls. Du hast deinen Kittel auch im Schrank gelassen, wie ich sehe.«

Er ging ins Wohnzimmer und schaute sich um. Kommentierte ihre Wohnungseinrichtung nicht; vielleicht mochte er sie nicht. Sein Stil war wohl etwas rauer und lockerer. Er zog die Lederjacke aus und legte sie über die Sofalehne. Sie konnte etwas von den Tattoos auf seinen Armen direkt unter den kurzen T-Shirt-Ärmeln sehen und überlegte mit klopfendem Herzen, ob sie wohl auf dem breiten Rücken weitergingen. Normalerweise mochte sie keine Tattoos und hatte auch nicht gewusst, dass er welche hatte, aber das, was sie sehen konnte, war von der schönen, nicht der prolligen Sorte. Sie nahm seine Jacke und hängte sie an der Garderobe auf, während er sich umsah. Sie roch nach Leder und nach ihm. Er war in den Garten gegangen. Sie schlich in die Küche, um nach dem Essen zu sehen.

»Möchtest du ein Glas Wein?«, fragte sie, als sie merkte, dass er direkt hinter ihr stand. Er umarmte sie von hinten und küsste sie auf den Hals. Ein angenehmer Schauer durchfuhr sie und sie war kurz davor, ihn sofort ins Schlafzimmer zu zerren. Es *war* also ein Date.

»Ich bin auf meiner Harley gekommen, deswegen sollte ich nicht zu viel trinken. Aber ein Glas zum Essen geht schon.«

Sie freute sich darüber, dass das Essen gelungen war, obwohl sie das Rezept abgewandelt und der Reis ein bisschen zu lange gekocht hatte. Er verschlang ihn und die großen Garnelen, die während der Zubereitung eine schöne rote Farbe angenommen hatten, mit großem Appetit, aber ohne das geringste Lob an die Köchin. Aber das hatte sie auch nicht erwartet. So war er auch im Job. Anerkennende Worte für die Arbeit anderer lagen ihm offenbar nicht.

»Erzähl mir von der USA-Tour mit dem Motorradclub«, sagte sie, als sie mit dem Dessert fertig waren, das sie auf Tiefkühl-Eis mit Beeren der Saison beschränkt hatte. Sie hatte die

Gartenfackeln angezündet, die ein schummriges, weiches Licht auf sein Gesicht warfen. Er konnte nicht als gut aussehender Mann bezeichnet werden. Seine Gesichtszüge waren grob und rau, aber er hatte einen Charme, dem sie auf der Stelle verfallen war, als er zum ersten Mal in die Rechtsmedizin gekommen war. Ein bisschen wie Kris Kristofferson in *Convoy* aus dem Jahr 1978, den sie vor kurzem erst wieder mit einer Freundin auf DVD gesehen hatte. Sie kroch zu ihm auf die Gartenbank und winkelte die Beine an. Fühlte sich ein bisschen betrunken. Unter dem Tisch entdeckte sie Amalies rosafarbenen Plastikeimer, den sie mit ihrem Spielzeug darin immer im Garten hatte. Er hatte ihn anscheinend nicht gesehen, und es war ihr auch egal, hatte sie beschlossen. Wann und wie sollte sie es ihm sagen? Er war ein freier Vogel, reiste herum auf seinem Motorrad und – das hatte sie im Gefühl – war kein Mann, der sich binden wollte. Erst recht nicht an ein Kind. Das eines anderen. Aber war das nicht das, was *sie* wollte? Einen Vater für ihre Tochter? Vielleicht sollte sie ihm einfach von ihr erzählen und es hinter sich bringen, aber sie beschloss, noch zu warten. Seine Nähe und den Sommerabend zu genießen. Sie schloss die Augen, während er ihr von den großen Weiten der USA, der Route 66, dem Staub, der Hitze und den großen, amerikanischen Beefsteaks erzählte. Sie lachte über seine Witze und fühlte sich richtig wohl.

»Habt ihr in dem Sarg etwas gefunden?«, wollte sie wissen, als sie eine Weile schweigend dagesessen und den letzten musikalischen Vogelstimmen des Tages gelauscht hatten, die langsam verstummten.

»Nee, da war nichts. Wir haben nur Haare gefunden, die zur Analyse geschickt wurden.«

Natalie richtete sich auf und schaute ihn an. »Die Haare des Verstorbenen?«

»Das glaube ich nicht. Es waren wohl Tierhaare.«

»Tierhaare? In einem Sarg?«

»Das wird sich zeigen, wenn wir die Ergebnisse bekommen.«

Natalie trank den letzten Schluck Wein aus ihrem Glas. Er hatte nur ein einziges Glas zum Essen getrunken. Sie respektierte, dass er lieber nüchtern blieb, wenn er Motorrad fuhr. Obwohl er ja immer noch bei ihr übernachten könnte, wenn es sein müsste.

»Es gibt also keine Spur von der Leiche?«, fragte sie.

»Nein, ich glaube, die hat nie in diesem Sarg gelegen. Aber was ist wohl aus dem, von dem sie dachten, sie hätten ihn begraben, geworden? Weiß Benito etwas?«

»Benito und seine Leute tun, was sie können, aber es ist ja kein leichter Fall ...«

»Vielleicht hatte ich ja Recht. Der Junge ist möglicherweise zu einem Zombie mutiert, hat sich ausgegraben und seinen Vater getötet.«

»Jetzt hör aber mal auf mit dem Quatsch, Oliver. Über so was macht man keine Witze.«

Schnell wurde er wieder ernst. Sie begriff langsam, dass Humor wichtig war, um in dieser Welt zu überleben. Wenn sie sich all das, was sie sahen und erlebten, zu sehr zu Herzen nähmen, würden sie nicht damit klarkommen. Die Dinge mit ein bisschen Humor zu nehmen, war eine Art, das Makabre von sich zu schieben. Hatte man den nicht, war das kein Job, den man wählen sollte. So war das auch bei Sanitätern und Polizisten.

»Nein, du hast Recht.« Er fuhr sich durch das dunkle Haar, das am Nacken ein bisschen zu lang war. »Und dann kommt noch diese brutale Vergewaltigung hinzu.«

»Ja, das kann man wohl sagen. Der Mann muss ja ein Psychopath gewesen sein. Ich habe das Mädchen untersucht. Sie war fürchterlich zugerichtet. Ich habe den Bericht heute Abend bei Benito abgeliefert, aber es gibt nicht viele Spuren.«

»In ihrer Wohnung auch nicht. Die Tür war nicht aufgebrochen und es sah nicht aus, als ob sie Besuch gehabt hätte. Im Schlafzimmer war eine Menge Blut. Wir haben überall Fingerabdrücke genommen, aber es waren nur ihre eigenen und ein paar andere, die sich sicher als die von Freundinnen und Freunden herausstellen.«

»Vielleicht wird der Vergewaltiger ja auch unter ihnen gefunden. So ist es ja oft, dass es einer aus dem direkten Umfeld ist.«

Er nickte. »Ja, ich weiß. Wir müssen sehen, wann wir die Fingerabdrücke von denen bekommen, mit denen sie zu tun hatte. Damit können wir anfangen auszuschließen.«

Natalie merkte, dass er mit dem Gedanken spielte, nach Hause zu gehen. Er hatte jetzt schon zwei Mal auf die Uhr gesehen und sich ein wenig von ihr zurückgezogen, als ob es ihm zu intim würde.

»Und wann kriegt ihr die Ergebnisse?«, fragte sie, um ihn noch ein bisschen länger aufzuhalten.

»Ich werde denen mal ein bisschen Dampf machen. Aber jetzt sollte ich lieber los, es wird spät, und wir müssen morgen früh beide arbeiten.« Er stand auf und sie beeilte sich, es ihm gleich zu tun, damit es nicht aussah, als ob sie mehr von ihm erwartete.

»Ja, bis morgen dann. Komm gut nach Hause.«

Sie stand in der Tür und sah, wie er sich auf seine Harley Davidson schwang. Ärgerte sich darüber, dass nicht mehr passiert war. Vielleicht war es doch kein Date gewesen. Vielleicht hätte sie selbst ein bisschen mehr tun müssen, um ihm klar zu machen, was sie wollte. Impulsiv lief sie ihm nach und küsste ihn schnell auf die Wange.

»Danke, dass du gekommen bist.«

Er schaute sie lange an, dann zog er sie an sich und küsste sie. Es war ihr erster richtiger Kuss. Seine Zunge umkreiste ihre, weich und hingebungsvoll, nicht fordernd vor Begierde. Das enttäuschte sie, reizte sie aber auch. Dann ließ er sie los und setzte den Helm auf. Sie ging ein paar Schritte rückwärts, als er das Motorrad anließ, und plötzlich war er weg. Einsam blieb sie im Gestank des Auspuffs zurück, aber sie lächelte. Es war ein perfekter Abend gewesen, obwohl sie immer noch nicht besonders viel über diesen spannenden, neuen Kriminaltechniker wusste, mit dem sie jetzt ein paar Monate zusammengearbeitet hatte.

7

Der Bericht über die rechtsmedizinischen Untersuchungen im Fall Maja Andersen lag auf Rolands Tisch, als er ein wenig verspätet eintraf, was dem Verkehr geschuldet war, der aufgrund der Bauarbeiten am Hafen und der ersten Etappe der Leichtbahn zur gleichen Zeit unberechenbar war. Es gab Verkehrsprobleme in der ganzen Stadt. Er las den Bericht zwischen kleinen Schlucken frischgebrühten Kaffees, der sicher nur deswegen besser zu schmecken schien, da er – anstelle der weißen Plastikbecher, die es im Polizeipräsidium gab – seine eigene Real Fabricca Ferdinandea-Porzellantasse mitgebracht hatte. Eine neue Studie zeigte, dass Frauen, die freiwillig Sex gehabt hatten, die gleichen vaginalen Verletzungen haben konnten wie Frauen, die Opfer einer Vergewaltigung geworden waren, deswegen konnte die rechtsmedizinische Untersuchung vor Gericht nicht immer als Beweis angeführt werden, aber in diesem Fall gab es keinen Zweifel. Isabella hatte Recht – Männer waren Schweine! Jedenfalls Männer wie der hier. Roland schüttelte schockiert den Kopf, als er las, was die junge Frau hatte durchleiden müssen und welche schweren Verletzungen sie dadurch erlitten hatte. Jetzt war ihr Leben ruiniert. Wegen der perversen sexuellen Neigungen eines solchen Psychopathen würde sie nie Kinder bekommen können. Leider keine DNA. Das Kriminaltechnische Zentrum hatte auch nicht mit Hinweisen auf die Identität des Vergewaltigers dienen können. Nicht ein einziger Anhaltspunkt. In Rolands E-Mail-Posteingang verkündete eine E-Mail, dass nur Majas Fingerabdrücke und die von zwei ihrer Freundinnen und Freunde in der Wohnung sichergestellt worden waren. Es war vermerkt, dass der Täter vielleicht Handschuhe getragen hatte. Roland hoffte, dass die Befragung der Freunde und Bekannten des Opfers zu einer schnellen Verhaftung führen würde. Als er den Bericht zuklappte, stieß er beinahe mit dem Ellbogen die Tasse zu Boden. Er seufzte erleichtert, als er sie auffing und nur ein bisschen Kaffee auf dem Tisch verschüttete.

Sie war neapolitanischer Herkunft, mit einem handgemalten Landschaftsmotiv: Ein rauchender Vesuv hinter Ruinen und Zypressen, von einem vergoldeten Lorbeerkranz umrahmt; sie hatte seiner Mutter gehört. So viel er wusste, kam sie ursprünglich aus dem kleinen Antiquitätenladen seiner Tante im Zentrum Neapels, und er hatte keine Ahnung, wie viel sie eigentlich wert war. Irene hatte die Tasse nie gemocht.

Er hatte gerade den Kaffee aufgewischt und war aufgestanden, bereit, zum morgendlichen Briefing zu gehen, als Kurt Olsen in sein Büro kam.

»Sie hat es nicht geschafft«, sagte er heiser, und in seinen Augen stand ein fast panischer Ausdruck.

»Wer?«

»Maja. Maja Andersen. Das Vergewaltigungsopfer.«

»Hat es nicht geschafft … was meinst du?«

»Sie ist letzte Nacht gestorben.«

Roland setzte sich wieder.

»Ist bei der OP etwas schief gegangen?«

Kurt schüttelte den Kopf. »Nein, die ist problemlos verlaufen. Reine Routineangelegenheit für den Chirurgen. Sie hatte einen Herzstillstand.«

»Herzstillstand. Noch einer …«, murmelte Roland.

Kurt nickte nachdenklich. »Ja, aber sie war echt zu jung dafür. Wir stehen also nicht länger mit einem Vergewaltigungsfall da, jetzt geht es um Mord. Lasst uns zusehen, dass wir zur Morgenbesprechung kommen.«

Roland fiel es schwer, diese Information zu verdauen. Er musste daran denken, wie erschüttert Isabella nach der Befragung von Maja gewesen war. Wie würde sie das hier aufnehmen? Er stand auf und nahm den rechtsmedizinischen Bericht vom Schreibtisch, ehe er dem Vizepolizeidirektor folgte.

Hafid Ahmed hatte stilles Wasser und eine Thermoskanne mit Kaffee aus der Kantine geholt. Nach dem Vergewaltigungsfall war auch Kim aus dem Urlaub geholt worden, sodass sie vollzählig waren. Er hatte es gerade mal geschafft, eine knappe Woche in dem Sommerhaus an der Nordsee zu verbringen. Die Hitze, die sich bereits in dem kleinen Raum staute, lud nicht gerade zum Verzehr warmer Getränke ein. Hafid, der eifrigste junge Beamte, den Roland je in seinem Team gehabt hatte – und der, wie Roland selbst, mit seinem Urlaub warten konnte – lächelte sein strahlend weißes Lächeln und wünschte akzentfrei einen guten Morgen. Dänische Mutter und marokkanischer Vater. Sehr dunkle Haut, schwarze Augen und Haare. Eine auffällige Narbe am Hals, die Roland jeden Tag daran erinnerte, warum er eingestellt worden war und wieso der Beamte Dan Vang nun im Staatsgefängnis in Ostjütland saß. Ein äußerst verzwickter Fall, der seinerzeit riesige Wellen geschlagen hatte. Die Abteilung war gerade erst dabei, sich davon zu erholen. Das Misstrauen in die Polizei war noch größer geworden nach dem Vorfall, der bewies, dass Polizisten eben auch nur Menschen waren. Es galt, einen Ruf wiederherzustellen. Dan Vang wurde nun kaum von jemandem vermisst; er hatte in den Jahren, die er bei der Polizei war, nie wirklich etwas geleistet und Hafid war ein richtig guter Tausch, alle mochten ihn, selbst Mikkel Jensen, obwohl Hafid nicht verheimlichte, dass er Moslem war. Aber Roland wünschte dennoch niemandem das Schicksal, das Dan Vang widerfahren war.

Der Vizepolizeidirektor eröffnete die Besprechung damit, über Maja Andersens plötzlichen und unerwarteten Tod zu informieren. Roland beobachtete Isabellas Gesicht, während Kurt sprach. Sie wirkte sichtlich angespannt und um ihre Mundwinkel bemerkte er ein leichtes Zucken.

»Das kann nicht stimmen!«, unterbrach sie Kurt heftig, der sie wütend und zugleich verdutzt anschaute. Er war es nicht gewohnt, unterbrochen zu werden.

»Sie lag nicht im Sterben, als ich mit ihr geredet habe. Sie war bei klarem Verstand und hat auf alle meine Fragen geantwortet. Es kann ganz einfach nicht stimmen, dass sie tot ist!«

Roland war kurz davor, sie daran zu erinnern, dass Maja ihr, wie sie selbst erwähnt hatte, ein paar Mal ›entglitten‹ sei, aber er wollte

Isabella nicht in ein schlechtes Licht rücken und noch weniger Kurt erneut unterbrechen. Er war vor Aufregung schon ganz rot im Gesicht, kein gutes Zeichen.

»Wir haben es also offensichtlich mit Mord zu tun. Der Täter muss gefasst werden. Und zwar umgehend!«, fuhr Kurt fort und ignorierte Isabellas kleinen Einwand. Sie schaute nach unten auf den Tisch und schüttelte verständnislos den Kopf.

»Was habt ihr bei den Vernehmungen gestern herausgefunden?« Kurt sah Roland an und gab damit den Ball weiter. Er schenkte sich Kaffee in seinen Plastikbecher ein, ohne den Blick von ihm abzuwenden.

Roland öffnete eine Flasche kaltes Wasser und schaute in seine Notizen.

»Isabella hat Maja Andersen befragt, aber die konnte ihren Vergew… den Täter«, verbesserte er sich, »nicht beschreiben. Sie war ins Bett gegangen und eingeschlafen, als sie plötzlich überfallen und vergewaltigt wurde. Es lässt sich schwer feststellen, ob er sie vergewaltigt hat, bevor er sich mit einem bislang unbekannten Gegenstand an ihr vergangen hat. Die Verletzungen waren jedenfalls so stark, dass die Gebärmutter des Mädchens entfernt werden musste. Aufgrund einer inneren Blutung musste es sehr schnell gehen, sodass die technischen Untersuchungen nicht so gründlich durchgeführt werden konnten … markante Verletzungen an den Handgelenken und Knöcheln zeigen, dass sie gefesselt war.«

Kurt Olsen verzog das Gesicht, Hafids dunkle Augen ruhten aufmerksam und besorgt auf Roland, Isabella schaute immer noch auf den Tisch, Niels drehte seinen Kaffeebecher in den Händen, Kim starrte Löcher in die Luft und Mikkel machte sich Notizen.

»Wir wissen also immer noch nicht, was er benutzt hat?«, fragte er. Er hatte einen schläfrigen Ausdruck in den Augen und offenbar Zeit gehabt, gestern Nachmittag zum Friseur zu gehen. Er hatte nun eher eine Glatze als einen Bürstenschnitt. Vielleicht hatte Isabella ihm mit dem Rasierer geholfen, überlegte Roland.

»Leider nicht. In ihrer Wohnung wurde nichts gefunden. Die Techniker haben überall gesucht nach … vielleicht sollten wir es jetzt die Mordwaffe nennen … und Maja Andersen konnte nicht sagen, was es war. Sie hat während des Tathergangs das Bewusstsein verloren.«

»Was sagt die Rechtsmedizin denn über diesen …« Kurt Olsen fuchtelte mit der Hand in der Luft, während er nach dem Wort suchte, »… Gegenstand?«

»Den Verletzungen nach zu urteilen ist er hart, ziemlich groß und vielleicht scharfkantig. Natalie meint, er sei vielleicht scharf und viereckig, aber sie kann es nicht mit Sicherheit sagen, daher haben wir keine Ahnung, wonach wir suchen sollen.«

»Scheißdreck!«, murmelte Kim und erhielt einen schnellen, zustimmenden Blick von Isabella.

»Ich habe im Wartezimmer des Krankenhauses mit Majas Freundin gesprochen, Nanette Sunds. Sie hat einen Schlüssel für Majas Wohnung und behauptet, die Tür sei abgeschlossen gewesen, sodass sie aufschließen musste, um reinzukommen. Maja hat den Täter also entweder selbst hineingelassen oder er hatte auf andere Weise Zugang zu der Wohnung. Du hast gestern Nachmittag mit Nanette gesprochen, oder, Isabella? Hast du etwas Neues erfahren?«

Isabella schluckte hörbar und riss sich zusammen. Als sie begann zu sprechen, war ihre Stimme ein wenig belegt, aber dann war es, als ob sie sich warmredete.

»Es stimmt, das Nanette einen Schlüssel zu Majas Wohnung hat und umgekehrt, wir müssen wohl einfach glauben, dass Nanette aufgeschlossen hat.«

»Es gab ja auch keine Einbruchspuren, deswegen ist es wohl am wahrscheinlichsten, dass sich der Täter, als Maja vom Spinning nach Hause gekommen ist, bereits in der Wohnung aufgehalten und irgendwo versteckt hat, bis sie eingeschlafen war«, sagte Niels.

Isabella warf ihm einen warnenden Blick zu. Sie mochte es ebenso wenig unterbrochen zu werden wie Kurt Olsen.

»Majas Freund, Carsten Hald, ist bei Nanette aufgetaucht, während ich da war, also konnte ich auch mit ihm sprechen. Er wirkte aufrichtig erschüttert darüber, dass Maja vergewaltigt wurde und bereute, nicht bei ihr geblieben zu sein, und was, wenn sie nun …« Sie stockte und schielte zu Kurt Olsen, der die Stirn runzelte. Für persönliche Meinungen zu diversen Fällen gab es keinen Platz in seinem arbeitsreichen Alltag, und Isabella wusste das nur zu gut. Frauen seien zu emotional, das vergeude wertvolle Zeit und beeinträchtige die Objektivität, hatte er sie einmal zurechtgewiesen.

»Alle gaben unabhängig voneinander dieselbe Erklärung ab, daher wirkt sie sehr glaubwürdig«, schloss sie.

»Die Fingerabdrücke in der Wohnung waren nur Majas eigene und die einiger Freunde. Hatten die alle ein Alibi für die Nacht von Sonntag auf Montag?«

Isabella nahm einen Schluck Wasser aus ihrem Glas, bevor sie nickte.

»Ich habe es noch nicht geschafft, sie alle zu überprüfen, aber bei all denen, die ich befragt habe, stimmt es.«

»Okay, du checkst noch den Rest. Wir müssen herausfinden, wie sich der Täter Zutritt zu Majas Wohnung verschafft hat, ohne dass sie es bemerken konnte.«

Hafids Goldkettenarmband rasselte, als er sich die dunklen Haare aus der Stirn strich. »Ja, wie ist er verflixt nochmal reingekommen, ohne die Tür aufzubrechen? Sie hat doch im dritten Stock gewohnt und außerdem gibt es an der Haustür eine Gegensprechanlage. Habt ihr daran gedacht?«, fragte er.

»Die Gegensprechanlage! Ja, aber dann muss irgendjemand den Täter wohl hereingelassen haben, als er geklingelt hat. Habt ihr mit den Nachbarn gesprochen?« Kurt Olsen öffnete hektisch den obersten Knopf seines Hemdes und riss ihn dabei beinahe ab, sodass einige weiße, lockige Haare auf seiner Brust sichtbar wurden.

»Mit denen, die wir angetroffen haben. Ein Paar war verreist, aber dann kommen sie ja sowieso nicht infrage«, schlussfolgerte Hafid logisch.

»Nein, nicht, wenn sie vor Sonntagnacht verreist sind. Dieses Paar habt ihr also nicht erreicht?«

»Ich jedenfalls nicht«, antwortete Hafid und schaute die anderen fragend an, aber niemand hatte etwas dazu zu sagen.

»Okay, um die kümmert ihr euch gleich. Und nun zu unserem anderen Fall mit der verschwundenen Leiche. Wie weit ist die Aufklärung da? Der Bürgermeister hat heute Morgen angerufen, er wartet auf meinen Rückruf. Was soll ich ihm sagen?«, seufzte Kurt Olsen resigniert und rieb sich seinen verschwitzten Nacken.

»Wir warten auf die Ergebnisse der DNA-Analyse der Haare, damit wir wissen, woher sie stammen«, entgegnete Roland.

»Ja, aber, zum Teufel, von wem können die denn sonst stammen als von der Leiche?«

»Sie stammen nicht von einem Menschen, meinen die Techniker.«

Aber Roland war es auch leid, auf Antwort zu warten. Er sah die langwierige Analysearbeit vor allem als Zeitverschwendung, aber so war nun einmal das Procedere. Die Analyse des Bluts aus Maja Andersens Schlafzimmer lag auch noch nicht vor. Aber konnte es von jemandem anders als ihr stammen? Beweise waren das einzige, was sie herbeischaffen sollten. Dokumentierte Beweise, andernfalls würde jeder Verteidiger sie vor Gericht auseinandernehmen. Vielleicht hatten sie auch Glück, und das Blut gehörte zu Majas Täter, also hieß es, geduldig abzuwarten.

»Hat die Familie ihn nicht im Sarg liegen gesehen? Aufbahrung in der Kapelle ist doch recht üblich geworden«, schnarrte Kurt Olsen weiter.

Roland schüttelte den Kopf. »Die Familie hatte sich entschieden, auf den Bestatter zu hören, der davon abgeraten hat. Er muss nach dem Unfall keinen besonders schönen Anblick geboten haben. Besonders sein Gesicht war ziemlich in Mitleidenschaft gezogen. Sie konnten ihn nicht ordentlich schminken, daher …«

Alle saßen schweigend da und starrten auf einen unsichtbaren Punkt in der Mitte über dem Tisch.

»Wie kommen wir weiter?«, fragte Kim schließlich und richtete die Brille, die den verschwitzten Nasenrücken herunterrutschte. Noch ein heißer Morgen hatte die Temperaturen weiter hochgeschraubt, und im Laufe des Tages würde es fast unmöglich sein, sich in den Räumen aufzuhalten. Mit offenen Fenstern hatten sie den Lärm der Hafenbaustelle zu erdulden, aber das mussten sie dann in Kauf nehmen. Roland hatte ebenfalls Schweiß auf der Stirn und spürte nasse Flecken unter den Armen seines kurzärmeligen Hemds. Hilflos schaute er zu Kurt Olsen, denn ihm fiel einfach keine Antwort ein, doch da rettete ihn ein Klopfen an der Tür. Der Diensthabende kam herein.

»Entschuldigt die Störung, aber ich bin davon ausgegangen, dass das hier nicht warten kann. Gerade ist ein neues Opfer gefunden worden. Ebenfalls eine junge Frau. Vergewaltigt. Anscheinend die gleiche Vorgehensweise. Sie ist gestorben. Wurde erwürgt und verprügelt, vielleicht nicht gerade in dieser Reihenfolge.«

Kurt Olsen schaute anklagend zu Roland. »Das hier war doch verdammt nochmal nicht in der Presse, sodass andere auf dumme Ideen gebracht worden sind?«

Roland hielt abwehrend beide Hände in die Luft.

»Aus unserer Abteilung ist nichts durchgesickert, das kann ich dir versprechen, aber mit diesen Journalisten weiß man ja nie. Die haben sich natürlich auf Majas Freunde gestürzt, die vielleicht sogar Schlange gestanden haben, um in die Zeitung zu kommen.«

Kim murmelte irgendetwas und drehte sein iPad, das er immer mit sich herumschleppte, sodass der Bildschirm zu Roland zeigte. Er konnte wegen des reflektierenden Lichts nichts erkennen. Kurt kniff ebenfalls die Augen zusammen.

»Nachrichten-Online«, erklärte Kim und hob die dunklen Augenbrauen, was ihn wie eine ältere Ausgabe von Harry Potter aussehen ließ. Er las die Überschrift vor. »Das hier wurde gestern hochgeladen: *Außergewöhnlich schwere Vergewaltigung! Schlafende Frau mit unbekanntem, scharfem Gegenstand in ihrer eigenen Wohnung vergewaltigt.* Hier wird genau beschrieben, wie der aussehen könnte. Das, was du gerade gesagt hast, Roland«, Kim schaute ihn für einen kurzen Augenblick schockiert an, bevor er fortfuhr. »Und das hier wurde heute frühmorgens hochgeladen: *Vergewaltigungsopfer tot! Mörder immer noch auf freiem Fuß! Wo ist die Polizei? Man hört nichts von ihr!*«

»Wie zum Teufel haben die das erfahren?«, zischte Kurt. »Wir müssen diese Pressekonferenz einberufen, obwohl wir noch nicht darauf vorbereitet sind, sonst gerät das Ganze völlig aus der Spur. Na, seid ihr bereit, wieder auszurücken?«

8

Anne schwitzte, obwohl es erst halb sieben morgens war, und spritze sich in dem winzigen Gäste-WC, das zu den neuen Räumlichkeiten gehörte, kaltes Wasser ins Gesicht. Es war auf Dauer unzumutbar geworden, die Redaktion in Nicolajs Wohnung am Marselis Boulevard zu haben, also hatte er einige freie Räume in einem Haus in der Frederiks Allee angemietet. Näher an allem dran. So viel sie wusste, waren sie früher als Lager für ein Schuhgeschäft – oder war es ein Taschengeschäft? – benutzt worden. Jedenfalls hatte sich der Übelkeit erregende Ledergeruch in den Räumen festgesetzt, und es war viel instand zu setzen gewesen. Nicolaj hatte sich um das Ganze gekümmert. Oder besser gesagt, für das Ganze bezahlt. Er hatte einen ihr unbekannten Betrag von seinem Vater geerbt, der vor einem halben Jahr gestorben war, und sie hatte nicht gegen seinen plötzlichen Entschluss protestiert, in andere Räumlichkeiten zu ziehen. Jetzt hatte sie es nicht mehr weit zur Arbeit, es waren nur ein paar Minuten zu Fuß. Es war eine ganz gemütliche kleine Redaktion geworden mit einem Extraraum für Besprechungen. Das Bad war jedoch nicht renoviert worden und sah nicht besonders einladend aus. Tropfende Wasserhähne, die im Laufe der Zeit rostfarbene Streifen in dem Porzellanwaschbecken hinterlassen hatten, und dicke bräunliche Kalkränder in der Kloschüssel, ganz zu schweigen von dem Gestank aus dem Abfluss, der bei Regen besonders schlimm war. Aber wie Nicolaj sagte, sollten sie sich ja auch nicht überwiegend dort aufhalten, Schreibtische für die Computer und Sitzgelegenheiten würden reichen. Sie betrachtete ihr Gesicht in dem fleckigen Spiegel. Sauberer hatte sie ihn nicht bekommen. Die Zeit als Reinigungsassistentin hatte sie doch ein kleines bisschen geprägt; sie konnte keinen Schmutz mehr sehen, ohne den Drang zu verspüren, sauberzumachen. Das machte sich so gesehen auch in ihrem Beruf als Journalistin bezahlt. Ihr Gesicht sah genauso müde aus, wie sie sich fühlte. Sie hatte letzte Nacht nicht viel geschlafen. Esben war zu Besuch gekommen und das bedeutete immer schlaflose Nächte. Ihr tat alles weh und sie hielt ihre Handgelenke unter kaltes Wasser. Zum Glück waren die Spuren nicht so deutlich, sodass Nicolaj sie hoffentlich nicht bemerkte. Esben schnürte die Fesseln nicht besonders fest, es reichte, dass sie da waren, um ihm das Gefühl zu geben, Macht über sie zu haben. Sie sollte die Unterwerfung spüren. Sie schauderte, aber nicht aus Unbehagen. Die Scham war deutlich als eine intensive Röte in ihrem Gesicht zu sehen. Heute, am Tag darauf, konnte sie sich aus einer gewissen Distanz betrachten; das, was sie sah, gefiel ihr nicht. War das wirklich sie? Diese andere Seite von ihr, die niemand anders kannte. Ihr gemeinsames kleines Geheimnis. Er hatte versucht sie zu überreden, mit in den SM-Club zu kommen, aber da zog sie dann doch eine Grenze. Sie wusste, dass er selbst ab und zu dort Gast war, aber das machte ihr nichts aus. Sie war nicht einmal eifersüchtig. Vielleicht war sie bloß mittlerweile abgestumpft. Vielleicht war ihr die Fähigkeit, Liebe zu empfinden, zusammen mit Adomas abhandengekommen. Sie nahm ein frisch gewaschenes Handtuch von dem halbverrosteten Haken und trocknete sich das Gesicht ab. Schaute wieder in den Spiegel. War sie außerstande, etwas zu fühlen? Traute sie sich nicht, aus Angst vor einem erneuten Verlust? Genoss sie Esbens harte Behandlung, weil sie es verdiente, bestraft zu werden? Das mit Adomas war ihre Schuld gewesen. Sie schüttelte über sich selbst den Kopf. Vielleicht könnte ein Psychologe all die törichten Fragen beantworten, aber sie wollte mit so einem Experten, der in der menschlichen Psyche herumwühlte, nichts zu tun haben. Es gab zu viel Mist auszugraben. Nein, sie empfand bloß nichts für Esben. Jedenfalls keine Liebe, so war das einfach. Es war nur Sex. Nicht mehr. Harter und brutaler Sex, wie sie es offenbar wollte.

Sie hörte, dass Nicolaj gekommen war, und beeilte sich, aus der Toilette zu kommen, rannte ihn beinahe um, da er auf dem Weg hinein war, um Wasser für die Kaffeemaschine zu holen.

»Mann, hast du mich erschreckt! Du bist schon hier?«, japste er und griff sich demonstrativ ans Herz.

»Anscheinend, und jetzt krieg bitte keinen Herzinfarkt, ja.«

Sie hörte, dass er den Wasserhahn anmachte und ihr wurde schlecht, wie immer, wenn sie sich vorstellte, Wasser aus diesem ekligen Wasserhahn trinken zu müssen.

»Nein, davon gibt's in letzter Zeit echt genug«, rief er, um das Rauschen des Wassers zu übertönen.

»Was meinst du damit? Denkst du an den Grabschänder?«, fragte sie und schaltete den Computer an. Er fuhr mit einer gewaltigen Beschleunigung der Lüftung hoch. Einige Computer waren in der Sommerhitze ausgefallen.

»Unter anderem … und an das Vergewaltigungsopfer.«

Nicolaj kam aus der Toilette und goss Wasser in den Behälter der Kaffeemaschine. Sie versuchte sich damit zu trösten, dass er es immerhin nicht aus der Kloschüssel geholt hatte.

»Was meinst du?«

Nicolaj warf Kaffeebohnen in die Mühle, die einen Augenblick lang alle anderen Geräusche übertönte. So mochte er seinen Kaffee am liebsten – frischgemahlen – danach gab er ein paar Löffel voll in den Filter. Bald ließ der Duft sie den verkalkten und rostigen Wasserhahn vergessen.

»Sie ist letzte Nacht gestorben. Auch an einem Herzstillstand.«

Annes Inneres gefror zu Eis, ohne dass ihr jedoch dadurch weniger heiß war.

»Was sagst du? Woher weißt du das?«

»So wie es aussieht warst du wohl noch nicht auf Nachrichten-Online.«

»Nein, ich bin gerade erst gekommen. Aber da steht ja wohl auch nicht, woher du das weißt, oder?«

Er blinzelte ihr bloß frech zu.

»Okay, dein Kontakt«, sagte sie dann wie selbstverständlich und hatte auf ihrem Bildschirm die Datenbank aufgerufen, mit der sie die Homepage aktualisierten. »Du hast um halb fünf aktualisiert, wie ich sehe. Kriegst du so früh am Morgen Bescheid?« Sie hörte selbst, dass in ihrer Stimme ein Hauch von Neid lag. Es war ihr nicht gelungen, einen neuen Informanten zu finden, nachdem ihrer auf unbestimmte Zeit im Gefängnis gelandet war.

Nicolaj schenkte Kaffee in zwei Becher und stellte einen vor Anne auf den Schreibtisch.

»Ich habe es nicht von der Person erfahren, von der du es glaubst«, neckte er sie weiter.

»War es dann jemand aus dem Krankenhaus? Es muss doch einer sein, der …«

»Zerbrich dir darüber mal nicht den Kopf, Anne. Ich habe meine Kontakte, du deine.«

»Ach, und wen habe ich wohl?«, entgegnete sie sauer und nippte an dem heißen Kaffee, obwohl sie lieber etwas Kaltes zu Trinken gehabt hätte.

»Benito! Rolando Benito!« Er sprach den Namen übertrieben italienisch aus mit extra gerolltem r und einem t wie ein sehr weiches d.

Sie konnte nicht anders als zu lächeln. Er ist echt keine große Hilfe, dachte sie. Aber das Eis im Magen war trotz des heißen Kaffees nicht geschmolzen. Das Mädchen war tot. Jetzt war der Vergewaltiger plötzlich zum Mörder geworden. Vielleicht war das überhaupt nicht seine Absicht gewesen. Sie dachte wieder an Esbens brutale und dennoch weiche Hände und daran, wie sie seine Berührungen genossen hatte. Was hatte Maja gefühlt? Es war ihr nicht gelungen, ein Interview mit ihr zu bekommen. Das Traumazentrum ließ die Presse nicht hinein und sie hatte nur einige von Majas Freundinnen erwischt, die auch nicht besonders viel über sie erzählen konnten. Sie waren alle zu betroffen von dem Vorfall, und nur eine einzige war sehr mitteilungsfreudig gewesen. Fast *zu* eifrig. Natürlich keine, die Maja sonderlich nahe stand, sodass Anne nicht wusste, wie viel sie auf das, was sie erfuhr, geben sollte, aber das war jedenfalls die Grundlage ihres gestrigen Artikels gewesen, in dem sie eine ganz gewöhnliche junge Frau beschrieben hatte, die studierte, in ihrer Freizeit Sport trieb und verrückt nach ihrem Freund war, der das Wochenende bei ihr verbracht hatte, am Sonntagabend aber zurück nach Kopenhagen gefahren war, wo er wohnte. Aber wie war der Vergewaltiger in die Wohnung gekommen, wenn sie im dritten Stock wohnte? War es nicht unglaubwürdig, dass sie ihn nicht selbst hineingelassen hatte? Was hatte Maja Andersen zu verbergen versucht? Benito hatte sie ebenfalls nicht erreichen können. Und dann war da auch noch diese andere merkwürdige Sache mit dem Grabschänder und der verschwundenen Leiche, über die er ebenfalls kein Wort verlor. Aber endlich! Endlich war etwas Spannendes passiert! Sie konnte es kaum erwarten, sich in die Recherche zu stürzen, es war so lange her, seit sie an einem Fall gearbeitet hatte. Wenn es doch bloß nicht so verflucht heiß wäre und ihr nicht alles wehtun würde. Sie ging einige Nachrichten durch. Ein weniger interessanter Diebstahl in einem Juweliergeschäft auf dem Ströget landete ganz unten im Stapel, und eine Frau in Lystrup wurde 100 Jahre alt, darum durfte Nicolaj sich kümmern. Sie schnappte sich den Kriminalstoff, er um alles andere. Das war die Absprache.

Nicolaj erreichte das Redaktionstelefon vor ihr, als es plötzlich die Stille mit einer lauten, pulsierenden Tonfolge durchbrach, die alle Nervenfasern zum Zittern bringen konnte. Sie hatte viel zu langsam reagiert. Gespannte Aufmerksamkeit schimmerte in Nicolajs grünen Augen, während er zuhörte, und er schaute sie die ganze Zeit an.

»Und du meinst also, es ist die gleiche Vorgehensweise?« Er nickte, setzte sich und notierte etwas auf seinem Schreibblock. Anne explodierte fast vor Neugier, es ging um etwas Großes, das konnte sie sehen. Nicolaj hatte diesen Gesichtsausdruck, den er bekam, wenn ihn etwas wirklich schockierte, was tatsächlich nicht oft vorkam. Sie wandte den Blick nicht von ihm ab und versuchte zu lesen, was er notierte, konnte es aber nicht sehen. Endlich legte er auf.

»Neue Vergewaltigung letzte Nacht. Das Mädchen ist gestorben.«

Anne brachte keinen Ton heraus. Nicolaj reichte ihr einen Zettel mit einer Adresse, schnell hingekritzelt, sie konnte sie gerade so entziffern.

»Wenn du schnell bist, kannst du die Erste sein.«

Sie riss ihm den Zettel aus der Hand, schnappte sich ihre Kamera und wirbelte aus der Tür wie ein Orkan.

Die Hitze schlug ihr unten auf der Straße entgegen, wo die heiße Luft flirrte, wie sie es nur in einer stickigen Stadt kann. Der Geruch von Abgasen war sehr markant und ihre Übelkeit nahm zu. Sie hatte kein einziges Polizeiauto gesehen oder gehört und plötzlich fühlte es sich wie früher an, wenn sie vor ihnen da war. Wer wohl Nicolajs Kontakt war? Aber das war jetzt egal. Es war nicht so weit, sie würde ganz sicher zur gleichen Zeit wie die Polizei eintreffen. Jetzt würde Roland Benito nicht mehr umhinkommen, sich zu der Sache zu äußern.

9

Er hatte geglaubt, es würde schwer werden, aber das war es überhaupt nicht gewesen. Der Tote lag auf einer Bahre mit einem weißen Tuch bedeckt. Der Bestattungsassistent hatte es zur Seite gezogen, sodass sie die Daten auf dem kleinen Schild überprüfen konnten, das an dem leblosen, grauen großen Zeh des Mannes hing, der von einem gelblich-blauen, verhornten Zehnagel geschmückt wurde.

Pia glich die Daten mit ihren Unterlagen ab. Sie stimmten überein. Dann überließ der Assistent ihnen die Arbeit. Das Einzige, was ihn gerade erschüttert hatte war, das Bein des Mannes zu berühren: Es fühlte sich an wie die kalten Schweinekörper an den Haken in der Schlachterei der *Danish Crown*, die er oft zum Spaß getätschelt hatte, während er mit einem der Schlachter gesprochen hatte. Der Mann hatte im Kühlraum des Krankenhauses gelegen. Aber er sah aus, als ob er bloß schliefe. Sie hatten ihn gewaschen und seine Haare frisiert, die dünn und ganz weiß waren. Sie hatten ihm die Kleidung angezogen, die seine Witwe ihnen in einem gebrauchten Pappkarton überreicht hatte, einen feinen Anzug – als ob er im Himmel zu einer Vorstandssitzung eingeladen wäre, hatte Pia geflüstert, obwohl nur sie drei und der Tote anwesend waren. Dann hatten sie ihn in den Sarg gelegt. Erling packte anstelle von Pia an, die Rückenprobleme hatte und nicht schwer heben durfte. Kjeldsen wog über 80 Kilo. Zusammen mit dem Sarg, der 50 Kilo wog, würde das Gesamtgewicht, das ins Grab heruntergelassen werden sollte, 130 Kilo betragen. Die Branchenvorschriften für Bestatter und Angestellte in Krematorien, die Andreas extra nachgelesen hatte, schrieben vor, dass Hebevorrichtungen als Hilfsmittel verwendet werden sollten. Doch Pia wollte, dass es manuell erledigt wurde. Alles andere empfand sie als würdelos, auch, wenn keine Angehörigen vor Ort waren. Andreas sah ein, dass alles immer noch im Sinne seines Vaters vonstattenging – oder besser gesagt seines Großvaters; damals gab es keine Hilfsmittel. Er war kurz davor, zu protestieren, schwieg jedoch. Trotz allem war er neu im Fach und so schlimm war es auch nicht, die Leiche in den Sarg zu heben. Erling war ein großer, starker Kerl und übernahm den Großteil des Gewichts. Pia bettete den Kopf des Toten auf dem Kissen, das die Gattin ebenfalls mitgebracht hatte, zugedeckt werden sollte er jedoch nicht. Die Arme wurden dicht an den Körper gelegt. So machte es noch stärker den Eindruck, als schliefe er nur. Niemand sollte den Verstorbenen sehen, daher hatte Erling den Sargdeckel sofort mit vier Schrauben befestigt. Obwohl es in dem

Raum kühl gewesen war, war Andreas heiß geworden; der Schweiß hatte sich wie eine klebrige zweite Haut auf seine Stirn gelegt, und das Hemd klebte an seinem Rücken. Die Hitze war für die meisten Bestatter ein großes Problem, hatte Pia erklärt, während sie Kjeldsen ankleideten. Es gab einen Mangel an Kühlräumen für die Aufbewahrung der Toten, weil viele kleine Krankenhäuser im Umland im Laufe der Jahre geschlossen worden waren. Sie hatten Glück, in der Stadt Aarhus zu wohnen, die gute Kühlräume zur Verfügung stellte, sowohl auf dem Westfriedhof als auch hier in der Uni-Klinik. Die schlimmsten Toten, hatte Pia unterstrichen, waren die, die aus der Volkskirche ausgetreten waren. Viele ahnten nicht, was das bedeutete, außer, dass das Begräbnis teurer wurde, da die Kosten für das Ausheben und das Zuschütten des Grabes nicht mehr durch die Kirchensteuer abgedeckt war. Es war auch nicht länger die Rede von einer Kirchlichen Beerdigung oder Beisetzung, und oft musste der Bestatter die Rede selbst halten, die sonst der Priester hielt, wenn keiner der Angehörigen oder Freunde dies tun wollte. Andreas fragte sich beunruhigt, was er noch alles lernen sollte. Musste er jetzt auch noch Priester spielen?

Kjeldsen war glücklicherweise Mitglied der Volkskirche gewesen und der Priester hatte die Zeremonie in der Vejlby Kirche vorbereitet. Alles war glatt gegangen mit einem schnellen Begräbnis, wie von den Hinterbliebenen gewünscht. Andreas fühlte sich erfolgreich in diesem Punkt und Pia hatte ihn danach, wenn auch ein wenig widerwillig, für seinen Einsatz gelobt. Anfängerglück, hatte sie mit einem Aufblitzen in den Augen spöttisch hinzugefügt.

Die Sonne strömte durch die hohen Fenster in die Kapelle und blendete die Trauergemeinde, als die Tür geöffnet wurde. Rote Rosen und weiße Lilien leuchteten zwischen all dem Grün auf dem hellen Birkenholzdeckel des Sarges auf. Die Wärme breitete sich in Andreas' Brust aus. Plötzlich war der Tod ansehnlich. *Sie* hatten ihn ansehnlich gemacht. Es überwältigte ihn, dass er eine solche Befriedigung verspürte. Pia hatte die Sargdekoration in einem Blumengeschäft auf dem Weg zur Kapelle abgeholt. Andreas war mit ihr gefahren, Erling den Leichenwagen. Jetzt stand er rückwärts vor der Tür geparkt und Erling kam hinein, um den Bahrwagen zu bedienen, der den Sarg zum Auto fahren sollte. Wenn der Tote erst einmal im Sarg lag, hatte Pia Gott sei Dank nichts dagegen, dass ein Sargroller benutzt wurde. Erling bewegte sich geübt und routiniert, obwohl er hinkte, und Andreas erinnerte sich plötzlich daran, wie oft er ihn hatte trösten müssen, als sie noch gemeinsam zur Schule gingen, wo er permanent gemobbt wurde, weil er der Sohn eines Bestatters war, zu dick, ein hitziges Temperament hatte, stotterte und hinkte. Später fanden sie heraus, dass Erling nicht in eine gewöhnliche Klasse gehen konnte, und er kam in eine Förderklasse. Von da an war es fast so, als ob die anderen Angst vor ihm hatten. Der Junge war ja nicht normal. Andreas hatte oft selbst die gleiche Furcht verspürt, aber jetzt, als Erwachsener, merkte man Erling seine Andersartigkeit kaum mehr an. Bis er anfing zu stottern und einen mit diesen leicht schielenden, blassen Augen anschaute. Pia steuerte den Wagen in die richtige Richtung, eine Hand auf der Seite des Sarges, und Erling brachte ihn auf die Höhe des Kofferraums, sodass er auf Schienen leicht ins Auto gleiten konnte. Andreas sah neugierig zu. Er hatte die Arbeit seines Vaters nie verfolgt, wie es seine zwei Geschwister getan hatten. Nur Abstand davon genommen. Das bereute er nun, denn andernfalls hätte er jetzt nicht bei Pia in die Lehre gehen müssen.

Auf dem Weg zur Kirche erklärte Pia ihm den weiteren Ablauf. Er lauschte schweigend und nickte, wenn Pia ihm einen schnellen Blick zuwarf, sodass sie verstand, dass er zuhörte. Wenn der Sarg erst auf seinen Platz gesetzt und die Blumen arrangiert waren, hatten sie in der Kirche nichts mehr zu tun, bis sie später die Beileidskarten einsammeln würden, um sie der Angehörigen zu überreichen. Die Sträuße und Kränze würde der Totengräber nach der Zeremonie aufs Grab legen, das war dieses Mal nicht ihre Aufgabe, könnte es aber sonst auch mal sein.

»Die Witwe will nicht, dass wir an den Feierlichkeiten teilnehmen, daher ist dies einer der leichteren Aufträge«, lächelte Pia.

Sie saßen eine Weile schweigend da. Pia hatte nichts von dem Besuch der Polizei erwähnt, das wunderte ihn.

»Hast du gestern mit der Polizei gesprochen?«, fragte er.

Pia schaute ihn kurz an, bevor sie einen Bus überholte, der gerade eine Haltestelle anfuhr.

»Mit der Polizei? Nein, wie kommst Du darauf?«

»Ein Kriminalkommissar, der nicht ganz dänisch aussah, war gestern hier und wollte mit uns reden.«

»Worüber denn?« Pia schaute vom Rückspiegel auf.

»Keine Ahnung. Ich habe sie an dich verwiesen. Ich weiß ja nichts, jedenfalls noch nicht. Soviel ich weiß ging es um einen Verstorbenen, der verschwunden ist.«

Pia lachte heiser.

»Das klingt doch zu verrückt, findest du nicht? Ein Toter kann ja nicht einfach verschwinden. Aus dem Grab oder was?«

»Wie gesagt weiß ich es nicht. Ich dachte, er hätte dich kontaktiert. Er hat gesagt, das würde er tun.«

»Aha, hat er aber nicht. Vielleicht ist dieser Tote ja wieder aufgetaucht«, spottete sie mit einem schiefen Lächeln.

Sie hatten gerade die Vejlby-Risskov-Halle passiert und die Kirche beinahe erreicht, als ihr Handy klingelte. Pia nahm den Anruf entgegen, aber Andreas bemerkte, dass in ihrem Blick etwas aufflackerte, das sie vor ihm zu verbergen versuchte.

»Endlich«, sagte sie gedämpft. »Wann?«

Sie schielte zu ihm und lächelte entschuldigend. Sie waren angekommen, sie hielt den Wagen an und zog die Handbremse. Der Leichenwagen stand bereits an der strahlend weißen Kirche. Erling hatte die Hintertür geöffnet und den Sargroller nach draußen in den Kies gezogen.

»Steig aus und hilf Erling. Der Sarg muss an seinen Platz, bevor die Gäste ankommen. Ich bin gleich da«, flüsterte Pia gedämpft, während sie das Telefon ein Stück vom Ohr weghielt.

Andreas ging zur Kirche und half seinem Bruder dabei, den Sarg auf den Bahrwagen zu platzieren. Pia telefonierte im Auto immer noch. In das Gespräch war mehr Dynamik gekommen, nachdem er gegangen war. Wer hatte angerufen und derart großes Interesse bei seiner sonst so leidenschaftslosen Schwester geweckt?

10

Die Kriminaltechniker waren gerade eingetroffen und ein paar Beamte waren dabei, mit dem rot-weißen Band den Tatort abzusperren, als sie bei dem Haus ankam. Der Mord war im vierten Stock in einer Wohnung in der Grönnestraße passiert. Anne mochte diese Straße mit ihrer abwechslungsreichen Architektur sehr, von kleinen, gemütlichen Bauernhäusern mit Stockrosen am Mühlpfad über kasernenähnliche Gebäude und Fachwerkhäuser bis hin zu modernen Bauten gab es hier alles. Jetzt war dort ein Mord geschehen und in der stickigen, heißen Straße herrschte eine bedrückte Stimmung. Anwohner und Passanten versammelten sich allmählich zu einer kleinen Menschentraube und beobachteten das Geschehen neugierig. Sie konnte Benito nicht entdecken, daher wartete sie artig hinter dem Absperrband und machte ein paar Bilder von den Kriminaltechnikern und der Rechtsmedizinerin, die nun gemeinsam mit ihrem Fotografen ankam. Nicolaj und sie konnten es sich nicht leisten, einen Fotografen in ihrer kleinen Redaktion einzustellen. Selbst die großen waren jetzt in der Krisenzeit gezwungen gewesen, ihren professionellen Fotografen zu kündigen und ihre Journalisten selbst Fotos machen zu lassen. Und wie schwer konnte das mit einer Digitalkamera sein? Es war nicht länger der gebürtige Engländer Henry Leander, der sich in der Rechtsmedizin um die Toten kümmerte. Jetzt war es eine junge Frau. Die Zeiten änderten sich. Anne überlegte, ob sie Nicolajs Kontakt sein könnte. Kannten sie sich womöglich von früher? Sie sah genauso jung aus wie er. Die Rechtsmedizinerin ignorierte die Menschenmenge ganz professionell. Athletisch beugte sie sich unter dem Absperrband durch und ging mit ihrem großen, schwarzen Koffer in der Hand durch die Tür ins Haus hinein. Anne hatte Lust, mit hinein zu huschen und einige Bilder vom Opfer zu schießen, aber sie wusste, sie würde gestoppt werden, bevor sie auch nur einen Fuß hinter die Absperrung gesetzt hätte. Die beiden Beamten an der Tür beobachteten jeden Einzelnen der Anwesenden und Umherstehenden ganz genau. Es war nicht leicht, einen Mord geheim zu halten mitten in einer Stadt mit so vielen Touristen, noch dazu an einem warmen Dienstagvormittag, an dem viele Urlaub hatten. Dann kamen Roland Benito und sein beinahe glatzköpfiger Begleiter, den sie als Mikkel Jensen wiedererkannte. Keiner von ihnen schaute sie an, und sie sahen ebenfalls niemanden an. Ihre Gesichter waren vor Konzentration wie versteinert, als sie ins Treppenhaus gingen.

»Sie können mir wohl nicht ein bisschen darüber erzählen, was da drinnen passiert ist?«, fragte Anne einen der Beamten, die in ihrer Nähe standen. Die anderen Journalisten tauchten allmählich auf, jetzt ging es darum, schneller zu sein. Er schüttelte abweisend den Kopf. Andere versuchten ebenfalls, etwas aus den Beamten herauszulocken und hielten ihnen Mikrofone entgegen, aber ohne Ergebnis. Sie bekamen bloß die Anweisung, hinter dem Absperrband zu bleiben. Weitere kamen hinzu und riegelten den Verkehr ab. Autofahrer hupten ungeduldig, ein Radfahrer stürzte und schließlich musste ein Beamter auf die Straße gehen und die Leute wegscheuchen. Er wurde sofort von den Journalisten überfallen, als er aus seiner Umzäunung trat, aber Anne blieb in der Nähe des Treppenhauses. Sie wartete auf Benito. Als er endlich aus der Tür kam, war der Ernst ihm keineswegs aus dem Gesicht gewichen, und sein Blick wurde noch härter, als er sie entdeckte. Sein sonst so dunkler italienischer Teint wirkte ganz grau. Sie hatte ihn ganz für sich.

»Benito, du musst etwas darüber erzählen, was da passiert. Das ist der zweite Mord innerhalb von zwei Tagen. Junge Frauen kriegen langsam Angst, allein zu Hause zu bleiben. Kannst du etwas sagen, um sie zu beruhigen?« Sie hielt ihm das Diktiergerät hin. Er starrte es an, als ob es eine tödliche Waffe wäre.

»Woher weißt du, dass es sich um einen Mord handelt?«, fragte er, obwohl das ihre Vermutung nur bestätigen musste.

Sie zuckte die Schultern. »Man hört doch ein wenig, aber stimmt das? Ist es eine weitere Vergewaltigung mit Todesfolge? Der gleiche Täter?«

»Kein Kommentar, Anne.«

»Gibt es denn was Neues über die verschwundene Leiche? Damit müsst ihr doch vorangekommen sein. Haben die Fälle etwas miteinander zu tun?«

Andere Journalisten hatten den Kriminalkommissar entdeckt und waren zu ihnen hingeeilt, was zur Folge hatte, dass Roland das Tempo in Richtung seines Autos erhöhte.

»Ich gebe keinen Kommentar ab und verweise auf die Pressekonferenz später im Polizeipräsidium. Ihr werdet schon Bescheid bekommen«, rief er der Versammlung zu.

Die Journalisten folgten ihm mit den Mikrofonen und die Fotografen gingen seitwärts wie Krabben nebenher. Aber sie schafften es nicht, besonders viele Bilder von ihm zu machen, bevor er sein Auto erreichte, sich hineinsetzte, die Tür fest zuknallte, ohne Rücksicht darauf zu nehmen, ob jemand ein Mikrofon oder eine Nase dazwischen hatte, und wegfuhr.

»Shit!«, fluchte Anne. Die Chance war verpasst. Sie lehnte sich gegen die Mauer des gegenüberliegenden Gebäudes, das mit Graffiti übersät war, zündete sich eine Zigarette an und wartete im Sonnenschein. Es konnte lange dauern, bis sie mit den technischen Untersuchungen fertig waren, vielleicht mehrere Tage, aber irgendwann musste das Opfer hinausgetragen werden. Die anderen Journalisten telefonierten, einige bekamen anscheinend andere Aufträge und zogen still ab. Zum Schluss waren nur noch sie und ein verschwitzter und übergewichtiger anderer Journalist da, und sie beäugten sich, wie es Konkurrenten nun einmal tun, aber sie wechselten kein Wort. Nach einer halben Stunde bekam auch er einen Anruf und trollte sich. Die Rechtsmedizinerin kam eine Weile danach aus dem Haus. Anne drückte schnell Zigarette Nummer zwei an der Mauer aus und eilte zu ihr hin.

»Ich soll von Nicolaj grüßen«, sagte sie keck.

Die Rechtsmedizinerin war dabei, ihren weißen Schutzanzug auszuziehen und schaute sie prüfend an. Ihre Augen waren blau mit türkisfarbenen Sprenkeln, die im Sonnenlicht funkelten. Ihre Haare waren kurz, blond und von der Sonne gebleicht. Einen kleinen Augenblick überlegte Anne, wie sie und Benito miteinander auskamen.

»Ich kenne keinen Nicolaj«, sagte sie abweisend und fing an, ihre Sachen ins Auto zu laden.

Anne traute sich nicht, weiter zu drängen, sie war sich unsicher, ob sie wirklich Nicolajs Kontakt gegenüber stand. Aber *falls*, hatte sie ihr viel zu verdanken.

»Ich komme von den Freelance Journalisten, da, wo auch Nicolaj arbeitet«, versuchte sie es trotzdem.

Die Rechtsmedizinerin schaute sie wieder an. »Wie gesagt kenne ich keinen Nicolaj und ich äußere mich nicht zu dem Fall. Sie müssen mit der Polizei sprechen.« Der Blick war abweisend, aber dennoch neugierig, es war, als ob sie sich Annes Gesicht einprägen wollte. Sie brauchte sehr lange, um ihr Auto zu beladen, und behielt die ganze Zeit das Gebäude im Auge, wo die Bänder in einer plötzlich aufkommenden sommerlichen Brise flatterten. Als ein Techniker mit einer Kamera in der Hand aus der Tür kam und die Kapuze abzog, sodass ihm das halblange Haar über die Stirn fiel, nahmen ihre Augen einen anderen Ausdruck an.

»Wie gesagt müssen Sie mit der Polizei sprechen. Die halten sicher bald eine Pressekonferenz ab«, sagte sie mit einem schnellen Lächeln und setzte sich in ihr Auto. Anne sah, wie sie sich vorbeugte und mit dem Techniker durch das heruntergelassene Fenster sprach, kurz darauf setzte er sich auf den Beifahrersitz. Sie fuhren weg.

Anne knipste einige weitere Bilder von dem Gebäude. Wenn sie den Kopf in den Nacken legte, erwischte sie ab und zu einen kleinen Schimmer eines Schutzanzugs eines der Techniker am Fenster. Sie machte auch ein Bild des Krankenwagens mit getönten Scheiben, der langsam auf sie zukam. Fast schleichend, als ob er nicht gesehen werden wollte. Zwei Beamte dirigierten ihn an den Schaulustigen vorbei, die immer noch da waren. Aber Anne schaffte es nicht, Fotos von der Bahre zu machen, die in den Krankenwagen gehoben wurde, immer stand jemand im Weg. Sie hatte nicht übel Lust, die Gaffer brutal wegzuschubsen, sodass sie ihre Arbeit machen konnte, die schließlich wichtiger war als deren kranke Neugierde. Warum konnten die nicht einfach später darüber im Internet oder der Zeitung nachlesen, wo sie alle Details mitbekommen konnten? Aber dann war auch diese Chance passé und der Krankenwagen fuhr genauso langsam weg, wie er gekommen war. Jetzt bewachte keiner mehr die Eingangstür, und Anne eilte, ohne nachzudenken, zum Hauseingang. Schnell fand sie den Namen der Bewohnerin im vierten Stock rechts. Tanja Borg. Sie lächelte zufrieden. Jetzt gab es etwas, das sie ausgraben und worüber sie in der Redaktion schreiben konnte.

11

»Gleiche Vorgehensweise. Kein Einbruch, gefesselt und grob misshandelt. Auch eine junge Studentin.«

Roland heftete die Fotos vom Tatort mit Magneten an die Tafel und machte das Fenster weiter auf. Er öffnete auch einen weiteren Knopf seines kurzärmligen Hemds, bevor er sich gegenüber von Isabella, Mikkel und Kim niederließ, die den Fall von Kurt Olsen zugeteilt bekommen hatten, der selbst zur Pressekonferenz gegangen war. Um die verschwundene Leiche kümmerten sich jetzt andere Kollegen. »Warum sie wohl so daliegt?«, fragte Isabella heiser.

»Der Täter hat diese Stellung arrangiert«, sagte Roland, der auf eine Reaktion gewartet hatte. Die rechte Hand des Mädchens lag im Schoß und bedeckte ihr Geschlechtsteil, die andere lag auf der linken Brust.

»Keuschheit?«, schlug Kim vor. »Sie versucht, sich zu bedecken.«

»Warum sollte ein Vergewaltiger sie in eine solche Stellung legen?«

»Vielleicht weiß er das nicht mal selbst, Isabella«, meinte Mikkel.

»Vielleicht ein Anzeichen von Reue? Er will sie zudecken. Verbergen, was er getan hat«, war Isabellas Vorschlag.

»Wir wissen es nicht. Es kann Zufall sein und vielleicht nichts zu sagen haben. Leider hat er keine Fingerabdrücke hinterlassen.« Roland öffnete ein Mineralwasser, es war eiskalt. Die Flasche war beschlagen. Er wollte sie gegen seine Stirn pressen. Die Kohlensäure zischte, als er ins Glas einschenkte.

»Ist es das gleiche Seil wie das, mit dem Maja gefesselt war?«, fragte Kim. »Weiß die Kriminaltechnik, welches?«

»Eine harte Sorte. Vielleicht Nylon.«

»Wer benutzt wohl Nylonseile?«, dachte Mikkel laut.

»Die meisten. Viele Handwerker und Fischer«, informierte Kim.

»Das untersuchst du, Kim.« Roland nahm ihn sofort beim Wort. Er war ohnehin am besten in dieser Art Geduldsaufgabe.

»Wir sind ja alle Händler durchgegangen, als wir im Gitte-Mord ermittelt haben«, erinnerte sich Kim. »Kann man diese Informationen nicht vielleicht gebrauchen, wenn ich sie finde?«

»Das war kein Nylonseil, das war ein Manilaseil, das ist ein Naturprodukt, das ist nicht das gleiche«, stellte Mikkel fest.

Einen Augenblick lang wurde es am Tisch ganz still. Nur Isabella sah unbeeindruckt aus, registrierte aber den Stimmungsumschwung und schaute sie fragend an. Damals, als das kleine Mädchen erwürgt in einem Müllcontainer in Brabrand gefunden worden war, war sie noch nicht dabei gewesen. Es war *das Puppenkind* genannt worden.

Mikkel studierte die Fotos der beiden jungen Frauen. Roland hatte sie an die weiße Tafel geheftet und ihre Namen in blau darunter geschrieben. Maja Andersen und Tanja Borg.

»Zwischen den beiden Mädchen gibt es ja keine Ähnlichkeiten. Die eine ist blond und geschminkt, die andere brünett und natürlich. Aber sie haben beide kurze Haare. Ganz gewöhnliche Typen, die nicht besonders aus der Menge hervorstechen.« Mikkel war derjenige, der das Thema wechselte.

»Hast du zu viele Krimis über Serienmörder geguckt? Das gab es hier in Dänemark noch nicht, dass ein Geisteskranker aufgrund irgendeines Kindheitstraumas oder einer dominanten Mutter ausschließlich blonde oder brünette Frauen ermordet.«

Kim sagte das mit einem kleinen, trockenen Lächeln, so etwas sah man in seinem stets souveränen und ernsten Gesicht sonst eher selten.

»Das gab es *noch* nicht, meinst du! Irgendwann ist ja immer das erste Mal. Vielleicht ist die Art, wie sie positioniert ist, seine Signatur«, gab Mikkel zurück.

»Das hier darf unter keinen Umständen an die Presse kommen. Fangen sie erstmal an über einen mutmaßlichen Serienmörder in Aarhus zu schreiben, wird sich selbst die Weltpresse für den Fall interessieren. Serienmord ist eine Riesenneuigkeit hier im Norden. Aber Mikkel ist da an was dran. Wir müssen herausfinden, ob die beiden Mädchen etwas gemeinsam haben, das uns auf die Spur des Täters bringen kann. Wenn es nicht ihr Aussehen ist, kann es etwas Anderes sein. Ein gemeinsamer Sport, ein Hobby, Kurs oder so etwas. Zwischen ihren Wohnungen liegen nicht mehr als circa sechshundert Meter. Sie können ins gleiche Fitnessstudio, auf die gleiche Abendschule oder was auch immer gegangen sein. Roland deutete auf die Karte von Aarhus, die hinter ihm an der Wand hing.

»War da nicht was, dass ein Serienmörder in der Regel in einem bestimmten Radius der Tatorte wohnt? Ich meine, das lehren sie an der FBI Academy in Quantico«, sagte Mikkel und prüfte die Karte.

»Wieder Serienmord. Man spricht nicht von Serienmord, bevor nicht mindestens vier Menschen getötet wurden«, kam es erneut belehrend von Kim.

»Wer guckt jetzt zu viele Krimis?« Mikkel schaute Kim höhnisch an.

»Schluss damit! Wir reden nicht von einem Serienmörder. Der Mann scheint von Vergewaltigungen getrieben zu sein, das ist doch ganz sicher ein sexuelles Motiv.« Roland wusste genau, dass die Hitze allen zu schaffen machte, sie wurden gereizt und bissig und wer würde auch nicht lieber zu Hause im Garten sitzen, die Füße in einem Bottich mit kaltem Wasser und ein frisch gezapftes Bier vor sich.

»Was meinst du, Isabella?« Es gefiel ihm nicht, dass sie so schweigsam war. Das sah ihr nicht ähnlich, erst recht nicht, wenn sich die Jungs in den Haaren lagen, aber sie saß bloß da und starrte auf die Fotos der beiden jungen Frauen.

»Es gibt ja auch den Begriff des *Serienvergewaltigers*. Der Amager-Mann ist uns allen ja noch frisch im Gedächtnis und vielleicht haben wir es hier mit so einem Typen zu tun«, sagte sie nachdenklich.

»Dann muss er trotzdem noch zwei weitere erwischen, bevor man es als Serie bezeichnen kann«, kommentierte Mikkel mit einem spöttischen Blick zu Kim.

»Und das müssen wir verhindern«, beeilte sich Roland einzugreifen, bevor Kim zurückschlug.

»Warum nimmt er die Stricke wieder mit? Und was ist wohl bei Maja schief gelaufen? Sie hat er ja nicht getötet. Also falls es der gleiche Täter ist«, schloss Isabella.

»Isabella und Mikkel, versucht die Nachbarn, Familien und Freunde der beiden zu erreichen. Findet heraus, ob die Mädchen etwas gemeinsam hatten. Kim, überprüf' alle Vergewaltiger aus unserer Kartei. Sie müssen ein Alibi für jede Millisekunde des Todeszeitpunkts haben. Und dann kannst du Natalie und das Kriminaltechnische Zentrum kontaktieren und alle möglichen Zusammenhänge beider Tatorte auflisten, die untersucht werden sollen. Es muss auch bald eine Rückmeldung von Tanjas Obduktion kommen. Niels ist dabei.«

»Niels? Warum bist du nicht ... was machst du dann?«, wollte Isabella wissen, während alle drei auf einmal aufstanden.

Roland schaute auf die Uhr. »Ich habe eine wichtige Verabredung mit Irene. Sie hat mich gebeten, bei einem Gespräch dabei zu sein. Es geht um eine Untersuchung, für die sie letzte Woche in einer Privatklinik war.«

Es war ein schwieriges Thema für alle in der Abteilung, dass seine geliebte Ehefrau im Rollstuhl saß. Vor allem, weil er selbst nicht besonders offen damit umging. Er hatte nur notgedrungen ein wenig von der kleinen Besserung erzählt, die es im letzten Jahr gegeben hatte. Tatsächlich, seit Irene zum zweiten Mal Oma geworden war und sich aus ihrem Rollstuhl erhoben hatte, um es ihm durchs Fenster im zweiten Stock nach unten in den Garten zuzurufen. Man wusste ja nie, ob es vielleicht bloß ein Reflex gewesen war und es dennoch nie wieder besser als jetzt werden würde. Die Ärzte hatten sich skeptisch und verwundert ihren Bericht darüber angehört, was an dem Wintertag passiert war, als Olivias Zwillinge geboren worden waren, denn dass eine reine Emotion solche Wunder bewirkte, war höchst unwahrscheinlich. Irenes Wirbelsäule hatte dauerhaft Schaden genommen und sie war für den Rest ihres Lebens an den Rollstuhl gefesselt. Aber Roland hatte nie die Hoffnung verloren. Man hörte so viel über kleine Wunder, die passierten, und die nur zeigten, dass die Ärzte nicht immer Recht hatten. Der Wille war der größte Faktor für eine Genesung, meinte er. Leider hatte Irene den nach den vielen Rückschlägen, die sie erlitten hatte, verloren. Aber *er* würde alles dafür tun, dass Irene ihr Leben zurückbekäme. Es war einfach nicht gerecht, dass ein Verrückter es innerhalb weniger Sekunden zerstören konnte, bloß, weil er unzufrieden mit der Entscheidung seiner Sozialarbeiterin war.

»Habt ihr angefangen, Privatkliniken zu konsultieren?«, fragte Isabella vorsichtig.

»Die öffentlichen haben ja aufgegeben und sagen, dass sie nicht mehr tun können, was blieb uns also anderes übrig?«

Er konnte an ihren Gesichtern ablesen, was sie dachten, aber er würde sich nie mit dieser Tatsache abfinden.

»Können die in der Privatklinik Irene denn helfen?«, erkundigte sich Mikkel.

»Das werden wir heute vielleicht wissen.«

Die neue Privatklinik lag in Skejby, hatte aber nichts mit der Uniklinik in Skejby zu tun. Es war jedoch eine gute Adresse. Irene hatte die Anzeige in der Zeitung gesehen und er hatte sie natürlich darin bestärkt, es dort mit einer Untersuchung zu probieren. Das Gebäude war ganz neu und modern. Es herrschte eine angenehme und beruhigende Atmosphäre, sobald sie die helle, barrierefreie Vorhalle betraten. Ein Arzt mittleren Alters empfing sie und nahm sie mit in sein Sprechzimmer, in dem man durch große Fenster einen Ausblick auf den Egå Engsø hatte. Er bat Roland, Platz zu nehmen, und setzte sich mit einem freundlichen Lächeln in dem sonnengebräunten Gesicht ihnen gegenüber an den Schreibtisch. Er trug einen schimmernden Ehering, der ganz neu aussah, wie das Interieur, und strahlte auf Anhieb Autorität und Kompetenz aus. Roland sah sofort, dass Irene es ebenso auffasste und wusste, welch große Bedeutung es für den Ausgang dieses Gesprächs haben würde. Er selbst fühlte sich ein bisschen nervös. Worüber wollte der Arzt mit ihnen sprechen? Rolands Hände lagen auf der blankpolierten Armlehne des Stuhls.

»Willkommen in der Privatklinik Mollerup. Ja, sie ist weder nach dem Wald noch nach dem Golfplatz benannt«, bemerkte er mit einem Schmunzeln. »Der Gründer der Klinik heißt Carsten Mollerup. Ich heiße Kenneth Rissvang und bin gerade erst aus den USA zurückgekehrt, wo ich neun Jahre lang als Chirurg tätig war. Haben Sie etwas dagegen, wenn wir uns duzen?«

Chirurg? Roland wunderte sich einen Augenblick lang darüber, dass das Gespräch mit einem Chirurgen und nicht mit einem Allgemeinmediziner stattfand, aber er nickte und Irene antwortete, dass es nichts ausmache, wenn sie nicht formell seien, im Gegenteil.

Kenneth Rissvang schaltete einen großen, modernen Bildschirm hinter sich an. Wilhelm Conrad Röntgens Erfindung im Jahre 1895 war natürlich auch digitalisiert worden. Roland konnte Schatten auf dem dunkelgrauen Röntgenbild erkennen, und er verstand nicht viel von dem, was er sah.

»Ja, ich weiß, das sagt euch wohl nicht so viel, aber wie ihr vielleicht sehen könnt, ist die Verletzung von Irenes Wirbelsäule hier.«

Er deutete auf eine Stelle, die Roland deutlich sehen konnte, jetzt, wo explizit darauf hingewiesen wurde.

»Rückenmarkverletzte können in zwei Gruppen eingeteilt werden: die Paraplegiker und die Tetraplegiker. Die Erstgenannten haben Verletzungen unter dem siebten Rückenwirbel, wie es auch bei Irene der Fall ist. Eine Verletzung, die Lähmungen in den Beinen, in der Blase und im Darm verursacht und oft auch die Sexualfunktion stören kann. Diese Verletzung bewirkt, dass du nicht laufen kannst. Du gehörst also zu der Gruppe der Paraplegiker«, sagte er und schaute Irene freundlich und direkt an. »Ansonsten bist du völlig gesund. Dein Herz arbeitet perfekt und all die übrigen Organe sind ja fast wie bei einer Zwanzigjährigen.«

Irene erwiderte das Lächeln geschmeichelt. Diese Art Komplimente bedeuteten einer Frau über 50 sicher eine Menge. Roland überlegte, ob er wohl den gleichen Bescheid bekommen würde, wenn er sich zu einer gründlichen Untersuchung seines nicht allzu trainierten Körpers durchränge. Das Schwimmen in Ballehage war bestimmt nicht genug, selbst wenn das Winterbaden das Herz stärkte, das redete er sich jedenfalls ein, und die Wanderungen mit Angolo trugen sicher auch nicht außerordentlich zu seiner Gesundheit bei. Aber immerhin besser als nichts.

»Aber was ist mit der Verbesserung, die wir an dem Tag gesehen haben, als Irene aus dem Rollstuhl aufgestanden ist?«, fragte er und nahm unwillkürlich Irenes Hand, die schlaff auf der Armlehne des Rollstuhls lag.

»Ja, das hat sicher viele Ärzte im Krankenhaus verwundert, kann ich mir vorstellen, aber mich nicht«, erklärte der Chirurg. »Das sagt mir, dass Irenes Rückgrat geheilt werden kann. Es gibt Impulse, die bei Beeinträchtigungen funktionieren, und das gilt es auszunutzen.« Er lächelte freundlich und Roland musste ganz automatisch das Gleiche tun. Irene hatte Tränen in den Augen.

»Soll das heißen, dass ich vielleicht wieder laufen kann?«

Kenneth drehte sich zu seinem Computerbildschirm und gab etwas in den Computer ein. Sie sahen nur die Rückseite des Bildschirms.

»Wie ich sehe, ist es ungefähr zwei Jahre her, dass du durch das Projektil verletzt wurdest. Das ist eine lange Zeit, aber ich erzähle euch mal eine kleine Geschichte. Wollt ihr übrigens etwas Kaltes trinken? Das ist ja eine ganz schöne Hitze im Moment.«

Er hatte einen Minikühlschrank in seinem Büro, aus dem er eine Karaffe mit stillem Wasser holte.

»Eingerichtet aufgrund der großen Nachfrage bei den Temperaturen«, bemerkte er lächelnd er und schenkte in drei Gläser ein. Eine halbe Zitronenscheibe schwamm in der Karaffe und gab dem Wasser einen leichten Zitrusgeschmack. Roland leerte das Glas gierig in einem Zug. Er war durstig und seine Gemütslage ließ ihn die Regeln der Höflichkeit vergessen.

Der Chirurg stellte die Karaffe auf den Tisch und setzte sich wieder ihnen gegenüber, mit einer Miene, als wolle er zwei gespannt wartenden Kindern ein Märchen erzählen.

»Als ich in den USA war, gab es dort einen viel diskutierten Fall, der die Auffassung dessen, wann alle Hoffnung vergeben ist, auf den Kopf gestellt hat. Es handelte sich um einen sechsjährigen Jungen aus Arizona, der eine Querschnittslähmung davontrug, als das Auto seiner Familie von einem anderen Auto gerammt wurde, dessen Fahrer während des Fahrens eine SMS geschrieben hatte. Dieser kleiner Junge landete wie du, Irene, im Rollstuhl und war darauf gefasst, dass er nie wieder ein normales Kind sein würde.«

Er schaute nur Irene an, und das irritierte und freute Roland zugleich, denn er konnte sehen, dass Irene bereits von der Geschichte fasziniert war und ihre Augen vor Hoffnung und Erwartung glänzten.

»Der Junge ging zur Physiotherapie, wie du auch. Eines Tages sagten die Ärzte, sie könnten nichts mehr für den Jungen tun. Aber seinen Eltern fiel es schwer, das zu akzeptieren.« Jetzt wurden die freundlichen hellbraunen Augen auf Roland gerichtet.

»Sie kämpften weiter und fanden eine Möglichkeit. Stammzellentherapie. Aber die Behandlung war in den USA nicht möglich, sodass sie in Panama vorgenommen wurde. Sie kostete ungefähr 180.000 dänische Kronen, die die Familie nicht aufbringen konnte, aber mithilfe von Fundraising und der Unterstützung großzügiger Menschen bekamen sie das Geld zusammen. Der Sohn wurde behandelt und machte so große Fortschritte, dass die Eltern nicht daran zweifeln, dass er eines Tages tatsächlich wieder laufen wird. Es ist nur eine Frage der Zeit.«

Roland sah, dass Irene Tränen die Wangen hinunterliefen und er drückte ihre Hand noch fester, auch, um sie in die Wirklichkeit zurück zu holen. Es ging um sie, nicht um einen kleinen Jungen in Arizona, der vielleicht einfach nur Glück gehabt hatte.

»Aber muss ich dann nach Panama?«, fragte sie endlich bewegt, als ob das die größte Herausforderung wäre.

Kenneth Rissvang lächelte und legte eine sonnengebräunte Hand auf ihren Arm.

»Nein, das ist die gute Nachricht. Die Operation kann hier in Dänemark vorgenommen werden. Hier in der Klinik. *Ich* kann sie vornehmen.«

Roland lehnte sich auf dem Stuhl zurück und wusste nicht, was es für Gefühle waren, die in seinem Magen und Brustkorb rotierten. Eine Operation an der Wirbelsäule. Dem Rückenmark. Das klang so schrecklich lebensgefährlich.

Irene schaute ihn an und an diesen Blick würde er sich bis ans Ende seiner Tage erinnern, so viel Freude und Hoffnung hatte er noch nie zuvor bei irgendeinem Menschen gesehen.

»Gibt es da kein Risiko?«, fragte er den Chirurgen, obwohl er genau wusste, dass es Irenes Freude trüben könnte.

»Bei Operationen gibt es immer Risiken. Wie immer im Leben. Aber seit diesem Fall, den ich gerade geschildert habe, wurden eine Menge dieser Operationen durchgeführt, sie sind allesamt erfolgreich verlaufen und hatten eine Menge positiver Resultate. Die Patienten hatten danach eine viel bessere Lebensqualität.«

Irene schaute den Arzt mit großer Bewunderung im Blick an.

»Und du meinst, mir kann auch geholfen werden?«

»Ganz sicher. Wenn die Impulse da sind, müssen wir lediglich einen Spender finden.«

Roland hatte gewusst, dass es ein *Aber* gab. Spender fielen nicht vom Himmel, sie waren Mangelware und viele Patienten warteten jahrelang vergeblich auf ein neues Organ.

»Es gibt leider nicht viele Spender«, bestätigte der Arzt Rolands Gedanken. »Die gute Nachricht ist, Irene, dass ich schon einen Spender für dich habe. Aber …«

»Aber …«, wiederholte Irene, als ob ihr wieder alle Hoffnung genommen wurde.

»Aber wir müssen auch über den finanziellen Aspekt sprechen«, fuhr der Chirurg fort und schaute wieder Roland an, der sich unter seinem Blick wand.

»Alles in allem beläuft es sich mit Spender, Operation und Nachsorge auf ungefähr 200.00 Kronen.«

»Ja, aber wir bezahlen unsere Steuern, wir sind krankenversichert und wir …«

»Nun ist es so, dass die Öffentlichen Kassen diese Behandlung in Dänemark nicht unterstützen. Also zumindest *noch* nicht, daher …«

»Wir sprechen hier doch wohl nicht von einer experimentellen Behandlung?« Alles in Rolands Körper sträubte sich gegen diesen Gedanken. Irene sollte kein Versuchskaninchen für eine illegale Operation werden, da machte er ganz sicher nicht mit. Schon gar nicht zu diesem Preis. Woher sollten sie all das Geld nehmen?

»Nein, nein, überhaupt nicht! Ich habe viele von diesen Behandlungen in den USA durchgeführt und mit den allerbesten Forschern zusammengearbeitet. Das ist kein Hokuspokus, aber die dänischen Behörden sind ja immer skeptisch, wenn es um neue Behandlungsmethoden geht. Ethik und so etwas. Dänische Forscher verfolgen diese Behandlungsform mit großem Interesse, und wenn sie die Ergebnisse in den USA und in Asien sehen, dann wird es nicht mehr lange dauern. China ist am weitesten damit, diese Art von Behandlungen durchzuführen, sie können wirklich gute Resultate vorweisen.« Kenneth lächelte und erhob sich. Er nahm eine Broschüre aus einem Regal hinter sich und reichte sie Irene.

»Jetzt könnt ihr mal hineinschauen, darin steht alles über die Transplantation, sodass ihr ganz in Ruhe herausfinden könnt, ob das nicht die Lösung ist, um Irene wieder ein besseres Leben zu geben.« Wieder schaute er zu Roland, der sich beeilte, Irene über die Schulter und auf die Broschüre zu gucken, in der sie bereits eifrig blätterte.

»Ich lasse euch einen Augenblick alleine, ich komme gleich wieder.« Der Arzt verließ sein Büro mit dem obligatorischen aufmunternden Lächeln und schloss die Tür hinter sich.

»Guck, Rolando, das klingt gar nicht so gefährlich, es wird ein paar Monate dauern, aber stell dir vor, wenn nun ...«

Sie schaute ihn an und all seine Gegenargumente waren kurz davor, zusammenzubrechen.

»Ja, aber Irene ... wir wissen doch nicht, ob es hilft. Das ist viel Geld und die Methode ist illegal. Ich bin Polizist, und ...«

Seine Stimme wurde immer schwächer, da er selbst hörte, wie er bloß Wort für Wort die Hoffnung zerstörte, die er die ganze Zeit versucht hatte, in Irene keimen zu lassen. Jetzt, wo sie wieder welche hatte, versagte er. Wut blitzte in ihren Augen auf – oder war es Enttäuschung? Tiefe Enttäuschung.

»Du denkst jetzt also nur an deinen Job. Mal wieder! Und Geld? Ist es nicht wichtiger, dass ich hier rauskomme?« Sie schlug so heftig mit den Handflächen auf die Armlehnen des Rollstuhls, dass

Roland zusammenzuckte. »Wenn ich einfach aufstehen könnte, wie damals an dem Tag, könnte ich viele Dinge endlich wieder allein tun. Unter anderem auf die Toilette gehen. Wenn du wüsstest, wie erniedrigend es jedes Mal ist, wenn ... jedes Mal ...« Sie schnaubte und schüttelte bloß den Kopf. »Ist dir das wirklich nicht wichtiger als dein Polizeijob und das verdammte Geld?«

Ihre Worte trafen ihn wie ein Schlag. Wäre ihm damals, an diesem Abend, sein Job nicht wichtiger gewesen, würde sie vielleicht überhaupt nicht da sitzen. Wenn er da gewesen wäre, um sie zu retten, wenn ...

»Die Antwort darauf kennst du doch genau, Irene. Natürlich ist deine Gesundheit wichtiger als alles andere!«

»Das Geld können wir beschaffen, wir können mein Auto verkaufen. Wir haben sicher viele Dinge, die wir verkaufen können. Wir können eine Hypothek auf das Haus aufnehmen, es gibt eine Menge Möglichkeiten.«

»Irene, es geht nicht um das Geld. Sondern ...« Er fuhr sich mit einer Hand durch die Haare, das an den Schläfen schweißnass war. »Ich habe Angst, Irene! Irgendetwas kann schief gehen. Ich kann dich völlig verlieren, und ...« Seine Stimme brach und er sah sofort eine Veränderung in ihren braunen Augen, sie wurden mit einem Mal wieder liebevoll. Jetzt war sie diejenige, die ihre Hand auf seine legte und sie fest und überzeugend drückte.

»Natürlich hast du Angst, Rolando. Die hab ich auch. Aber wenn die das schon in Panama und China können!«

12

Der Junge saß hier oft. Eigentlich immer, wenn er eine Chance fand abzuhauen, durch das Wäldchen zu laufen und hierhin zu seinem Geheimplatz bei den Klippen zu kommen, einfach dazusitzen und auf auf die See zu gucken. Er wusste nicht, dass es so hieß. Seine Welt bestand nur aus Eindrücken. Seiner Sehkraft und den Gerüchen. Dem Geschmack. Aber er war nicht so dumm, wie die meisten glaubten. Nur weil er taub auf die Welt gekommen war, bedeutete das nicht, dass er blöd war. Taubstumm wurde er sogar genannt, aber seinen Stimmbändern fehlte nichts, er konnte bloß nicht lernen, sie zu etwas anderem als den merkwürdigen Lauten zu gebrauchen, mit denen er zu kommunizieren versuchte, die aber niemand verstand. Sie hatten es aufgegeben, also hatte er es auch. Er lebte in seiner eigenen Welt ohne Geräusche. Jetzt konnte er dasitzen und den Wellen zuschauen, die die Küste trafen, und den Schiffen, die ruhig in den Svaneker Hafen segelten. Das Gehirn seinen eigenen Rhythmus finden lassen. Ruhe finden und in Frieden sein. In der Regel dauerte es lange, bis sie bemerkten, dass er weg war, und anfingen nach ihm zu suchen, und es konnte dunkel werden, bevor sie es taten oder er selbst zurückging. Meistens bekamen sie es überhaupt nicht mit, wenn er den Großteil des Tages weggewesen war. Eigentlich durfte er nicht alleine draußen herumlaufen. Das durfte keines der Kinder, die im Heim wohnten. Sie waren krank. Nicht normal. Sollten überhaupt nicht existieren.

Die Möwen kreisten über etwas, das an die Küste getrieben wurde und gegen die Klippen schlug. Im Meer schwamm viel herum, aber so etwas wie das hatte er noch nie gesehen. Es sah wie ein kleiner blauer Koffer mit weißem Deckel aus. Die Möwen waren sehr neugierig und tauchten sogar danach, ohne sich aber so recht näher zu wagen. Der Koffer war vom harten Schlagen gegen die Klippen kaputt gegangen. Die Möwen waren sehr an seinem Inhalt interessiert. Jetzt wurde er auch neugierig und ging in Richtung Meer. Endlich passierte mal etwas Spannendes und Abwechslungsreiches; im Heim waren die Tage alle gleich. Die Klippen waren an einigen Stellen gelb von Algen und in der Sonne so heiß geworden, dass es unter den nackten Füßen brannte. Weiter unten waren die Felsen nass und glatt, daher passte er auf, nicht auszurutschen und im Meer zu verschwinden, wie er es einmal jemanden hatte tun sehen. Einen Touristen, der am äußersten Klippenrand geangelt hatte. Er hatte dagesessen und ihn aus seinem Versteck heraus beobachtet, gesehen, dass er nichts fing. Sich darüber amüsiert. Plötzlich war der Mann ausgerutscht und in dem dunklen Wasser verschwunden. Er hatte versucht, denen am Hafen zu erzählen, was er gesehen hatte, aber niemand verstand ihn und sie jagten ihn weg wie ein lästiges Insekt. Einige Tage später hatte er dagesessen und den Toten angesehen, der weiter oben an der Küste an Land geschwemmt worden war. Er wagte sich nicht nah dran, sondern hatte sich oben auf dem Felsen aufgehalten. Die Möwen hackten schon in seine Augenhöhlen, es dauerte lange, bis die Leiche gefunden wurde. Seitdem hatte er sich still verhalten, egal, was er sah und was passierte, was ihn auf andere noch in sich gekehrter und sonderbarer wirken ließ.

Die Felsen wurden rutschiger, je näher er dem Wasser kam. Kalte Spritzer trafen seine nackten Beine und er schauderte freudig über die Abkühlung an diesem heißen Sommertag. Selbst der Wind vom Meer wirkte nicht so kalt wie sonst. Plötzlich trat er mit einem Fuß in etwas Schleimiges und Glattes, er rutschte aus und landete auf dem Hintern, mit beiden Beinen im Wasser. Er liebte es, im Meer zu baden, durfte es aber nicht, außer wenn Erwachsene dabei waren. Einer der Steine schnitt in seinen Fuß, oder vielleicht war es auch eine Scherbe von einer zerbrochenen Flasche. Das Salzwasser brannte in der Wunde und das Blut färbte es rot. Rot war auch das, was aus dem Koffer schwappte, wenn er von den Wellen ergriffen wurde. Die Möwen wurden immer aufgeregter und kreisten über ihm. Eine stieß dabei so weit hinab, dass sie mit ihrem Flügel seinen Nacken streifte; es fühlte sich wie ein Schlag an und er erschreckte sich, weil sie von hinten gekommen war und er sie nicht gehört hatte. Eine zweite Möwe erwischte etwas, das im Wasser lag, etwas, das aus dem Koffer geglitten war und mit der Strömung hinaustrieb, es war auch rot, oder eher rotbraun. Der Geruch ließ ihn an ein Weihnachtsfest denken, an dem einer der Pädagogen auf die Idee gekommen war, dass die Kinder sehen sollten, wie ein Schwein geschlachtet wurde. Es war zwar schon tot gewesen, als sie in die große Küche gekommen waren, aber er sah, wie der Schlachter den Bauch des Tieres aufschlitzte und die Eingeweide herausnahm. Er konnte nicht hören, was gesagt wurde, aber der Anblick und der Geruch reichten ihm vollkommen. Fasziniert hatte er zugesehen, während viele der anderen Kinder einen Brechreiz bekamen und aus der Küche stürzten. Er hatte etwas von dem, was aus dem Schwein gekommen war, angefasst, es war warm und weich gewesen. Aber jetzt war er mehr an dem Koffer als an dessen Inhalt interessiert, er war schön, obwohl er ein wenig zerkratzt war, er konnte ihn benutzen, um feine Dinge darin zu verstecken, die andere nicht sehen durften. Er leerte den verbleibenden Inhalt aus, und jetzt wurde ihm ebenso schlecht wie den anderen Kindern damals. Das hier roch auch anders, es stank. Die Möwen waren sofort da und stürzten sich hungrig darauf, wie er es sie mit Fischabfall hatte machen sehen, den die Fischer am Hafen vor den Augen der Touristen wieder ins Meer warfen. Er lächelte zufrieden und spülte den Koffer im Wasser sauber. Sollte er ihn mit nach Hause in sein Zimmer nehmen? Er war sich nicht sicher, beschloss dann aber, ihn an seinem Geheimplatz zwischen den Felsen zu verstecken, sodass die anderen Kinder ihn nicht stehlen konnten. Er sammelte ein paar hübsche Steine und Muscheln und legte sie hinein. Den Deckel konnte er schließen, wenn er fest drückte. Dann ging er zurück zu den Klippen und setzte sich wieder in die Sonne. Die Möwen zankten sich in der Luft und zerrten an dem, was er für sie ins Wasser geworfen hatte. Er lachte laut.

13

Es fiel ihm schwer, sich zu konzentrieren, als er zurück ins Polizeipräsidium kam. Die Büros waren leer, alles stand so still wie die Luft; hier konnte man kaum atmen. Waren alle einfach nach Hause gegangen? Er wusste, dass das sicher nicht der Fall war, obwohl es völlig berechtigt gewesen wäre. In einer derart heißen

Sommerperiode wunderte er sich darüber, dass man in Dänemark keine Siesta einführte wie in seinem Heimatland. Um diese Tageszeit war da unten alles geschlossen, alle waren zu Hause, um gemeinsam mit der Familie zu essen und sich zu entspannen, bis es kühler wurde und die Geschäfte und Behörden wieder öffneten. Und momentan war es nicht einmal in Neapel so heiß wie hier. Kurt Olsen war noch nicht von der Pressekonferenz zurückgekommen und hatte Rolands Abwesenheit wohl gar nicht bemerkt. Gut so! Ihm war bewusst, dass er es in der letzten Zeit übertrieben hatte. Wenn Irene seine Hilfe brauchte und anrief, ließ er auf der Stelle alles stehen und liegen und fuhr zu ihr. Egal, worum es ging. Nach dem Unfall damals hatte er angefangen, seine Prioritäten anders zu setzen. Irene, die Kinder und Enkelkinder kamen nun vor der Arbeit. Das war auch einer der Gründe dafür, dass er sich nicht darum bemüht hatte, Kurt Olsens Nachfolger zu werden. Nächstes Jahr, hatte der Vizepolizeidirektor gesagt, nächstes Jahr wolle er seinen Ruhestand genießen, dann müsse man sehen, wer hier das Ruder übernähme. Ob es ein Externer werden würde oder einer von ihnen. Kurt Olsen hatte direkt ihn angesehen, als er das sagte, hatte Roland den Eindruck gehabt, aber vielleicht war das bloß ein Gefühl gewesen. Mikkel Jensen hatte ja lange an seinem Anspruch auf den Posten gearbeitet, ohne es zu verbergen, und das hatte Roland akzeptiert. Er hatte diese Ambitionen nicht. Mehr Geld bedeutete nur größere Verantwortung und größere Verantwortung bedeutete mehr Arbeit. Aber mehr Geld könnte in der neuen Situation, in der sie sich nun befanden, helfen. Irenes Operation würde teuer werden. Er war immer noch dagegen und wollte nochmals versuchen, sie zur Vernunft zu bringen. Diese Art Transplantationen waren in Dänemark illegal, daher konnte man davon halten, was man wollte, aber es war ja nicht nur das. Was nun, wenn es nicht half, und es Irenes Zustand bloß verschlechtern würde? Vielleicht überlebte sie die Operation nicht. Eingriffe am Rückenmark, und damit am Nervensystem des Menschen, waren nicht ganz ohne Risiko. Der Chirurg hatte das ja selbst gesagt, aber er konnte Irenes Freude und neugewonnene Hoffnung nicht einfach ignorieren und sich nur auf seine eigene Furcht konzentrieren. Es war Irenes Leben und ihre Entscheidung. Die Transplantation würde hier in Dänemark vorgenommen werden, in einem medizinischen System, in das sie beide Vertrauen hatten. Kenneth Rissvang würde sich höchstpersönlich darum kümmern. Er wirkte sehr kompetent und hatte Erfahrungen in den USA gesammelt, die in vielen Dingen so weit voraus waren.

Roland streifte die Schuhe unter dem Tisch ab, seine Strümpfe waren schweißnass. Bei dieser Hitze müssten es Sandalen sein, aber das passte nicht so richtig.

»Wie ist es gelaufen?«, ertönte es von der Tür, die er offen hatte stehen lassen, um ein bisschen Durchzug zu schaffen. Er richtete sich in seinem Stuhl auf und versuchte, Isabella gefasst anzulächeln.

»Gut. Es sieht so aus, dass Irene abgesehen von ihrer Lähmung in einem ausgezeichneten gesundheitlichen Zustand ist. Wie ein junges Mädchen.«

»Das klingt doch richtig toll. Können sie ihr dann in der Privatklinik helfen?« Sie setzte sich nicht, sondern blieb vor ihm stehen wie eine gehorsame Schülerin.

»Das wird die Zeit zeigen. Jetzt müssen wir abwarten.« Er tat, als ob er mit einigen Papieren beschäftigt wäre. »Was habt ihr über die beiden Mädchen herausgefunden?«

»Sie haben nicht viel gemeinsam.« Mikkel, der gerade durch die Tür trat, antwortete. Isabella drehte sich überrascht um, kurz darauf kam Niels mit einigen Unterlagen herein. Sie hatten keine Zeit vergeudet, während er weg gewesen war. Die Obduktion war anscheinend auch abgeschlossen. Roland bemerkte allmählich den Wert der Position eines Vizepolizeidirektors, abgesehen von mehr Gehalt und Geld für Irenes Genesung: die anderen mit den schlimmsten Aufgaben betrauen zu können.

»Setzt euch«, sagte Roland, dem gleich noch wärmer wurde, als sie sich wie eine Mauer um ihn herum aufstellten. Und Niels reichte fast bis zur Decke.

»Aber es ist der gleiche Täter, daran gibt es sicher keinen Zweifel.« Niels legte Tanjas Obduktionsbericht vor ihm auf den Tisch. »Sie wurde wahrscheinlich mit dem gleichen Gegenstand misshandelt, die gleichen Verletzungen wie Maja im Unterleib auf jeden Fall, aber mit der Ausnahme, dass Tanja nicht nur verprügelt wurde, sie wurde auch erwürgt. Sie hat sich stärker zu Wehr gesetzt als Maja, das konnte Natalie an den Verletzungen erkennen. Vielleicht hatte sie noch nicht so tief geschlafen.«

»Oder der Täter macht Fortschritte«, sagte Mikkel tonlos.

»Konnte Natalie Spuren unter den Fingernägeln feststellen?«, fragte Roland.

»Leider keine DNA. Tanjas Nägel waren kurz, fast abgekaut, und sie konnte vielleicht nicht sein Gesicht zerkratzen oder überhaupt die Haut. Aber Natalie hat etwas Wachsähnliches unter dem Mittelfingernagel gefunden. Die Kriminaltechniker kümmern sich gerade darum. Außerdem hatte Tanja Ekzeme auf den Armen und Händen. Aber keiner ihrer Freunde wusste etwas davon, dass sie an Ekzemen litt. Zumindest keiner von denen, mit denen ich gesprochen habe.« Niels kratzte sich das Gesicht.

»Viele junge Leute leiden heutzutage an Allergien und Ausschlägen. Konnte Natalie sagen, welche Form von Ekzem?«

Niels schüttelte den Kopf. »Noch nicht.«

Roland versuchte, den Eindruck zu verbergen, den die Bilder von der Obduktion auf ihn machten. Tanja sah auf den ersten Blick schlimmer aus als Maja.

»Sieht aus, als ob seine Brutalität zunimmt«, bestätigte Niels seine Gedanken. »Ich hoffe echt, wir finden ihn bald.«

»Ist Kurt schon zurück?«, wollte Mikkel wissen. »Was er wohl der Presse gesagt hat?«

Roland war froh darüber, dass sich der Vizepolizeidirektor um die Presse kümmerte. Natürlich nicht, wenn diese Position seine wurde, aber dann konnte einfach veranlasst werden, dass ein anderer diesen Part übernahm. Es fiel ihm schwer, sowohl mitten in einer Ermittlung Zeit dafür zu finden als auch ihre provokanten Fragen zu beantworten, Fragen nach dem Mörder zum Beispiel, ohne ausfallend zu werden.

»Nein, er ist noch nicht zurück. Die Geier sind wohl dabei ihn aufzufressen. Es sind ja sogar zwei Fälle, über die sie informiert werden wollen.«

»Ja, apropos. Was hast du bei dem Bestatter herausgefunden? Hast du etwas aus ihm herausbekommen?« Isabella versuchte ein kleines Lächeln zu verbergen. Der Fall mit diesem leeren Sarg war so spektakulär, dass es schwer war, ihn ernst zu nehmen, aber Roland bewahrte seine ernste Miene.

»Der Bestatter ist eine Frau. Ich gebe zu, dass ich sie noch nicht gesprochen habe. Ihr Bruder hat gerade das Geschäft übernommen und wusste nichts.«

»Es ist doch sicher auch wichtiger, diesen äußerst lebendigen Täter zu finden, oder nicht«, scherzte Mikkel.

»Beides ist wichtig. Ich kontaktiere sie später. Heute war wohl eine Beerdigung, soweit ich das verstanden habe.«

»Dann ist doch bloß zu hoffen, dass der Verstorbene nicht auch noch verschwindet«, spottete Mikkel.

Roland räusperte sich.

»Der technische Bericht über den Sarg liegt in der anderen Akte«, sagte Niels und deutete darauf.

»Die Frage ist, wo in der Kette er verschwunden ist. Wurde er im Krankenhaus obduziert?«, fragte Isabella und setzte wieder eine professionelle Miene auf.

»Nein, sieht nicht so aus. Es war ein Motorradunfall, daher war nicht besonders viel zu machen. Es wurde eine toxikologische Analyse durchgeführt um festzustellen, ob er Drogen oder Alkohol konsumiert hatte. Anscheinend nicht.«

»Okay, aber sonst könnte er doch nach der Obduktion verschwunden sein«, schlug sie vor.

Eine Weile war es ganz still. Durch das offene Fenster hörte man nur den Lärm von den Bauarbeiten am Hafen.

»Ich werde mal mit dieser Bestatterin sprechen«, wiederholte Roland. »Es muss eine natürliche Erklärung geben. Zurück zu den Mädchen!«

»Ja, das einzige, was sie gemeinsam haben, ist das Alter, und dass sie auf die gleiche Uni gegangen sind. Aber Tanja hat Naturgeschichte studiert und Maja Psychologie, es war also nicht das gleiche Fach. Maja sieht aus, als wäre sie sportlich gewesen, das war Tanja nicht, wir haben nicht einmal Turnschuhe bei ihr gefunden. Aber sie war kreativ. In ihrer Wohnung waren Unmengen von Fotos. Übrigens gute. Freunde und Familie bestätigen auch, dass sie Amateurfotografin auf hohem Niveau war. Aber wir haben etwas in ihren Schlafzimmern gefunden, was uns verwundert hat. Von ihrem ›das nette Mädchen‹-Typ ausgehend meine ich«, fügte Isabella hinzu.

»Ja?«

Roland hob interessiert die dunklen Augenbrauen.

»Dildos.«

Mikkel sagte das ganz trocken und nüchtern.

»Dildos?«

»Ja, und anderes Sexspielzeug. Sie hatten es beide gut versteckt in einer Schublade im Schlafzimmer.«

»Tja, ist das nicht total normal für Frauen?«, fragte Kim. »Wurden sie vielleicht in demselben Geschäft gekauft?«

»Das weiß man nicht. Die Modelle sind von den Firmen Scala und Orion, die kann man in allen Sexshops, auch im Internet, kaufen, daher ist es fast unmöglich, den Verkäufer ausfindig zu machen.«

»Was ist mit einer Quittung für den Kauf?«, fragte Roland und fühlte sich auf diesem Wissensgebiet ganz außen vor.

»Wir sind Ordner mit diversen Unterlagen durchgegangen, aber es war nichts zu finden«, sagte Mikkel.

»Sowas heben Mädchen doch auch nicht auf.« Die Andeutung eines kleinen Lächelns erschien schnell wieder auf Isabellas von Lipgloss schimmernden Lippen.

»Ach, du vielleicht nicht?« Kim stupste sie mit dem Ellbogen an und grinste leicht anzüglich.

»Jetzt hör auf!«, Mikkel warf ihm einen warnenden Blick zu.

Roland dachte, dass Mikkel sich wohl in seiner Männlichkeit verletzt fühlen könnte, wenn Isabella, seine Freundin, so etwas in der Schublade hätte. Vielleicht spielte er mit? Er hatte nie darüber nachgedacht, ob Irene wohl so etwas besaß. Wenn Kim meinte, dass das für Frauen ganz normal sei?

»Aber ich glaube nicht, dass wir darauf so viel geben sollten. Das ist kein Beweis dafür, dass sie etwas Besonderes gemeinsam hatten«, stellte Isabella fest.

»Also haben wir nur die Universität als gemeinsamen Nenner. Wir müssen versuchen herauszufinden, ob es dort jemanden gibt, der Potential zum Vergewaltiger und Mörder hat«, murmelte Roland und überflog gleichzeitig die Papiere vom Kriminaltechnischen Zentrum.

»Ich habe Tanjas Kamera mitgenommen. Darauf waren mehrere Digitalfotos, die sie erst vor kurzer Zeit gemacht hat, ich bin die meisten durchgegangen.« Isabella nahm wieder einen großen Schluck aus ihrem Wasserglas. Auf ihrer Oberlippe hatten sich kleine Schweißperlen gebildet, wie Tau auf einer Pfirsichhaut.

»Gut, Isabella. Können die uns einen Eindruck davon vermitteln, wie Tanja so war, was sie gemacht hat?«

»Sie war ein bisschen unterwegs und es sind auch Fotos von einigen Personen dabei, mit denen wir nicht gesprochen haben.«

»Die müssen wir ausfindig machen.«

Isabella nickte. »Ich bin dabei. Aber ich will euch gerne etwas zeigen, das vielleicht wichtig ist. Ich glaube, Tanja wurde überwacht.«

»Wieso glaubst du das?«

»Kommt mit.« Isabella stand auf und ging ins Vorzimmer, wo sie einen größeren und besseren Bildschirm als Rolands hatte. Sie weckte den Computer aus seinem Ruhezustand, rief die Bilder von der Speicherkarte der Kamera auf, die in dem Kartenschlitz steckte und klickte auf eine Serie Fotos, die in einem Park oder

Wald aufgenommen worden waren. Zuerst hatte Tanja Bilder von ein paar Kindern auf einem Spielplatz und einigen Hunden gemacht, die im Wasser spielten. Es sah aus, als ob es am Meer war. Roland wischte sich den Schweiß von der Stirn und beneidete sie. Die nächsten Bilder waren Nahaufnahmen verschiedener Blätter und Blumen. Eine weiße Blume mit einem Schmetterling auf dem Kronblatt, eine gelbe mit einer Biene. Roland räusperte sich hörbar. Das waren zwar hübsche Fotos, aber sie hatten keine Zeit, hier herumzustehen und sie zu bewundern.

»Was wolltest du uns zeigen, Isabella?«, fragte er ungeduldig.

Tanja ging nun einen dicht bewachsenen Waldrand entlang. Einer der Wälder, die wild wuchern durften, vermutete er. Sie hatte den Fokus auf eine besondere Baumrinde gerichtet. Die Rinde war gestochen scharf, während die Blätter im Hintergrund dunkel und verschwommen waren. Das Mädchen hatte zweifelsohne Ahnung von Fototechnik gehabt.

»Das hier«, sagte Isabella und deutete auf ein Bild, ohne den Bildschirm zu berühren, während sie zu ihm aufsah. »Und das hier.«

»Was, Rinde?«

»Ich glaube, das ist eine Art Pilz«, murmelte Kim hinter Roland und zupfte sich mit einer professoralen Miene an einem imaginären Spitzbart. Isabella schaute wütend zu ihm hoch.

»Mann, natürlich nicht die Rinde. Versucht doch mal, das hinter dem Baumstamm zwischen den Zweigen und Blättern zu erkennen. Im Dunkeln. Könnt ihr das nicht sehen?« Sie deutete wieder auf den Bildschirm.

Roland beugte sich näher an den Bildschirm heran.

»Und hier auf dem nächsten Bild und dem übernächsten, aber dann ist es weg. Kannst du sie nicht sehen, Roland? Die Augen?«

Er kniff seine ein wenig zusammen und jetzt konnte er etwas erkennen. Etwas, das in der Dunkelheit zwischen den Blättern schimmerte. Eine dunkle Silhouette in dem verschwommenen Hintergrund trat deutlicher hervor.

»Ich kann versuchen, das ein bisschen aufzuhellen.« Isabella benutzte die Maus, um die Helligkeit zu regulieren.

Roland richtete sich verblüfft auf. Jetzt war es ganz deutlich. Dort stand eine Person und lauerte zwischen den Bäumen, fast unmöglich zu sehen, verborgen zwischen den Blättern in der Dunkelheit, aber als Isabella das Bild aufhellte, war es zweifelsfrei zu erkennen. Das, was aufleuchtete, war ein Augenpaar.

»Kann das nicht bloß ein Spaziergänger sein?«, schlug Kim vor.

»Zwischen den dichten Bäumen da? Das ist doch eine höchst ungewöhnliche Stelle, um dort spazieren zu gehen. In der Regel folgen die Leute in Parks den Wegen.«

Roland gab ihr Recht. Die Person war dort zwischen den Bäumen fehl am Platz.

»Ja, wir müssen herausfinden, wo diese Bilder gemacht wurden.«

»Ich glaube, Tanja wurde überwacht«, wiederholte Isabella. »Vielleicht über längere Zeit und Maja vielleicht auch. Der Täter kannte ihre Gewohnheiten und Routinen. Deswegen konnte er in ihr Zuhause eindringen, zum richtigen Zeitpunkt, wenn sie nicht da waren.«

Roland nickte langsamen bestätigend. »Und Tanja hatte ihn mit im Fokus, sicher ohne es zu wissen.«

14

Es war nicht Benito, der die Pressekonferenz im Polizeipräsidium leitete. Anne war enttäuscht, auch wenn sie zugeben musste, dass der Vizepolizeidirektor sehr viel freundlicher und auskunftsfreudiger gegenüber der Presse war. Aber sie hatte die ganze Zeit daran gedacht, dass er sich irgendwo im Gebäude befand und musste gegen einen fast unbändigen Drang ankämpfen, ihn nach der Pressekonferenz in seinem Büro aufzusuchen. Warum, wusste sie eigentlich nicht. Oder doch. Es gab eine Verbindung zwischen ihnen, obwohl sie oft das Gefühl hatte, dass nur sie das so empfand.

Vor der Pressekonferenz hatte sie mit einigen der Kommilitonen der beiden Mädchen sprechen können, denen, die sie nicht sofort abgewiesen hatten. Einige waren auch schwer aufzufinden, da sie sich für Prüfungsvorbereitungen irgendwo in den Parks oder am Strand aufhielten. Die Familienmitglieder zu erreichen war auch nicht ganz einfach. Majas Eltern wohnten in Hobro, Tanjas in Søndervig, und sie hatten beide aufgelegt, sobald sie sich am Telefon vorgestellt hatte. Vergewaltigung war nicht das leichteste Thema. Mord erst recht nicht. Aber sie hatte dennoch genug Informationen zusammen, um sich ein vorläufiges Bild von den Mädchen machen zu können, die beide wie alleinstehende Vorzeigestudentinnen aussahen. War das der Typ, dem der Vergewaltiger nachging? Wenn Mädchen zu nett und perfekt waren, mussten sie misshandelt – und getötet – werden? Oder machte ihn das sexuell an? Wollte er ihren Ruf schädigen, indem er sie demütigte? Sie grübelte darüber nach, während sie zur Adresse des Bestattungsunternehmens fuhr, dem sie bezüglich des zweiten Falles beschlossen hatte einen Besuch abzustatten. Das, was Kurt Olsen bei der Pressekonferenz berichtet hatte, war gerade mysteriös genug, dass sie nicht die Finger davon lassen konnte, obwohl Nicolaj erklärt hatte, dass er den Fall bearbeiten werde. Es sei ja nicht direkt ein Kriminalfall, hatte er argumentiert. Aber wer wusste das schon? Der Diebstahl eines toten Körpers gehörte doch wohl auch in ihr Gebiet als Kriminalreporterin?

Es sah aus, als ob die Angestellten des Bestattungsunternehmens gerade von einer Beerdigung zurückgekommen waren oder bald zu einer aufbrechen würden. Der Leichenwagen hielt im Hinterhof und ein Mann in den Vierzigern, wie sie schätzte, war dabei, den Boden darin zu fegen. Es war noch einer von den klassischen, schwarzen Leichenwagen mit Vorhängen, die einmal weiß gewesen waren, an den Fensterscheiben. Jetzt waren sie vergilbt, als ob in dem Wagen Zigaretten geraucht worden waren. Viele in der Branche hatten das Auto gegen ein modernes Modell in einer weniger düsteren Farbe ausgetauscht, das nicht die gleichen Signale über den Tod aussandte, das wusste sie. Der Mann trug nur ein weißes Unterhemd, das aus einer schwarzen Hose der schickeren Sorte heraushing, als ob er fein gekleidet gewesen war und nur das Hemd aufgrund der Hitze ausgezogen hatte. Er war groß und breitschultrig. Der Schweiß tropfte die glänzenden Arme hinab. Anscheinend keiner, der sich normalerweise in der Sonne aufhielt. Die Haut war blass, abgesehen von einem leichten Sonnenbrand, der sich auf den muskulösen Schultern abzeichnete. Körperlich könnte er ein Fitnesstyp sein, aber sein Gesicht war nicht das eines Muckitypen. Die Muskeln konnten auch von der schweren Arbeit mit den Särgen kommen. Eine erloschene Zigarette steckte zwischen seinen dicken Lippen.

Sie räusperte sich, um ihn nicht zu erschrecken, und ging mit einem freundlichen Lächeln auf den Hof.

»Hi!«

Er schaute kurz zu ihr und arbeitete weiter. Er lächelte nicht. Die Augen schielten leicht in dem grellen Sonnenlicht unter sehr blonden, fast unsichtbaren Augenbrauen. Die Haare waren auch blond und kurz, hinten ein bisschen länger, wo sie sich vom Schweiß in seinem Stiernacken kräuselten. Die Ohren standen ein bisschen ab. Als er einige Schritte zurückging, um den Dreck aus dem Wagen zu fegen, sah sie, dass er hinkte.

»Sie arbeiten hier in der Pietät Spang?«

»Mi... mi... mir ge... gehört sie ...«

Er stotterte auch noch.

»Ich heiße Anne, und du?«

»Erling.«

»Okay, du bist der Inhaber. Also Erling Spang?«

Er nickte.

»Ich bin Journalistin. Darf ich dir ein paar Fragen stellen?«

Er nickte wieder und wischte sich den Schweiß auf der Stirn mit seinem Unterarm ab.

»War heute eine Beerdigung?«, leitete sie ein, um ihn nicht gleich zu Beginn zu verschrecken. Er wirkte nicht besonders helle und sie bezweifelte, dass er wirklich der Inhaber war.

»Ja. Was wi... willst du... du wissen?« Er stützte sich nonchalant auf dem Besen ab.

»Es geht um diese Leiche, die vom Westfriedhof verschwunden ist. Davon hast du sicher gehört? Soweit ich informiert bin, war die Pietät Spang für die Beerdigung verantwortlich. Hast du irgendeine Ahnung, wo dieser Tote abgeblieben ist?«

Fast wäre Erling Spang der Besen aus der Hand gefallen. Sofort fing er an, den Asphalt zu fegen, es wirkte wie die Übersprungshandlung einer Katze, die verbergen wollte, dass sie etwas angestellt hatte. Er gab ein Stammeln von sich, das nicht zu einem vollständigen Wort wurde. Wie ein Besessener fegte er auf der Stelle herum und erinnerte Anne an einen Roboter, der sich aufgehängt hatte.

»Was wollen Sie?«

Die Stimme hinter ihr klang gleichzeitig freundlich und warnend. Erling hörte sofort auf zu fegen und stand wie versteinert da. Er war wirklich nicht normal. Anne drehte sich um und entdeckte in der Türöffnung eine Frau. Ihre dicken, dunklen Locken waren zu einem Knoten hochgesteckt. Erst als sie ins Sonnenlicht hinaustrat, konnte man ihr tatsächliches Alter erkennen. Vereinzelte weiße Haare leuchteten wie Silberfäden und eine ziemlich schlaffe Gesichtshaut verriet, dass sie nicht mehr die Jüngste war. Sie war geschäftsmäßig gekleidet, mit einer weißen Bluse, einem schwarzen Rock und schwarzen Schuhen mit einem kleinen Absatz. Die Augen waren kohlschwarz, aber freundlich und von der Sorte, die sofort Vertrauen erweckten.

Anne stellte sich vor und reichte ihr die Hand, die mit einem kühlen, festen Händedruck geschüttelt wurde.

»Pia Spang. Mir gehört das Geschäft.«

Anne nickte und schaute schnell zu Erling Spang, der versuchte, sich kleiner zu machen, als wolle er sich hinter dem Besenstil verstecken.

»Sind Sie beide vielleicht verwandt?«

»Er ist mein Bruder.«

Anne nickte, es war schwer zu sehen, dass sie so nah verwandt waren.

»Ich bin Journalistin und komme von der Redaktion Seeland Journalisten und …«

»Wir sprechen normalerweise nicht mit Journalisten«, lehnte Pia mit einem kleinen verbitterten Lächeln ab. »Ich dachte, Sie wären eine Kundin.«

»Nein, leider nicht. Nein, nicht leider, sondern … äh, ich schreibe einen Artikel über Bestatter.« Sie versuchte es mit einem milden Lächeln und einem weiteren Blick zu Erling, der mit einem neugierigen antwortete, ohne jedoch etwas dagegen zu sagen, dass sie ihr Anliegen offenbar geändert hatte.

»Es gibt doch so viele Vorurteile über Ihre Branche, und diese Vorurteile möchte ich gerne mit einigen Artikeln eliminieren. Oft ist es ja Unwissenheit, die zu Vorurteilen führt. Deswegen interviewe ich einige führende Bestatter, die von ihrem Job erzählen.«

»Ja, aber das klingt ja nach einer richtig guten Idee. Kommen Sie doch kurz mit rein.«

Erling versuchte etwas zu sagen, brachte aber kein Wort heraus. Pia ließ Anne zuerst hineingehen, drehte sich in der Türöffnung um und bat ihn, den Wagen zügig fertig zu machen und ihn in die Garage zu fahren, sodass auf dem Hof wieder Platz war. Dann schloss sie die Tür, bevor er es schaffte, eine Antwort zu stammeln. Er tat Anne ein bisschen leid.

»Fehlt ihm etwas?« Sie stellte ihren Rucksack auf den Tisch in dem Büro, in das Pia sie geführt hatte, und holte Stift und Notizblock heraus. Es herrschte eine nette Atmosphäre. Helle Gardinen vor dem Fenster ließen die Strahlen der Nachmittagssonne wie einen goldenen Dunst hinein, der sie an ein Gemälde von Krøyer erinnerte. Ein großer, bunter Blütenkopf einer Orchidee in gelben und bordeauxfarbenen Tönen stand in einer niedrigen, viereckigen Glasvase auf dem Tisch.

»So ist er schon immer gewesen. Irgendetwas in seinem Gehirn funktioniert nicht so, wie es soll. Ich habe nicht so viel Zeit, daher …«

Anne legte los mit ganz gewöhnlichen Fragen über Beerdigungen, wie sie abliefen, welche Arbeit der Bestatter hatte, wie es sich mit der Preispolitik verhielt und ähnlich banales Zeug. Pia antwortete sachlich, zögerte bei der Preisthematik ein wenig, betonte dann aber, dass sie, was ihre Preise betraf, sehr offen seien.

»Lässt ein Bestatter einen Sarg zu irgendeinem Zeitpunkt unbewacht stehen?«, wagte Anne sich näher ans Thema heran und setzte den Stift auf den Notizblock, um Pias Antwort zu notieren, aber es kam keine.

»Ich verstehe die Frage nicht. Was meinen Sie?«

»Ob es irgendwann während der Zeremonie Zeiträume gibt, in denen der Sarg allein dasteht. Ja, sodass jemand den Toten stehlen kann, um es frei heraus zu sagen.«

»Den Toten stehlen! Das klingt ja etwas sonderbar.«

Pia Spang lächelte schief und goss Wasser aus einer Rosendahl-Kanne in ein Glas der gleichen Marke. Die Etiketten mit dem runden Logo waren immer noch darauf. Die Kanne tropfte auf den Tisch, als sie sie abstellte. So war das mit Kannen. Anne hatte sich oft darüber gewundert, warum Designer mehr an das Aussehen als an die Funktion dachten.

»Wer sollte eine tote Person aus einem Sarg stehlen?«, fragte Pia und trank einen kleinen Schluck von dem Wasser.

»Ja, das ist es eben. Haben Sie irgendwelche Vorschläge?«

»Ich weiß wirklich nicht, worauf Sie hinauswollen.«

Pia drehte das Glas in den Händen und wirkte verlegen, vielleicht, weil sie die Frage nicht verstand, aber was war daran so schwer zu verstehen?

»Ich denke an diesen Toten, der vom Westfriedhof verschwunden ist, davon haben Sie ganz sicher gehört. Nun weiß man ja nicht, wer der Bestatter war«, log sie, »aber könnten Sie sich den Vorfall erklären?«

»Das kann einfach nicht passieren«, entgegnete sie ohne zu zögern. »Dieser Vorfall klingt nicht glaubwürdig. Natürlich können wir den Sarg nicht die ganze Zeit im Auge behalten, aber eine tote Person zu stehlen! Um den Deckel zu entfernen müssten die Schrauben gelöst werden, eine Person allein könnte das Gewicht des Toten nicht heben, und nein, ich kann nicht sehen, wie sich das rein praktisch machen lassen sollte.«

»Was ist mit dem Weg zur Kirche? Im Leichenwagen?«

»Jetzt hören Sie aber auf!« Pia Spangs Augen wurden hart wie Granit und bohrten sich in Annes.

»Stimmt etwas nicht, Pia?«

Sie drehten sich beide zur Bürotür um, die geöffnet worden war, ohne dass Anne es gehört hatte.

»Nein, alles okay, Andreas. Die Journalistin wollte gerade gehen.« Pia erhob sich und Anne verstand, dass das Interview beendet war; neugierig schaute sie den Mann an, der hereingekommen war. Offenbar nahm er es als eine Aufforderung, sie zu begrüßen, und reichte ihr die Hand.

»Andreas Spang. Ich bin der Inhaber des Unternehmens.«

»Das scheint ein Familienunternehmen zu sein«, lächelte Anne, die während des Interviews dagesessen und die beiden Herren auf den Porträts in schweren Goldrahmen an der Wand betrachtet hatte, die Ernst und Disziplin ausstrahlten. Irgendwie konnte man sehen, dass sie Bestatter waren, ohne es zu wissen. Das war bei Andreas Spang nicht der Fall. Er sah überhaupt nicht wie ein Bestatter aus.

»Ist es auch. Unser Großvater hat es gegründet, dann hat es mein Vater übernommen und nun ich. Puh, ist das heiß. Na, aber ihr wart fertig?« Andreas schaute von Anne zu Pia, die offenbar gerade etwas erwidern wollte, doch Anne beeilte sich, sie zu unterbrechen.

»Nicht ganz, wir haben gerade darüber gesprochen, wie ein Verstorbener aus einem Sarg verschwinden kann.«

»Ach, Sie denken an den Vorfall auf dem Westfriedhof? Das klingt auch sehr mysteriös. Heißt es nicht, dass der Vater des toten jungen Mannes versucht hatte, ihn auszugraben?«

»Sie haben davon gehört?«

»Ja, natürlich. Das ist schwer zu vermeiden. Und gestern war ein Kriminalkommissar hier, um …«

»Andreas, die Journalistin wollte gerade gehen, sagte ich doch. Ja?« Pia sprach mit ihm, als wäre er ein Kind, das schwer von Begriff war, so, wie sie es sicher gewohnt war mit ihrem anderen Bruder zu reden. Drei Geschwister, die gemeinsam ein Bestattungsunternehmen betreiben. Anne wusste, dass es nicht ganz ungewöhnlich war, dass diese Art Geschäft weitervererbt wurde. Man musste es ja auch beinahe im Blut haben, dachte sie. An trauernde Menschen und tote Körper gewöhnt sein.

Anne spürte die Disharmonie zwischen den beiden. Vielleicht eine Art Machtkampf. Es schien auch, als ob alle Partner jeweils gerne Eigentümer des Ladens sein wollten – verstehe das, wer wollte. Aber von außen betrachtet sah es natürlich nach einer lukrativen Unternehmung aus.

»Was wollte die Kriminalpolizei hier?«, fragte Anne neugierig und dachte, dass es sicher Benito gewesen war, sie verfolgten ja fast immer die gleichen Spuren.

»Ich hatte den Eindruck, dass sie alle Bestatter in der Stadt befragen. Hast du mit ihm gesprochen?« Er schaute Pia an, deren Blick nun noch härter geworden war. Sie schüttelte den Kopf.

»Womit hätten wir ihnen auch behilflich sein können?«

Andreas schaute wieder zu Anne.

»Womit können wir denn *Ihnen* behilflich sein?«

»Ich arbeite an einem Artikel über die Arbeit der Bestatter, die ist ja gesellschaftlich ein Tabuthema«, ergriff Anne die Chance.

»Das klingt ja richtig interessant. Wie weit seid ihr gekommen? Setz dich wieder, Pia.«

Andreas lächelte seiner Schwester zu und zog den Stuhl hervor, den sie gerade unter den Tisch geschoben hatte.

»Wir waren fertig, Andreas. Ich habe gleich eine Besprechung, deswegen ist keine Zeit mehr.« Pias Stimme zitterte ein wenig.

»Ich kann ein andermal wiederkommen. Vielleicht können wir einen Termin ausmachen?« Anne fixierte Andreas, nutze seine scheinbare Trotzreaktion gegen seine Schwester, ohne zu wissen, wieso.

»Er hatte gestern seinen ersten Arbeitstag; Seine Kenntnis über die Branche ist wohl begrenzt«, kam es trocken von Pia, und Andreas lächelte höhnisch. Er wollte gerade etwas sagen, als Erling schwerfällig zur Tür hereinstolperte.

»E... e... er ist je... jetzt d... da«, stotterte er, und in seinen schielenden Augen lag ein Anflug von Panik. Vielleicht Angst, ausgeschimpft zu werden, weil er mitten in ihre Unterhaltung geplatzt war.

»Ich würde Sie bitten, durch das Vorzimmer zu gehen. Andreas kann Sie hinausbegleiten«, sagte Pia zu Anne. Dann verschwand sie gemeinsam mit Erling.

»Beschäftigte Dame!« Anne wusste nicht, was sie sonst zu Andreas sagen sollte, der über das plötzliche Verschwinden seiner Schwester fast bestürzt aussah. Seine Augen hatten mit einem Mal ihr trotziges Funkeln verloren; ganz sicher war seine Schwester diejenige gewesen, die ihn entfacht hatte, jetzt sanken seine Schultern stattdessen mutlos herab. Er begleitete Anne zur Tür, die beim Aufgehen eine muntere Melodie spielte, als wolle sie die Kunden daran erinnern, dass der Tod gar nicht traurig sein musste. Für manche war er sogar ein Trost und eine Erlösung – für andere ein gutes Geschäft; sie dachte das, als sie einen letzten Blick auf das vornehme Büro warf, bevor sie hinausging. Er ging mit nach draußen, wo die Luft wärmer und drückender als drinnen wirkte. Er kramte in der Tasche, holte eine Visitenkarte heraus und reichte sie ihr.

»Ich würde sehr gerne helfen, wenn ich kann. Aber Pia hat Recht, geben Sie mir ein paar Tage, um mich in das Ganze einzufinden.«

Das schiefe, entschuldigende Lächeln war irgendwie charmant. Sie nahm die Karte entgegen und erwiderte das Lächeln.

»Danke, ich hoffe, ich brauche die vorläufig erstmal nicht.«

»Natürlich nicht. Wir sind nicht gerade diejenigen, nach deren Gesellschaft sich die Leute am meisten sehnen.«

»Jedenfalls nicht geschäftlich.« Anne lächelte wieder. »Aber vielleicht komme ich später auf diesen Artikel zurück.« Andreas Spang nickte, ging hinein und schloss die Tür. Sympathischer Kerl, dachte sie. Die Schwester dagegen ... und der Bruder, ein komischer Typ.

Als sie um die Ecke bog, bemerkte sie einen großen, weißen BMW, der im Hinterhof geparkt war, wo vorher der Leichenwagen gestanden hatte. Er sah neu aus, der Lack glänzte. Sie ging näher heran und warf einen Blick durch das Tor. Den Fahrer konnte sie nicht sehen, er saß im Auto, nur sein sonnengebräunter, behaarter Unterarm hing aus dem offenen Seitenfenster. Aber sie erhaschte einen Blick auf Pia, die im Schatten an die Mauer gelehnt eine Zigarette rauchte, während sie sich anscheinend mit ihrem Gast unterhielt. Erling war nicht mehr da.

15

Sie schaute gerade hochkonzentriert durch die Okulare eines Mikroskops, als Natalie realisierte, dass jemand hinter ihr stand. Sie hasste es, wenn sich jemand anschlich, während sie mit ihrer Arbeit beschäftigt war und es nicht bemerkte, und hatte von allen verlangt, anzuklopfen, bevor sie hereinkamen. Vielleicht war es Henry Leander egal gewesen, dass die Leute einfach hereingeplatzt kamen, aber ihr nicht. Ihre Arbeit war trotz allem größtenteils vertraulich. Sie fuhr herum und schaute hoch in sein Gesicht.

»Verdammt nochmal, Oliver! Hast du mich erschreckt! Schleichst du dich immer so an Leute ran?«

Sie war bereit, ihn auszuschimpfen, aber seine Augen ließen ihren Zorn verfliegen wie damals in der Küche, als er plötzlich hinter ihr gestanden und ihren Hals geküsst hatte. Sie konnte an seinem Gesichtsausdruck ablesen, dass er etwas Dringendes loswerden wollte. Die Belehrung über gute Manieren konnte sie sich also sparen.

Heute Vormittag, als sie nach Tanjas Leichenschau dieser nervtötenden Journalistin entkommen war und ihn mitgenommen hatte, hatte er vorgeschlagen, gemeinsam in einem kleinen Laden zu Mittag zu essen, den einer seiner Kumpels gerade versuchte zum Laufen zu bringen. Ein bisschen unkonventionell sei es dort, hatte er gesagt. Und das war es! Hier saßen nur Leute, mit denen sie normalerweise nichts zu tun hatte, außer wenn sie leblos auf ihrem Stahltisch lagen, mit einem Projektil irgendwo im Körper; Rockertypen mit Tattoos und Lederjacken. Der Motorradclub, schätzte sie, und empfand ihre Beurteilung schnell als ungerecht. Man war nicht zwangsläufig kriminell oder ein Rocker, nur weil man Mitglied eines Motorradclubs war. Und sie merkte, dass sie sich in dieser entspannten Gesellschaft wohler fühlte, als sie es seit langem getan hatte. Es wurden Witze gemacht, die sich in Anwesenheit von Damen überhaupt nicht gehörten. Oliver hatte seine warme Hand beruhigend auf ihren Oberschenkel unter dem Tisch gelegt und sie angeschaut, als wolle er sagen, dass sie einfach gehen konnten, wenn sie das wollte. Aber ein Mädchen, das täglich tote Menschen sezierte, war nicht so leicht zu erschüttern. Sie würde mit allem fertig werden, hatte sie sich oft gesagt. Die vorlauten und schroffen Kerle hier würden stumm und lammfromm werden, wenn sie an ihrer Stelle wären, natürlich abgesehen von Oliver, der aus dem gleichen Holz geschnitzt war. Plötzlich fühlte sie eine tiefe Verbundenheit mit ihm. Fühlte sich das so an, wenn man seinen Seelenverwandten traf? Den Richtigen, über den man so viel hörte? Sie hatte das gedacht, während sie die hausgemachte Restepfanne aß und das Starkbier trank, das ihr von einem Mann mit großer Wampe, die über dem Gürtel hing, und einem jungenhaften Lächeln serviert wurde. Er erinnerte sie an Shrek, abgesehen davon, dass ihm die grüne Farbe fehlte. Er hatte eine fast rote Gesichtsfarbe und stellte sich als der Koch vor. Vielleicht war es die Hitze in der Küche und am Herd, die seinen Wangen die Farbe gab, vielleicht war es auch zu viel Schnaps. Sie war die einzige Frau in dem Laden gewesen und hatte sich wie Susi in dem Disney-Klassiker gefühlt, so wie Olivers Kumpels um sie herum saßen und ihnen bewundernd zusahen, während sie aßen. Bei der Vorstellung, dass Oliver ihr mit der Nase ein Fleischklößchen über den Tisch zuschob, musste sie lächeln. Sie hatte den Film zusammen mit Amalie gesehen, von der Oliver noch immer nichts wusste. Würde sie jetzt und hier mit ihm und seinen Kumpels sitzen, wenn er von ihr wüsste, hatte sie sich gefragt. Sie wurden behandelt als wären sie verschollen gewesen und nun endlich nach langer Abwesenheit von der Familie hungrig nach Haus zurückgekommen. Vielleicht war Oliver das für sie.

Sie schmeckte immer noch das Bier, war es nicht gewohnt, mitten am Tag Alkohol zu trinken, und wusste genau, dass sie etwas falsch gemacht hatte. Es war streng verboten, während der Arbeitszeit zu trinken, aber es würde sie nicht wundern, wenn Henry Leander ab und zu das gleiche getan hätte, vielleicht sogar in Gesellschaft von Roland Benito.

»Entschuldigung, ich wollte dir keine Angst machen.« Oliver lächelte gekünstelt schuldbewusst.

Sein Atem roch frisch nach Minze. Er hatte sich einen Kaugummi genommen, damit die kleine Mittagssünde nicht aufflog. Sie verstand die Andeutung, als er die Hand in seine Tasche steckte, das Päckchen herausholte und ihr einen Streifen Stimorol anbot.

»Ich habe analysiert, was das für Zeug war, das du unter Tanjas Nägeln gefunden hast«, sagte er und kaute.

»Aus so wenig Material, nicht schlecht«, lobte sie. »Was war's denn?«

»Latex.«

»Von einem Handschuh? Wie unsere?«

»Darauf würde ich jetzt nicht wetten. Es waren Farbpigmente darin. Genug, dass ich mit fast hundertprozentiger Sicherheit sagen kann, welche Farbe es ist.«

Sie wollte ihn nicht noch einmal fragen, kaute bloß und wartete ab, die Hände in den Kitteltaschen vergraben, den Rücken gegen den Arbeitstisch, während sie ihm ohne zu blinzeln direkt in die Augen sah.

»Die Formel sagt dir sicher nicht besonders viel. Oder vielleicht doch, aber ich begnüge mich damit dir zu verraten, dass es hautfarben ist.«

»Hautfarbener Latex? Wozu braucht man das?«

Er zuckte die Schultern. Er wusste, dass seine Arbeit hier aufhörte, jetzt sollten die Ermittler übernehmen, und das galt eigentlich auch für sie.

»Keine Haut?«

»Nein, nur Latex.«

»Sie hat ihn vielleicht an den Händen gekratzt …«

»Ja, aber offenbar nicht so fest, dass die Nägel bis in die Haut eingedrungen wären.«

»Tanja hatte abgekaute Nägel.«

Oliver nickte bloß.

»Hast du der Polizei Bescheid gegeben?«

»Rolando Benito persönlich«, sagte er und lächelte gleichzeitig, während er kaute.

»Roland Benito«, korrigierte sie und drehte ihm den Rücken zu, um ihre unterbrochene Arbeit wieder aufzunehmen.

»Er heißt doch verflixt nochmal Rolando, das habe ich in seinen Unterlagen gesehen!«

»Ja, aber soviel ich weiß nennen ihn nur seine Familie und seine Freunde so.«

»Und du meinst, dazu gehöre ich nicht?«

»Kaum!«

Sie konnte nicht anders, als über den enttäuschten Gesichtsausdruck zu lachen, den er aufsetzte, als sie zu ihm hochschaute, aber sie zweifelte sehr an dieser Freundschaft. Die irritierten Blicke, die Roland dem neuen Kriminaltechniker zuwarf, wenn er Witze über den Tod machte, waren nicht zu übersehen, und sie war sich ziemlich sicher, dass auch Oliver selbst sie beobachtet hatte. Roland gehörte zu einer bald aussterbenden Gattung; er war die Art Mensch, die Rücksicht nahm; die an die Tür klopften, bevor sie eintraten, sich für die Störung entschuldigten und sich, falls sie tatsächlich störten, diskret zurückzogen. Er respektierte den Tod so sehr, dass er jedenfalls keine Witze darüber machte. Er war ein Gentleman, wie auch Henry Leander einer gewesen war. Der mochte Oliver, soviel sie wusste, auch nicht besonders, aber sein Können würde die beiden noch irgendwann überzeugen.

»Ich frage mich gerade, ob du herausgefunden hast, an welcher Art Ausschlag Tanja gelitten hat?«

»Das habe ich nicht, weil ich mitten in meiner Arbeit unterbrochen wurde«, sagte sie vorwurfsvoll nach unten ins Mikroskop und stellte einen besseren Kontrast ein. »Aber jetzt kann ich mir sicher eine Menge unnötiger Proben sparen. Ob Tanja wohl gegen Hevea brasiliensis allergisch war?«

Oliver lehnte sich mit dem Rücken an den Tisch neben ihr und sah schräg über die eine Schulter auf sie hinunter. Die Arme hatte er vor der Brust verschränkt. Natalie hatte das Gefühl, als würde *sie* getestet, obwohl sie *ihn* testete.

»Gegen den Saft vom Gummibaum Hevea brasiliensis auf jeden Fall«, sagte er und hatte damit bestanden. »Gegen die Latex-Proteine«, fügte er hinzu und kriegte eine Eins mit Sternchen. Sie schaute zu ihm hoch und lächelte.

»Weißt du, dass Leute mit Latex-Allergie oft auch gewisse Nahrungsmittel wie zum Beispiel Avocados, Kiwis oder Bananen nicht vertragen?«

Er nickte triumphierend. »Weißt du, wie viele geschätzt an so einer Allergie leiden?«

Sie musste resigniert den Kopf schütteln. Sie hatte keine Ahnung.

»Glaubst du es sind viele?«, bohrte er.

»Ich hab' keine Ahnung, Oliver. Wie viele?«

»Nur ein bis zwei Prozent, sagt man. 1980 ist die Anzahl gestiegen. Weißt du wieso?«

Sein Ratespielchen fing an sie zu nerven, weil sie die Antworten schlichtweg nicht kannte, also sagte sie nichts. Er stupste ihren Arm leicht mit dem Ellbogen an.

»Du weißt es nicht? Wegen des HIV-Ausbruchs. Das muss doch bedeuten, dass viele auf die Schreckkampagne gehört und angefangen haben, geschützten Sex mit Kondom zu haben. Geschützter Sex, ha! Und dann haben sie die Allergie gekriegt.« Die Worte vibrierten unter seinem Lachen.

Natalie errötete und hielt ihr Gesicht hinter dem Mikroskop versteckt. »Das ist trotzdem besser als HIV«, stellte sie fest.

Sie sah aus dem Augenwinkel, dass er nickte und ernst geworden war.

»Glaubst du, dieses Schwein benutzt Kondome? Wieso finden wir sonst kein Sperma?«

Natalie richtete sich auf und streckte den Rücken. »Vielleicht tut er das, aber dann nimmt er es mit, denn Kondome haben wir ja auch nicht gefunden.«

»Vielleicht kriegt er überhaupt keinen hoch. Vielleicht klappt das erst durch die Folter. Oder die Art, wie er hinterher die Körper arrangiert.«

»Ja, was glaubst du bedeutet es, dass er ihre Hände so platziert hat?«

»Als ich sie so auf dem Bett habe liegen sehen, dachte ich, dass es aussah, als ob sie masturbieren würde. Sich selbst befriedigen.«

Natalie wusste nicht, warum sie es peinlich fand, mit Oliver über dieses Thema zu sprechen. Normalerweise wäre das etwas gewesen, worüber sie mit ihren Kollegen ganz normal hätte sprechen können, ohne darüber nachzudenken. Das war ein Teil des Jobs, aber jetzt war sie erleichtert, als es am Türrahmen klopfte und sie Henry Leander dort stehen sah, die weißen, buschigen Augenbrauen zu der unausgesprochenen Frage gehoben, ob er störte.

»Komm rein, Leander«, sagte sie froh. Er kam oft vorbei, wenn er in der Universität über seine kleinen Viecher dozierte oder in der Umgebung etwas zu erledigen hatte. Sie wurde nie müde, sein großes Wissen über Rechtsmedizin und Entomologie aufzusaugen.

»Naja, aber eigentlich war das auch schon alles, was ich wollte«, murmelte Oliver, stieß sich von der Tischkante ab und ging zur Tür.

»Ja, dann danke, Oliver. Du hast mir eine Menge Zeit erspart. Wir sehen uns«, entgegnete sie und bestätigte damit, dass sie gern mit ihrem alten Lehrmeister und Mentor allein sein wollte, wie Oliver es offenbar gespürt hatte.

Leander schaute ihm missbilligend nach.

»Er ist echt in Ordnung«, sagte sie und gab ihm einen Klaps auf die Schulter. »Was hast du auf dem Herzen?«

»Tja, eigentlich wollte ich nur mal hören, wie es läuft. Haben sie etwas in dem Sarg gefunden?«

»Nein, nur Haare. Wir warten darauf, Näheres zu erfahren. Sicher stammen sie von irgendeinem Tier. Sie sind bei der Analyse. Keine Spur von dem Jungen!«

»Wo zum Teufel ist er abgeblieben? Was meint Benito?«

Leander setzte sich auf einen Drehstuhl neben dem glänzenden Stahltisch, den sie abgewaschen und desinfiziert hatte, bevor sie mit den Laboruntersuchungen angefangen hatte. Plötzlich wirkte er wie ein müder, alter Mann.

Natalie zuckte die Schultern. »Soweit ich weiß hat er nicht besonders viel Zeit, sich darum zu kümmern, auch wenn Kurt Olsen das anordnet. Ich glaube, die Vergewaltigungs- und Mordfälle halten Roland mehr auf Trab.«

»Ja, das ist klar. Das sind ja auch unheimliche Fälle. Gibt es da was Neues?«

Natalie bemerkte, dass der ehemalige Rechtsmediziner mit Stielaugen auf den Bericht schielte, der auf ihrem Tisch lag. Vielleicht vermisste er seinen Job doch. Sie nahm den Bericht und öffnete ihn. Er holte die Bilder heraus und legte sie eins nach dem anderen vor ihn auf den Stahltisch.

»Unheimliche Fälle? Das ist eine Untertreibung, wie du auf den Bildern sehen kannst. Mit Stricken gefesselt und ... die armen Mädchen.«

Leander nahm eines der Bilder in die Hand. Es war eine Nahaufnahme der Fesselspuren an Tanjas Handgelenken.

»Hast du eine Lupe?«

»Wieso?«, fragte Natalie, während sie bereits danach suchte. Sie fand sie hinter ihrer Kaffeetasse und reichte sie ihm.

Er sagte lange nichts. Die Lupe bewegte sich über die Oberfläche des Fotos, die Augen wanderten aufmerksam mit.

»Ich glaube nicht, dass ein Seil das angerichtet hat, Natalie.«

»Warum nicht?« Sie stellte sich neben ihn und schaute das Bild an. Er reichte ihr die Lupe und deutete auf einen Punkt auf dem Bild.

»Es könnten Seile gewesen sein, aber die Spuren sind zu tief. Hast du die Mädchen noch hier?«

»Nur Tanja. Maja ist ja im Krankenhaus an einem Herzstillstand gestorben, daher haben sich die Krankenhauspathologen darum gekümmert.«

»Aber Tanja hast du also hier?«

»Ja, der Bestatter hat sie noch nicht abgeholt.«

Sie gingen gemeinsam in den Kühlraum des Instituts, der im Keller lag. Die Temperatur hier betrug nur vier Grad. Insgesamt war dies nicht der schlechteste Aufenthaltsort während dieser Sommerhitze. Leander ging zu der Bahre und zog routiniert einen von Tanjas weißen, kalten Armen unter dem Tuch hervor.

»Hier kannst du es deutlicher sehen«, sagte er und deutete auf die Verletzungen, die sich schon bläulich verfärbt hatten und stärker hervortraten. »So tiefe Spuren kann ein Seil nicht verursachen. Es ist etwas Hartes gewesen ...«

»Eine Kette«, schlug Natalie vor, jetzt, da sie den Abdruck mit anderen Augen sah.

»Ja, vielleicht. Vielleicht eine Art Kette«, nickte Leander.

Andreas legte Grillanzünder auf den Boden des Grills, schüttete Grillkohle obendrauf und steckte sie an. Der Rauchgeruch weckte in ihm Erinnerungen an viele gemütliche Grillabende auf der alten Holzterrasse der Villa in Ringsted. Es war das erste Mal, dass er den Grill hier in diesem kleinen, verwilderten Garten hinter dem Reihenhaus in Lystrup anzündete. Mathilde hatte ihn den ganzen Morgen deswegen genervt. Es waren Sommerferien, ihr war langweilig, Gitta hatte mit einer Kollegin die Schicht getauscht und kam erst am nächsten Tag zurück. Wenn für andere Urlaubszeit war, hatte sie besonders viel zu tun.

Er legte sich in einen Liegestuhl, während er darauf wartete, dass die Kohle heiß genug war. Mathilde hatte einen Zettel auf dem Küchentisch hinterlassen, dass sie mit einer Freundin zum Strand gegangen war, aber bis zum Essen wohl wieder zu Hause sein würde. Er hatte das Haus für sich, wusste aber nicht recht, ob ihm das gefiel. Die Stille machte ihm Angst davor, alleine zu bleiben. Das konnte von einer auf die andere Sekunde passieren. Seine ganze Kindheit hindurch hatte er das erlebt. Jedes Mal, wenn sein Vater weggefahren war, wusste er, dass ein weiterer Mensch diese Erde verlassen hatte. Jemanden allein zurück gelassen hatte voll Trauer und Schmerz. Zumindest in den meisten Fällen.

Er stand auf und ging in die Küche, um sich ein kaltes Bier zu holen. Mathilde hatte wie verabredet Salat gemacht, die Schüssel stand im Kühlschrank und sah farbenfroh, gesund und einladend aus. Sie hatte Erdbeeren und Heidelbeeren hineingetan. Das Grillgut, bestehend aus Würstchen, Fleisch und Rinderhacksteaks, hatte er auf dem Heimweg im Supermarkt gekauft. An der Packung stach eine große, gelbe Angebotsmarke hervor. Er knallte die Kühlschranktür zu, stand einen Augenblick lang da und betrachtete den Rauch, der an dem fast windstillen Sommerabend von dem Grill draußen vor dem Fenster langsam in die Luft stieg. Vielleicht würden sich die Nachbarn über den

Geruch beschweren. Sie hatten sie noch nicht richtig kennengelernt, obwohl die Straße wie eine von der Sorte wirkte, wo sich alle füreinander interessierten. Vielleicht ein bisschen zu sehr. Der Rauch ließ ihn auch an die Einäscherungen denken, mit denen der Tag aufgehört hatte. Aufgrund der neuen Technik kam kein Geruch oder Rauch, nur feiner Dampf aus dem Schornstein. Er hatte eine Führung im Krematorium und Antworten auf all seine Fragen bekommen. Pia hatte währenddessen in der Kapelle gesessen und gewartet. Sie wusste das alles ja bereits, für sie gab es nichts mehr zu lernen. Noch hatte er keine Stellung dazu bezogen, was er sich für seine eigene Bestattung wünschte, wenn er eines Tages gehen musste. Einäscherung war eine Möglichkeit, die er in Betracht zog, aber er war sich noch unsicher. Der Kremationstechniker hatte enthusiastisch von seiner Arbeit erzählt, als ob er Schmied oder Bäcker wäre. Alles war modern und computergesteuert mit einem Programm für Erwachsene und einem für Kinder. Jährlich wurden circa zweitausendfünfhundert Einäscherungen vorgenommen. Der Ofen könne über tausend Grad heiß werden und eine Einäscherung dauere circa zwei Stunden, hatte er erzählt und hinzugefügt, dass es früher nur halb so lang gedauert habe. Die Verwendung neuer Rauchfilter hatte dazu geführt, dass man die Temperatur senken musste, was die Verbrennungszeit verlängerte. Andreas hatte durch die Luke gucken dürfen, wo die Flammen lebendig vor der Scheibe getanzt hatten. Nur Asche und kleine Knochenreste blieben übrig, und dann das, was nicht brennbar war: künstliche Hüften und Knie, Herzschrittmacher und so etwas. Das Ganze wurde mit etwas, das wie eine Jäthacke aussah, in eine Art Schublade gekehrt und dann darin aus dem Ofen genommen, gekühlt und später sortiert. Die Metallteile wurden in eine große, grüne Mülltonne geworfen, so eine, wie er sie auch im Carport stehen hatte, und von einem holländischen Schrotthändler abgeholt, wo sie später u.a. für Flugzeugmotoren wiederverwertet wurden. Metallschrott war eine feste Einnahmequelle für das Krematorium. Die Regel war jedoch, dass er nicht für Kunstwerke verwendet werden durfte. Die Knochen wurden in der Knochenmühle pulverisiert. Das dauerte circa fünfzehn Minuten. Zum Schluss wurde dieses feine Pulver dann in die Urne gefüllt, es war nur eine winzige Menge, und schließlich wurde der Deckel draufgesetzt. Die Überreste eines Menschen. Eines Lebens. Der tote bekam eine Nummer, und so ähnlich war es ja auch schon im Leben, damit man sicher sein konnte, dass die Hinterbliebenen die richtige Asche zum Beisetzen mit nach Hause nahmen. Aber konnte man sich da überhaupt sicher sein? Die Särge wurden gesammelt, und wenn der Ofen heiß war, wurden sie alle gemeinsam durchgeschleust.

Andreas schüttelte die Erinnerung an den Tag ab und ging wieder in den Garten, um nach dem Grill zu sehen. Die Kohle wurde schon weiß. Er schaute auf die Uhr. Mathilde müsste bald zuhause sein. Träge legte er sich wieder in den Liegestuhl, die Bierdose auf der Armlehne ruhend, und starrte eine Fliege an, die sich auf den Tisch gesetzt hatte. Sie säuberte ihre Flügel und erinnerte an die Nachbarskatze, wenn sie im Gras saß und sich putzte. Ihre Vorderbeine glitten mehrmals um den Kopf herum, wie es auch die der Katze taten. Er mochte Fliegen nicht. Er erinnerte sich deutlich an die Geschichten, die sowohl sein Vater als auch sein Großvater erzählt hatten, wie sie die Fliegen von den Toten wegscheuchen mussten, damit sie keine Eier auf den Körpern ablegen konnten. Sie krochen in alle Körperöffnungen, die Nase, die Ohren, den Mund und so weiter .... Er schlug nach der Fliege, traf sie aber nicht. Er war gerade dabei, in der angenehm lauen Abendluft und dem Knistern des Grills einzudösen, als es an der Tür klingelte. Mathilde musste ihren Schlüssel vergessen haben. Er fluchte leise. Benommen wankte er ins Haus, um ihr aufzumachen.

»Mama?«, sagte er verblüfft, da es Jytte Spang war, die draußen auf der Treppe stand. Das Wort klang seltsam in seinem Mund. Es kam ihm kindisch vor.

»Hallo, Andreas. Ich bin gerade vorbeigekommen und wollte meinen neuen Kompagnon begrüßen.« Sie reichte ihm eine

Flasche Lambrusco. Der Klassiker. Den hatte sie immer gekauft, wenn es bei ihnen Wein gab, etwas anderes mochte sie nicht.

»Ich kann riechen, dass er sicher sehr gut passt. Grillt ihr?«

»Ich bin alleine, aber Mathilde, meine Tochter, kommt bald«, sagte er, während sie bereits an ihm vorbei durchs Wohnzimmer und auf die Terrasse hinausgegangen war Sie schaute sich um und lächelte. »Gemütlich«, bemerkte sie und klang, als ob sie es so meinte.

Er war verwirrt. Es war so viele Jahre her, dass er sie gesehen hatte. Selbst als das Testament seines Vaters verlesen wurde, hatte sie es nicht geschafft, anwesend zu sein. Geburtstags- und Weihnachtskarten waren in all den Jahren der einzige Kontakt zwischen ihnen gewesen. Sie hatte sie auf Seeland ein einziges Mal besucht. Das hatte natürlich etwas damit zu tun gehabt, dass ihr neuer Mann in Aalborg wohnte und sie bei ihm eingezogen war, aber so weit war das nun auch wieder nicht entfernt. Sie hatten sie zwar auch nicht besucht, aber das lag eher daran, dass sie sich nicht willkommen fühlten. Es war nicht zu übersehen, dass ihre Mutter ihr altes Leben hinter sich lassen und ein neues beginnen wollte. Ohne sie. Ohne ihn. Versteinert stand er im Eingangsbereich, den kühlen Lambrusco in der Hand.

»Ich glaube, die sind durch.« Jytte Spang nickte in Richtung des Grills, bevor sie hineinging, um den Rest des Hauses genauer in Augenschein zu nehmen. »Willst du den nicht aufmachen?«

Andreas ging in die Küche und fummelte den Verschluss vom Flaschenkorken. Er musste unvermittelt an den Neujahrsabend denken, als er eine Flasche Champagner geöffnet hatte und gar nicht das Gefühl hatte, dass es etwas zu feiern gab, weil er gerade seinen Job verloren hatte. Jetzt empfand er genauso. Was gab es zusammen mit seiner Mutter zu feiern? Er schenkte ihnen zwei Gläser ein und nahm sie mit raus, wo er sie auf den Gartentisch stellte. Sie war gerade mit der Besichtigung des Schlafzimmers fertig und kam in den Garten zurück.

»Ich muss sagen, ihr habt euch hier gut eingerichtet«, sagte sie anerkennend und nahm ihr Glas. Der Wind spielte mit ihrem fast weißen Pagenkopf und er schaute sie an, als wäre es das erste Mal. Sie hatte sich gut gehalten. Die Haut war gebräunt und sah nicht aus wie die einer Frau über sechzig. Die Augen glänzten im Schein der Abendsonne violett. Er konnte einen feinen, fast unsichtbaren Rand ihrer Kontaktlinsen sehen. Früher hatte sie eine Brille getragen. Die Lippen waren in einer natürlichen, eher bräunlichen als rötlichen Farbe geschminkt, die zu ihrem Alter passte. War das wirklich seine Mutter? Er hatte sie als grau und trist in Erinnerung. So war sie zusammen mit seinem Vater gewesen. So hatte sich unter Johan Spang seine ganze Familie gefühlt. Sie nippte an dem Wein und schaute ihn auffordernd an, aber er wusste nicht weshalb. Was erwartete sie von ihm?

»Warum bist du eigentlich gekommen? Man kommt nicht einfach an Lystrup vorbei, wenn man in Aalborg wohnt.«

Seine Mutter stellte das Glas ab und strich sich die Haare hinter die Ohren, während sie den Blick abwesend über den Garten gleiten ließ. Ihr Armband klimperte leicht. Der Garten war klein, Sonnenhut und Männertreu standen nebeneinander und harmonierten gut, aber da waren sonst hauptsächlich Gras, Bäume und kleine Büsche, nichts Besonderes. Nicht wie der Garten in Ringsted, den sie kaum gesehen hatte. Sie hatte sie vor vielen Jahren an einem der Weihnachtsfeiertage besucht, es war dunkel gewesen und der Garten schneebedeckt.

»Wir haben ein Sommerhaus in Risskov gekauft.«

Andreas nickte bloß überrascht. Das war ganz in der Nähe.

»Hast du ihn denn dabei?«

»*Ihn*? So nennst du deinen Stiefvater?«

»Stiefvater? Er hat nie ...«

»Lennarth heißt er, Andreas. Er heißt Lennarth, aber er zieht es vor, Len genannt zu werden.«

Plötzlich seufzte sie resigniert und setzte sich auf einen der Gartenstühle. Sie richtete das Polster hinter ihrem Rücken und nahm wieder ihr Glas, saß aber einfach nur da und schaute auf den Inhalt, der hübsch zwischen hellroten und dunkleren Reflexen changierte.

»Ich weiß, dass ich diejenige war, die einfach verschwunden ist. Aber ihr ward von Zuhause ausgezogen. Erwachsen. Johan und ich waren nicht ...«

Andreas hob die Hände wie in Abwehrhaltung, er hatte keine Lust, von ihrem Zusammenleben zu hören. Das Ganze war jetzt egal. Er wusste, dass es Probleme gegeben hatte. Als Junge hatte er ihre Streitereien gehört, wenn er abends in seinem Bett lag, und er wusste auch, dass die Art seines Vaters, Dinge zu tun, nicht so war, wie sie es gerne gehabt hätte. Er trug ihr nichts nach, daher konnte sie diesen Entschuldigungszirkus bei seinen Geschwistern abziehen. Nicht bei ihm.

»Ich weiß, Mama. Du musst es nicht erklären. Doch, eine Sache darfst du mir schon erklären: Warum bist du gekommen?«

Sie schaute zu ihm hoch. Sowohl betrübt als auch flehend.

»Du bist die Dinge immer ohne Umschweife angegangen, mein Junge. Das muss man dir lassen. Okay, dann begnüge ich mich damit, dir zu erzählen, warum ich gekommen bin ...«

Sie wurde jäh unterbrochen, als im Eingangsbereich die Tür aufgerissen und geräuschvoll eine Tasche auf das Schuhregal geworfen wurde.

»Hi! Ich bin wieder da! Entschuldigung, dass ich zu spät komme! Mhmm, hier riecht's nach Grill!«, rief Mathilde, bevor sie draußen bei ihnen stand, die Haut von einem ganzen Tag in der Sonne gerötet und mit Sand in den Haaren. Die Lippen glänzten von der Lippenpomade mit UV-Schutz, die Gitta ihrer Tochter immer verordnete, wenn sie ein Sonnenbad nahm, zusammen mit Sonnencreme, mindestens Faktor 30. Mathilde war eigentlich wie er ein dunkler Hauttyp, aber das bedeutete nicht, dass man vor Hautkrebs gefeit war, predigte Gitta, selbst immer schön sonnengebräunt, obwohl sie blond war. Andreas zweifelte daran, dass sich seine Teenagertochter, alleine am Strand mit einer Freundin, an alle Anweisungen ihrer Mutter gehalten hatte.

»Oma!«, rief sie verblüfft aus und ihr Gesicht versteifte erst, dann breitete sich ein riesiges Lächeln darauf aus und sie fiel Jytte um den Hals. Andreas sah verwundert zu. Woher kannte Mathilde ihre Oma, obwohl sie sie doch nie besucht hatte? Seine Tochter registrierte offenbar seinen verständnislosen Gesichtsausdruck.

»Ich habe schon lange mit Oma Kontakt gehabt, auf Facebook«, erklärte sie, bevor er sich dazu überwinden konnte zu fragen.

»Auf Facebook? *Du* bist bei Facebook?« Er fragte seine Mutter; dass Mathilde dort war, wusste er.

»Man muss doch auf dem Laufenden bleiben«, meinte Jytte und zuckte mit einem kleinen Lächeln leicht die Schultern.

Andreas schüttelte den Kopf, konnte aber auch nicht aufhören zu grinsen. Seine Mutter war jugendlich geworden, daran bestand gar kein Zweifel. Hatte dieser Lennarth das bewirkt? Plötzlich bekam er Lust, ihn zu treffen, woran er sonst nicht einmal im Traum gedacht hätte.

»Essen wir bald? Jetzt, wo Oma da ist, wird es richtig gemütlich.« Mathilde hatte sich von Jytte losgerissen, die Sand von ihrer roten Seidenbluse klopfte.

»Du gehst zu allererst duschen, mein Mädchen. Du riechst nach Sonne, Schweiß und Salzwasser und wir wollen keinen Sand im Essen haben.«

Er ging hinein, um das Fleisch und den Salat zu holen. Das merkwürdige Gefühl, es sich gemütlich machen zu müssen, überrumpelte ihn. Alleine war er jetzt jedenfalls nicht mehr.

»Warum hast du Len nicht mitgebracht? Wohnt ihr im Sommerhaus?«, hörte er seine Tochter draußen auf der Terrasse fragen. Offenbar wusste sie eine ganze Menge mehr über seine Mutter als er selbst. Er hörte die Antwort nicht, da die Kühlschranktür zuknallte.

Mathilde stibitzte schnell eine halbe Erdbeere aus der Salatschüssel, als sie an ihm vorbeisauste. Er hielt sie abrupt an, indem er sie am Arm packte.

»Warum hast du mir nicht erzählt, dass du Kontakt zu Oma hast?«, flüsterte er ihr wütend ins Ohr.

»Weil sie der Meinung war, dass das keine gute Idee wäre. Du würdest es bloß verbieten«, flüsterte sie durch die Zähne zurück.

Er ließ sie los. Obwohl die Worte ohne jeden Vorwurf geflüstert worden waren, trafen sie ihn. Natürlich hätte er das nicht. Oder doch?

»Wie kommt sie damit klar? Dass du Bestatter geworden bist?«, fragte Jytte hinter seinem Rücken, während er die Steaks auf den Grillrost legte und unwillkürlich einen Anflug von Unbehagen verspürte, als der Duft des Fleisches, das auf dem Rost brutzelte, in dem Augenblick in seine Nase stieg, als sie das Wort *Bestatter* aussprach. Das weiße Gebäude des Krematoriums tauchte vor seinem inneren Auge auf. Er legte ein weiteres Stück Fleisch auf den Rost.

»Gut, glaube ich. Wieso fragst du?«

»Weil ihr Kinder von Johans Beruf nicht begeistert wart. Sie wird also nicht gehänselt?«

»Die Zeiten haben sich geändert, glaube ich. Sie hat nichts davon gesagt.« Er wandte dem Grill den Rücken zu und schaute seine Mutter an. »Hat sie denn auf Facebook erwähnt, dass …?«

Jytte lächelte. »Überhaupt nicht, darüber haben wir nicht gesprochen.«

»Worüber dann?«

»Wie es euch geht, natürlich. Ich bin deine Mutter, selbstverständlich sorge ich mich.«

»Sorgst dich?« Andreas trank den Rest des Bieres, das lauwarm geworden war. Den Lambrusco hatte er nicht angerührt, aber er konnte sehen, dass die Flasche schon halb leer war. Ein Lippenabdruck auf dem Glas verriet, dass Mathilde sich bedient hatte, bevor sie ins Bad gegangen war.

»Ja, selbstverständlich mache ich mir Sorgen, wenn ich höre, dass du entlassen wurdest, aber ich freue mich darüber, dass ihr wieder hierher gezogen seid. Wo ist Gitta eigentlich?«

»Sie hat mit einem Kollegen getauscht. Sie ist in Spanien.«

»Gut, dass sie ihren Job behalten konnte. Ich dachte bloß, sie hätte nur die Route Aarhuser Flughafen – Helsinki.«

Es gab offenbar nicht viel, was seine Mutter nicht über ihr Leben wusste. Und er hatte geglaubt, er wäre ihr Mutter egal, und dabei war sie über Mathilde die ganze Zeit informiert gewesen, was er machte. Er war immer noch wütend darüber, dass sie nichts erwähnt hatte. Wofür hielten sie ihn?

»Warum hast du ihn ... Len ... nicht mitgebracht?«

Jytte stand auf und wendete eins der Steaks, das kurz davor war, anzubrennen. Andreas hatte auch noch nie zuvor gesehen, dass sie sich um einen Grill kümmerte. Tatsächlich hatten sie nie gegrillt, so etwas tat Familie Spang nicht.

»Er meinte, es wäre besser, wenn ich alleine käme. Ihr habt euch ja noch nicht kennengelernt, aber ich hoffe, das werdet ihr bald. Wir bleiben den ganzen Sommer im Sommerhaus, also ...«

Sie setzte sich wieder und schenkte sich ein weiteres Glas Lambrusco ein.

»Wann habt ihr dieses Sommerhaus gekauft?«

»Vor ein paar Monaten?«

»Weil wir hierher gezogen sind?«

»Vielleicht. Andreas, ich will mein Enkelkind kennenlernen, kannst du das nicht verstehen?«

Er legte die Steaks vom Grill auf den Teller. Sie waren auf jeden Fall durch, es war viel zu lange her, dass er gegrillt hatte. Er stellte den Teller auf den Tisch und schaute wieder zu Jytte, die seinen Bewegungen mit einem betrübten Blick folgte.

»Was wolltest du vorhin erzählen? Weswegen bist du gekommen?«

»Lass uns erst essen, ja?«

Wie auf Kommando war Mathilde zurück, sonnengebräunt und frisch geduscht. Sie hatte ein weißes Sommerkleid mit dünnen Trägern angezogen, von denen der eine hartnäckig immer wieder von ihrer Schulter rutschte. Andreas konnte nicht anders als zu denken, wie sehr sie ihrer Mutter ähnelte. Wie erwachsen sie wurde, und hier im Kontrast mit der älteren Generation in der

Familie war es noch auffallender. Es war ein seltsames Gefühl, sie zusammen zu sehen. Das Enkelkind und die Großmutter. Sie unterhielten sich, als wären sie Freundinnen, und ihm ging es gut damit. Vielleicht hatte er die perfekteste Familie, wenn es darauf ankam.

Es hatte sich kaum abgekühlt, obwohl es bereits nach Mitternacht war. Mathilde war ins Bett gegangen und er hatte eine Kanne Kaffee gemacht und Gittas Öllampen auf dem Tisch angezündet. Jyttes Gesicht war ernst geworden, falls es nicht bloß die gedämpfte Beleuchtung und die Schatten waren, die es so aussehen ließen. Sie trank von dem Kaffee und lächelte ihn ein wenig müde an.

»Was war das für ein schöner Abend, Andreas. Danke.«
»Danke? Wofür denn?«, fragte er, obwohl er genau wusste, was sie meinte.
»Ich habe nicht damit gerechnet, dass das Ganze so enden würde.«
Er blieb wachsam. Irgendetwas an ihrer Stimme gefiel ihm nicht.
»Du hast mir noch immer nicht erzählt, wieso du gekommen bist«, sagte er zögernd.
»Ich bin deswegen gekommen. Um es mir mit meiner wunderbaren Familie gemütlich zu machen. Oder einem Teil davon jedenfalls ...«
»Aber du wolltest etwas sagen, als Mathilde nach Hause gekommen ist. Was war das?«
Sie schwieg, als ob sie auf einmal bereuen würde, hergekommen zu sein.
»Ich wollte sagen, dass ich sehr froh darüber bin, dass du Teil der Familienfirma geworden bist, Andreas. Das hat Johan sich immer gewünscht.«
»Papa? Machst du dir deswegen Sorgen?«
»Natürlich. Johan und ich waren keine Feinde. Man hört nicht einfach auf, einen Menschen zu lieben, mit dem man so viel geteilt

hat. Dass wir nicht zusammen leben konnten, ist etwas völlig anderes.«

Andreas wartete schweigend ab, er konnte sehen, dass Jytte noch mehr sagen wollte. Aber etwas schien sie davon abzuhalten.

»Wie du ja weißt, hatte Johan neben dir auch mich als Erbin eingesetzt. Ich weiß nicht, was passiert ist, aber plötzlich erzählte er mir, er habe das Testament geändert und dass du das Geschäft übernehmen solltest, wenn er nicht mehr sei. Wir vertrauten uns, aber irgendetwas bekümmerte ihn zuletzt, etwas, wovor er Angst hatte, hatte ich das Gefühl.« Lange starrte sie in die flackernden Flammen der Öllampe. »Ich glaube nicht, dass Johan unter normalen Umständen gestorben ist. Er war nicht krank, er war gerade bei seinem Routinecheck beim Arzt gewesen«, sagte sie und schaute ihn an. Ihre Augen sahen unheimlich aus im Widerschein der Lampe.

Andreas schluckte den Kloß hinunter, der in seinem Hals aufstieg. War das sein Herz? So fühlte es sich an.

»Ich durfte ihn nicht einmal sehen, als er tot war. Plötzlich hatten sie ihn eingeäschert. Das war ja nicht, was Johan gewollt hatte. Er wollte begraben werden. Beerdigt. Natürlich zersetzt. Er wollte neben seinem Vater liegen. Das hatte er immer gesagt.«

»Ja, aber Mama, was meinst du?« Andreas zitterte, obwohl ihm der Schweiß den Rücken herunter lief und sich am Kunststoffbezug des Gartenstuhls klebrig anfühlte.

»Irgendetwas ist da faul, Andreas. Du musst herausfinden, was es ist, und wie Johan gestorben ist.«

17

Roland schaltete den Computer aus. Er war auf dem Heimweg. Vor einer Stunde hatte er Irene angerufen und gesagt, dass es wohl noch eine knappe halbe Stunde dauern würde. Sie hatte nicht geklungen, als glaubte sie ihm. Er knöpfte das Hemd ein Stück auf und überlegte schon, es ganz auszuziehen, wenn er in das heiße

Auto stieg. Jetzt waren sicher alle weg. Ihn überkam die Lust, auch die Schuhe und Strümpfe gleich auszuziehen und barfuß die Treppe hinunterzulaufen. Aber dann lief er an der Tür in Isabella hinein.

»Ach, gut, dass du noch da bist, Roland.«

»Bin ich eigentlich nicht. Mental bin ich zu Hause in meinem Bett.«

Sie guckte schnell auf seinen halbentblößten Brustkorb.

»Ich weiß, dass es spät ist. Aber ich habe auf Nachricht von der Kriminaltechnik gewartet und Oliver hat den Bericht erst jetzt geschickt.«

»Oliver?«

Roland hatte erwartet, dass es jemand aus der alten Garde wäre, der so spät Dienst hatte, wie zum Beispiel Gert Schmidt.

»Ich dachte, der wäre unterwegs, um sich zu amüsieren. Oder auf dem Motorrad herumzurasen«, sagte er sarkastisch.

Isabella schaute ihn verständnislos an und fuhr fort, während sie auf einige Papiere deutete, die sie ausgedruckt hatte.

»Der Ausschlag, den Tanja hatte, wurde durch eine Latex-Allergie verursacht, und das, was sie unter den Nägeln hatte, ist Latex.«

»Er trägt also Handschuhe. Latexhandschuhe?«

»Der Meinung sind die Kriminaltechniker nicht. In diesem Latex ist ein Farbstoff, und es ist nicht ganz der gleiche Typ, der für Handschuhe verwendet wird.«

Roland ging den Flur hinunter, Isabella folgte eifrig.

»Oliver hat untersucht, was es sein könnte. Er ist darauf gekommen, dass es sich um eine Maske handeln könnte.«

Roland blieb abrupt stehen und drehte sich zu ihr um. Sie fuhr fort.

»Maja war so entsetzt, vielleicht konnte sie sich ja an die Maske erinnern.«

»Das klingt ja wie eine kranke Idee, eine Maske aufzuziehen und junge Mädchen zu vergewaltigen und zu töten. Womit haben wir es hier zu tun? Spielt er einen Thriller nach?«

»Es gibt viele kranke Menschen«, bemerkte Isabella altklug, als ob er das nicht wüsste.

»Die Techniker haben auch einen Teil eines Fußabdrucks in einem Schrank in Majas Schlafzimmer gefunden, und wie es aussieht, hat sich jemand längere Zeit auf dem Balkon von Tanjas Wohnung aufgehalten. Hier hat der Täter auch Erde und Fußabdrücke und etwas Bonbonpapier hinterlassen, selbstgemacht vielleicht, es könnte etwas Ausländisches sein. Offenbar macht er es sich richtig gemütlich, während er wartet.«

»Und woher können sie wissen, dass sie vom Täter stammen?«

»Das wurde vermutetet, da sie neben dem Schuhabdruck lagen. Herrengröße, soweit es die Techniker sagen konnten. Sieht aus, als ob er in der Hocke auf der Mauer gesessen hat. Der Balkon ist klein und geht auf die Straße raus. Er sah nicht so aus, als ob Tanja ihn besonders viel benutzt hätte. Er ist von ihrem Schlafzimmer aus begehbar. Aber in Tanjas Schränken war kein Platz und die Wohnung ist nur 54 Quadratmeter groß. Es gab keine anderen Stellen, wo er sich hätte verstecken können außer dem Balkon. Ja, du warst ja selbst am Tatort.«

»Ja, das war eine tolle Eigentumswohnung. Nicht ganz billig, wie es aussah. Sie war doch eigentlich nur Studentin.«

»Die Eltern haben sie gekauft, ich habe mit ihnen gesprochen. Sie wohnen in Søndervig. Der Täter hat die Tür sicher angelehnt, damit er wieder hereinkommen konnte. So heiß wie es ist, hat Tanja das natürlich nicht bemerkt. Vielleicht hatte sie die Tür auch selbst geöffnet, wer rechnet schon damit, dass sich jemand auf seinem Balkon im vierten Stock aufhält? Er hat draußen stehen und durch die Scheibe sehen können, wann sie schlief. Das ist doch echt ein geisteskranker Psychopath!«

»Aber er war also dumm genug, dort, wo er gewartet hat, eine Spur zu hinterlassen?«

Isabella nickte.

»Das Bonbonpapier wurde auf brauchbare Fingerabdrücke und DNA untersucht. Der Fußabdruck ist zu nichts zu gebrauchen, aber die Erde wird analysiert, dann kriegen wir vielleicht heraus, woher sie stammt. Es gibt ja keine Gärten bei dem Gebäude, die er hätte durchqueren müssen.«

»Und die Ergebnisse bekommen wir wann?«

»Das wusste Oliver nicht genau, aber er arbeitet daran.«

»Ist die Silhouette auf dem Bild identifiziert?«

»Nein, es ist einfach zu dunkel. Man erkennt nicht besonders viel. Aber wenn wir das Schwein finden, können wir sehen, ob es passt. Die Augen, der Abstand dazwischen und zur Nase und so weiter.«

Roland nickte, zufrieden mit ihrer positiven Einstellung; sie hatte gesagt, *wenn* wir ihn finden, nicht *falls*.

»Wissen wir, wo die Fotos gemacht wurden?«

»Ich bin dran und fast sicher, dass es im Gedächtnispark war. Das Foto der badenden Hunde könnte beim Adlerhorst gemacht worden sein. Aber ich fahre gleich mal dahin und schaue nach«, sagte Isabella und klang gestresst.

»Wenn du den Baumstamm und die Stelle, wo er sich versteckt hat, finden kannst, ist es vielleicht möglich, Schuhabdrücke oder andere Spuren zu finden. Daher: Mach bitte mit dieser guten Arbeit weiter, Isabella.«

»Selbstverständlich. Aber jetzt konnten wir beweisen, dass er bei seinen Opfern einbricht, sich in ihren Wohnungen versteckt und wartet, bis sie schlafen, damit er sie in ihrem Bett überfallen kann. Der Tiefschlaf und der Überraschungsmoment verschaffen ihm einen riesigen Vorteil. Vielleicht ist es ein kleiner und dürrer Mann, der sonst nicht mit Mädchen klar kommt.«

»Und dann zieht er eine Maske auf. Was für eine und wieso? Um seine Identität zu verbergen?«

»Vielleicht. Oder um sie zu erschrecken. Leider gibt es ja keine Zeugen, daher ist das schwer zu sagen. Oliver hat mir diese Farbnuance gegeben, von der er meint, dass die Maske sie hat, ich werde versuchen, verschiedene Latexmasken durchzugehen, um die gleiche Farbe zu finden. So viele gibt es ja wohl auch nicht …«

Roland teilte ihren Optimismus an dieser Stelle nicht.

»Hast du heute mit der Bestatterin gesprochen?«, fragte sie.

»Nur kurz, aber sie leugnet, irgendetwas über die Geschichte mit der verschwundenen Leiche zu wissen. Sie hat erzählt, dass sie Besuch von Lissi Lund Iversen, der Ehefrau des Grabschänders, gehabt hat, die ihr Vorwürfe wegen des Verschwindens ihres Sohnes gemacht hat und sie darüber hinaus für den Tod ihres Mannes verantwortlich macht. Aber sie meint, das Ganze sei erfunden. Der Trauer geschuldet. Die Frau wolle nicht akzeptieren, dass die beiden tot sind.«

»Und wie erklärt sie dann, dass der Sarg wirklich leer *ist*?«

»Das kann Iversen selbst gewesen sein, behauptet sie.«

»Und wohin in aller Welt sollte er dann seinen toten Sohn gebracht haben? Und das soll er alles geschafft haben, bevor er selbst gestorben ist?«

»Das ist ein sehr seltsamer Fall. Aber wir haben ja keinerlei Beweise gegen dieses Bestattungsunternehmen. Ich weiß nicht, wie wir da weiterkommen«, gab Roland zu.

»Hast du sie gefragt, ob normalerweise Tierhaare in die Särge kommen?«, fragte sie mit einem schiefen Lächeln.

Roland lächelte auch. »Nein, das habe ich völlig vergessen, aber wir wissen ja auch noch nicht, ob sie von einem Tier stammen und wenn ja, von welchem.«

Er dankte Isabella für ihren Einsatz und schickte sie nach Hause. Aber das Licht brannte immer noch auf der Etage, als er auf dem Parkplatz rückwärts ausparkte.

Irene war noch nicht ins Bett gegangen. Er freute sich über diesen neuen Lebensmut, den sie nach dem Besuch in der Privatklinik geschöpft hatte, und brachte es nicht übers Herz, ihn ihr zu nehmen. Er konnte die Ungerechtigkeit darin sehen, dass die Behandlung in Dänemark noch nicht erlaubt war, aber als Polizist musste er auch daran denken, dass es ja wohl seinen Grund hatte. Vielleicht war sie einfach nicht sicher genug und die Gewissheit, dass er ihr die Unterstützung würde verweigern müssen, drängte sich ihm immer stärker auf, genau wie seine Angst. Aber wenigstens die verschwand, sobald er sie an ihrem Computer in ihrem Arbeitszimmer sitzen sah. Das hatte sie lange nicht gemacht. Angolo stand aus seinem Körbchen in der Küche auf und kam zu ihm, um ihn zu begrüßen. Er knuddelte den Hund liebevoll und versprach, dass sie bald eine Abendrunde gehen würden.

»Entschuldige, dass ich so spät komme.« Er beugte sich nach unten und küsste Irene aufs Haar. Sie surfte gerade auf einer amerikanischen Homepage über Organspende.

»Ich kenne dich doch, Schatz. Bist du ohne Hemd nach Hause gefahren?«

»Es ist so verdammt heiß! Was machst du?«

»Guck mal hier, ist das nicht phantastisch? So viele Teile unseres Körpers können wiederverwendet werden und anderen nützen, wenn wir selbst sie nicht mehr brauchen.« Sie schaute zu ihm hoch. »Wir haben ja noch nie darüber gesprochen, wie wir dazu stehen. Was hättest du geantwortet, wenn ich damals gestorben wäre? Hättest du meine Organe gespendet?«

»Jetzt hör auf, Irene!«

»Nein, ich mein's ernst! Das ist etwas, über das wir reden müssen, damit wir wissen, wie wir dazu stehen. Ja, damit der andere nicht allein eine so schwierige Entscheidung treffen muss.«

»Du hast Recht, Irene, aber ich weiß nicht, wie ich dazu stehe.«

»Ich schon. Wenn ich sterbe, sollen all meine Organe anderen helfen, die sonst nicht überleben würden. Sie dürfen auch mein neues Rückenmark bekommen.«

Roland wollte nicht darüber reden. Er hatte bei seiner Arbeit genug mit dem Tod zu tun und Wiederverwertung war nicht gerade das, woran er dabei dachte. Gleichzeitig spürte er die Angst wieder. Morgen früh sollte Irene eingewiesen werden. Hatte sie es deswegen mit dieser Entscheidung plötzlich so eilig? Hatte sie selbst Angst davor, dass etwas schief gehen würde? Aber natürlich musste er Stellung beziehen. So, wie es Harald Lund Iversen ergangen war, der befürchtet hatte, dass die Ärzte entgegen seinem Verbot die Organe seines Sohne entnommen hatten. Es war klar, dass man zu diesem Thema eine Meinung haben musste, selbst in jungen Jahren. Vielleicht gerade in jungen Jahren. Hätte der Sohn nun selbst den Wunsch geäußert, Organspender zu werden und einen Nachweis dafür bekommen, wäre all das hier vielleicht gar nicht passiert, dann wäre es seine eigene Entscheidung gewesen und nicht die seiner Eltern.

»Du kannst deine Meinung noch ändern, Irene. Wenn du Angst hast, dass es misslingt, finde ich nicht ...«

»Ich habe keine Angst vor der Operation, Rolando. Ich habe eher Angst davor, wie mein Leben wird, wenn ich diese Chance nicht ergreife. Du stehst doch hinter mir, oder?«

»Ja. Ja, selbstverständlich, mein Schatz. Aber all dieses Gerede über Organspende!«

»Das ist etwas ganz anderes. Etwas, worüber wir schon vor langer Zeit hätten sprechen sollen.«

Routiniert drehte sie den Rollstuhl zu ihm um, als ob der Stuhl ein Teil ihres Körpers wäre.

»Rolando, jetzt zieh' dir ein Hemd an, du wirst noch krank, wenn du so verschwitzt bist, das Fenster ist auf und die Luft draußen ist kühl.«

Kühl, schön wär's, dachte er.. Er schaute an seiner Brust hinunter, die vor Schweiß glänzte.

»Ja, dann sollte ich wohl lieber entscheiden, ob ich Spender sein will oder nicht«, murmelte er.

Irene lachte, und dieses Lachen stimmte ihn froh. Es war Ewigkeiten her, dass sie auf diese Art gelacht hatte und dann auch noch aufgrund seines makabren, schwarzen Humors. Wenn die Hilfe eines Spenders diese Wirkung auf die Kranken hatte, sollte er ganz sicher dafür sein.

Sie drehte sich wieder zum Computer um und las weiter auf der Homepage. Er stand da und genoss den Anblick ihres gebeugten Nackens, während er ein sauberes Hemd zuknöpfte. Sie hatte im

Rollstuhl draußen auf der Terrasse gesessen und eine tolle Farbe bekommen. Aber über Sex hatten sie lange nicht gesprochen. Er existierte nicht mehr in ihrem Zusammenleben und es wunderte ihn, wie schnell er sich daran gewöhnt hatte. Er kam ja trotzdem zurecht. Dass Irene am Leben und bei ihm war, war das Wichtigste.

»Ich finde, wir sollten morgen mit dem Arzt sprechen und uns registrieren lassen. Hier steht, dass ein Patient pro Woche stirbt, während er auf der Warteliste für ein neues Organ steht. Es gibt einfach nicht genug Organspender. Im Moment stehen ungefähr fünfhundert auf der Warteliste.«

Ihm war innerlich kalt vor Angst. Morgen war es soweit. Für Irene hatte man wie durch ein Wunder sofort einen Spender gefunden, ohne auf irgendeiner Warteliste zu stehen. Er wollte gar nicht wissen, wie Kenneth Rissvang das bewerkstelligt hatte. Ihre ganzen Ersparnisse und mehr gingen dafür drauf. Aber nicht nur das bereitete ihm Sorgen. Morgen würde entschieden werden, ob Irene geheilt werden konnte. Morgen bekam sie endlich Hilfe. Man hatte sie nicht einfach aufgegeben.

18

Im vierten Stock brannte kein Licht. Esben war also auch heute Abend nicht gekommen. Anne hatte eigentlich gehofft, dass er da sein würde, wenn sie nach Hause kam, sodass sie zusammen ein Glas Wein – oder eine ganze Flasche – genießen könnten, damit sie ein bisschen Abstand von der Arbeit bekommen und sich selbst für einen Augenblick vergessen konnte. Vielleicht war er da gewesen und wieder gegangen. Sie war auch nicht absichtlich länger geblieben, sondern weil Nicolaj meinte, dass sie ihre Arbeitsaufträge durchgehen und einander auf dem Laufenden halten sollten. Er war sauer darüber, dass sie angefangen hatte, sich in einen seiner Fälle einzumischen. Aber etwas an diesem Bestattungsunternehmen war merkwürdig. Die drei Geschwister, die es betrieben.

Der geistig behinderte Bruder. Ob er wohl so geboren worden war? Und mit wem hatte Pia Spang am Tor gesprochen, wem gehörte dieses schicke, teure Auto? Ganz sicher jemandem mit gutem Einkommen. Vielleicht einem Kollegen; die Toten in den Himmel zu schicken schien wirklich einträglich zu sein.

Der Kühlschrank war fast leer. Sie aß ein kaltes Stück Pizza, das sie noch vom Vorabend übrig hatte, machte ein Bier auf und setzte sich an den Computer. Sie hatte versucht, das Kennzeichen des weißen BMWs zu suchen, von dem sie mit ihrem Handy ein Foto gemacht hatte. Das Nummernschild war klar und deutlich erkennbar gewesen, aber leider war es nicht möglich, den Besitzer ausfindig zu machen, ohne die Polizei zu kontaktieren. Und niemand dort, da war sie sich ganz sicher, würde ihr helfen, bloß um ihre Neugierde zu befriedigen. Etwas anderes hatte sie ja leider nicht in der Hand.

Das Fenster stand offen und sie lauschte den wohlbekannten Geräuschen aus dem Garten, wie sie an einem warmen Sommerabend zu ihr hereindrangen, den die Leute am liebsten draußen genossen. Wie im Süden. Sie beantwortete ein paar E-Mails und fühlte sich plötzlich todmüde. Sie googelte auf gut Glück noch dieses und jenes und schaltete den Computer dann aus, um kalt zu duschen. Mit Decke war es zu heiß, deswegen legte sie sich nur mit Unterhose bekleidet ins Bett und machte das Licht aus, aber es war schwer, einzuschlafen. Im Schlafzimmer, wo die Sonne den ganzen Nachmittag durchs Fenster gebrannt hatte, war es zu heiß, und die Gedanken dröhnten in ihrem Kopf. Wo war Esben? Machte er Überstunden? War er im SM-Club? Sie musste dennoch ein bisschen gedöst haben, als ein Geräusch sie wieder hellwach machte. Sie hatte das Gefühl, dass jemand im Zimmer war. Eine Bewegung. Atmete da jemand? Es war fast vollständig dunkel wegen der Jalousien, die sie für das Schlafzimmer ausgesucht hatte, ohne die würde sie in diesen hellen Sommernächten kein Auge zubekommen. Sie streckte sich, um die Lampe anzuschalten, tastete nach dem Lichtschalter, erreichte ihn aber nur kurz mit den Fingerspitzen, als etwas Schweres auf ihr landete, sie brutal auf den Bauch drehte, ihre Arme nach oben riss und sie an den Händen straff ans Kopfende des Bettes fesselte. Es dauerte einen Moment, bis Anne realisierte, wie ihr geschah. Ihr Kopf wurde nach hinten gezerrt, jemand steckte ihr etwas in den Mund, einen Lappen, dann wurde sie geknebelt und bekam fast keine Luft mehr. Sie schnaufte und stieß ein paar unverständliche Laute aus, versuchte, aus seinem Griff freizukommen, und bemerkte entsetzt, dass ihre Unterhose heruntergerissen wurde. Ihr Herz raste, als sämtliche Details von Majas und Tanjas Leiden wie ein Film in ihrem Kopf abzulaufen begannen. Sie hatte ab und zu mal darüber nachgedacht, wie sie wohl reagieren würde, wenn sie vergewaltigt würde, und war sich sicher, dass sie locker damit fertig werden würde. Die vielen Übergriffe ihres Stiefvaters, als sie ein Kind war, hatten sie immun gemacht, hatte sie sich eingebildet. Sie würde sich entweder verteidigen und entkommen oder vernünftig mit dem Vergewaltiger reden, aber jetzt gerade war sie vor Schreck erstarrt und brachte keinen Mucks heraus, nicht nur wegen des Knebels, an dem sie fast erstickte. Derjenige, der da auf ihr saß, war stark, und grausame Erinnerungen an die Brutalität ihres Stiefvaters wurden in ihr wach und lähmten ihre Muskeln. Der Einbrecher musste sich irgendwo in ihrer Wohnung aufgehalten haben. Sie beobachtet haben. Gesehen haben, wie sie ins Bad ging. Sie nackt gesehen haben. Auch wenn sie versuchte den Kopf zu drehen, konnte sie ihn nicht sehen. Er blieb die ganze Zeit hinter ihr und es war zu dunkel. Sie entschied sich, ihn sein Vorhaben durchführen zu lassen und hoffte einfach, dass er sie danach am Leben lassen würde. Die Tränen liefen ihr die Wangen hinunter und sie biss fest auf den Stoff in ihrem Mund, als er hart in sie eindrang. Sie hörte ihn stöhnen und plötzlich war da etwas Bekanntes an dem Laut und der Situation. Aber das konnte nicht sein! Zum Glück kam er schnell und sank verschwitzt über ihr zusammen, seine Bartstoppeln streiften ihren Nacken. Jetzt erkannte sie auch den Duft, versuchte wieder, zu schreien und trat um sich, während sie an ihren Fesseln zerrte. Plötzlich verschwand das Gewicht von ihrem Rücken und es wurde ganz still. Viel zu still. Sie hörte nur ihren eigenen Atem, aber sie wusste, dass er noch da war. Hatte sie sich geirrt? Sie musste sich irren! Was würde er jetzt tun? Ihr Herz sprang beinahe aus ihrer Brust, so fühlte es sich an. Der Schweiß lief zwischen ihren Brüsten hinab, ihre Schenkel klebten zusammen. Da schoss ihr der Gedanke durch den Kopf, ob sie an die Pille gedacht hatte. Lange lag sie da und lauschte, ohne sich zu rühren. Das Adrenalin strömte durch ihre Adern. Seine Berührung war wieder da, jetzt entfernte er den Lappen aus ihrem Mund, er war ganz trocken, der Stoff hatte ihren Speichel aufgesaugt. Sie hustete reflexartig. Er entknotete die einschneidenden Fesseln, und sie konnte sich wieder umdrehen. Er schaltete das Licht an. Ihre Stimme war völlig verschwunden, aber in ihrer Wut brachte sie ein hysterisches Brüllen zustande.

»Esben, verdammte Scheiße! Was zum Teufel sollte das?«

Sie richtete sich im Bett auf und starrte ihn an, während sie erhitzt ihre brennenden Handgelenke rieb, auf denen die Fesseln rote Spuren hinterlassen hatten.

»Was ist denn los, Schätzchen? Ich weiß doch, dass du das magst. Du liebst es auf die harte Tour, stimmt's?«

Sie konnte nicht antworten. Doch, das tat sie, wenn sie wusste, wer sie so behandelte. Wenn sie dabei sicher war, warum es geschah und dass da nicht jemand die Absicht hatte, sie zu töten.

»Was zum Teufel hast du nicht verstanden, Esben? So brutal warst du doch noch nie!«

Er streichelte ihre Wange. Lächelte versöhnlich, als ob sie diejenige war, der vergeben werden sollte.

»Entschuldige, Anne. Ich war mir ganz sicher, dass du das hier lieben würdest. Wir brauchten frischen Wind in unserem Sexleben, oder nicht?«

Sie schlug seine Hand weg und bebte vor Zorn.

»Du weißt, dass ein verrückter Mann in der Stadt herumläuft und so etwas mit jungen Mädchen macht, oder? Und sie danach tötet.«

Er setzte sich auf die Bettkante, lächelte aber nicht mehr.

»Ich bin Anwalt, Anne, natürlich weiß ich das. Ich wusste nicht, dass du etwas damit zu tun hast.«

»Liest du keine Zeitung? Hast du nicht meinen Namen unter den Artikeln über die Morde gesehen?«

Sie sprang aus dem Bett und nahm ihre Zigaretten vom Nachttisch. Mit zitternden Händen zündete sie eine an und setzte sich wieder neben ihn. Er legte sein Kinn an ihre Schulter und flüsterte ihr ins Ohr, sodass es im Nacken kitzelte.

»Hat's dir gar nicht gefallen? Bist du nicht gekommen?«

»Nein, Esben! Ich war zu Tode erschrocken, kapierst du das nicht? Ich habe gedacht, das wäre *er*. Dass er mich auch misshandeln und töten würde.«

Ihre Stimme zitterte. Als er sie küssen wollte, leistete sie erst Widerstand, gab dann aber nach. Sie liebten sich. Dieses Mal war er sanft und rücksichtsvoll, was er auch sein konnte. Sie wusste es nie, und das machte ihn so spannend. Er war auf eine aufreizende Art unvorhersehbar. Danach lagen sie beide erschöpft auf dem Rücken im Bett und verfolgten den Rauch der Zigaretten, der gemächlich zur Decke stieg.

»Du hast gesagt, du wüsstest, das würde mir gefallen«, sagte sie nachdenklich.

Er stützte sich auf den Ellbogen und schaute zu ihr herunter.

»Ja, ich war mir sicher, dass du vor Erregung ganz wild werden würdest. Du hast doch auch nicht besonders viel Widerstand geleistet. Wusstest du wirklich nicht, dass ich es war? Konntest du das nicht *spüren*?« Er sah übertrieben enttäuscht aus.

»Ich war gerade eingeschlafen und völlig verwirrt davon, so brutal geweckt zu werden. Was wäre gewesen, wenn ich Widerstand geleistet hätte? Hättest du mich dann geschlagen?«

»Nein, natürlich nicht. Ich würde dir nie etwas zuleide tun, das weißt du doch.«

Seine Finger glitten sanft über ihre Wange und mit einem bewundernden Blick weiter nach unten über ihre Brüste, als ob er die Konturen des Frauenkörpers nachzeichnete. Sie bekam eine Gänsehaut von der Berührung, obwohl der Raum vor Hitze beinah dampfte.

Aber das wusste sie. Esben würde sie nie schlagen, und er hörte auf, wenn es unangenehm wurde. Das war der Unterschied. Schmerzen konnten angenehm sein, wenn sie durch Liebe und Vertrauen verursacht wurden.

»Glaubst du, er denkt so? Der Mörder?«

»Was meinst du?«

»Glaubt er, die Frauen genießen das?«

»Woher sollte er das wissen, falls sie es täten?«

»Er beobachtet sie. Überwacht sie über längere Zeit. Versteckt sich in ihrer Wohnung und schaut sie an.«

Sie erschauderte bei dem Gedanken. Esben hatte ihr aufgelauert, ohne dass sie die geringste Ahnung gehabt hatte. Die hatten Maja und Tanja sicher auch nicht gehabt. Ein Wildfremder, der kranke Pläne mit ihnen hatte, hatte sich in ihr Leben gedrängt.

»Was kann er herausgefunden haben, das ihn hat glauben lassen, sie könnten seine Behandlung genießen?«, fragte sie und setzte sich im Bett auf.

Esben tat es ihr gleich.

»Facebook? Vielleicht haben sie irgendwie zum Ausdruck gebracht, dass sie davon träumen, vergewaltigt zu werden. Tun das nicht alle Frauen?«

»Vielleicht, aber nur in der Fantasie. Eine wirkliche Vergewaltigung würden die meisten Frauen sicher nur fürchten. Aber meinst du das ernst? Auf Facebook?«

»Ja, oder in irgendwelchen anderen sozialen Netzwerken. Er kann einer ihrer Freunde sein, dem sie sich anvertraut haben.«

»Aber sie hatten keine gemeinsamen Freunde oder Bekannte.«

»Okay, dann einer aus einem Netzwerk, der es jemandem außerhalb des Netzwerks weitererzählt, vielleicht einer, der beide Frauen kannte?«

»Ich weiß es nicht und es ist unmöglich herauszufinden.«

»Man kann auch viel über Leute herausfinden, indem man in ihrem Müll wühlt. Wenn er ihren Wohnsitz beobachtet, kann er wohl auch an ihren Abfalleimer drankommen und herumschnüffeln.«

Anne schaute ihn an. Mit ihm konnte man gut über Kriminalfälle sprechen, obwohl sie oft beide der Schweigepflicht unterlagen. Seine Arbeit als Anwalt konnte hilfreich für sie sein, wenn er wollte.

»Aber sie haben beide in einer Wohnung gewohnt. Ein Haus wäre leichter gewesen. Wie findet er ausgerechnet den Müll der Frauen zwischen dem der anderen Bewohner?«

»Wie viele andere Bewohner?«

Anne wischte sich den Schweiß vom Hals. Er hatte Recht, so viele waren es wohl auch wieder nicht. Wenn man geduldig genug war, war das sicher kein Problem. Und geduldig war der Täter ja offensichtlich, wenn er im Verborgenen wartete, bis die Opfer nach Hause kamen und eingeschlafen waren.

Esben sprang aus dem Bett. Ganz ungeniert stand er nackt vor ihr und es gab auch wirklich nichts, wofür er sich schämen musste.

»Willst du mit ins Bad?«

Sie nickte und drückte die Zigarette im Aschenbecher aus, der auf dem Nachttisch stand.

»Übrigens, Esben. Du schuldest mir was für diesen Überfall hier!«

Er nickte eifrig und glaubte sicher, sie meinte etwas ganz anderes.

»Ich habe das Kennzeichen eines Autos. Eines BMWs. Kannst du irgendwie herausfinden, wem er gehört?«

Er zeigte kein Anzeichen von Enttäuschung.

»Natürlich. Gib es mir einfach. Aber zuerst ins Bad.«

19

Gittas Seite des Betts war leer. Andreas erwachte zeitig und mochte es nicht, allein in dem Doppelbett zu sein. Er freute sich darauf, dass sie heute Abend heimkam und darüber, dass sie zum Glück normalerweise nicht so weit weg war. Er beschloss, sofort in die Pietät zu fahren. Es gab viel zu lernen, auch – nein, besonders – im administrativen Bereich, und er wusste, dass er am schnellsten alles lernen würde, wenn er sich anschaute, wie seine Vorgänger gearbeitet hatten. Aber er hatte nicht die Ruhe gehabt, die Akten im Regal durchzugehen und sich einen Überblick zu verschaffen. Er legte Mathilde einen Zettel hin und öffnete lautlos die Tür zu ihrem Zimmer. Sie schlief tief und fest und sah mehr wie ein kleines Mädchen als wie ein Teenager aus. Sein kleines Mädchen.

Die Amseln sangen laut von den Dachfirsten der Reihenhäuser und das deutete darauf hin, dass es ein weiterer heißer Tag werden würde. Er fuhr den Kia aus der Garage heraus und in Richtung Djursland-Autobahn. Die Häuser sahen so früh am Morgen leer und verlassen aus. Viele waren in Urlaub gefahren. Es war nicht besonders viel Verkehr, als er den Kreisel bei der Djursland-Autobahn erreichte. Der Frühnebel lag tief über den Feldern und der Egå Engsø wurde von der Sonne erhellt. Andreas genoss den Anblick des erwachenden Lebens auf dem See, als er die Brücke über den Egå passierte. Ein starker Kontrast zu der Trauer und dem Tod, mit denen er sich den Rest des Tages beschäftigen sollte. Der Besuch seiner Mutter und das, was sie gesagt hatte, hatten ihn die ganze Nacht über heimgesucht. Wie war sein Vater gestorben? Warum hatte er nicht früher darüber nachgedacht? Er war einfach ganz selbstverständlich davon ausgegangen, dass Johan Spangs Leben aufgrund seines Alters vorbei war. Der Tod war eine natürliche Sache, die Todesursache nichts, wonach man fragte. Jedenfalls nicht als Bestatter.

Es wunderte ihn, dass Pias silbergrauer Toyota auf dem Privatparkplatz beim Bestattungsunternehmen stand. Er parkte daneben und ging durch den Hintereingang ins Gebäude. Die Vordertür wurde nicht vor neun aufgeschlossen, wenn sie öffneten.

In der kleinen Küche duftete es nach frischgebrühtem Kaffee, aber Pia war nirgends zu sehen. Vielleicht war sie zu einem Kunden gefahren. Der Tod hatte nachts nicht frei. Pia hatte diese Woche Bereitschaft, bei der sich offenbar abgewechselt wurde. Deswegen hatte sie das Handy sicherlich neben sich auf dem Nachttisch liegen gehabt. Er überlegte, wie viele wohl mitten in der Nacht anriefen. Konnte das nicht warten?

Er goss den Kaffee in eine Thermoskanne, damit er länger frisch blieb. Abgestandenen Kaffee hasste er. Davon hatte er in der Schlachterei genug bekommen. Er nahm eine Tasse mit in sein Büro, nahm sich eine Akte aus dem Regal und setzte sich an seinen Schreibtisch. Alle Papiere waren in Johan Spangs sauberer Handschrift verfasst. Andreas vermutete, dass sich sein Vater bis zum Schluss geweigert hatte zu lernen, wie man einen Computer benutzte. Bis zum Schluss. Er schaute von den Unterlagen auf und begegnete dem vernichtenden Blick seines Vaters auf dem Porträt. Er konnte durchaus an Altersschwäche gestorben sein. War es bloß, um Zwietracht zu säen, dass seine Mutter etwas anderes behauptete? Welches Interesse hatte sie daran? Er legte die Akte auf den Tisch, da er glaubte, Stimmen aus dem Raum zu hören, in dem sie die Särge aufbewahrten. Die Räume, die er als Kind am allermeisten gefürchtet hatte. Er zögerte vor der Tür, bevor er die Klinke herunterdrückte und eintrat. Der Anblick der Särge und der Holzgeruch schockierten ihn auf merkwürdige Weise. Er glaubte, sich daran zu erinnern, war sich aber nicht sicher, ob es in Wirklichkeit nicht nur Träume gewesen waren. Alpträume.

In dem Raum waren nur die Särge. Sie waren leer, das wusste er, aber sie warteten auf jemanden, der darin liegen und mit ihnen zerfallen sollte. Allein der Gedanke bereitete ihm Unbehagen. Aber dann hörte er die Stimmen wieder. Sie kamen von hinter der Tür am anderen Ende des Raumes, die immer verschlossen war. Immer verschlossen gewesen war. Der verbotene, geheimnisvolle Raum, so hatte er ihn als Kind für sich genannt. Da, wo die Kinder nicht hineinkommen durften. Jetzt hörte er auch Erlings Stottern. Andreas griff nach der Klinke, aber die Tür war abgeschlossen. Er klopfte. Drinnen wurde es still, dann knackte das Schloss und Pia öffnete.

»Andreas! Du bist schon da!«

»Ja, aber egal. Was macht ihr?« Er versuchte, in den Raum zu sehen, doch Pia stand in der Türöffnung und versperrte ihm die Sicht.

»Wir räumen auf.«

»Was ist da drin? Ich war hier noch nie.«

Pia ließ ihn hereinkommen. Der Raum war nicht besonders groß, mit einem alten Tisch in der Mitte. Tatsächlich sah es so aus, als ob sie dabei wären aufzuräumen. Erling wischte den Tisch mit einem Lappen ab und auf dem Zementboden stand ein Eimer mit Seifenwasser. Hinter Erling war eine Stahltür, die der zum Kühlraum in der Schlachterei ähnelte.

»Wir haben einen Kühlraum? Ich dachte, wir benutzen die der Krankenhäuser und Kapellen.«

»Der ist alt. Nicht mehr in Benutzung.«

»Warum macht ihr dann hier drinnen sauber?«

»Dir zu Ehren, Bruderherz.« Pia warf Erling einen bedeutungsschwangeren Blick zu. »Der Raum hier wurde seit vielen Jahren nicht mehr benutzt. Jetzt, da du gekommen bist und eines der Büros übernommen hast, fehlt uns Platz. Erling kann sich hier drinnen einrichten.«

»Neben dem Kühlraum?«

»Der wird nicht benutzt, hab ich doch gesagt.«

»Aber trotzdem. Hier gibt es auch keine Fenster. Willst du wirklich hier sitzen?«

Erling fuhr energisch damit fort, den Tisch abzutrocknen.

»D… da… das i… ist scho… schon okay h…hier, w… wenn…«

»Wenn das hier ein bisschen instand gesetzt wird mit einem Stuhl und Lampen, dann kann Erling es sich leicht gemütlich machen. Er hat doch ohnehin hauptsächlich mit den Särgen zu tun, also passt das super«, übernahm Pia und Erling nickte.

»Ja, aber … na gut, okay. Wenn ihr das so wollt.«

»Kann der Direktor das also gutheißen?«, fragte Pia, und er konnte nicht ausmachen, ob es spöttisch oder sarkastisch gemeint war. Ihre schwarzen Augen funkelten immer mit der gleichen intensiven Glut. Sie war diejenige von ihnen, die ihrem Vater am ähnlichsten war.

»Natürlich. Dann lasse ich euch mal weiterarbeiten.« Er war auf dem Weg nach draußen, drehte sich in der Tür aber noch einmal um. »Für wie viele Leichen ist Platz in diesem Kühlraum?«

»Nicht besonders viele. Ich glaub' es waren drei«, antwortete Pia verwundert. »Wieso willst du das wissen?«

»Man weiß ja nie, ob wir ihn nicht doch noch eines Tages gebrauchen können.«

»Garantiert nicht. Der Strom ist viel zu teuer. Das lohnt sich überhaupt nicht.« Pia schnappte sich einen Besen und begann zu fegen.

»Okay, das musst du als Buchhalterin ja wissen«, antwortete Andreas mit einem Lächeln und schloss die Tür.

Jetzt hatte er den Raum gesehen, der als Kind für ihn immer verschlossen gewesen war. All die Vermutungen, die er angestellt hatte, was hinter dieser verschlossenen Tür wohl vor sich ging, waren zunichte gemacht. Oder jedenfalls teilweise. Es war nicht der Tod mit seiner Sense, der sich dort drinnen aufhielt, damit sein Vater ihn herauslassen konnte, wenn es ihm an Arbeit mangelte. Er lächelte bei dem Gedanken über eine so lebhafte Fantasie, die er als Kind gehabt hatte. Ein Kühlraum. Das war wohl das Einzige, was er sich nicht vorgestellt hatte.

In einer Stunde würden sie öffnen. Er war halb durch die Akte mit den Unterlagen seines Vaters durch, als Pia mit einer Tasse Kaffee hereinkam und sich setzte.

»Na, seid ihr fertig?«

»Ja, das wird ganz schön für Erling. Er ist nicht so anspruchsvoll und es wäre doch eine Schande, wenn ein so guter Raum leer stünde.«

»Da hast du Recht. War heute Nacht etwas?«

»Nicht das Geringste. Das ist aber auch normal. Der Arzt muss ja erst einen Totenschein ausstellen, bevor wir den Verstorbenen abholen können, und das passiert in der Regel nicht vor dem darauffolgenden Tag. Hauptsächlich geht es um simple Erklärungen, und die meisten natürlichen Todesfälle werden auch erst am Morgen entdeckt. Aber ruhig Blut, wir werden schon noch angerufen. Es ist jeden Tag genug zu tun, das verspreche ich dir.«

Was für ein Versprechen, dachte Andreas.

»Mit wem hast du dich gestern getroffen? Der in dem BMW. Schickes Auto.«

Pia trank aus der Tasse, als wolle sie Zeit gewinnen.

»Das war einer unserer Lieferanten.«

»Lieferanten?«

»Ja, von denen haben wir ein paar. Urnen, Blumen, Särge und so weiter. Du wirst sie noch alle kennenlernen.« Sie schaute auf die Akte vor ihm. »Du bist dabei, dich über die Dinge zu informieren, wie ich sehe. Aber das sind ja alte Unterlagen, die, die Papa geschrieben hat.«

»Es ist doch noch gar nicht so lange her, dass Papa gestorben ist, daher …«

»Nein, aber der Ordner, in den du guckst, ist trotzdem alt. Die neuesten stehen da.« Sie deutete auf eine Reihe Ordner im obersten Regalfach hinter ihm.

»Ich wollte von Grund auf anfangen.«

Sie nickte bloß.

»Woran ist Papa eigentlich gestorben? War er krank?«

»Das fragst du *jetzt*! Du hättest ihn ja besuchen können!«

Die Worte taten weh. Das tat die unbarmherzige Wahrheit immer.

»Ich weiß, Pia. Aber darf ich es trotzdem erfahren?«

»Ist es dir nicht egal?«

»Natürlich nicht!«

Er klappte den Ordner zu und versuchte, ihrem Blick standzuhalten. Dachte daran, was seine Mutter gesagt hatte, dass Pia nicht den Wunsch ihres Vaters respektiert hatte, begraben zu werden. Er bereute es, nicht an der Beisetzung teilgenommen zu haben. Überhaupt, nicht da gewesen zu sein.

»Papa hatte ein schwaches Herz. Es ist einfach stehengeblieben.«

»Das wusste ich nicht.«

»Nein. Was weißt du eigentlich, Andreas? Du hast dich ja aus allem rausgehalten!«

Sie hatte sein schlechtes Gewissen von seinem Gesicht abgelesen, das wusste er. Sie würde weiter darin bohren. Es ausnutzen.

»Tut mir leid, dass ich genug mit meinem eigenen Leben zu tun hatte. Aber wieso machst du mir Vorwürfe? Unsere kleine Schwester hat sich doch auch gegen den Bestatterberuf entschieden!«

»Ja, das hat sie. Aber sie ist trotzdem hier. Immer. Sie hat uns nicht im Stich gelassen. Wo warst du?«

Andreas wurde unruhig und fühlte sich schrecklich, aber jetzt konnte er es genauso gut hinter sich bringen.

»Warum habt ihr ihn eingeäschert? Er hat doch nie einen Hehl daraus gemacht, dass er in einem seiner eigenen Särge neben Opa beerdigt werden wollte.«

»Woher weißt du, wie er begraben wurde? Nicht einmal für seine Beerdigung konntest du die Zeit finden, um Abschied zu nehmen!«

Sie versetzte ihm eine verbale Ohrfeige nach der anderen, und jetzt saß er in der Falle.

»Mama war da. Sie hat es mir erzählt. Sie hat auch gesagt, dass Papa nicht krank war«, sagte er gepresst.

»Mama! Du siehst sie? Wann hast du mit ihr geredet? Sie ist eine große Lügnerin, und das weißt du nur zu gut!«

»Wieso sollte sie deswegen lügen?«

»Um uns in ein schlechtes Licht zu rücken natürlich!« Spucke hatte sich in Pias Mundwinkel gesammelt. Andreas wurde klar, wie groß ihr Hass auf ihre Mutter war, und das erschreckte ihn.

»Ich würde gerne sein Grab besuchen«, sagte er leise.

Pia stand mit einem Ruck auf, der ihn erschreckte.

»Ja, das willst du wohl! Jetzt kannst du plötzlich für ihn da sein, was?« Aber du weißt ja, auf welchem Friedhof er beerdigt wurde, also mit ein bisschen gutem Willen findest du seinen Grabstein bestimmt.«

Sie verließ sein Büro.

Andreas lehnte sich auf dem Stuhl zurück und schaute wieder auf das Porträt seines Vaters. Sein Herz pochte, und ihn überfiel Atemnot. Woher kam dieser gewaltige Hass? Er könnte es verstehen, wenn er gegen Johan Spang gerichtet wäre. Dunkel erinnerte er sich an die strenge Erziehung ihres Vaters, die sie alle vier durchlitten hatten. Ihre Mutter war viel nachgiebiger gewesen. Manchmal überlegte er, ob und was er aus dieser Zeit verdrängt hatte, weil er sich nicht daran erinnern wollte. Das, woran er sich zu erinnern meinte, wirkte eher wie reine Fantasie, wie seine Vorstellung, dass der Tod mit der Sense in dem verschlossenen Raum wartete. Aber er traute sich nicht, Pia zu fragen. Erling konnte sich bestimmt an nichts erinnern – oder vielleicht wollte er es nicht.

20

Roland schaute auf die Uhr, versuchte, sich auf den Bericht zu konzentrieren, der auf seinen Tisch gelegt worden war, schaute erneut auf die Uhr. Der Kaffee schmeckte ihm nicht, trotz der Porzellantasse. Er stellte sich ans Fenster und ließ sich die Vormittagssonne ins Gesicht scheinen. Er hatte geglaubt, es würde helfen, zur Arbeit zu fahren. Eine Krankenschwester hatte ihm angeboten zu bleiben, es gab Kaffee, Zeitschriften und Zeitungen, aber er war rastlos und konnte nicht einfach dasitzen und warten. Er musste irgendetwas tun. Das Gefühl, dass er an dem Abend gehabt hatte, an dem er nach Hause gekommen war und den Krankenwagen mit Irene hatte wegfahren sehen, war zurückgekehrt, und es war so stark und schmerzend wie damals. Jetzt lag sie in Narkose. Völlig in der Gewalt des Arztes. Wenn er einen Fehler machte, konnte sie sterben. Vielleicht half die Operation nicht. Wenn er wenigstens wüsste, dass er die gleiche Irene wieder mit nach Hause nehmen könnte, die sie vor dem Eingriff gewesen war. Aber vielleicht ging es ihr schlechter. Vielleicht schaffte sie es nicht. Er hätte ihr verbieten sollen, es zu versuchen, und mit dieser Schuld würde er leben müssen, wenn irgendetwas schief ging. Zurück zu dem Bericht. Er konnte sich immer noch nicht konzentrieren.

»Hast du ihn dir angeschaut?«, fragte Isabella aus der Türöffnung. Die Türen der Büros waren alle geöffnet, um wenigstens ein bisschen Luft hereinzulassen.

»Ich bin dabei. Wie lange bist du gestern geblieben?«

Isabella setzte sich. »Bis ich fertig war.«

»Was sagt Mikkel dazu?«

»Der war auch hier. Wir arbeiten ja an zwei Fällen«, erinnerte sie ihn. »Was ist los? Du wirkst abwesend.«

Diese weibliche Intuition konnte irritierend sein.

»Nichts.«

Vielleicht würde es helfen, mit jemandem zu sprechen, aber er fühlte sich wie ein Krimineller. Er tat gerade etwas Illegales. Etwas Unmoralisches. Er umging das System. Weil er es sich leisten konnte. Weil er beschlossen hatte, es sich zu leisten. Viele konnten das nicht. Würde die Strafe sein, dass Irene nicht durchkam?

»Du bist heute auch später gekommen. Ist irgendetwas mit Irene?«

»Ich hoffe nicht.« Er dachte, seine Stimme würde ihn verraten, aber Isabella lächelte.

»Schön zu hören. Habt ihr etwas von der Privatklinik gehört? Konnten sie ihr helfen?«

»Das hingegen hoffe ich.« Er räusperte sich. »Die Maske konntest du also nicht finden?« Er klopfte auf den Bericht.

»Ich habe mit mehreren Verkäufern von Latexmasken gesprochen und es kommen ziemlich viele mit dieser Nuance infrage. Es gibt auch viele Homepages, die Latexmasken verkaufen, auch im

Ausland, und wir wissen nicht, ob sie dort gekauft worden ist. Jetzt sind wir wieder an dem Punkt: Wenn wir sie finden, wissen wir, dass sie es ist, und dann haben wir den Täter.«

»Eine Spur, die ohne ihn ungültig ist.«

»Ja, es müsste umgekehrt sein, da stimme ich dir zu, aber wenn wir ihn finden ...«

»Er muss gefunden werden, bevor er ein neues Opfer ausgemacht hat!«

»Wie du siehst, ist Natalie darauf gekommen, dass er seine Opfer vielleicht überhaupt nicht mit Seilen, sondern mit Ketten fesselt.«

Roland nickte interessiert, um nicht zu verraten, dass er mit dem Bericht noch gar nicht so weit gekommen war.

»Welche Ketten sollten das sein?«

»Da hat sie noch keine richtige Idee.«

»Aber Kim ...«

»Ich habe Kim informiert, er hat mit seiner Strick-Recherche aufgehört und sich stattdessen auf Ketten gestürzt.«

Roland registrierte beunruhigt, wie er die Kontrolle über das, was passierte, zu verlieren begann und darüber, die vielen Bälle in der Luft zu halten. Aber so lange er Isabella in seinem Stab hatte, konnte er kaum etwas vergessen.

»Ich bin davon überzeugt, dass die Fotos im Gedächtnispark gemacht wurden. Genau diesen Baum mit Pilzen zu finden wird nicht leicht, aber ich habe jemanden an die Aufgabe gesetzt.« Sie lächelte, als sie seine Überraschung sah.

»Und das, wo wir doch völlig unterbesetzt sind? Wie in aller Welt hast du das angestellt?«

»Stimmt, hier war keiner, der es übernehmen konnte. Aber unsere Nachbarjungs haben Ferien und langweilen sich, sie waren ganz versessen darauf, uns zu helfen. Ich habe natürlich nicht gesagt, warum sie diesen Baum finden sollen, ich habe gesagt, das sei ein Sommerwettbewerb und habe ihnen eine Belohnung versprochen, wenn sie ihn finden.«

»Isabella ... ob das eine gute Idee ist?«

»Ich wusste, dass du das sagen würdest. Das sind keine kleinen Kinder, Roland, sie sind neun, elf und dreizehn Jahre alt und wissen, dass sie nichts anfassen dürfen, wenn sie ihn finden, sondern mich sofort auf meinem Handy anrufen sollen.«

»Okay. Aber das ist ja nicht gerade ein Verfahren, von dem wir normalerweise Gebrauch machen.«

Obwohl ihm die Idee nicht gefiel, die Öffentlichkeit in die Ermittlungen mit einzubeziehen, und erst recht nicht Kinder, egal welchen Alters, war Isabellas Einfall gar nicht mal so dumm. Keiner aus der Abteilung hatte Zeit, in einem so großen Gebiet nach einem Baum zu suchen.

»Ist Mikkel denn mit dem Lund-Fall vorangekommen?«, erkundigte er sich, da er wusste, dass Kurt Olsen ihn über Neuigkeiten ausfragen würde, sobald er ihn morgen früh überfiel.

»Ich glaube nicht. Wir sind sicher kurz davor zu kapitulieren.«

»Ich habe ja dieses Bestattungsunternehmen unter starkem Verdacht. Die Bestatterin war die Letzte, die in Kontakt mit der Leiche war, aber wo ist er abgeblieben?«

»Ja, und wer von ihnen war es? Sind es nicht drei Geschwister?«

»Der jüngste Sohn ist der eigentliche Erbe, so wie ich das verstanden habe, aber er hat ja gerade erst vor ein paar Tagen in dem Betrieb angefangen. Er kann es kaum gewesen sein.«

»Sie können es auch alle drei gewesen sein. Was tun wir, Roland?«

»Wir müssen abwarten. Währenddessen sollten wir den Mörder finden, bevor er zum Serienmörder wird.«

»Keiner von denen, mit denen wir an der Universität gesprochen haben, sieht aus, als könnte er der Täter sein, und wenn es einer ist, der nicht zum Umfeld gehört, ist es noch schwieriger, ihn zu finden. Es könnte jeder sein.«

»Wir müssen einfach breiter fächern, Isabella, und versuchen, ein bisschen von den Freunden abzusehen.«

Isabella stand auf.

»Das Paar in Tanjas Treppenhaus, das im Urlaub war, ist wieder zurück. Mikkel und ich statten ihnen einen Besuch ab, auch wenn sie sicher nicht besonders viel beitragen können.«

»Wir können es wenigstens hoffen«, entgegnete Roland und schaute ihr nach, als sie aus der Tür ging. Er schaute wieder auf die Uhr. Es gab so viel zu hoffen. Wie lange würde es dauern? Rissvang hatte versprochen anzurufen, wenn die Operation überstanden war. Jetzt sah Roland ein, dass er nicht imstande war, irgendetwas auf die Reihe zu kriegen, bevor das passierte.

21

»Weißt du, wozu man einen toten Körper alles verwenden kann?«, war Annes Begrüßung am Morgen, ließ sich auf ihren Schreibtischstuhl fallen und fächerte sich mit der Hand Luft zu.

»Guten Morgen, Anne. Nein, weiß ich nicht. Wohl nicht zu besonders viel, wenn er tot ist?« Nicolaj starrte kommentarlos ihre Handgelenke an. Er wusste mehr über ihr Privatleben, als ihr lieb war. »Meinst du die Organe und so etwas?«, fragte er und drückte seine Zigarette, die sicher nicht die erste war, aus.

»Lebenswichtige Organe, ja. Aber etwas kann auch verwendet werden, nachdem der Tod eigetreten ist. Wenn der Körper nach dem Eintreten des Todes innerhalb von zwölf Stunden bei vier Grad gekühlt wird, kann bis zu vierundzwanzig Stunden nach dem Todesfall auch noch Gewebe entnommen werden. Wird er nicht gekühlt, ist es bis zu fünfzehn Stunden nach Eintritt des Todes möglich, so gesehen hat man also genügend Zeit.«

Nicolaj schaut sie aufmerksam an. »Du glaubst, der Junge wurde gestohlen, um ihn als Ersatzteillager zu verwenden? Aber hatten die Eltern das nicht abgelehnt?«

»Ja, genau.«

»Ja, aber dann wird das doch befolgt worden sein. Ich glaube den Ärzten, also nenn mich ruhig autoritätsgläubig.« Nicolaj schüttelte über ihre Theorie den Kopf, bevor er seinen gestreiften Becher nahm und aus der Küche Kaffee holte.

»Ja, das tue ich natürlich auch«, log Anne, die nie Vertrauen in irgendwelche Autoritäten gehabt hatte. »Aber was ist mit einem Bestatter? Vertraust du dem auch? Jeder kann diesen Beruf ausüben.«

Nicolaj stellte vorsichtig den Becher mit Kaffee zwischen all die Papiere und Ausschnitte, die kreuz und quer auf seinem Tisch verstreut lagen.

»Aber das ist doch mein Fall, in den du dich wieder einmischst. Habe ich gestern Abend nicht ausdrücklich gesagt, dass …«

»Doch, das hätte man nicht deutlicher sagen können, lieber Nicolaj, aber ich bin Kriminalreporterin, und das ist hundert pro ein Kriminalfall, nicht nur eine spaßige kleine Geschichte über eine abhanden gekommene Leiche. Es wurde garantiert eine Straftat begangen und ich bin mir sicher, dieser Bestatter hat etwas damit zu tun. Wer sonst?«

»Und ich soll mich dann einfach um Schulschließungen, das Gemecker der Landwirte über die Dürre und den bevorstehenden Ernteausfall, Hitzerekorde, Eis essen und Strandbesuche kümmern, was?«

Anne lächelte ein bisschen schadenfroh.

»Es ist doch Saure-Gurken-Zeit, nicht! Hast du gecheckt, ob auf Facebook etwas Spannendes passiert, das du aufgreifen kannst?«

»Es ist nicht fair, du hast zwei große Fälle und ich soll mich mit den kleinen Nichtssagenden begnügen.«

Sie sah ein, dass Nicolaj Recht hatte. Sie mussten in diesem Zeitraum, da an der Nachrichtenfront nicht gerade die großen Dinger passierten, die Aufgaben etwas besser verteilen.

»Okay, dann kümmer' du dich einfach um diese verschwundene-Leiche-Sache. Ich habe ja auch die Mordfälle, und wenn sich jetzt herausstellt, dass die Leiche tatsächlich auf natürliche Weise abhandengekommen und nichts Kriminelles daran ist, vergeude ich ja nur meine Zeit.«

»Danke«, erwiderte Nicolaj nicht ohne Sarkasmus, aber er lächelte und schien mit der Aufteilung zufrieden zu sein.

»Aber ich glaube, du solltest diese Bestatterin ein bisschen im Auge behalten.«

»Das klingt aber nicht besonders plausibel, Anne. Wie sollte eine Bestatterin Körperteile von den Toten entfernen können und sie weiterverkaufen? Und an wen?«

»Ich habe im Internet gelesen, dass innerhalb von fünfundzwanzig Jahren 1.700 amerikanische Familien die Körper ihrer lieben Verstorbenen als gestohlen gemeldet haben. Das sind 68 pro Jahr! Sie sind beim Bestatter verschwunden.«

»Und dieses Phänomen hat sich vielleicht jetzt bis nach Dänemark ausgebreitet?«

»Ich weiß, die Dänen glauben nicht, dass so etwas in unserem kleinen Land passieren könnte, aber heutzutage gibt es aufgrund der Globalisierung so viele Möglichkeiten. Die Organe können auf dem Schwarzmarkt zum Beispiel an Firmen in Amerika verkauft werden.«

»Ist das denn in Amerika nicht auch illegal?«

»Doch, in den meisten Teilen der Welt ist es verboten, Organe zu verkaufen, aber so bald etwas einen großen Wert hat, gibt es immer jemanden, der bereit ist, die Regeln zu brechen und sich ein Stück vom Kuchen abzuschneiden. So wird es kriminell. Und in Organen steckt eine Menge Geld. Richtig viel. Du bist tatsächlich tot mehr wert als lebend. Jetzt habe ich nur Preise gefunden, die in den USA gelten. Da kannst du 8.600 dänische Kronen bekommen, indem du deine Augen verkaufst. Ein Schädel mit Zähnen bringt 6.700 Kronen, aber eine Niere hat den höchstens Satz, damit kannst du, halt dich fest, 1,5 Millionen Kronen verdienen.«

»Wow! Ich muss sagen, du warst heute Nacht gut beschäftigt!«, sagte Nicolaj beeindruckt und warf erneut einen Blick auf ihr Handgelenk, als ob er sich darüber wunderte, dass sie überhaupt noch Zeit für diese Recherche gefunden hatte.

Anne hatte einen steifen Nacken davon, bis fast in den hellen Morgen am Computer gesessen zu haben, also, falls er ihr deswegen wehtat. Esben war nach ihrem Bad schnell in einen tiefen, festen Schlaf gefallen, und sie hatte im Dunkeln gelegen und überlegt, und schließlich beschlossen aufzustehen, da sie unmöglich schlafen konnte. Eigentlich hatte sie angefangen, Informationen über die Vergewaltigungsfälle zu suchen, aber sie konnte die Facebook-Profile der Mädchen nicht einsehen, obwohl sie sehen konnte, dass sie beide eines gehabt hatten und die Profile sicher noch aktiv waren. Stattdessen hatte sie begonnen, nach dem Preis für einen toten Körper zu suchen. Worum könnte es sonst gehen? Fast alle Kriminalität drehte sich um Geld. In der Regel um viel Geld.

»Arme Leute in Entwicklungsländern verkaufen die Organe ihrer Kinder und ihre eigenen, um Geld für Essen zu beschaffen. Ja, sie verkaufen auch ihre Säuglinge und sogar Föten! Die Menschen werden als Geiseln in einer Art ›Blut-Farm‹ gehalten, wo ihnen Blut abgemolken wird, das dann verkauft wird. Wenn die Kriminellen anfangen, Leute zu kidnappen, um ihre Organe zu stehlen, dann wird's aber verdammt ungemütlich!«

»Klingt völlig unbegreiflich! Es ist furchtbar, dass es diese große Nachfrage überhaupt gibt und so die Preise für Organe in die Höhe getrieben werden. Wenn es mehr Spender gäbe, könnte dieser Handel vielleicht gestoppt werden«, räsonierte Nicolaj.

»Vielleicht, vielleicht auch nicht. Leute müssen ja sterben, bevor sie als Spender verwendet werden können, und heutzutage ist es nicht ungewöhnlich, über 90 Jahre alt zu werden. Wenn man die dann überhaupt gebrauchen kann, wenn es darauf ankommt. Wenn sie nicht völlig gesund sind, werden sie abgewiesen, und wer ist das schon in dem hohen Alter?«

Nicolaj antwortete nicht, schaute sie nur nachdenklich an. Sie fuhr eifrig fort.

»Gesunde, junge Menschen auf Motorrädern sind so gesehen am besten geeignet, aber wer hat sich in dem Alter schon als

Organspender registrieren lassen? Der Junge, der verschwunden ist, war ein perfekter Spender!« Annes Stimme wurde lauter, je länger sie sprach und je mehr ihre Theorie Sinn ergab. Nicolaj sah allerdings immer skeptischer aus.

»Hier in Dänemark werden wir von vorne bis hinten von Behörden überwacht. Wie sollte so ein Leichendiebstahl ablaufen?«

»Werden wir? Fühlst du dich denn überwacht? Nein, im Gegenteil, Nicolaj, hier in Dänemark ist gerade ein richtiger Nährboden für diese Art illegalen Handels. Niemand mischt sich in irgendetwas ein, weil wir ein freies Land mit freien Menschen sind und tun können, was uns passt!«

»Auf diesem Gebiet wird ja viel geforscht, daher wird es wohl irgendwann eine Lösung geben, auch für die Dänen.«

»Ja, das machen sie wohl irgendwann. Aber selbst den Forschern fehlt der Zugang zu Forschungsmitteln, sie kommen mit ihrer Arbeit nicht voran. Nimm beispielsweise einmal die Stammzellenforschung, wo die Forscher befruchtete Eizellen von Frauen verwenden, um embryonale Stammzellen herstellen zu können, und …«

»Embro… was?«

»Embryonale Stammzellen können sich zu allen Zelltypen im Körper entwickeln. Deswegen arbeiten die Forscher damit und man findet sie eben in den befruchteten Eizellen von Frauen. Aber wie viele Frauen, glaubst du, wollen diese Eizellen abgeben? Übrigens ist das hier bei uns verboten. Deswegen arbeiten westliche Forscher zusammen mit Forschern aus Ländern, die nicht die gleichen ethischen Bedingungen wie wir haben, zum Beispiel China, Indien und Südkorea. Das Gleiche gilt für Organe; hier dürfen sie nicht verkauft werden, aber es ist nicht verboten, ins Ausland zu reisen und dort die Transplantation vornehmen zu lassen. Das nennt man Organtourismus.«

Nicolaj kratzte sich an seinen roten Haaren, bis sie noch zerzauster aussahen.

»Hmm, irgendwie hilft der Schwarzmarkthandel wohl eigentlich dabei, Leben zu retten.«

»Tja, aber auf Kosten anderer und nicht immer mit Zustimmung des Spenders. Und was ist mit der Hygiene und der Frage, ob das Organ, das du kriegst, auch intakt und gesund ist? Würdest du es nicht auch gerne wissen, wenn deine neue Hornhaut von einer toten Person stammen würde, die vom Friedhof gestohlen wurde?«

»Also jetzt übertreibst du aber, Anne! Und es sind doch wohl *alle* Spender anonym?« Nicolaj nahm sich kopfschüttelnd einige handgeschriebene Notizen und fing an, seinen Artikel über Schulschließungen nach den Sommerferien zu schreiben.

»Das wird sich ja zeigen, ob ich übertreibe. Ja, Spender sind anonym, aber sie werden in den Krankenhäusern scharf kontrolliert.«

Nicolaj schielte zu ihr.

»Du hast doch wohl nicht vor, das zu schreiben? Das würde eine noch schlimmere Hysterie auslösen.«

»Ja, und ist das nicht vielleicht unsere Arbeit? Journalisten sollen den Fokus auf die Art von Dingen in der Gesellschaft legen, die schieflaufen, sie sollen Debatten auslösen, oder? Aber jetzt ist es ja dein Auftrag, wenn du den unbedingt willst.«

Nicolaj verschränkte die Arme und schaute sie mit leicht zusammengekniffenen Augen an.

»Okay, aber nur, wenn es nicht bloß unhaltbare Theorien sind. Lass uns mal sagen, du hättest Recht. Was sollen wir dann tun? Wenn wir den Bestatter nicht mit den Fingern in der Keksdose, oder besser gesagt dem Sarg erwischen – haben wir nichts anderes als eine kranke Theorie.«

»Die Nachfrage nach Organen und Körperteilen reißt nicht ab, und hat dieser Bestatter eine Nische gefunden, um das große Geld zu verdienen, dann stoppt er nicht, bevor jemand ihn stoppt. Und du solltest nicht wir sagen, du bist damit allein, wie du selbst es wünschst. Oder kriegst du jetzt vielleicht kalte Füße?«

22

Als Roland die Stimme des Chirurgen am Handy hörte, durchfuhr ihn ein eiskalter Schauer, obwohl ihm aufgrund der Temperaturen schon wieder der Schweiß den Rücken hinunterlief. Aber im Laufe des Gesprächs wurde er von Mut und Energie erfüllt und war schon aus dem Aufzug heraus, bevor sie das Gespräch beendet hatten. Kurt Olsen kam gerade von einer Besprechung und sah ihm lange nach, als er zu seinem Auto lief. Doch Roland tat so, als würde er ihn nicht bemerken. Bis zur Privatklinik Mollerup waren es ungefähr neun Kilometer, aber die Strecke fühlte sich doppelt so weit an. Die Nachricht, dass Irene die Operation gut überstanden habe und nun aus der Narkose erwache, ließ ihn das Gaspedal durchdrücken. Er wollte bei ihr sein, wenn sie die Augen aufschlug, vielleicht würde sie dann glauben, er habe die ganze Zeit an ihrem Bett gesessen und gewartet, was er tatsächlich ebenso gut hätte tun können. Aber die Vernunft siegte; jetzt obendrein noch einen Strafzettel zu bekommen, würde niemandem etwas nützen.

Kenneth Rissvang wartete wie verabredet in seinem Sprechzimmer auf ihn, und er hatte sein beruhigendes Lächeln aufgesetzt. Roland ergriff seine ausgestreckte Hand überschwänglich dankbar. Wenn Irene jetzt tatsächlich genesen würde, war er nicht sicher, ob er es schaffen würde, sich gegenüber den öffentlichen Krankenhäusern mit Vorwürfen zurückzuhalten. Sie hatten sie aufgegeben, obwohl es noch Hoffnung gab. Doch dann kam ihm der Gedanke, dass das sicher auch keine gute Idee war. Er sollte sich zusammenreißen. Er war das Auge des Gesetztes, die Presse würde ganz sicher eine Riesennummer daraus machen und vielleicht eine andere ungünstige Episode hervorkramen, an die er gar nicht zu denken wagte, obwohl sie genau in diesem Zusammenhang hier entstanden war.

Irene war wieder weggedöst, aber einen Augenblick lang wach gewesen, den Kenneth Rissvang für eine kurze Untersuchung genutzt hatte. Alles sah gut aus, so, wie es sein sollte. Nähere Untersuchungen würden das genaue Resultat zeigen, aber zunächst einmal hatte sie die Operation gut überstanden. Es beruhigte Roland, dass der Chirurg zufrieden wirkte. Er redete sich ein, dass er das Gegenteil nicht vor ihm würde verbergen können. Er war es gewohnt zu durchschauen, wenn sein Gegenüber log.

»Du kannst ein bisschen bei ihr sitzen, aber lass sie bitte schlafen. Die schmerzstillenden Medikamente machen sie müde.«

Roland nickte gehorsam und setzte sich neben das Bett auf einen bequemen, weichen Sessel, der mit einem fröhlichen, frühlingsgrünen Stoff bezogen war. Sehr viel bequemer als die harten Holzstühle, auf denen er auf der Intensivstation gesessen hatte, damals, als er das letzte Mal an Irenes Krankenhausbett gesessen, gehofft und gebetet hatte. Er betrachtete ihr schlafendes Gesicht und nahm vorsichtig ihre Hand. Sie war warm und lebendig. Das machte ihm Mut. Das schlechte Gewissen war verschwunden wie Tau in der Morgensonne. Irene konnte vielleicht wieder ein normales Leben führen, was bedeutete es dann schon, dass die Behörden die Behandlung nicht guthießen. In dem anderen Bett lag eine junge Frau, die Plastikschläuche in der Nase und einen Venenkatheter im Arm hatte. Niemand saß an ihrem Bett. Sie sah nicht dänisch aus, mit ihrem dunklen Teint und den blauschwarzen Haaren. Eine Krankenschwester kam herein und stellte eine Kanne mit Limonade auf den Tisch neben Irenes Bett.

»Irene möchte sicher gerne etwas trinken, wenn sie aufwacht. Sie muss viel trinken«, lächelte die Krankenschwester, die Dorte Mathisen hieß, wie das Schild auf ihrer Brusttasche verriet.

»Waren Sie bei der Operation dabei?«, fragte Roland, als sie sich zum Gehen wandte.

»Nein, heute nicht. Ich arbeite hier nur halbtags. Vormittags bin ich im Aarhuser Stadtkrankenhaus, wie ich es nenne. Alte Gewohnheit.« Sie lächelte verlegen, als ob sie sich für ihre schiefen Schneidezähne schäme, der eine lag etwas über dem anderen, eigentlich ein charmanter kleiner Schönheitsfehler, aber die Betroffenen sahen das ja selbst eher selten so.

Roland erwiderte das Lächeln und nickte. Viele hatten sich noch nicht daran gewöhnt, dass alle Krankenhäuser in Aarhus jetzt unter dem Begriff *Uniklinik* zusammengefasst wurden. Es war leichter, sie auseinanderzuhalten, indem man ihre früheren Namen benutzte.

»Zwei Jobs, Respekt!«

»Es werden viele Krankenschwestern entlassen, weil Abteilungen geschlossen werden, aber ich hatte das Glück, meinen alten Job als halbe Stelle zu behalten und den Rest der Zeit hier arbeiten zu können.«

Roland wollte sie fragen, ob sie wusste, wie viele Operationen hier täglich durchgeführt wurden und wo sie die Spender so schnell herbekamen. Er konnte einfach nicht aus seiner Haut, war immer auch ein bisschen als Polizist unterwegs. Aber dann bewegte Irene sich plötzlich und er vergaß sein Anliegen augenblicklich. Die Krankenschwester verließ rücksichtsvoll das Zimmer und schloss die Tür hinter sich.

»Hallo, mein Schatz. Wie geht es dir?«

Irene hatte die Augen halb geöffnet, als ob das Licht sie störte. Roland stand sofort auf und ließ die Jalousien ein bisschen herunter und erhaschte dabei einen beeindruckenden Ausblick auf den schimmernden Egå Engsø, mit weißen Vögeln auf dem tiefblauen Wasser. Die junge Frau in dem anderen Bett rührte sich immer noch nicht. Irene lächelte schwach, als er sich wieder setzte und ihre Hand nahm. Sie verschränkten die Finger ineinander.

»Danke, Rolando. Mir geht's gut. Ich habe fast keine Schmerzen.«

»Das liegt wohl an den Schmerzmitteln, aber Kenneth Rissvang sagt, es lief gut.«

»Werde ich wieder gehen können?«

»Das kann er natürlich noch nicht sagen, aber du hast die Stammzellen gut angenommen und das ist sehr positiv und ein guter Anfang. Hast du Durst?«

»Wahnsinnig. Woher konntest du das wissen?«

Roland stand wieder auf und schenkte ein Glas Limonade aus der Kanne ein, die die Krankenschwester auf den Tisch gestellt hatte. Er hielt das Glas, während Irene trank.

»Gut, du musst etwas Flüssigkeit zu dir nehmen«, erklang es von der Tür. Kenneth Rissvang kam ins Zimmer und ging ihnen entgegen, er strahlte Selbstsicherheit aus. Er stellte sich an das Fußende des Bettes. »Hast Du Schmerzen??«, fragte er Irene.

»Nein, überhaupt nicht. Es geht mir richtig gut. Wann kann ich denn nach Hause?«

Der Chirurg schmunzelte, als hätte sie ihn gefragt, wann der Weihnachtsmann käme.

»Wir behalten dich noch eine Weile zur Beobachtung hier. In den ersten paar Tagen nach so einem Eingriff können Komplikationen auftreten. Wir wissen ein bisschen mehr, wenn wir die Proben analysiert haben.«

»Welche Proben?« Roland spürte wieder die Sorge. *Proben* klang so nach Versuch.

»Wir haben die Funktion der Organe nach der Operation untersucht und einige Blutproben genommen, aber es besteht kein Grund zur Sorge. Alles scheint in Ordnung zu sein. Ich lasse euch noch ein bisschen allein, aber nur eine Viertelstunde, dann soll Irene sich wieder ausruhen. Das ist in den ersten paar Tagen das Wichtigste.«

Kenneth Rissvang ging zu dem anderen Bett hinüber. Roland sah nicht, was er dort tat, weil er ihm den Rücken zugewandt hatte, aber er sah sein besorgtes Gesicht, als der Arzt das Zimmer verließ. Vielleicht lief es auch hier nicht für alle Patienten gleich gut.

23

Nachdem er einen Teil der vielen Ordner mit diversen Dokumenten sowohl seines Vaters als auch seines Großvaters durchgearbeitet hatte, fühlte Andreas sich viel mehr mit den Arbeitsabläufen der Firma vertraut. Das würde schon werden. Die letzten Unterlagen hatte sein Vater vor etwa einem Monat bearbeitet, wohl zu dem Zeitpunkt, als er krank wurde. Schwaches Herz? Johan Spang hatte nie darüber gesprochen, dass ihm etwas fehlte, aber Pia hatte Recht damit, dass Andreas darüber nichts wusste, da er sich einfach nicht für seine Familie interessiert hatte.

»Wir haben jetzt einen wichtigen Auftrag«, sagte Pia, als sie die Tür öffnete. Ihre Stimme verriet, dass sie ihm die Kritik an der Beerdigung ihres Vaters und die Allianz mit ihrer Mutter noch nicht verziehen hatte. Er schloss einen Ordner über ethische Regeln und stellte ihn zurück ins Regal. Er wollte sie nach den Abrechnungen fragen, die sich in ihrem stets abgeschlossenen Büro befanden, wusste aber instinktiv, dass dies der falsche Augenblick war.

»Wir sollen eine Leiche ins Anatomische Institut der Universität bringen. Es muss schnell gehen.« Sie ließ die Tür weit offen stehen und eilte zu ihrem Auto, als ob es um Sekunden ginge. Andreas hatte ein drückendes Gefühl in der Brust, als er sich auf den Beifahrersitz setzte und anschnallte.

»Wieso sollen wir den Toten dort abliefern?«

Pia startete das Auto und schaute in den Rückspiegel, bevor sie auf die Straße fuhr. »Es gibt Menschen, die sich entscheiden, ihren Körper der Wissenschaft und der Ausbildung zur Verfügung zu stellen, und die Körper müssen halt ins Institut gebracht werden.«

»Welche Art Ausbildung ist das?«

Andreas dachte sofort an die Rechtsmedizin, aber Pia erklärte geduldig, dass es sich um die Ausbildung von Ärzten ginge und ein Teil auch der Forschung übergeben würde.

Sie sollten den Toten in einer Privatklinik abholen. Erling war bereits da und hatte den Leichenwagen auf einem kleinen Parkplatz vor einem Tor abgestellt. Das Gebäude dahinter sah sehr modern aus. Sie stiegen aus Pias Auto. Die Sonne schien von einem klaren, blauen Himmel. Der fast neue Asphalt schien unter seinen Schuhen zu kochen.

»Und wo ist die Leiche?«, fragte er.

»Da kommt sie sicher schon«, meinte Pia hinter seinem Rücken. Sie hatte eine Zigarette angezündet und der Rauch roch bei der Hitze noch ekliger.

Zwei Träger in weißen, leichten Leinenhosen und kurzärmeligen T-Shirts, auf deren rechter Brusttasche das Logo der Privatklinik prangte, kamen gemeinsam mit Erling aus dem Gebäude und schoben einen Sarg in den Leichenwagen.

»Hier ist der Organspendeausweis.«

Der Träger reichte ihm eine blaue Karte.

»Damit können wir beim Institut belegen, dass der Tote dies testamentarisch verfügt hat«, erklärte Pia.

»Es gibt also keine Festlichkeit? Keinen Abgesang oder so etwas?«, fragte sie und trat die Zigarette auf dem heißen Asphalt aus.

»Nein, dieses Mal geht es direkt zum Institut«, erwiderte einer der Träger.

Pia ging hinüber zu Erling, der im Leichenwagen stand, und half ihm mit einigen Unterlagen. Kurz darauf kam sie zurück.

»Ihr müsst jetzt los. Die Ablieferung muss erledigt sein, bevor das Verdauungssystem Schaden nimmt. Das geht schnell bei der Hitze.« Sie warf einen vorwurfsvollen Blick in den Himmel und setzte ihre Sonnenbrille auf. »Du fährst mit Erling im Leichenwagen, ich fahre zurück und kümmere mich um das Geschäft.«

Er setzte sich in den Leichenwagen, wo Erling hinter dem Steuer saß wie ein Fisch im Wasser. Auto fahren konnte er, seit er vierzehn war, als ihr Vater ihn schon die kurzen Strecken fahren ließ. Darin war er gut. Diesen Wagen zu fahren und die schweren Särge zu schleppen, das war seine Welt. Erling fuhr los, bevor Andreas die Autotür ganz geschlossen hatte. Er betrachtete das Profil seines Bruders. Ein weiteres seiner Geschwister, das er nicht kannte, das er tatsächlich nie gekannt, nur verteidigt hatte. Aber die Schläge, die er kassiert hatte, wenn er seinem Bruder zur Hilfe eilte, hatten ihm nie etwas ausgemacht. Er bereute nichts, denn obwohl Erling immer schweigsam und schwer zugänglich gewesen war, hatte Andreas das Gefühl, dass ihm sein Bruder tief im Inneren dankbar war. Vielleicht war das heute aber auch vergessen. Wie so Vieles.

»Weißt du, was sie in diesem Institut machen?«, fragte er, um eine Unterhaltung in Gang zu bringen.

»Ja, s... s... sie... bewahren d... d... die... Toten a... auf. S... sie l... li... liegen d... da... dadrinnen i... im Wa... Wa... Wasser.«

»Na, Erling, ist das wirklich so?«, fragte Andreas.

Erling hatte den Blick auf die Autos vor ihm gerichtet. Er fuhr sehr konzentriert und ruhig, als ob sie in einer Leichenprozession fahren würden, und niemand wagte es, ihn anzuhupen, wenn er den Leichenwagen fuhr.

»I... i... ich ha... hab' es se... selbst ge... geseh'n.«

»Okay.«

Man konnte sich nicht darauf verlassen, was Erling sich in seinem Hirn zusammenreimte, dennoch sah Andreas plötzlich eine Chance darin, einmal mit seinem Bruder ganz allein zu sein.

»Warst du da, als Papa gestorben ist?«, fragte er vorsichtig und beobachtete, wie Erlings große, grobschlächtige Hände das Lenkrad fester umklammerten.

»W... wie... wieso w... willst du d... das wi... wissen?«

»Neugier. Ich will natürlich gerne wissen, ob es schnell ging oder ob er leiden musste.«

»E... er ha... hat n... nicht ge... gelitten.«

»Sein Herz ist stehengeblieben, stimmt's?«

Erling wurde unruhig und der Leichenwagen schlingerte ein wenig, bevor er die Kontrolle wiedererlangte. Es war nicht lange her, seit Johan Spang gestorben war, und Erling schien es immer noch nicht überwunden zu haben.

»J... ja. W... wi... wieso b...bist du n... nicht ge... gekommen?«

»Ich konnte nicht. Ich wäre gerne da gewesen, Erling, das wollte ich wirklich, aber ...«

Erling nickte heftig, als wolle er ausdrücken, dass es okay sei und sie nicht mehr darüber sprechen sollten. Andreas fühlte eine plötzliche Sympathie für seinen Bruder, und Mitleid, wie damals, als sie Kinder waren, und er wollte ihn im Moment nicht weiteren Verhören aussetzen.

Sie hatten die hübschen gelben Gebäude der Universität erreicht, an denen Kletterpflanzen wie ein schützender grüner Teppich die Mauern hochwucherten. Andreas half Erling mit dem Bahrwagen und zusammen transportierten sie den Sarg ins Institut. Ein junger Mann, der sich als Präparator Sören Karlsen vorstellte, nahm den Sarg entgegen und schüttelte Andreas herzlich die Hand. Erling nickte er kurz zu. Sie schienen sich zu kennen. Der Präparator war leichenblass und hatte rot unterlaufene Augen. Man konnte ihm ansehen, dass er sich die meiste Zeit in einem Keller ohne Licht aufhielt. Die Tür zu einem steril wirkenden Raum stand offen. Auf einem Stahltisch lag ein toter Mann. Andreas hatte nicht den geringsten Zweifel daran, dass er tot war, obwohl er einen Infusionsschlauch im Arm hatte. Er überreichte dem Präparator die Papiere und den blauen Spenderausweis.

»Ich warte im Augenblick darauf, dass die Konservierungsflüssigkeit sich im ganzen Körper ausbreitet, das dauert nicht mehr lange. Er hängt schon bald zwei Stunden am Tropf«, bemerkte der Präparator und schaute den Toten mit einem fast bewundernden Blick an.

»Ist es nicht unglaublich, dass uns jemand selbstlos seinen Körper spendet, damit wir daran herumforschen können?«

Andreas konnte den Blick nicht von dem Mann abwenden, der aussah, als ob er schliefe. Er war nackt, aber seine Genitalien waren mit einem Tuch bedeckt.

»Ja, da haben Sie recht. Wie lange muss er denn noch an diesem Tropf hängen?«

»Ach ja, Sie sind der neue Bestatter. Tut mir leid, die Sache mit Ihrem Vater, er war ein netter Mann. Wie lange der Spender am Tropf hängen muss, kommt ein bisschen auf die Größe des Körpers an, aber normalerweise hat sich die Flüssigkeit in zwei bis drei Stunden im gesamten Gewebe ausgebreitet. Zuerst müssen wir ja dafür sorgen, dass der Körper nicht zerfällt. Deswegen beginnen wir unsere Arbeit damit, ihn zu konservieren. Die Verwesung beginnt beim Verdauungstrakt. Er setzt nahezu sofort nach dem Tod ein, je nach Umgebungstemperatur. An einem Tag wie heute würde sie natürlich rascher voranschreiten. Aber es ist wichtig für uns, dass das Blutgefäßsystem intakt ist.«

Erling setzte sich auf einen Stuhl und wischte sich den Schweiß von der Stirn. Es wirkte, als ob ihn das Ganze langweilte. Er war hier sicher schon oft gewesen.

»Ist das ein bisschen wie die Einbalsamierung, die man aus Ägypten kennt?«

»Tja, vielleicht. Wir machen das bloß ganz anders. Wir verabreichen die Konservierungsflüssigkeit über das arterielle System. Sie besteht hauptsächlich aus Wasser, versetzt mit Alkohol, ein bisschen Formalin und Glycerin. Wir brauchen ungefähr zehn bis fünfzehn Liter. Auf diese Weise fixieren wir das Gewebe, das sehr fest wird, aufgeschnitten und untersucht werden kann, damit die Medizinstudenten daran üben können. Aber natürlich werden die Körper der Spender auch verwendet, um die Medizinforschung voranzutreiben und Erkenntnisse über bestimmte Krankheiten zu erhalten.«

Der Präparator stand vor ihm, die Hände tief in den Hosentaschen vergraben. Es war deutlich, dass er es gewohnt war, von seinem Job zu berichten – sicher dozierte er auch nebenbei an der Uni. Andreas hatte nicht erwartet, dass der Präparator so ein junger Mann war. Ob sein Job auch so geheimnisumwoben war wie sein eigener?

»Im nächsten Schritt wird die Leiche in eine Wanne mit Aufbewahrungsflüssigkeit gelegt. Sie ist fast identisch mit Balsamierungsflüssigkeit, aber ohne Formalin und Glyzerin. Hier liegt er dann, bis er zu Lehr- und Forschungszwecken verwendet wird, jedoch maximal zwei Jahre. Sollen der Körper oder Teile davon aus irgendeinem Grund länger aufbewahrt werden, kann er bis zu hundert Jahre lang in Formalin konserviert werden.«

Andreas schielte zu Erling, der dasaß und seine abgebissenen Nägel betrachtete. Also war nicht alles, was er sagte, reine Spinnerei.

»Wenn ihr den Spender nicht mehr braucht, was passiert dann mit ihm? Wird er beerdigt?«

»Ja, oder eingeäschert, je nachdem, was der Spender in der Erklärung veranlasst hat. Sie muss von zwei mündigen Zeugen unterschrieben werden. Der Spender wird eingeäschert oder in dem Sarg, in dem ihn der Bestatter abgeliefert hat, beerdigt. Dann werdet ihr wieder von uns kontaktiert, um diese Arbeit auszuführen.

»Wer bezahlt dafür?«, wollte Andreas wissen und klang wie ein echter Bestatter.

»In der Regel wir. Jedoch nicht die Blumen, Anzeigen, den Grabstein und die Grabpflege natürlich.« Er schaute auf seine Armbanduhr und danach auf den Toten. »Na, ich muss weiter, es gibt ja jetzt noch einen weiteren Spender, um den ich mich kümmern muss.« Er reichte ihm die Hand und nickte Erling wieder zu, der langsam verstand, dass sie fertig waren. Das schien ihm gut zu passen, er war schnell aus der Tür. Der Präparator fasste Andreas diskret am Arm.

»Was stimmt nicht mit ihm? Ich habe mich nie getraut, Ihren Vater oder Ihre Schwester zu fragen, aber er ist doch nicht ganz normal, oder?«

Andreas war nicht wohl dabei, eine so direkte Frage gestellt zu bekommen, die er sich oft sogar selbst gestellt hatte.

»So war er schon immer«, antwortete er ein bisschen reserviert, aber tief im Inneren wusste er, dass das nicht stimmte. Er erinnerte sich dunkel an ganz normale Fußballspiele im Garten, als er selbst ein kleiner Junge gewesen war, daran, wie sie sich heimlich mit der Taschenlampe unter der Decke gruselige Geschichten vorgelesen hatten, lange nach der Schlafenszeit, an ausgeklügelte Hänseleien der beiden Schwestern. Damals hatte ihm nichts gefehlt, er hatte beim Vorlesen auch nicht gestottert. Oder trog dieser Schein? Wie alt war er selbst damals gewesen? Sechs? Erling musste demnach neun gewesen sein. Er schüttelte das unangenehme Gefühl, einen Teil seines Gedächtnisses verloren zu haben, ab, als er hinaus in die Sonne trat. An was aus der Kinderzeit erinnerte man sich schon ganz genau?

24

Als Ausgleich für den vorherigen Abend beschloss Anne, frühzeitig zu gehen. Nicolaj war sicher unterwegs, um den Bestatter zu belauern, jedenfalls war er weg, als sie nach einem Interview mit einer von Tanjas Freundinnen zurückkehrte. Das Bild dieser netten, stillen und ruhigen jungen Frau wurde bestätigt, egal, mit wem sie sprach. Warum waren ausgerechnet diese beiden Mädchen so grob vergewaltigt und ermordet worden? Es musste einen Zusammenhang zwischen ihnen geben. Etwas, das sie mit dem Täter verband. Sie aktualisierte das Nachrichtenportal mit den aktuellsten News, packte ihren Rucksack und ging nach Hause. Es war perfektes Strandwetter, aber sie hatte trotzdem keine Lust auf all die halbnackten Menschen und Sand überall.

Unter ihrem Briefschlitz lagen einige Werbeprospekte, ein paar Rechnungen und eine Benachrichtigung über ein Paket, das die Post nicht hatte zustellen können. War ja auch klar, denn nicht nur die Post arbeitete tagsüber. Sie fragte sich, was es wohl für eine Lieferung sein konnte. Sie erwartete keine Pakete, konnte es nun aber erst am nächsten Tag abholen. Sie vermisste Esben, er hatte für die nächsten Wochen einen Fall in Kopenhagen. Heute war er bestimmt im Gericht, daher wollte sie ihn nicht stören. Stattdessen rief sie Roland Benito an. Er war sicher noch bei der Arbeit, aber am Empfang informierte man sie, er sei ins Krankenhaus gefahren, um seine Frau zu besuchen. Das war für eine Journalistin ungewöhnlich viel Information, sie klang auch nicht wie die übliche Rezeptionistin. Vielleicht hielt sie Anne für jemand anderen. War Irene eingewiesen worden? Wo? Was fehlte ihr?

Anne duschte kalt und ließ ihren Gedanken freien Lauf. Sie dachte an Irenes Schicksal. Anne war dichter damit in Berührung gekommen, als ihr lieb war, und hatte Roland auf eine neue Weise erlebt. Als einen Menschen mit Gefühlen. Sie waren einander damals näher gekommen. Das bildete sie sich jedenfalls ein. Sie wollte wissen, was mit Irene passiert war, aber wenn sie nicht wusste, in welchem Krankenhaus sie lag, war das nicht leicht. Vielleicht konnte sie es mithilfe einer kleinen List herausfinden, sie war trotz allem Journalistin. Sie überlegte erneut, während sie sich abtrocknete und feststellte, dass die Dusche ihr keine Abkühlung verschafft hatte. Sie schwitzte bereits wieder. Doch, sie wollte es wissen. Sie war so nah dran gewesen damals, dass sie es fast als ihr Recht empfand zu wissen, was mit Irene los war. Warum hatte Roland nichts davon gesagt? Sie wickelte das Badehandtuch um ihren nackten Körper und verknotete es vor der Brust. Es war zu warm, um Klamotten anzuziehen, und ein kaltes Bier aus dem Kühlschrank war alles, worauf sie jetzt Lust hatte. Sie rief wieder beim Polizeipräsidium an und stellte sich nicht vor, bat nur darum, Isabella Munch von der Ermittlungsabteilung sprechen zu dürfen. Auf die Frage, worum es ginge, schob sie eine private Angelegenheit vor. Zu einfach. Sofort wurde sie durchgestellt und hatte Isabellas abgehetzte Stimme am Ohr. Anne versuchte, ihre zu verstellen. Obwohl sie nicht besonders viel mit der Beamtin gesprochen hatte, wollte sie nichts riskieren, und ihr Nørrebro-Dialekt war ziemlich markant. Sie gab sich als eine alte Kollegin von Irene Benito aus, die gehört hatte, dass sie krank war und ihr gerne einen Blumenstrauß schicken wollte, aber nicht wusste, wo sie lag.

»Warum fragen Sie nicht Roland Benito?«, fragte Isabella misstrauisch. Anne hatte schon davon gehört, dass sie eine sehr aufmerksame und gründliche Beamtin sein sollte.

»Man hat mir gesagt, Rolando sei für heute bereits gegangen, daher: Können Sie mir nicht helfen?« Sie verwendete bewusst

Rolands Geburtsnamen, da sie wusste, dass nur seine Familie und engeren Freunde ihn so nannten, und das ließ Isabella sicher anbeißen. Sie erzählte, dass Irene in der neuen Privatklinik Mollerup in Skejby liege. Anne bedankte sich und legte schnell auf, bevor Isabella ihr weitere Fragen stellen konnte.

Privatklinik! Das hatte sie nicht erwartet. Plötzlich wusste sie nicht, wofür sie die Information gebrauchen sollte. Sie wollte ja keine Blumen schicken und Irene Benito auch nicht besuchen, sie kannte sie ja nicht einmal. Aber nun wusste sie, dass Rolands geliebte Irene krank war, und das war eine nützliche Information für ihre nächste Unterhaltung mit ihm. Es musste eine Belastung für ihn sein, deswegen war er vielleicht auch nicht bei der Pressekonferenz gewesen war und es könnte auch eine Erklärung für sein abweisendes Verhalten ihr gegenüber sein. Dann musste sie versuchen, auf andere Weise zu ihm vorzudringen. Sie zog Shorts und ein ärmeloses T-Shirt an und beschloss, in die Stadt zu fahren und eine Pizza zu essen. So zu tun, als ob sie Touristin wäre und den schönen Sommerabend zu genießen.

Um das Gewimmel am Fluss zu vermeiden, ging sie ins Café Drudenfuss im Studentenviertel, wo sie sich draußen an einen Tisch setzte und ein Öko-Sandwich bestellte, auch wenn der Preis gepfeffert war, und ein kaltes Bier. Das war vielleicht ein bisschen extravagant für ihre finanziellen Verhältnisse, und auf Bio und Nachhaltigkeit gab sie eigentlich nicht so viel, ihrer Meinung nach bedeutete das höchstens, dass Hühnerkacke und Grashalme an den Eierschalen klebten. Aber sie hatte gerade das Bedürfnis, sich etwas zu gönnen, und das Sandwich war ganz sicher auch lecker. Anschließend lehnte sie sich auf dem Stuhl zurück und beobachtete die Leute, die vorbeigingen. In der Dämmerung kamen sie aus ihren Häusern gekrochen wie Krabben am Strand. Die Straße roch appetitlich nach Pizza und Kaffee, und es war wirklich wie im Süden. Dann entdeckte sie ihn. Es war der Bestatter, der dort zusammen mit einer hübschen Frau und einem Teenagermädchen auf der anderen Seite vorbeilief. Sicher seine Familie, so sah es jedenfalls aus. Sie gingen zum Wall. Anne sprang schnell auf und folgte ihnen. Die Sonnenbrille, die in ihren Haaren gesteckt hatte, setzte sie auf, obwohl die Sonne gerade hinter den Gebäuden verschwand. Sicher würde Andreas Spang sie sowieso nicht wiedererkennen, aber man wusste ja nie. Die Frau lachte mehrmals über etwas, das er sagte, und sie wirkten wie eine glückliche Familie. Die Tochter betrachtete die Schaufenster der kleinen Boutiquen und zeigte ihren Eltern hin und wieder etwas hinter den Glasscheiben, worauf sie einen Moment stehenblieben. Vielleicht hatte das Mädchen bald Geburtstag. Ob sie wohl wusste, was ihr Papi so machte? Wie er es sich leisten konnte, ihr teure Sachen zu kaufen? Vielleicht irrte sie sich ja auch. Andreas war schließlich neu im Geschäft, vielleicht hatte er gar nichts damit zu tun. Sie hatten den *Store Torv*, den großen Marktplatz, erreicht und Anne war ihnen dicht auf den Fersen. Seine Ehefrau sah wie ein Model aus, Andreas musste glücklich sein, sie abbekommen zu haben. Er selbst gehörte nicht zu den Hübschesten. Beim Kaufhaus *Magasin* trafen sie sich mit einer älteren Frau. Anne hatte sich diskret unauffällig etwas näher herangeschlichen, sodass sie Bruchstücke der Unterhaltung mit anhören konnte. Das Teenagermädchen hieß offenbar Mathilde, die ältere Frau, der sie sich an den Hals warf, schien ihre Großmutter zu sein, die Mutter von Andreas Spang. Der Kleidung nach zu urteilen hatten sie sich zum Essen verabredet. Sie bewegten sich in Richtung des Flussboulevards. Die Tochter lief gemeinsam mit ihrer Mutter voraus, als ob sie Mutter und Sohn die Möglichkeit geben wollten, in Ruhe und unter vier Augen zu reden. Sie hielten sich umschlungen wie zwei gleichaltrige Freundinnen. Andreas und seine Mutter fielen ein Stück zurück, was den Abstand zwischen ihnen und Anne verringerte. Hervorragend! Sie konnte deutlich hören, was sie sagten, obwohl sie flüsterten.

»Hast du etwas über Johan herausgefunden, Andreas?«

»Nicht besonders viel, aber du hast Recht, da ist irgendetwas im Busch.«

»Du weißt also noch nicht, woran er gestorben ist?«

»Sie sagen beide, das Herz, aber ...« Andreas verstummte abrupt, da seine Tochter sich von ihrer Mutter losgerissen hatte und auf sie zugelaufen kam.

»Komm' schon, Oma, ihr könnt doch viel schneller laufen.«

Ihre Großmutter lachte und lief gemeinsam mit ihrer Enkelin auf ihren Absatzschuhen über die Steinplatten; sie war kurz davor, zu stolpern.

»Pass auf, Mama!«, lachte Andreas und schüttelte den Kopf.

Anne hielt an und sah, wie sie sich unter das Getümmel bei den vielen Cafés am Fluss mischten. Hier herrschte ein Wirrwarr aus Menschen und Gerede, Rufen und Lachen der Cafégäste. Wenn sie nicht am gleichen Tisch sitzen würde, könnte sie unmöglich das Gespräch verfolgen. Aber die Unterhaltung schien auch beendet, als ob es ein Geheimnis zwischen Mutter und Sohn gewesen war. Anne spürte, wie sich die feinen Härchen in ihrem Nacken aufstellten. Hier ging ganz sicher irgendetwas vor sich, das einer näheren Betrachtung wert war. Sie vergaß beinahe, dass es Nicolajs Sache war, doch gerade als sie um die Ecke des *Magasin* biegen wollte, entdeckte sie eine Frau, die Familie Spang ebenfalls zu beobachten schien. Jetzt wusste Anne, dass sie den Fall unbedingt zurückhaben wollte. Pia Spang behielt ihre Familie offenbar auch im Auge, ohne sich zu erkennen zu geben.

25

Im Zimmer war es fast still. Die letzten goldenen Strahlen der Abendsonne fielen durch die Lamellen der Jalousien und warfen dünne Lichtstreifen auf die Bettdecke. Sie hatte keine Schmerzen und fühlte sich fit genug, um aufzustehen, die Jalousien zu öffnen und den Anblick des Abendrots über den Feldern und dem Egå Engsø zu genießen, auf den man, wie Rolando ihr erzählt hatte, von dem Fenster die schönste Aussicht hatte. Aber dann bemerkte sie, dass es wohl doch nur die Medikamente waren, die sie schmerzfrei machten. Ihre Muskeln waren schwer wie Blei.

Irene lauschte dem langsamen, rhythmischen Atmen ihrer Zimmernachbarin. Sie wusste nicht, weswegen sie hier lag, das Mädchen war nicht bei Bewusstsein gewesen, seit sie das Bett hereingefahren hatten. Sie war sehr jung und Irene fühlte sich plötzlich zutiefst dankbar dafür, dass Rikke und Olivia beide gesund und munter waren. Olivia hatte aus Rom angerufen und mit Stolz von den Fortschritten der Zwillinge erzählt und Rikke und Tim waren zusammen mit Marianna hier gewesen. Sie konnte sehen, dass Rolando das Zusammensein mit der Familie genossen, obwohl es in einem Krankenhauszimmer stattgefunden hatte. Aber es wirkte auch nicht wie ein solches. Die Möbel und Bilder an der Wand hatten nichts von dem üblichen Krankenhaus-Inventar, sie bewirkten sogar im Gegenteil, dass sie sich tatsächlich weniger krank fühlte. Davon konnten sich die kommunalen Krankenhäuser gerne eine Scheibe abschneiden. Es gab auch einen kleineren Flachbildfernseher, aber sie brachte es nicht übers Herz, ihn anzuschalten, aus Rücksicht auf die andere Patientin, die Ruhe zu brauchen schien. Aber sie selbst konnte einfach nicht einschlafen. Ihre Gedanken waren ein Wirrwarr und wenn sie dann endlich einschlief, wurde sie von den schlimmsten Alpträumen heimgesucht, die sie je erlebt hatte. Vielleicht hatte die Narkose ihre Hirnaktivität beeinflusst, oder war es das schlechte Gewissen? Hatte sie das Richtige getan? Sich eine Operation zu erkaufen? Rolando hatte große Probleme damit, das wusste sie. Er betonte immer wieder, dass sie mit anderen lieber nicht darüber sprechen sollten. Bereitete sie ihm nun ernsthafte Probleme mit ihrer Entscheidung? Hatte sie ihn unter Druck gesetzt? Ja, das hatte sie wohl. Wenn es nur nach ihm gegangen wäre, hätte die Operation nie stattgefunden. Er hatte seine Prinzipien verraten. Aber er hatte es für sie getan. Damit sie gesund werden konnte. Jetzt waren ihre gesamten Ersparnisse weg. All das, was sie zur Seite gelegt hatten, um die Villa in Højbjerg zu renovieren – ein neues Badezimmer, die Küche, damit sie behindertengerechter wurde. Auch über einen Treppenlift zum ersten Stock hatten sie gesprochen. Rolando hatte sich bisher lediglich dazu überwinden können, die Türschwelle zu entfernen und die Rampe an der Haustür zu installieren. Aber vielleicht war alles andere jetzt gar nicht mehr notwendig. Die letzten Untersuchungen waren positiv gewesen, und sobald sie wieder zu Kräften kam, konnte die Reha beginnen. Falls Kenneth Rissvang der Meinung war, dass die Maßnahmen hier nicht ausreichend wären, würde sie ins Neurozentrum Hammel verlegt werden, das hatte einen exzellenten Ruf. Aber sie hoffte, hier bleiben zu können. Kenneth Rissvang war sehr nett und gab ihr den Mut und die Hoffnung zurück, die sie verloren hatte. Er war sich ganz sicher, dass sie aus dem Rollstuhl kommen würde. Vielleicht zunächst nur, um auf den Beinen stehen zu können, aber das wäre auch schon ein riesiger Fortschritt. Wenn sie etwas hatte, dann Zeit, und die sollte jetzt schnell umgehen, damit sie wieder fit wurde. Mit ganz neuen Stammzellen war das wohl eine Chance, wenn sie dafür kämpfte. Und Rolando war wundervoll, ohne ihn hätte sie das nie geschafft. Irene hatte oft zu ihm gesagt, er solle sich eine andere Frau suchen, das Leben leben, das er verdiente. Seltsamerweise meinte sie es auch so, wenn sie es sagte. Es war nicht fair, dass ihr Schicksal ihn so stark beeinträchtigte. Aber so war Rolando nicht. Er sagte, dass er nicht aus Mitleid bei ihr bliebe, sondern aus Liebe, und sie glaubte ihm. Jetzt mehr denn je. Nur Liebe konnte einen Mann dazu bewegen, bei einer kranken, mürrischen Rollstuhlfahrerin zu bleiben, die ihm nichts geben konnte, außer ihrer eigenen Liebe natürlich, aber das schaffte sie mitten in dieser Tragödie auch nicht immer. Ihr eigenes Unglück hatte alles überschattet. Ihr eigener großer Verlust. Aber was war mit Rolando? Er hatte auch einen Verlust erlitten und litt immer noch unter dem Schuldgefühl, an diesem einen, verdammten Abend nicht bei ihr gewesen zu sein, das wusste sie.

»Wollen Sie etwas zum Einschlafen haben, Irene?«

Dorte Mathisen lächelte zu ihr herunter und berührte leicht ihren Arm. Sie hatte sie überhaupt nicht kommen hören. Nur sie und eine andere Krankenschwester waren für dieses Zimmer zuständig. Dorte war nachmittags und abends da und Irene mochte sie am liebsten.

»Kann sein, dass das nötig wird.«

»Ich hol' Ihnen was.«

Dorte ging ans Fenster und schloss die Jalousien. Die goldenen Strahlen waren jetzt auch weg, und die Dämmerung hatte eingesetzt. Der letzte Amselgesang war verstummt. Die Krankenschwester schaute zu dem anderen Bett.

»Was fehlt ihr?«, flüsterte Irene.

»Sie ist eine der sogenannten undokumentierten Migranten, mit deren Behandlung wir das Rote Kreuz unterstützen. Sie können ja nirgendwo anders Hilfe bekommen, weil sie ohne Aufenthaltserlaubnis hier sind. Wir wissen nicht, wie sie heißt oder woher sie kommt. Vielleicht aus dem Irak. Sie ist Diabetikerin und in einem hypoglykämischen Koma, aus dem wir sie nicht rausholen können.«

»Wie schrecklich! Wie stehen ihre Chancen?«

»Das wissen wir noch nicht. Es sieht nicht sehr gut aus. Sie haben doch nichts dagegen, mit ihr zusammenzuliegen?«

»Nein, natürlich nicht. Was ist mit ihrer Familie?«

»Niemand hat sich gemeldet. Das Mädchen wurde anonym beim Roten Kreuz abgeliefert. Die Familie traut sich wohl nicht, sich zu erkennen zu geben, da sie eine Abschiebung befürchtet.«

»Was für furchtbare Aussichten für sie.«

»Ja, nicht? Morgen werden sie es sicher mit einer Behandlung versuchen, von der Rissvang meint, dass sie vielleicht helfen könnte. Dann kann es sein, dass Sie das Zimmer ganz für sich allein haben.«

»Es macht ja nichts, dass sie hier ist«, versicherte Irene.

Dorte ging wieder und kehrte kurz darauf mit Tabletten und einem Glas Wasser zurück. Irene nahm sie und wusste, dass der

Schlaf sich nun bald einfinden würde, und dann würde schnell ein neuer Tag anbrechen und Rolando wieder bei ihr sein. Mit jedem Tag ging es aufwärts, daher konnten sie für Irene nicht schnell genug vergehen.

»Schlafen Sie gut«, flüsterte Dorte und schloss die Tür. Irenes Augen fielen zu und sie ließ willig den Schlaf ihren Körper übernehmen.

Ihre Lider waren schwer, aber irgendetwas zwang sie, die Augen zu öffnen. Sie wusste nicht, wie lange sie geschlafen hatte. Es war kein Geräusch, das sie geweckt hatte, eher ein Gefühl, oder war es einer der schrecklichen Alpträume gewesen? Dieses Mal waren es keine Herzen und Mägen und Nieren, die ihr von kleinen afrikanischen Kindern mit blutigen Händen gereicht wurden, dieses Mal hatte sie nicht aufgeschrien und versucht, mit den Armen um sich zu schlagen. Dies hier war einer der Träume, die sich in der Gegenwart und vor Ort abspielten. Das waren die unheimlichsten. Vor dem anderen Bett zeichnete sich der Umriss einer Person ab. Unheimlich lautlos und in der Dunkelheit fast unsichtbar. Eine kleine Lampe wurde angeschaltet, aber ihr Lichtschein erhellte nur eine einzige Stelle ... den Infusionsschlauch, der zum Tropf führte, durch den die Flüssigkeit in ihre Venen tropfte. Sie starrte auf den Lichtkegel und sah eine Hand, die eine Kanüle hielt. Die Nadel glitt langsam in das dünne, klare Plastik, ein Finger drückte unendlich behutsam den Stempel und entfernte die Kanüle. Dann war es wieder dunkel, und Irene glitt widerwillig zurück in den Schlaf.

Ein schriller Piepton drang langsam in ihr Bewusstsein. Er wurde immer lauter, und als sie die Augen aufschlug, wurde ihr klar, dass er schon eine ganze Weile da sein musste. Das Licht im Zimmer brannte und sie sah zwei Krankenschwestern und einen Arzt. Sie standen um das benachbarte Bett herum. Der Piepton verstummte, einer von ihnen hatte offenbar die Maschine abgeschaltet, von der der Ton ausgegangen war.

»Kein Puls!«, hörte sie eine panische Stimme sagen. Irene konnte nicht sehen, was vor sich ging, aber sie spürte die allgemeine Aufruhr, die gleich neben ihr herrschte. Kurze Zeit später wurde es still. Wie durch einen Umhang aus Watte sah sie, wie das Bett aus dem Zimmer geschoben wurde.

»Sind Sie wach?«

Die Stimme flüsterte dicht an ihrem Ohr. Sie drang zu ihr durch wie durch Wasser, das Schlafmittel wirkte immer noch und sie antwortete nicht, weil sie nicht wusste, ob sie es war oder nicht. Sie reagierte nicht, als sie merkte, wie warme Hände ihren Arm anhoben, und dann spürte sie den bekannten Stich. Der tiefe Schlaf war zurück.

26

»Nur noch ein weiterer Mord, und dann haben wir es verdammt nochmal mit einem Serienmörder zu tun!«, brüllte Mikkel völlig außer sich, und seine Wut galt in diesem Moment zweifelsohne Kim, der nichts zu sagen hatte. Alle saßen schweigend da und sahen aus, als wären sie gegen ihren Willen aus dem Bett gescheucht worden. Waren sie sicher auch.

Roland war frühmorgens wieder zu einem Tatort gerufen worden. Dieses Mal war der Mord in einer Wohnung in der Sejröstraße begangen worden. Aber er unterschied sich von den anderen. Das Mädchen war zwar jung, aber keine Studentin, was zumindest diese Theorie über die Verbindung des Täters zu den Opfern zerstörte. Die Vorgehensweise war dieselbe. Die Leiche lag exakt in der gleichen verstörenden Position wie Tanja.

»Filippa Bekman, 24 Jahre alt und kaufmännische Auszubildende bei Bekman Revision, der Firma ihres Vaters, dunkle, halblange Haare und braune Augen. Wie wählt er sie aus? Zufällig?«

Keiner hatte eine Antwort auf Rolands Frage.

»Sie war noch am Leben, als ihr Freund sie gefunden hat. Der war nach einer Sauftour in der Stadt völlig betrunken, hat es aber geschafft, einen Krankenwagen zu rufen«, fuhr er fort.

Roland war zur gleichen Zeit angekommen wie der Rettungswagen, doch da war das Mädchen bereits tot gewesen.

»Der Psychopath hat sein Opfer also dieses Mal nicht erwürgt?«, kommentierte Niels.

»Doch, er hat es versucht, aber Filippa war offenbar nur ohnmächtig.«

»Du hast es also nicht geschafft, mit ihr zu sprechen, Roland?« Mikkel schaute ihn nicht an, er betrachtete eingehend die Bilder auf der Tafel.

»Nein, sie war tot, als die Sanitäter eintrafen. Wir können nur hoffen, dass der Freund etwas weiß.«

»Wo ist er denn jetzt?« Es war Isabella, die fragte.

»In der Ausnüchterungszelle. Sein Name ist Robert Svendsen, er kommt später zur Vernehmung. Heute Morgen war er noch zu betrunken, außerdem stand er unter Schock.«

»Hat Filippa nicht allein gewohnt? Das haben die anderen Opfer ja?« Hafid streckte einen Arm nach der Thermoskanne aus, aber sie wechselte gerade die Richtung und stattdessen bekam er nur ein Wasserglas zu fassen.

»Wenn ich das richtig verstanden habe, haben sie nicht zusammengewohnt, aber sie hatten wohl Streit und Robert war mit Freunden was trinken gegangen.«

»Tolle Lösung«, schnaubte Isabella.

»Ja, wäre er bei ihr geblieben, wäre das nicht passiert«, murmelte Roland, aber die Worte kamen zu ihm zurück wie ein Bumerang, der mitten in sein eigenes schlechtes Gewissen traf. »Aber er hat es offenbar geschafft, mit ihr zu reden, daher haben wir dieses Mal vielleicht eine Spur, der wir nachgehen können.«

»Können wir das denn glauben? Wenn der Mann stockbesoffen war?« Mikkel wirkte immer noch aufgebracht. Die Aufklärungsarbeit, die mit Serienmorden verbunden war, erforderte eine ganz besondere Expertise, und keiner von ihnen war auf diesem Gebiet ein Profi. Sie würden nicht umhin kommen, Hilfe von außen anzunehmen. Auch das würde jetzt während der Urlaubszeit schwer werden. Es gab zwar ein Muster in der Vorgehensweise, dem Modus Operandi des Mörders, aber Roland weigerte sich noch, diesen Gedanken zuzulassen. Im Übrigen war Maja Andersens Tod nur indirekt die Folge des Verbrechens gewesen, hier handelte es sich nicht nachweislich um Mord. Ihr Herzversagen konnte Komplikationen nach der Operation geschuldet sein. Seine Gedanken machten einen Ausflug nach Skejby zu Irene. *Sie* hatte es glücklicherweise geschafft.

»Wir müssen aus ihm herausbekommen, was wir können. Ich werde selbst mit ihm reden.«

»Alle drei waren in einer Beziehung, also ist er nicht hinter Alleinstehenden her. Könnte es stattdessen etwas mit den Freunden zu tun haben? Rache für irgendetwas?«, schlug Hafid vor.

»Wir haben ja mit den Freunden beider Frauen geredet. So, wie ich das sehe, scheint es da keine Verbindung zu geben.« Isabella sah Hafid lange an. »Was sollte das auch sein?«

»Man weiß nie.«

»Wir wohnen in einem Land, in dem die Ehe nicht so ein strenger Begriff ist wie bei euch, falls Du an einen Ehrenmord denkst oder etwas in der Art«, unterstützte Mikkel Isabella.

Hafid wollte gerade Einspruch erheben, aber Roland unterbrach ihn.

»Es kann nicht schaden, noch einmal mit ihnen zu reden! Mikkel und Hafid, ihr fahrt mit den Technikern zum Tatort und schaut, was ihr finden könnt. Ihr anderen verteilt die Vernehmungen von Familie, Freunden und Bekannten unter euch. Fangt mit Filippas an, hier ist die Spur noch nicht kalt. Sorgt dafür, ein Auge auf Verbindungen zu Maja und Tanja zu haben. Wir müssen wissen, wie er die Mädchen auswählt.«

Niels seufzte hörbar.

»Es sind bloß gerade so viele im Urlaub.«

»Vielleicht nutzt der Täter das aus. Viele Wohnhäuser sind während der Ferienzeit fast leer«, äußerte Isabella einen spontanen Einfall.

Roland nickte.

»Vielleicht, ja. Was konnte das Paar, das aus dem Urlaub gekommen ist, beisteuern?«

Isabella antwortete, bevor Mikkel die Flasche Mineralwasser vom Mund nehmen konnte.

»Sie haben ein Auto bemerkt, das längere Zeit vor dem Haus stand. Sie haben es bemerkt, weil es immer so aussah, als ob jemand drinsäße. Das wirkte sonderbar auf sie.«

»Konnten sie eine Personenbeschreibung liefern? Was für ein Auto war das?«

»Nein, so genau haben sie ihn sich auch nicht angeschaut. Das Auto war ein älteres Modell, aber sie konnten nicht sagen, welches. Es ist ja auch nicht sicher, dass er das war.«

»Eigentlich müsste er ja mehrere Mädchen gleichzeitig überwachen«, meinte Niels. »Er schlägt ja in so kurzen Abständen zu, wenn er sie wirklich alle beobachtet und ihre Gewohnheiten kennen soll, muss er ziemlich viel zu tun haben.«

»Falls er sie nicht erst auskundschaftet und sie sich dann anschließend eine nach der anderen vornimmt«, schlug Kim vor.

Der Gedanke war unheimlich, aber Niels hatte Recht. Der Täter konnte es unmöglich schaffen, sich in so kurzer Zeit mit dem Leben der Frauen vertraut zu machen.

»Die Frage ist, wie viele hat er bis jetzt überwacht?« Isabellas Augen trafen Rolands, sie glänzten vor Aufregung, vermutlich auch vor Angst.

»Lasst uns hoffen, dass es nicht noch mehr sind, damit wir Zeit haben, nachzuforschen und ihn zu stoppen, bevor er zum Serienmörder wird. Und lasst uns die Presse so lange wie möglich heraushalten. Ein neuer Mord könnte tatsächlich eine Massenhysterie auslösen, die unsere Ermittlungen stören würde.« Roland war erleichtert, wunderte sich aber auch darüber, dass niemand von der Presse aufgetaucht war. Die Dschungeltrommeln waren aus irgendeinem Grund außer Betrieb.

Robert Svendsen hatte rote, glasige Augen, die Kopfschmerzen pochten sichtbar in den hervorstehenden Adern an seinen Schläfen. Roland stand nicht auf, um die Jalousien herunterzulassen, damit ihm die Sonne direkt ins Gesicht schien. Diesem Typen tat es ganz gut, ein bisschen zu leiden. Und es geschah ihm ganz recht. Er hatte seine Freundin allein gelassen und sie damit dieser Gefahr ausgesetzt. Eigentlich hatten sie mehr gemeinsam, als Roland lieb war. Irene hatte sein Versagen glücklicherweise überlebt.

»Warum wollen Sie mich verhören?«, fragte Robert mit heiserer Stimme.

»Das ist kein richtiges Verhör, sonst säßen wir nicht hier in meinem Büro. Ich wollte bloß hören, wann und wie Sie Filippa gefunden haben und ob sie noch mit ihr sprechen konnten.«

Roberts Unterlippe und sein Kinn fingen heftig an zu zittern. Er wischte sich über die Augen, als die Tränen kamen.

»Wenn ich nicht … wenn ich doch nicht …«

Roland wusste, dass Robert bis ans Ende seiner Tage bereuen würde, sich mit seiner Freundin gestritten zu haben. Es würde für immer das letzte Erlebnis sein, das sie miteinander geteilt hatten – ein Streit. Vielleicht sollte er ihm leidtun. Roland beugte sich väterlich über den Tisch zu ihm hinüber.

»Es hilft nicht zu bereuen, dass ihr diesen Streit hattet, Robert. Vielleicht können Sie uns dabei helfen, den Täter zu finden, dann haben Sie Filippa auch damit geholfen, Gerechtigkeit zu bekommen.«

»Dieses miese Schwein! Dieses verdammte miese Schwein!« Rotz lief ihm aus der Nase und vermischte sich mit den Tränen in dem geröteten Gesicht. Er sah aus, als hätte er zu viel Sonne abbekommen. Das vertrugen Rotblonde mit blasser Haut in der Regel nicht, aber die Gesichtsfarbe und die roten Lippen konnten auch dem Restalkohol geschuldet sein.

»Wann waren Sie zu Hause, Robert?«

»Ich weiß es nicht. Keine Ahnung, wie spät es war. Es wurde gerade hell. Die Vögel haben gezwitschert und ...« Er schluchzte laut.

»Okay. Sind Sie mit einem Schlüssel hereingekommen?«

»Ja. Ja klar. Ich hab' 'nen Schlüssel.«

»Die Tür war also abgeschlossen.«

»Ja, das macht Filippa immer, und ich hab' ja einen Schlüssel, daher ...«

»Ihnen ist nicht zufällig aufgefallen, ob die Tür aufgebrochen war?«

»War sie nicht, das hätte ich doch gesehen.«

Roland schenkte ein Glas Mineralwasser ein und schob es Robert hin. Er trank sofort. Nachdurst.

»Erzählen Sie mir, was passiert ist, als Sie Filippa gefunden haben.«

Er trank wieder von dem Wasser, atmete tief ein und wischte sich die verschwitzten Handflächen an den Oberschenkeln seiner verwaschenen Jeans ab. Die Augen schienen sich langsam an das Licht gewöhnt zu haben.

»Sie lag im Schlafzimmer. Auf dem Bett ... in einer merkwürdigen Position, als ob sie ... zuerst hab' ich gedacht, dieser Andere wäre da und bin wütend geworden, dann habe ich all das Blut gesehen ...«

»Dieser Andere?«

»Ja, deswegen haben wir uns gestritten. Ich hab' gedacht, sie hätte einen anderen Typen, aber ...« Das Kinn bebte wieder, er presste die Lippen fest zusammen, um nicht wieder zu weinen.

»Wieso haben Sie das geglaubt?«

»Ach, aus so vielen Gründen. Die Briefe, das Auto und so.«

Roland öffnete auch ein Mineralwasser und schenkte aus der Flasche ruhig in sein Glas ein.

»Erzählen Sie mir ein bisschen darüber.«

»Was?«

»Fangen Sie mit den Briefen an. Was waren das für Briefe?«

Robert rutschte auf dem Stuhl herum und rieb die Hände ein paar Mal an der Hose ab.

»Vielleicht war da ja auch gar nichts. Ich ... ich weiß es nicht. Aber ich habe entdeckt, dass sie von irgendwem Briefe bekommen hat, die ich offenbar nicht sehen durfte. Sie hat sie in den Papierkorb geworfen und sicher nicht damit gerechnet, dass ich das merken würde.«

»Haben Sie den Absender gesehen?«

»Nein. Es war bloß ein ganz normaler weißer Umschlag. Ich hab' mich ein bisschen gewundert, denn wenn sie einen anderen gehabt hätte, hätte er ihr ja SMS oder eine Mail schicken können, das wäre normal gewesen.«

Roland nickte, als ob er ihm Recht gäbe. Er vermisste die alten Tage, als man noch mit einem Brieföffner einen Umschlag öffnete, das spröde *Ratsch!* des Papiers hörte und ein Stück zerknittertes Papier herauszog und die geschwungene Handschrift von Freunden und Familie las. Das war irgendwie persönlicher, herzerwärmender.

»Wenn sie sie weggeworfen hat, waren sie doch wohl kaum von jemandem, den sie mochte?«

Robert zuckte die Schultern. »Vielleicht hat sie sie bloß in den Papierkorb geschmissen, weil ich die nicht sehen sollte.«

»Sie sagen *die*. Hat sie mehrere Briefe bekommen?«

»Ich hab' eines Tages gesehen, dass ein paar im Papierkorb lagen. Als ich zufällig allein in ihrer Wohnung war und einen lesen wollte, war der Mülleimer leer. Ich dachte, Filippa hätte sie einfach in einer Schublade aufbewahrt und hab' angefangen zu suchen, dann ist sie zurückgekommen. Da hat unser erster Streit angefangen, weil ich in ihren Sachen gewühlt habe und ihr Vorwürfe gemacht habe.«

»Hat sie irgendeine Erklärung für die Briefe abgegeben?«

»Sie hat behauptet, da wäre nichts. Nur Werbung, meinte sie, aber das habe ich nicht geglaubt. Und dann war da dieses Auto ...«

»Ja?«

»Fast jeden Abend, wenn ich gekommen bin, stand es vor ihrem Haus. Ein alter hellgrauer Golf aus den Achtzigern würde ich sagen.«

»Haben Sie das Kennzeichen gesehen?«

Robert schüttelte den Kopf und wischte die Hände wieder an der Hose ab. Es war auch heiß hier drinnen, obwohl das Fenster weit geöffnet war.

»Aber, woher können Sie wissen, dass der Fahrer des Autos Filippa besuchen wollte?«

»Eines Abends habe ich gesehen, dass er zu ihrem Fenster hoch geglotzt hat. Daran gab es keinen Zweifel. Sie hatten bestimmt ein Zeichen verabredet oder so, damit er weiß, wann ich nicht da bin.« Sein Zorn kam wieder durch und überschattete plötzlich die Trauer. Roberts Stimme war fest und anklagend.

Oder Filippa wurde vielleicht überwacht, dachte Roland. Eifersucht kann so viel zerstören, unbegründete Eifersucht kann alles zunichtemachen. Jetzt hatte Robert Filippa vielleicht wegen seiner Eifersucht verloren. Ob er wohl auch auf die Sauftour gegangen wäre, wenn sie sich nicht gestritten hätten?

»Sie haben also den Mann im Auto gesehen?«

»Was heißt gesehen. Ich wollte ihn da rausziehen und ihm ein paar aufs Maul geben. Aber er ist weggefahren, als er mich gesehen hat.«

»Können Sie ihn beschreiben?«

»Nicht besonders gut, ich bin von hinten gekommen und habe ihn nur im Profil durch die Heckscheibe gesehen. Er hatte eine Mütze auf. Eine dunkelblaue. Kann er das sein? Hat er das getan? Dann hätte ich doch ...« Neue Tränen liefen über das schmerzverzerrte Gesicht.

»Haben Sie Filippa gefragt, ob sie den Mann und das Auto kannte?«

»Damals nicht, aber als wir uns gestern gestritten haben, habe ich erwähnt, dass ich ihn gesehen hab, dass das der Beweis dafür ist, dass sie einen anderen Typen hatte, der einfach auftauchen konnte, wenn sie alleine war. Sie hat gesagt, sie wüsste nichts von irgendeinem Auto, aber ich konnte sehen, dass das nicht stimmte. Sie hat ängstlich ausgesehen.«

»Ängstlich? Und Sie sind einfach gegangen?«

»Ja, ängstlich, weil ich sie erwischt hatte. Das habe ich jedenfalls geglaubt, als ...« Er sackte zusammen und weinte jetzt laut und aus voller Kehle.

Roland ließ ihn weinen und notierte währenddessen die neuen Informationen. Jetzt waren sie ein bisschen weiter gekommen, das mit den Briefen war neu.

»Wie lange ging das mit dem Auto, Robert?«

Robert hustete, es fiel ihm schwer zu sprechen.

»Ich ... ich weiß es nicht ... vielleicht eine Woche, vielleicht länger, ich kann ... es doch übersehen haben, und vielleicht war er nicht jeden Tag da.« Er weinte wieder.

»Und das Auto hatte keine anderen Merkmale? Beulen, fehlende Rücklichter ... was auch immer?«

Robert schüttelte den Kopf und verbarg das Gesicht in den Händen.

»Filippa war noch am Leben, als Sie sie gefunden haben. Hat sie etwas gesagt?«

Er richtete sich auf dem Stuhl auf, blinzelte ein paar Mal und versuchte, Roland durch die tränennassen Augen anzusehen.

»Es war schwer zu verstehen, weil sie fast nicht sprechen konnte. Sie wirkte sehr ängstlich und sagte sowas wie *Jonas* oder *Jason* oder so. Ja, das hat sie gesagt. Sie hat ganz sicher *Jason* gesagt.«

»Kennt ihr einen Jason?«

»Nein, aber vielleicht war das dieser Typ, vielleicht hat sie gedacht, dass ich er wäre ...« Robert brach erneut zusammen und weinte hilflos.

»Maja Andersen und Tanja Borg, sagen Ihnen diese Namen etwas?«

Robert schüttelte bloß den Kopf, die Augen fest geschlossen, aber die Tränen rannen weiter über seine Wangen.

»Haben Sie Filippa angefasst, Robert?«

Er schüttelte wieder den Kopf und seine Stimme kam undeutlich hinter den Händen hervor, die er jetzt wieder vor sein Gesicht gepresst hielt »Nein ... sie war voller Blut, und ... nein ...«

»Es kommt trotzdem jemand und nimmt Ihre Fingerabdrücke, damit wir Sie als Täter ausschließen können. Ist das okay?«

Robert nickte, richtete sich wieder auf und wischte sich das nasse Gesicht mit beiden Händen trocken.

»Danke für die Hilfe. Danach können Sie nach Hause fahren und versuchen, etwas zu schlafen. Es kann gut sein, dass wir Sie erneut kontaktieren. Und rufen Sie bitte unbedingt an, wann auch immer, wenn Ihnen noch etwas einfällt, zum Beispiel, wer dieser Jason sein kann.«

Er legte seine Visitenkarte auf den Tisch und schob sie Robert zu.

Endlich gab es ein paar Hinweise, denen man nachgehen konnte, auch wenn es immer noch viel zu wenig war. Es gab jedoch einen Namen, wenn man sich darauf verlassen konnte. Andere konnten das Auto gesehen haben, vielleicht war es dasselbe, welches auch das Paar aus der Nachbarwohnung von Tanja gesehen hatte, und es musste überprüft werden, ob Maja und Tanja ebenfalls Briefe erhalten hatten. Aber wären die dann nicht bei den Wohnungsdurchsuchungen aufgetaucht? Dann mussten sie die Abfallcontainer durchsuchen lassen, aber die waren in der Zwischenzeit vermutlich schon geleert worden. Vielleicht bedeuteten diese Briefe nichts, vielleicht hatte Filippa wirklich einen anderen gehabt, diesen Jason, wer konnte das wissen?

Das Klingeln des Telefons hinderte ihn daran, zum Mittagessen zu gehen, weswegen er eigentlich gerade aufgestanden war. Gert Schmidt, der Chef des Kriminaltechnischen Zentrums, leitete mit den üblichen Höflichkeitsphrasen ein, die man benutzt, wenn man lange nichts voneinander gehört hat, doch dann kam er schnell zur Sache mit seiner lauten Stimme. Roland hielt das Telefon reflexartig ein Stückchen vom Ohr weg.

»Ich wollte dir nur erzählen, dass wir das Ergebnis der Analyse des Bonbonpapiers bekommen haben, das ihr an einem der Tatorte gefunden habt. Leider keine Fingerabdrücke, aber wir haben das Ganze ans Labor weitergeleitet, weil wir Spuren halluzinogener Stoffe auf der Rückseite des Papiers gefunden haben; der Mörder hat keine Karamellbonbons genascht. Das waren Pilze«, sagte er, während er gerade selbst etwas kaute, vermutlich sein Mittagessen.

»Pilze? Halluzinogene Pilze. Suchen wir nach einem Junkie?«

»Woher er die hat, weiß ich nicht. Möglicherweise aus den USA importiert. Vielleicht könnt ihr eine entsprechende Homepage finden. Es ist recht populär geworden, sowohl Pilze als auch Methamphetamin und Marihuana als Süßigkeiten zu tarnen. Selbst die Verpackungen von Marken-Süßigkeiten werden kopiert, sodass man kaum den Unterschied erkennen kann.«

»Wie wirken diese Pilze?«

»Das, was wir gefunden haben, war der Stoff Psilocybin, er gehört zu dem, was wir Halluzinogene nennen. Viele Pilzsorten enthalten diesen Stoff, tatsächlich knapp 200, daher ist es schwer zu sagen, um welchen Pilz es sich genau handelt. Vielleicht um *Psilocybe Mexicana* oder den europäischen *Psilocybe semilanceata*, Spitzkegeliger Kahlkopf. Vielleicht mehrere Varianten gemischt. Die Wirkung ist ein bisschen wie bei LSD.«

Roland stützte den Ellbogen auf den Tisch und berührte leicht seine warme Stirn mit den Fingerspitzen. So saß er eine Weile mit geschlossenen Augen da, als ob er nachdachte.

»Hallo, Roland. Bist du noch da?«

»Also haben wir es mit einem Mann zu tun, der in einem psychedelischen Zustand herumläuft, in die Wohnungen junger Frauen eindringt, vielleicht gar keine Ahnung hat, was er dann da tut.«

»Wenn das Bonbonpapier am Tatort gefunden wurde, deutet es darauf hin, dass er den Stoff erst vor Ort einnimmt. Es dauert ungefähr eine Stunde, bis sich die Wirkung einstellt und sie kann bis zu acht Stunden anhalten, natürlich abhängig von der Menge.

Ich schätze, dass die Wirkung so berechnet ist, dass er die Möglichkeit hat, auf eine schöne Art zu vergessen, was er getan hat.«

»Auf eine schöne Art?«, höhnte Roland.

»Ja, die Indianer, unter anderem in Mexiko, die Inka zum Beispiel, haben halluzinogene Kakteen und Pilze über Generationen benutzt, wenn sie in Verbindung mit den übernatürlichen Mächten treten wollten. Man sagt, es sei ein schönes und unvergleichliches Erlebnis.«

»Hmm.«

»Wenn ihr diese Milieus ausfindig macht, wo sie diese Pilze verkaufen, in diesem selbstgebastelten Bonbonpapier, dann findet ihr wohl dort auch euren Mann.«

Roland murmelte, dass das ja eigentlich in die Drogenabteilung gehöre.

»Sonst noch was, Schmidt?«

»Ja, das war ja nur die eine Sache, jetzt zu der anderen: Hatte dieses Motorradunfallopfer, das aus dem Sarg verschwunden ist, Psoriasis?«

»Ist mir nicht bekannt, wieso?«

»Ich war so gründlich, den Sarg noch ein letztes Mal unter die Lupe zu nehmen, bevor er zurückgebracht wurde. Ich habe etwas unter dem Deckelrand gefunden. Es muss übersehen worden sein. Ein weißes, schuppenähnliches Zeug. Es sah aus, als ob es von einer Oberfläche abgeschabt worden wäre. Wir haben das Ergebnis gerade heute bekommen. Das Labor war so langsam, weil da auch gerade alle im Urlaub sind. Es handelt sich um Hautzellen, die mit Psoriasis befallen sind.«

»Ja, sicher von dem Bestatter«, sagte Roland, der darin keinen entscheidenden Hinweis sah.

»Ja, aber dann hat der Bestatter Psoriasis, vielleicht nützt es euch etwas, das in einem anderen Zusammenhang zu wissen. Die Analyse der Haare ist auch endlich gekommen. Ich hasse diese Betriebsferien echt!«, proklamierte Gert, bevor er die Spannung auflöste. »Es sind Hundehaare. Rotbraune. Dackel, wie es aussieht.«

»Wie sind die in dem Sarg gelandet?«

»Dieses Rätsel zu lösen ist deine Aufgabe, Benito.«

Psoriasis und Hundehaare? Roland bedankte sich, ohne etwas anderes zu fühlen, als dass er um sein Mittagessen gebracht worden war, aber das konnte selbstverständlich jetzt nachgeholt werden; er stand auf und wollte das Telefonat gerade beenden, als Gert erneut ausholte:

»Aber da ist noch eine Sache, Roland«, fuhr der Chef des Kriminaltechnischen Zentrums unbeirrt fort, »vielleicht die Erklärung dafür, warum keiner der Träger bei der Beerdigung bemerkt hat, dass der Sarg leer war. Der Boden ist mit einer massiven Eichenholzplatte verstärkt. Für mich sieht das nach einer geplanten Aktion aus.«

Roland setzte sich wieder. Das Mittagessen musste warten.

27

Eine weitere unschuldige Frau war tot. Natalie wünschte sich verzweifelt, sie könnte eine Spur finden, die diese geisteskranke Person, die junge Frauen auf diese Weise misshandelte, entlarven würde. Oder wenigstens endlich herausfinden, was er für einen Gegenstand benutzte, um sie damit zu vergewaltigen. Krank war das hier auf jeden Fall. Sie hatte angefangen, sich auf der Straße umzuschauen, wenn sie abends zu ihrem Auto ging, um sicher zu sein, dass ihr niemand folgte. Es wirkte, als ob keine junge Frau in Aarhus sich mehr in Sicherheit wiegen könnte. Aber bisher hatte er noch keine Frauen mit Kindern vergewaltigt, daher war Amalie vielleicht ihre Versicherung, falls der Täter ihr Haus beobachtete, auch wenn das ein fürchterlicher Gedanke war.

Sie stand vom dem Hocker auf, auf dem sie gesessen und Filippa liebevoll betrachtet hatte, nachdem sie damit fertig gewesen war, den Y-Schnitt zuzunähen. Fast drei Minuten lang hatte sie einfach dagesessen und geschwiegen, Filippa und den anderen beiden

Opfern zu Ehren. Maja war die Einzige, die sie lebendig angetroffen hatte, als sie sie untersucht und nach der Vergewaltigung den Bericht geschrieben hatte, aber seltsamerweise hatte sie das Gefühl, Tanja und Filippa besser zu kennen.

Sie fuhr Filippa zum Leichenschauhaus und sah sie ein letztes Mal an, bevor sie aus dem kalten Raum ging. Fühlte sich machtlos, nichts Brauchbares für die Polizei gefunden zu haben. Die Frauen hatten es nicht geschafft, sich zu verteidigen, daher gab es keine Möglichkeit, DNA unter den Nägeln oder Abwehrverletzungen zu finden. Wie stark war man schon, wenn man mitten im Schlaf auf diese Art überfallen wurde? In seinem Zuhause fühlte man sich doch am sichersten. In ihrer kurzen Zeit als Rechtsmedizinerin hatte sie nichts derart Grausames gesehen. Selbst Henry Leander war erschüttert gewesen.

Sie war nicht überrascht, Oliver auf dem Hocker sitzen zu sehen, als sie zurückkam. Er hatte einen Coffee-to-go für sie dabei und reichte ihr den Becher, einen von der Sorte, mit denen man derzeit alle Jugendlichen auf dem Ströget herumlaufen sah. Den Kaffee in der einen Hand und mit der anderen per Smartphone auf Facebook unterwegs. Der neueste Trend.

»Kommst du damit klar?«, fragte er besorgt.

»Ja, es ist okay. Aber ich hoffe, sie finden ihn bald. Das kann ja nicht so weitergehen. Jeden Tag ein neues Opfer!«

»Vielleicht ist es jemand, der in dich verliebt ist?«

Natalie wurde von einem schaudernden Gefühl getroffen. »Was meinst du damit?«

»Einer, der dafür sorgen will, dass du genug zu tun hast.«

Natalie lehnte sich gegen den Stahltisch und schaute zu ihm herunter, den heißen Becher in der Hand. Genoss den Duft, der daraus aufstieg.

»Du solltest mal daran denken, dass du, wenn keine Morde begangen würden, keine Job hättest.«

»Irgendwo hört der Spaß auf, Oliver. Und außerdem verdienst auch du damit dein Geld.«

»Vielleicht ist er schwul.« Oliver lächelte schief.

»Sicher nicht, wenn er Frauen vergewaltigt.«

»Aber guck doch mal, was er mit ihnen macht! Vielleicht hasst er Frauen, so wie er sie zurichtet.« Oliver trank von seinem Kaffee und schüttelte den Kopf. »Hast du Angst?«

»Ja, irgendwie schon, aber …« Fast hätte sie Amalie erwähnt, merkte aber noch rechtzeitig, was sie beinahe gesagt hätte.

»Ich kann heute Nacht bei dir schlafen, wenn du Angst hast.«

Darauf folgte der längste Augenkontakt, den sie je gehabt hatten. Sie versuchte einzuschätzen, ob er es ernst meinte.

»Ich weiß nicht, Oliver …«

»Okay, jetzt hab ich's dir angeboten.«

Er blinzelte ihr zu, und sie war kurz davor zuzustimmen. Davon hatte sie ja lange geträumt, aber sie wusste nicht, ob sie für Amalie so schnell eine Babysitterin finden würde. Sie musste ihm bald von ihr erzählen. Die Karten auf den Tisch legen und es nehmen, wie es kam. Aber sie hatte Angst, ihn zu verlieren, und sie war sich sicher, das würde sie.

»Was ist denn mit der Sarg-Sache? Weißt du, ob es da Fortschritte gibt?«

Er wechselte das Thema und Natalie hatte das Gefühl, eine Chance vertan zu haben.

»Ja, tatsächlich läuft es da besser, glaube ich. Gert hat am Sargdeckel Hautpartikel gefunden, habe ich gehört, und es hat sich herausgestellt, dass sie von einer Person mit Psoriasis stammen.«

»Das hat er mir ja gar nicht erzählt.« Oliver wirkte verärgert und runzelte die Stirn.

Natalie bereute, das gesagt zu haben. Dass Gert Schmidt persönlich den Sarg untersucht hatte, konnte so aussehen, als ob er Oliver, dessen Fall es eigentlich gewesen war, nicht hinreichend vertraute. Dass er dann tatsächlich noch etwas gefunden hatte, war natürlich sehr unglücklich.

»Man kann leicht mal etwas übersehen, Oliver, das heißt nicht …«

»Ist das nicht die am weitesten verbreitete Hautkrankheit, an der mindestens drei Prozent der Bevölkerung leiden?«, unterbrach Oliver sie.

»Ja, aber das kann vielleicht trotzdem eine Spur sein. David, der in dem Sarg hätte liegen sollen, hatte die Krankheit jedenfalls nicht, das habe ich herausgefunden.«

»Ist das nicht Benitos Aufgabe?«

»Doch, vielleicht, aber es macht wohl nichts, dass ich der Polizei ein bisschen helfe, die haben echt genug zu tun. Wenn sie dann den Mörder der jungen Frauen schneller finden, war es die Arbeit wert.«

»Aber ist es ein Beweis? Falls nun der Bestatter Psoriasis hat, dann ist es wohl natürlich, dass er Spuren hinterlassen hat.«

»Ja, das stimmt natürlich, aber ich habe im Gefühl, dass es von Bedeutung ist. Und dann sind da ja auch noch die Hundehaare.«

»Hundehaare? Da waren Hundehaare?«

Offenbar gab es noch mehr, worüber Oliver nicht informiert war. Natalie wunderte sich darüber, dass sein Chef angefangen hatte, ihn außen vor zu lassen. War das eine Strafe? Jeder konnte doch mal einen Fehler machen, auch wenn das natürlich besser nicht passieren sollte.

28

Bei der Post war zum Glück nur eine kurze Schlange. Sie lag im gleichen alten Gebäude wie der Hauptbahnhof am Bahnhofsplatz, einem der Gebiete mit der höchsten Gewaltrate in ganz Dänemark. Hier herrschte permanente Videoüberwachung Anne zog brav eine Nummer, stellte sich hinten an und genoss den Duft eines echten Postamts. Die meisten waren nach und nach geschlossen und von Postfilialen in Kaufhäusern ersetzt worden, und der Geruch von Pappe, Paketband und Packpapier wurde dort von dem des Kvickly-Bäckers oder der Tabakabteilung überdeckt. Mit der Zeit würde es wohl überhaupt keine Postämter oder Postfilialen mehr geben. Dann würde man sich an den Paketstationen selbst bedienen. Die Postämter würden genauso unmerklich aussterben wie die Zeitungshäuser – ersetzt durch neue Technologie.

Sie fragte sich, warum so wenig los war um diese Zeit. Vielleicht war es noch zu früh. Sie konnte unmöglich bis nach der Arbeit damit warten, ihr Paket abzuholen und sehen, was es war, und vor allem von wem. Auf der Benachrichtigung stand kein Absender.

Das braune Päckchen, das ihr über den Schalter gereicht wurde, nachdem der Beamte, eine Urlaubsvertretung vielleicht, im Hinterzimmer sehr lange danach gesucht hatte, wog fast nichts. Anne hielt es an ihr Ohr und schüttelte es, als sie auf der Treppe des Postamtes stand, aber da war nichts, was den Inhalt verriet. Auch auf dem Päckchen war kein Absender angegeben. Sie war gespannter als an Weihnachten, sie bekam selten Päckchen – nicht einmal an ihrem Geburtstag.

Nicolaj war schon da, als sie zurück in die Redaktion kam. Ärgerlich, sie wollte das Päckchen gerne in Ruhe öffnen und es ging Nicolaj nichts an, was sie bekam. Nach einem gehetzten »Guten Morgen« setzte er sich an seinen Computer und fing sofort an zu schreiben. Er war so konzentriert, dass sie es wagte, hinter ihrem Bildschirm ganz leise mit dem Auspacken anzufangen. Sie konnte einfach nicht warten und pulte vorsichtig und nahezu geräuschlos das Paketband ab. Oben auf einer Schachtel lag eine Karte. Sie klappte sie auf und las: *Liebe Anne. Eine Kleinigkeit für dich, da du mich jetzt so lange entbehren musst. Wir sehen uns. Feuchte Küsse von Esben.* Sie lächelte überrascht. Was hatte er sich jetzt wieder einfallen lassen? Sie nahm die Schachtel heraus und beeilte sich, sie wieder im Papier zu verstecken, als Nicolaj plötzlich zu ihr herüberschaute.

»Recherchierst du?«, fragte er.

»Ja, das kann man wohl sagen«, murmelte sie mit brennenden Wangen und blickte wieder auf die Schachtel in ihrem Schoß. Sie wusste, was darin war, ohne sie zu öffnen. Der Produktname *Bad Kitty* sagte schon alles, und auf der Vorderseite prangte eine

Abbildung, die sie auf der Stelle erröten ließ, obwohl das eigentlich gar nicht ihre Art war. Schnell stopfte sie die Schachtel in ihren Rucksack zu stecken, als Nicolaj plötzlich aufstand.

»Was machst du da?«, wollte er wissen.

»Nichts.«

Nicolaj ging an ihr vorbei zur Toilette.

Zum Teufel mit Esben! Es war bescheuert, Geld für so einen Quatsch auszugeben, sie hatte doch ihn, und so verzweifelt war sie nun auch nicht, dass sie nicht warten konnte, bis er aus Kopenhagen zurück war.

Sie öffnete ein neues Dokument im Programm auf dem Computer. Wenn Nicolaj zurück an seinen Platz ging, musste sie mit irgendetwas beschäftigt sein. Sie hatte ihm noch nicht erzählt, dass sie gestern Abend dem Bestatter gefolgt war und dabei entdeckt hatte, dass er auch von seiner Schwester beschattet wurde. Sie wusste, er würde fuchsteufelswild werden, weil sie sich schon wieder in seine Aufträge einmischte. Aber wieso verfolgte Pia Spang ihren eigenen Bruder? Oder vielleicht auch ihre Mutter? Es wirkte so, als ob sie es mit einer zerrütteten Familie zu tun hätten die dennoch gemeinsam an diesem Unternehmen festhielt, und dann schien da ja auch noch etwas mit dem Tod des Vaters faul zu sein. Johan Spang. Während sie im Internet nach seinem Namen suchte, hörte sie Nicolajs Handy auf dem Klo klingeln. Sie grinste still. Nicht mal auf dem Lokus hatte er Frieden, weil er dieses Ding überall mit sich herumschleppte. Sie neigte selbst dazu, eine schlechte Angewohnheit, die schwer abzulegen war.

Plötzlich stieß er die Tür heftig auf, stürmte heraus, während er das Telefon mit der einen Hand ans Ohr hielt und sich mit der anderen die Hose zumachte. Er kramte auf seinem Schreibtisch nach einem Stift und kritzelte etwas auf ein Stück Papier. Danach beendete er die Verbindung und schaute sie erschüttert an.

»Letzte Nacht wurde ein weiteres Mädchen vergewaltigt und ermordet. Der gleiche Täter, meinen sie.«

»Verdammte Scheiße aber auch! Wo?« Anne war schon aufgesprungen.

»In der Sejröstraße, aber die Party ist schon vorbei. Die Einzigen vor Ort sind sicher die Kriminaltechniker.«

Anne setzte sich enttäuscht wieder hin. »War das dein Kontakt? Warum zum Teufel hat sie nicht eher angerufen?«

»Sie? Wer sagt, dass es eine Sie ist?«

»Hmm. Wissen wir, wer die Ermordete ist?«

Nicolaj schaute auf sein Gekritzel.

»Filippa Bekman.«

»Bekman? Der Name sagt mir was ...«

»Ihr Vater hat eine große Wirtschaftsprüfungsfirma auf dem Ströget. Die Tochter war da kaufmännische Auszubildende.«

»Was hast du noch erfahren?«

»Nicht mehr als das.«

Anne wippte unter dem Tisch irritiert mit dem Fuß. »Warum hast du mir nicht einfach das Telefon gegeben?«

»Ich dachte, du wärst mit Nichtstun beschäftigt.«

»Ach, halt die Klappe, Nicolaj. Das ist *mein* Fall, remember?«

»Ach ja, und du rennst ja auch nie herum und wühlst in meinen, nicht wahr?«

Anne beeilte sich, Google zu schließen, das eine Menge über Johan Spang ausgespuckt hatte, aber Nicolaj hatte Recht, es wurde zu unübersichtlich, wenn sie beide an den gleichen Aufgaben arbeiteten und vielleicht die gleichen Spuren verfolgten. So verschwendeten sie nur wertvolle Zeit.

»Nein, wir müssen uns aufteilen, da waren wir uns doch einig. Und ich bin der Meinung, die Morde an den Mädchen sind meine Angelegenheit.«

»Sorry, Anne!«

»Okay.« Sie stand wieder auf und nahm ihren Rucksack. »Ich fahre zum Tatort, vielleicht ist da ein Techniker, dem ich ein paar Informationen entlocken kann.«

Anne war nicht die Einzige, die die Information zu spät bekommen hatte. Mehrere Journalisten sahen aus, als wären sie gerade angekommen und kramten schon hektisch ihr Equipment aus den Taschen, aber es waren die üblichen Beamten, die an der Tür standen und sich nicht äußern konnten oder wollten, daher würden ihre Mühen vergebens sein. Anne hielt sich im Hintergrund. Allmählich kannte sie den Ablauf, daher würde sie, wie beim letzten Mal, warten, bis die meisten Kollegen wieder abgedampft waren. Auch dieses Mal hatte der Täter einen Aufgang mit Gegensprechanlage gewählt. Wie war er hineingekommen? Ließen ihn die Frauen doch selbst herein? Was, wenn das Ganze bloß ein Spiel war, wie das, was sie und Esben spielten? Aber irgendetwas ging jedenfalls definitiv schief. Sie stellte sich in den Schatten, gleich bei einem Tor mit Gittertür zum hinteren Garten, aber es war abgeschlossen. Es standen eine Menge Fahrräder an die Mauer des roten Gebäudes gelehnt und die Autos hielten in Reihen hintereinander. Zwei davon waren die der Kriminaltechniker. Sie klopfte eine Zigarette aus der Packung. Die erste am Tag schmeckte himmlisch, sie versuchte, ihren Konsum ein bisschen zu reduzieren. Sie hatte erst die halbe Zigarette geraucht, als sie Stimmen hörte und um die Ecke schaute; ein Techniker sprach mit einem Beamten, der dicht neben ihm stand. Es war Mikkel Jensen, er war leicht zu erkennen mit diesem ultrakurzen Bürstenschnitt. Sie waren aus der Tür zum Treppenhaus gekommen und standen beide mit dem Rücken zum Tor. Sie hatten sie nicht gesehen.

»Die Journalisten sind zum Glück abgehauen.«

Anne hörte ein Feuerzeug klicken.

»Komm schon, ich bin außerhalb der Absperrung, hier wird' ich ja wohl stehen dürfen«, verteidigte sich der Techniker, dem Mikkel sicher einen warnenden Blick zugeworfen hatte; es war streng verboten, den Tatort zu verunreinigen. Sie schwiegen eine Weile. Anne drückte sich gegen die Mauer und lauschte angestrengt. Ab und zu fuhr ein Auto vorbei und übertönte alles.

»Ob diese Mädchen wohl etwas pervers sind, weil wir immer dieses Zeug in ihren Nachttischschubladen finden?«

Anne guckte kurz um die Ecke, es war der Kriminaltechniker, der sprach.

»Ein Kollege meint, dass alle Frauen so etwas haben«, antwortete Mikkel.

»Alle Frauen, sagst du?« Die Stimme des Kriminaltechnikers klang belustigt, obwohl sie nur wenige Meter vom Treppenaufgang zu einem Tatort entfernt standen, wo gerade eine junge Frau vergewaltigt und ermordet worden war. Vielleicht tat er nur so. Anne hoffte es.

»Das meint er.«

»Okay, solange das kein Ersatz für uns Männer wird.«

»Wenn es nur um Sex geht, ist es das wohl schon irgendwie, aber das, was wir sonst können, gibt diese Art Spielzeug ihnen nicht. Was ist mit Küssen, Liebkosungen, Liebe und Zärtlichkeit?«

»Jetzt klingst du echt wie ein totaler Romantiker!«

»Ach, ich weiß ja nicht. Hast du eine Freundin, Oliver?«

»Nein, ich bevorzuge das Single-Leben …und meine Harley.«

Anne hatte die Zigarette ausgemacht, um sich nicht zu verraten. Dieser Mikkel klang sympathisch. Offenbar sprachen sie über Sexspielzeug. War das bei allen Frauen gefunden worden, die sonst die reinsten Engelchen sein sollten? Unwillkürlich warf sie einen Blick auf ihren Rucksack. Vielleicht hatten sie es auch von ihrem Freund geschenkt bekommen.

»Du Glückspilz. Frei wie ein Vogel?«

»Genau.«

Es wurde still und Anne spähte wieder um die Ecke. Sie standen noch da. Es sah aus, als ob sie auf jemanden warteten.

»Was ist deine Theorie über die Art, wie er die Hände der Frauen platziert?«

»Schwer zu sagen. Der Mann ist doch völlig krank. Das hat ja was Serienmördermäßiges. Aber ich glaube, er bereut es anschließend und will mit ihren Händen verbergen, was er getan hat.«

»Indem er die eine Hand auf die Titten und die andere auf die Muschi legt? Das reicht aber noch lange nicht«, sagte der Kriminaltechniker wieder mit einem dreckigen Grinsen.

Anne hatte Lust, die Treppe hochzustürmen und ihm eine schallende Ohrfeige zu verpassen.

»Willst du wissen, was ich glaube?«

Mikkel Jensens gemurmelte Antwort klang nicht so, als ob er das wollte.

»Ich glaube, das soll so aussehen, als ob sie mit sich selbst spielen. Ich glaube, er ist der Typ, der findet, dass die Frauen selbst darauf aus sind und nur das bekommen, was sie verdienen.«

»Vielleicht, wir müssen hoffen, dass wir ihn bald fragen können. Jetzt kommen die anderen, wir sind hier wohl erstmal fertig. Ich gebe Roland Benito Bescheid.«

»Okay. Der Bericht kommt dann«, teilte der Kriminaltechniker mit, und Anne hörte weitere Personen dazustoßen. Sie redeten durcheinander und die Techniker gingen zu ihren Autos und fingen an, die Ausrüstung einzuladen. Sie traute sich nicht, aus ihrem Versteck hervorzukommen, drückte sich weiter in den Schatten und wartete, bis sie gefahren waren.

29

»Sie sind doch wohl nicht derjenige, der all diese Morde bestellt?«

Der Bäcker, der ein ziemlicher Schrank war und im Laden immer in einem weißen T-Shirt und der klassischen grau-weiß-karierten Kochhose mit Mehl auf den Schenkeln herumlief, versuchte witzig zu sein, während er ein duftendes, frisch gebackenes Brot und ein Päckchen Butter in eine Tüte packte. Pia hatte Andreas geschickt, um es für das Frühstück abzuholen. Andreas hatte morgens im Lokalradio von dem neuen Opfer gehört und begann, sich um Mathilde zu sorgen, die am Abend zu einer Party im Jugendklub wollte. Aber die Morde wurden, soweit er das verstanden hatte, bei den Opfern zu Hause begangen und die Ermordeten waren junge Frauen, die alleine wohnten. Gott sei Dank!

Er wusste nicht, was er antworten sollte. Ihm fiel nichts entsprechend Humorvolles ein, daher warf er dem Bäcker bloß ein schwaches Lächeln zu, das konnte er deuten, wie er wollte. Der Artikel der Journalistin, der die Meinung der Leute über den Bestatterberuf ändern sollte, hatte offenbar noch nicht gewirkt, falls er überhaupt veröffentlicht worden war. Irgendetwas hatte sie an sich gehabt, aus dem er nicht gleich klug wurde, und dann hatte sie angefangen, diese merkwürdige Sache über den verschwundenen Verstorbenen vom Westfriedhof in die Geschichte einfließen zu lassen, den Zusammenhang verstand er nicht. Es war sehr offensichtlich, dass sie Pia verärgert hatte, bevor er reingekommen war und sie unterbrochen hatte.

Andreas bezahlte und wollte gerade aus der Ladentür treten, als eine junge Frau buchstäblich in ihn hineinlief. Er erkannte sie sofort, aber ihr Name fiel ihm nicht ein, also beschloss er, sie einfach zu ignorieren und an ihr vorbei aus dem Laden zu verschwinden. Doch sie hatte ihn offensichtlich ebenfalls sofort erkannt und eilte ihm hinterher. Er klemmte die Tüte mit dem Brot fest unter den Arm und ging raschen Schrittes den Bürgersteig entlang. Doch da hatte sie ihn schon eingeholt und lief mit einer Tüte, die nach Kuchen duftete, neben ihm her.

»Hi. Darf ich Sie etwas fragen?«, fragte sie leicht atemlos.

Er blieb stehen und versuchte, sie möglichst unverbindlich anzuschauen, wusste aber nicht, ob es gelang.

»Sie wissen nicht mehr, wer ich bin?« Ihre Stimme klang ein bisschen enttäuscht.

Er schaute sie genauer an und tat, als würde plötzlich der Groschen fallen. Auch jetzt konnte er nicht ausmachen, ob sie ihm seine Überraschung abnahm.

»Ah, doch! Die Journalistin!«

»Anne Larsen, ja.«

Sie ging los, er tat es ihr gleich, als ob sie zufällig beide den gleichen Weg hätten. Aber er hatte ihr Auto auf dem Bordstein vor dem Bäcker gesehen, an Autos wie diesen alten, gelben

Lada konnte er sich nämlich, im Gegensatz zu Namen, besser erinnern.

»Ja, und wir sind ja neulich nicht fertig geworden. Ihre Schwester war nicht richtig in der Stimmung zu reden. Ich wollte Sie mehrfach anrufen, Sie haben mir ja Ihre Visitenkarte gegeben.«

Andreas nickte bloß und schwieg, aber sie fasste das offenbar als eine Bestätigung auf, ihm Fragen zu stellen.

»Haben Sie ein bisschen mehr Einblick in den Beruf des Bestatters bekommen?«

Sie war nicht besonders groß, lächelte zu ihm hoch und erinnerte ihn an ein unschuldiges Kind, aber irgendetwas sagte ihm, dass er vorsichtig sein sollte. Im Sonnenlicht sah er kleine Narben in ihrem Gesicht, die von Piercings stammen konnten, ihre Haut war leicht sommersprossig und trotz des sonnenreichen Sommers blass. Auf der einen Augenbraue hatte sie eine weitere, größere Narbe, die fast weiß war und ihren Augen einen skeptischen oder vielleicht eher misstrauischen Ausdruck verlieh.

»Ein bisschen mehr, ja. Jetzt ist ja bald eine Woche vergangen.«

»Dann können Sie mir vielleicht verraten, wie Sie die Toten in Luft auflösen?«

Andreas erhöhte unbewusst die Geschwindigkeit seiner Schritte, aber die Journalistin hielt Schritt.

»Ich weiß nicht, wieso sowohl die Polizei als auch die Presse unser Geschäft in diesen merkwürdigen Vorfall reinziehen will.« Er hörte, wie atemlos er klang. Sie könnte das als Nervosität missverstehen.

»Weil Sie die Letzten waren, die mit dem Jungen zu tun hatten. Ihre Schwester und ihr Bruder jedenfalls.«

»Ich weiß nicht, was mit ihm passiert ist. Etwas deutet darauf hin, dass der Vater außer sich war und er kann wohl derjenige gewesen sein, der seinen Sohn ausgegraben und ihn irgendwo versteckt hat. Eine krankhafte Manie.«

»Er ist doch selbst gestorben, und ich vermute mal, dass Sie nicht den Auftrag von Frau Iversen bekommen haben, ihren Mann zu beerdigen.«

Andreas erinnerte sich an die Frau, die an seinem ersten Arbeitstag das Gespräch mit seiner ersten Kundin unterbrochen hatte. Hatte Pia sie nicht Frau Iversen genannt? War das die Mutter des Jungen? Und hatte nicht auch sie einen Verdacht geäußert? Pia hatte gesagt, das Ganze sei ein Missverständnis gewesen. Eine andere Art, Trauer zu zeigen. Verleugnung. Der Kriminalkommissar hatte mit Pia gesprochen, das wusste er, aber wenn danach nichts mehr passiert war, bedeutete das wohl, dass sie nicht mehr unter Verdacht standen. So hatte er das jedenfalls gedeutet. Er hörte auch wieder die verzweifelte Stimme seiner Mutter. Sie war sich sicher, dass da etwas vor sich ging, und er sollte diese ganzen Fäden entwirren. Gab es vielleicht noch etwas außer dem Tod seines Vaters, woran etwas faul war?

Sie waren nicht weit von der Pietät entfernt. Er blieb wieder stehen.

»Und wozu sollte ein Bestattungsunternehmen einen Toten verstecken? Wir leben davon, sie zu beerdigen, und ich bin mir sicher, dass ist auch das, was wir in dem betreffenden Fall getan haben.« Er wusste auf einmal nicht mehr, ob er selbst glaubte, was er da sagte.

Die Journalistin war ebenfalls stehen geblieben und kniff das schiefe Auge ein wenig zu, da sie gegen die Sonne zu ihm herauf schaute.

»Tote Körper stehen hoch im Kurs«, entgegnete sie nüchtern.

»Hoch im Kurs?« Auf einmal ging ihm auf, was sie meinte. Er hatte im Internet von Organspende gelesen, im Augenblick forderten die Medien die Menschen besonders vehement auf, sich als Spender zu registrieren. Andreas' Arzt hatte ihm sogar bestätigt, dass er gut geeignet wäre, aber er zögerte noch.

»Der Junge war sowohl hirn- als auch herztot!«

»Ja, aber selbst nach dem Tod bleiben die Organe brauchbar, bei entsprechender Konservierung der Leiche …«

»Davon kann gar nicht die Rede sein! Was deuten Sie da überhaupt über meine Familie an? Was sie da reden, ist absurd! Und pervers!« Er war wirklich wütend, merkte er, so wütend, dass er innerlich zitterte, und seine Stimme verriet es. So wütend war er auch damals gewesen, in der Schule, wenn die anderen Kinder Erling hänselten und quälten. Der Verteidigungsmechanismus für die Familie sprang noch immer an, damit hatte er nicht gerechnet. Zum Glück standen sie mittlerweile vor der Tür der Pietät. Er legte die Hand auf die Klinke und wünschte ihr kurz angebunden einen guten Tag, bevor er öffnete und die muntere Willkommens-Melodie ihren Protest übertönte. Er knallte die Tür so fest zu dass die Melodie verstummte. Und *Sie* verstummte ebenfalls. Er zuckte zusammen, als auf einmal Pia vor ihm stand.

»Warum hat das so lange gedauert?«

»Schlange beim Bäcker«, erwiderte er schnell.

»Hast du mit ihr geredet?«

»Mit wem?«

»Mit der Journalistin, mit der du hergelaufen bist!« Pia schaute durch das Fenster hinaus auf die Straße zu der kleinen, dünnen Gestalt. Zum Glück hatte sie sich bereits auf den Rückweg gemacht.

»Worüber sollte ich denn mit ihr sprechen?«

»Genau! Halt dich von ihr fern! Die Presse wollte uns immer in schlechtes Licht rücken. Letztes Mal waren es unsere Preise, jetzt ist es diese Gruselstory!« Sie schaute ihn wütend an und er beeilte sich, ihr die Tüte mit dem Brot zu reichen. Sie riss sie ihm aus der Hand.

»Auf deinem Schreibtisch liegen einige Todesanzeigen, um die du dich gerne kümmern darfst. Ich habe die relevanten Unterlagen schon bereitgelegt, es sollte also auch für dich machbar sein. Danach sollst du dafür sorgen, dass das Gemeindebüro sie stempelt«, sagte sie schroff und verschwand in der Küche.

Andreas schloss die Tür zu seinem Büro. Die Sonne brannte hier zur Mittagszeit herein. Er schloss die Jalousien, bevor er sich auf den Bürostuhl setzte und die Papiere anstarrte, die Pia vorbereitet hatte. Eigentlich war Papierkram das, was er am liebsten mochte. Das konnte er ohne die großen Gefühle überschauen. Das waren nur anonyme Namen und Zahlen. Er hatte Pia gefragt, ob er nicht ihren Job als Buchhalter haben könnte. Er hatte bei *Danish Crown* Erfahrung mit Finanzen gesammelt, und für diese Aufgabe müsste er nichts mit den Toten und deren Angehörigen zu tun haben und sie könnte sogar Geld sparen, aber Pia hatte verneint. Mittlerweile brauchte er auch keine Hilfe mehr bei dem Papierkram. Er war fast fertig, als er die Tür zuknallen und draußen vor dem Fenster einen Automotor brummen hörte. Er ging zum Fenster und spähte durch die Lamellen der Jalousien. Pia und Erling fuhren gerade weg. Er schaute auf die Uhr. Wo wollten sie hin? Hatten sie gegessen? Er selbst hatte das Frühstück vergessen und niemand hatte ihn daran erinnert.

In der Küche standen Kaffee und Brot bereit und auf einmal war er hungrig. Während er aß, dachte er wieder an die Journalistin. Was hatte sie eigentlich von ihm gewollt? Sein Blick fiel auf die Tür zu Pias Büro, das er vom Tisch aus sehen konnte. Sie war angelehnt. Die Tür war sonst immer abgeschlossen, das musste sie in der Eile vergessen haben. Langsam stand er auf, während er sich den Mund mit einer Papierserviette abwischte und weiter kaute. Er schaute aus dem Fenster in den sonnenbeschienen Hinterhof, aber das Auto war nicht zurückgekommen. Vorsichtig schob er die Tür auf. Ihr Tisch war, wie er es erwartet hatte, vollständig aufgeräumt. Es sah fast aus, als ob das Büro überhaupt nicht benutzt würde, aber er wusste, dass sie sich hier aufhielt, wenn sie die Abrechnungen machte. Ordner standen schnurgerade im Regal. Alle waren schwarz und mit einem Aufkleber auf dem Rücken mit dem hässlichen kleinen Logo der Pietät Spang ganz unten versehen, außerdem mit Monat und Jahreszahl. Es roch nach Leder, aber er konnte nicht ergründen, woher der Geruch kam. Vielleicht von dem Stuhl, der sehr viel neuer und bequemer aussah als sein eigener. Er setzte sich vorsichtig, als wäre es eine verbotene Handlung, und Pia würde sehen können, dass er dort gesessen hatte, aber hier hingen keine unheilvollen Porträts an den Wänden, die ihn beobachteten, nur moderne Kunstwerke in knalligen Farben, die wie Reproduktionen aussahen.. Er wusste nicht genau, ob sie ihm gefielen. Sanft, ohne ächzende Geräusche, gab der Stuhl unter seinem Gewicht nach. Alles in dem Büro wirkte steril. Tatsächlich hörte er auch überhaupt keinen Lärm von draußen wie in seinem eigenen Büro, wo der Autolärm von der Straße manchmal sehr störend sein konnte. Besonders jetzt bei der Hitze, wenn fast durchgehend das Fenster offen stand. Einen Augenblick lang saß er da und schaute sich in dieser neuen Umgebung um. Wippte auf dem Stuhl, aber er konnte ihn nicht zum Knarren bringen. Er drehte ihn herum, sodass er auf das Regal mit den Ordnern blickte, und griff nach dem aktuellsten von diesem Monat. Es überraschte ihn nicht zu sehen, welche Ordnung Pia in der Buchhaltung hatte. Es gab Laschen für jeden Posten, alle Rechnungen unter einer roten. Er schlug den Ordner auf und blätterte in den Unterlagen. Es gab Rechnungen für Kunden nebst einer Übersicht. Er hatte erwartet, dass sie mehr verdienten. Der Umsatz war nicht so hoch, wie er gedacht hatte. Weiter vorne unter einer gelben Lasche kamen die Ausgaben. Lieferanten, informierte das Deckblatt. Särge und Urnen. Er war gerade dabei, den Ordner wieder zu schließen, als der Ausdruck eines Budgets seine Aufmerksamkeit fesselte. Unter einer Reihe von Beträgen für laufende Kosten stand der Posten *Elektronik*. Vor einem der Beträge stand: *Kühlraum*. Versteinert starrte er auf die Zahl und das Datum. Der Betrag war diesen Monat bezahlt worden. Er las die Zahl immer wieder. Das konnte nicht der Kühlschrank in der Küche sein, dafür war der Betrag zu hoch, und außerdem stand da ja klipp und klar *Kühlraum*. Das Gespräch mit der Journalistin hallte in seinem Kopf wider. Er war so in seine Spekulationen vertieft, dass er sie nicht zurückkommen hörte. Bis Pia nach ihm rief.

30

Roland hatte für die ganze Abteilung Überstunden angeordnet. Das passte niemandem und erst recht nicht denen, die eigentlich auf der Urlaubsliste standen, aber es war einfach nicht zu ändern. Der Einzige, der so vernünftig gewesen war, gerade auf einen Pauschalurlaub außer Landes zu verschwinden, war Vizepolizeidirektor Kurt Olsen. Er hatte irgendwann Mitte Januar gebucht, als niemand ahnte, dass der Sommer in Dänemark derart tropisch werden würde. Aber ob Olsen nun in einer Besprechung irgendwo in der Stadt oder auf einem Liegestuhl in Südspanien saß, war Roland im Grunde genommen egal. Er sah das entweder als Vertrauen in seine Abteilung oder Gleichgültigkeit, weil Kurt bald in Rente ging. Er entschied sich für die erste Variante.

»Niemand geht nach Hause, bevor es nicht einen Überblick über die neuen Informationen in beiden Fällen gibt«, sagte er zu der müden, aufgelösten Versammlung um den Tisch. Schweißgeruch übertünchte die Deodorants, der Konferenzraum dampfte förmlich. Mikkel stand gegen die Wand gelehnt am offenen Fenster, aber auch da gab es keine Abkühlung. Im Gegenteil. Die Luft war schwer und schwül, und ein Gewitter kündigte sich an, ein leises Donnergrollen vibrierte bereits in der Ferne wie eine Drohung – oder vielleicht eher eine mögliche Erlösung. Lästige kleine Gewitterfliegen oder *Blasenfüße*, wie manche sie gerne nannten, krochen überall hinein, selbst in die Computerbildschirme, wo sie wie kleine schwarze Pixel hinter dem Glas festsaßen. Sie klebten auf der feuchten Haut. Roland entfernte einige vom Rand seines Glases, bis er einsah, dass es nutzlos war, da weitere bereits in der Limonadenflasche herumschwammen. Er hatte auch mal die Bezeichnung Cholerafliegen für sie gehört, weil es sie im Cholerajahr 1853 haufenweise in Kopenhagen gegeben hatte. Dieser Gedanke verleidete es ihm, mehr trinken zu wollen.

In der Privatklinik, wo die Klimaanlage für die richtige Temperatur in allen Räumen sorgte, war es kühl gewesen, aber er hatte nicht mit Irene gesprochen, als er sie am Morgen besucht hatte. Sie hatte in der Nacht einen der hässlichen Alpträume gehabt, sagte die Krankenschwester, daher habe sie etwas zum Einschlafen bekommen. Er hatte sie lange angeschaut, aber sie schlief tief und fest. Er bemerkte, dass das andere Bett verschwunden war, sodass Irene nun in einem Einzelzimmer lag. Vielleicht hatten sie die andere Patientin verlegt, damit Irene Ruhe hatte, oder sie war bei einer Untersuchung. Die Krankenschwester war weg, bevor er sie fragen konnte.

»Wir fangen morgen Früh von vorne an. Alle müssen nochmals befragt werden, sowohl im Fall Maja als auch in den Fällen Tanja und Filippa.«

»Wenn wir sie alle noch einmal erwischen können. Viele sind in Urlaub gefahren, Roland«, seufzte Isabella mutlos.

»Dann finden wir heraus, wo sie sind und erreichen sie. Wir müssen wissen, ob auch Maja und Tanja Briefe von einer unbekannten Person bekommen haben und ob das Auto, möglicherweise ein alter, hellgrauer Golf aus den Achtzigern, in den Tagen vor den Morden auf der Straße beobachtet wurde. Vor allem müssen wir jemanden mit dem Namen Jason ausfindig machen. Leider haben wir keinen Nachnamen. Vielleicht ist er *the missing link* zu allen Opfern.«

Er hatte beschlossen, das Team aufzuteilen, sodass beide Fälle parallel aufgeklärt werden konnten. Der eine pressierte nicht mehr als der andere. In dieser Hinsicht war es von Vorteil, dass sich Kurt Olsen im Süden befand, denn der hätte gefordert, mehr zu delegieren, aber Roland fühlte sich so sehr in beide Fälle involviert, dass er sich nirgends rausnehmen wollte. Und wer stünde überhaupt zur Verfügung?

»Briefe?«, sagte Isabella, als ob das ein unbekanntes Wort wäre, über das sie stolperte. »Ist es nicht ein bisschen altmodisch, Briefe zu schicken?«

Das war es wieder. Die jungen Leute hatten keinen Sinn für Nostalgie. Wann würde es wohl nostalgisch werden, SMS und E-Mails zu bekommen?

»Unser Täter ist vielleicht romantisch veranlagt«, meinte Niels.

»Ja, oder viel älter als wir glauben«, trug Mikkel bei.

»Ich denke nun auch daran, dass ein Brief ihn entlarven könnte. Fingerabdrücke, DNA und so etwas.«

»Vielleicht weiß er das nicht, Isabella, die meisten, die Straftaten begehen, machen irgendwann einen entscheidenden Fehler – zum Glück für uns. Außerdem ist es viel leichter, eine SMS und eine E-Mail aufzuspüren, ganz zu schweigen von einem Handy-Anruf, der uns obendrein verraten kann, wo der Täter sich aufhält.«

Roland nickte. Das war ein Punkt. Er räusperte sich, damit Ruhe einkehrte.

»Isabella, Kim und Hafid, ihr kümmert euch um die Mordfälle. Niels und Mikkel, ihr macht mit der Lund-Sache weiter. Die Pietät Spang ist unter weiteren Verdacht geraten, nachdem nachgewiesen wurde, dass sie den Boden des Sargs mit einer schweren Eichenholzplatte versehen hat, die sehr wahrscheinlich das Fehlen der Leiche vertuschen sollte. Wir müssen wissen wann und warum. Nicht zuletzt wäre es wichtig, die Leiche endlich zu finden, damit die Familie dem Jungen ein richtiges Begräbnis geben kann.«

Was musste diese arme Mutter und Witwe durchmachen, nicht zu wissen, wo ihr toter Sohn abgeblieben war. Da hatte sie geglaubt, er würde in Frieden in seinem Grab ruhen, hatte dort gebetet und Blumen hingelegt. Jetzt hatte sie ihren Mann in demselben Grab verloren. Hätte er sich nicht auf irgendeine merkwürdige Weise dazu berufen gefühlt, den Sarg auszugraben, wäre nie entdeckt worden, dass er leer war. Mit Grauen dachte Roland daran, wie viele leere Särge sich auf den Friedhöfen wohl befinden mochten, ohne dass die Angehörigen es wussten. Wie groß war diese Sache?

»Außerdem hat die Kriminaltechnik Hautpartikel in dem Sarg gefunden, die von psoriasis befallen waren. Der Junge litt nicht an dieser Hautkrankheit. Natürlich können sie von dem Bestatter, seinem Bruder oder seiner Schwester stammen. Mikkel, finde heraus, ob einer von ihnen an der Krankheit leidet.«

Mikkel nickte von seinem Standort am Fenster. »Aber das ist wohl kein Beweis, der vor Gericht standhält.«

»Nein, natürlich nicht, aber es ist im Moment alles, was wir haben. Außer den Haaren, die wahrscheinlich von einem Dackel stammen.«

»Waren das Hundehaare, die gefunden wurden?« Isabella schaute von dem Wasser in ihrem Glas auf, das sie betrachtet hatte, als ob sie darüber nachdächte, hinein zu hüpfen.

»Das hat die Analyse ergeben.«

»Läuft in dem Bestattungsunternehmen ein Hund herum?« Hafids Gesichtsausdruck verriet, dass er als Moslem Hunde für unreine Tiere hielt, von denen man sich lieber fernhielt.

»Das sollten wir auch untersuchen«, nickte Roland.

»Aber wieder können diese Hundehaare rein zufällig im Sarg gelandet sein. Ein Kunde kann einen Hund haben, vielleicht hatte ein Mitarbeiter des Bestattungsinstituts Haare an der Kleidung oder wie auch immer. Ich kann schon die Argumente des Verteidigers hören«, sagte Kim und warf einen schnellen Blick zum Himmel durch das Fenster, als wieder ein schwaches Grummeln in der Ferne zu hören war.

»Ja, du hast Recht, Kim. Das ist immer noch kein endgültiger Beweis dafür, dass der Bestatter etwas Kriminelles getan hat, aber im Moment haben wir sonst einfach nichts.«

Gerade als der Donner abebbte, ertönte ein schriller Ton von Isabellas Handy. Sie schaute aufs Display und entschuldigte sich, bevor sie den Raum verließ. Alle saßen schweigend da und warteten, ohne zu wissen, was vor sich ging. In der Ferne polterte es erneut.

Mikkel schaute hinaus. »Ich glaube, unsere Rettung naht«, sagte er mit einem höhnischen Grinsen. Ob sich auch die Urlaubsbevölkerung über einen Wetterwechsel freuen würde? Man konnte wohl nicht jeden Tag am Strand liegen.

»Hoffentlich regnet es nicht gerade jetzt!« Isabella kam zurück, sie hatte das Handy immer noch in der Hand, steckte es aber nun in die Tasche und lächelte Roland zu, als ob sie ein Geheimnis teilten. »Er wurde nämlich gefunden. Die Jungs haben ihn echt gefunden!«

Nur Mikkel schien zu wissen, worum es ging.

»Wen?«, fragte Kim und schaute sie verwirrt an.

»Unseren Baum«, sagte Isabella fröhlich.

Kim, Niels und Hafid konnten immer noch nicht folgen.

»Den Baum, hinter dem sich unser mutmaßlicher Täter versteckt und Tanja beobachtet hat«, erklärte Roland. »Aber dann eilt es, bevor mögliche Spuren vom Regen verwischt werden. Schnapp dir ein paar Techniker, Isabella, und sputet euch.«

Mikkel schaute auf die Uhr und wollte protestieren, aber Roland kam ihm zuvor.

»Du gehst mit, Mikkel. Das sind ja trotz allem ›eure‹ Jungs. Gibt es noch Fragen?«

Roland erwartete keine und alle standen fast gleichzeitig auf. Alle wollten jetzt nur noch nach Hause, kalt duschen und etwas Leichtes und Luftiges anziehen – oder gar nichts. Isabella und Mikkel mussten mit diesem Vergnügen warten. Roland auch. Vorher wollte er noch schnell in die Klinik zu Irene fahren. Sie konnte ja wohl nicht immer noch schlafen.

31

Jetzt setzte sie sich wieder in ihr Auto und fuhr los. Es verging ein bisschen Zeit, bevor er den Motor startete und langsam folgte. Der Verkehr war nicht besonders dicht, die drückende Hitze machte die Leute träge. Sie schleppten sich schwerfällig über den Ströget. Nun, am frühen Abend hatten sie genug Zeit. Die meisten hatten sicher Urlaub. Er selbst hatte seinen geopfert, doch die Enttäuschung war gespielt gewesen. Er hasste Urlaub, das war schon immer so gewesen. Was sollte man damit? Herumsitzen und in die Luft glotzen? Sie blinkte und bog ab. Sie war auf dem Heimweg. Er wusste, wo sie wohnte, hatte sie beobachtet. Sobald das Auto durch das Tor verschwunden war, fuhr er an die Seite, parkte in einem Zug seitwärts ein und wartete. Jetzt kam sie aus dem Tor, suchte vor der Haustür in ihrem Rucksack nach dem Schlüssel und schloss auf. Sein Blick glitt weiter das Gebäude hinauf bis in den vierten Stock. Nach einer Weile wurde das Fenster dort oben weit geöffnet. Er lächelte zufrieden, weil er ihre Gewohnheiten schon so gut kannte. Einen Augenblick lang sah es aus, als ob sie direkt zu ihm herunter schaute, während sie sich eine Zigarette anzündete. Kurz darauf drehte sie sich vom Fenster weg. Jetzt ging sie sicher in die Küche und holte ein kaltes Bier aus dem Kühlschrank. Davon standen da viele, ansonsten gab es nur eine Packung Vollkornbrot, Käse, Eier und ein bisschen Aufschnitt. Sie war nicht der Typ, der jeden Abend kochte, schätze er. Was würde sie danach machen? In das kleine Badezimmer gehen, durch die weißgestrichene, alte Tür, die es mit dem Schlafzimmer verband, wo dieses Doppelbett mit perfekt geeignetem Kopfteil und einer gut federnden Medium Matratze stand? Die Unterwäsche in der Kommodenschublade war nicht besonders erregend gewesen, bloß praktisch, aus weißer Baumwolle. Keine schwarze Seide, Spitze oder G-Strings. Aber es gab eine abgeschlossene Schublade. Da bewahrte sie wohl all die Herrlichkeiten auf, aber er hatte keinen Schlüssel finden können und wollte die Schublade nicht aufbrechen und so ihr Misstrauen wecken. Vielleicht nahm sie die Bierflasche mit ins Bad und stellte sie auf das Regal unter dem Spiegel neben dem *K.A.O.S. by Gosh* Parfüm, oder war es ein Eau de Toilette? Es hatte eine blumige Kopfnote, so hieß es doch in der Fachsprache? Er schloss die Augen und roch an seinem Handgelenk, aber der Duft war schon wieder verflogen. Auf ihrer Haut sicher nicht. Jetzt fing sie an, sich auszuziehen, stellte er sich vor, setzte die nackten Füße auf den weichen, orangefarbenen Flor der Badematte. Er öffnete die Augen wieder und schaute zu ihrem Fenster hoch, dachte, dass sie in die Duschkabine getreten war, das Wasser angemacht hatte und nackt unter der Dusche stand mit ihren kleinen Brüsten und den Brustwarzen, die in dem kalten Wasser ganz hart wurden. Hatte sie ihn mit unter die Dusche genommen? Benutzte sie ihn jetzt? Die meisten Frauen masturbierten im Bad. Die Erektion kam sofort. Er schaltete das Radio an und lauschte einer Nummer von Black Sabbath, die ihn zusätzlich anmachte. Schließlich musste er den

Reißverschluss öffnen und es sich selbst machen. Er kam mit einem gedämpften Keuchen, fast war es wie ein tiefes Ausatmen voller Schmerz. Danach war ihm übel. Der orangefarbene Duftbaum, der an der Windschutzscheibe hing und einen süßlichen Pfirsichduft verströmte, machte es nicht besser. Es war das Auto seiner Mutter und der Gestank erinnerte an viele der unerträglich langen Autofahrten in seiner Kindheit, als Giro 413 aus dem Autoradio schallte, Musik, so widerlich wie dieser Lufterfrischer, obwohl der regelmäßig durch andere Varianten ausgetauscht wurde, was bei der Musik damals nicht der Fall gewesen war. Ein eng umschlungenes Paar ging lachend auf der Straße vorbei, aber sie waren zu sehr miteinander beschäftigt, um ihn in dem Auto zu bemerken. Er wischte sich die rechte Hand an dem Lappen ab, den er verwendete, wenn er den Ölstand überprüfte. Ob sie wohl wieder ans Fenster kam? Vielleicht hatte sie nur ein Handtuch umgewickelt. Vielleicht trug sie gar nichts. Er wartete. Aber sie kam nicht. Das Gewitter, das am Himmel dunkle Wolken zusammengeschoben hatte, fing an sich zu regen. Perfekt! Das würde ganz perfekt sein. Er drehte sich um und griff nach der Tasche auf dem Rücksitz, dann hielt er in der Bewegung jäh inne. Nein. Es war zu früh. Er kannte sie noch nicht gut genug. Er lehnte sich zurück und schaute wieder zu dem Gebäude herüber. Ungeduld war gefährlich. Das würde ihn unvorsichtig und nachlässig machen und so etwas wurde bestraft. Er wusste genau darüber Bescheid, welche Mittel der Polizei heutzutage zur Verfügung standen. Eine ältere Dame mit einem Rollator und einem Einkaufsnetz schob sich aus der Haustür, sicher auf dem Weg zum Supermarkt in der Nähe. Sie warf einen kritischen Blick zum Himmel, der die Schleusen noch nicht geöffnet hatte, als ob sie abschätzen wollte, ob sie es vorher noch schaffte. Sie ging vornübergebeugt und mit kleinen Trippelschritten. Er schauderte und ließ, mit einem letzten Blick zum Fenster, das geöffnet war, den Motor an. Vielleicht würde sie das Fenster die ganze Nacht offen lassen. Er würde zu ihr zurückkommen. Jetzt dauerte es nicht mehr lange.

Er fuhr zurück und schloss auf, wärmte ein paar Reste vom Vortag auf und setzte sich vor den Fernseher. Dachte die ganze Zeit an sie, während er aß. Es war jetzt ein neues Gesicht, ein neuer Körper, keiner, der einem der anderen ähnelte. Die hier war anders. Nicht so jung. Erfahrener. Klein. Dünn. Dunkelhaarig. Mit kurzen Haaren. Die Herausforderung reizte ihn. Es würde ganz anders werden. Er machte Fortschritte. Wurde besser. Die Vorstellung ihrer Reaktion – Überraschung, Schreck, Widerstand, Ohnmacht und zuletzt Ergeben – würde ihn in der Nacht in seinen Träumen und tagsüber bei der Arbeit verfolgen, bis er sie bekommen hatte. Sie besiegt hatte. Dann gehörte sie ihm und konnte nie wieder jemand anderem gehören. Er hörte nur halb zu, als der Nachrichtensprecher berichtete, dass es eine Pressekonferenz im Polizeipräsidium gegeben hatte. Bilder liefen über den Bildschirm, die er ebenfalls nicht wahrnahm. Es war *deren* Schuld. Das Ganze war ihre eigene Schuld. Er war kein Mörder. Das war er nie gewesen. Sie hatten ihn dazu gemacht! Und wenn sie glaubten, dass er das wäre, dann sollten sie bloß abwarten und sehen, wozu er fähig war. Die Mädchen wollten ja vergewaltigt werden, das war doch offensichtlich. Bei weitem nicht alle zeigten die sogenannten Übergriffe an und das war der Beweis. Sie genossen es. Warteten darauf und baten selbst darum. Einige Männer waren bloß zu dumm, das zu sehen. Sie konnten die Signale der Mädchen nicht so deuten wie er. Hatten natürlich auch nicht die gleichen Voraussetzungen. Er ging nach draußen, ging in die Hocke und wusch sich die Hände im Salzwasser. Es war in Bewegung geraten. Der Wind ging in der Regel dem Gewitter voraus. Er zerrte in den Flaggen der Boote in der Nähe. Die meisten waren ausländische. Tauwerk versuchte sich knarrend von den Vertäuungen loszureißen. Jetzt sah er das erste Aufblitzen am dunklen Himmel. Er rieb sich die Hände und Arme im Wasser ab, so weit wie er kam, fast bis zur Schulter, schrubbte immer heftiger, als wären sie von Schmutz bedeckt. Von Blut. Er schaute auf die Armbanduhr. Er war zu spät! Das machte sicher nichts. Vielleicht merkten sie es nicht einmal, aber das würden sie morgen tun, wenn die Arbeit nicht erledigt worden war, dann würde der Teufel los sein. Nicht, dass ihm das etwas ausmachte. Sie hatten ihn auch falsch eingeschätzt. Selbst *sie*. Aber jetzt wendete sich das Blatt gegen sie alle, nur er bekam alle Vorteile. Schicksal? Ausgleichende Gerechtigkeit? Vielleicht. Er lächelte und wischte sich mit dem nassen Arm über den Mund. Das Wasser schmeckte salzig. Panisch spuckte er ein paar Mal aus. Sein Speichel trieb eine Weile auf der Oberfläche und vermischte sich dann mit der Gischt. Alles Mögliche schwamm hier im Meer herum, und nicht alles davon wollte er in seinem Mund haben. Der erste Blitz erhellte den Himmel und kurz darauf folgte das Krachen, das widerhallte und mit einem hässlichen Knistern erstarb. Es war direkt über ihm. Er schloss auf und setzte sich ins Auto, gerade als es losging. Das Wasser strömte vom Himmel herab und brachte den heißen Asphalt zum Dampfen.

32

»Kenneth Rissvang ist auf Geschäftsreise im Ausland, er kommt morgen zurück«, erklärte der Assistenzarzt Alexander Stubbe, der bei Irene im Zimmer war, als Roland, vom Gewitterschauer durchnässt, hereinkam. Er war eigentlich nur das kurze Stück vom Auto zum Haupteingang des Krankenhauses gelaufen, aber das reichte, um seine Kleidung fast vollständig zu durchnässen. Alexander Stubbe war auch eine sympathische Person, der diese unangestrengte Autorität ausstrahlte. Eine Brille mit dünnem Stahlgestell rahmte ein paar freundliche dunkelblaue Augen in einem sonnengebräunten, wohlproportionierten Gesicht ein. Rolands erster Gedanke war, dass er ihn an jemanden erinnerte. Einen Politiker? Er kam nicht gleich darauf, wer es war. Stubbe informierte Roland über Irenes Alpträume, die intensiver geworden waren, und dass es eine natürliche psychologische Erklärung dafür geben könnte, da sie gerade eine anstrengende

Transplantation hinter sich hatte. War er nicht auch Minister? Roland grübelte weiter, es begann, ihn zu irritieren. Alexander Stubbe hatte für Irene einen Termin bei dem kompetenten Klinikpsychologen reserviert. Dann würden sie wohl auch dieses Problem in den Griff kriegen, versprach er, ohne eine Miene zu verziehen oder auch nur einen Anflug von Zweifel aufkommen zu lassen. Morten Bødskov. *Dem* sah er ähnlich. Ein Politiker, an den Roland sich sofort hätte erinnern müssen. Ein Armutszeugnis für einen zukünftigen Vizepolizeidirektor. Er musste müder sein als ihm selbst klar war.

»Selbstverständlich behalten wir im Auge, ob der Körper auch physisch auf den Eingriff reagiert«, sagte Alexander und lächelte Irene dabei zu. »Aber bis auf weiteres sieht alles gut aus.«

Er kritzelte mit einem blauen Kugelschreiber schnell etwas auf eine Tafel, die neben Irenes Bett hing. Die Tafel sah wie das Whiteboard aus, das sie für Notizen bei den Ermittlungen benutzten. Dieses hier war jedoch ein gutes Stück kleiner und ohne Magnete zum Aufhängen von Fotos. Es schienen Medikamente zu sein, die er notierte. Der Mythos, dass die Handschrift eines Arztes für andere als ihnen selbst unleserlich war, wurde wieder einmal bestätigt. Er sprach in gedämpftem Tonfall mit der neuen Patientin, die in dem Bett neben Irene lag. Irene flüsterte Roland zu, dass die Dame zu der vornehmeren Gesellschaft in Aarhus gehöre und ein neues Herz bekommen habe. Ihr Mann hatte irgendetwas mit dem Royal Casino zu tun. Hier war das nichts, worauf man sofort achtete. In der obligatorischen Patientenkleidung, die bei der Hitze aus einer weißen, ärmellosen Baumwollbluse bestand, das lilafarbene Logo der Privatklinik Mollerup links auf die Brust gestickt, und ohne Schmuck und Make-up gab es keine großen Unterschiede mehr. Wenn uns die Statussymbole weggenommen werden, sind wir alle gleich, dachte Roland mit einem kleinen Lächeln.

»Warum grinst du?«, frage Irene, die nun selbst lächelte.

»Ich grinse nicht, ich lächle.«

»Wieso?«

»Wegen … ach, nichts.« Er nahm ihre Hand. »Ich habe Angolo auf Campingurlaub geschickt.«

»Ach, gut, dass sie gefahren sind. Rikke wollte alles absagen, weil ich hier liege. Das wäre doch schade, wo sie sich doch schon so lange auf diesen Urlaub gefreut haben. Wie schön, dass sie ihn mitgenommen haben, dann ist er nicht alleine.«

Roland nickte und küsste ihre Hand. »Ich freue mich, dass es dir so gut geht, aber es tut mir leid, dass du diese bösen Träume hast. Was hast du letzte Nacht geträumt? Ich war morgens da, aber sie hatten dir ein Schlafmittel verabreicht.«

»Ja, ich erinnere mich nicht mehr so genau …«

»So ist das doch mit Träumen.«

Sie nickte. Das Kopfteil des Bettes war hochgefahren, sodass sie aufrecht wie in einem bequemen Sessel mit hoher Lehne saß.

»Aber es war unheimlich, weil das Ganze sich so echt angefühlt hat. Ich habe gedacht, das passiert wirklich. Du kennst doch diese Träume, die total realistisch sind, oder?«

»Ja, die kenne ich gut.«

Roland lächelte wieder, aber dieses Mal bitter. Er kannte sie nur allzu gut.

»Und als die junge Frau im Bett heute Morgen weg war, bin ich völlig in Panik geraten, deswegen habe ich etwas zur Beruhigung bekommen.«

»Weswegen?«

»Weil ich in Panik geraten bin!«

»Ja, aber wieso, Irene? Hatte das etwas mit dem Traum zu tun?«

Ein Blitz leuchtete draußen vor dem Fenster auf, ein Krachen folgte fast unmittelbar und rollte den Himmel entlang wie Felsbrocken über Holzdielen. Irene zuckte zusammen. Sie fühlte sich bei Gewitter immer unwohl.

»Ja, sicher. Das hat die Krankenschwester jedenfalls gesagt. Natürlich war es in Wirklichkeit nur ein Traum. Nein, ein Alptraum, ich konnte ja nichts tun.«

»Das kann man in der Regel im Traum auch nicht.«

»Nein, da hast du Recht, aber als ich gesehen habe, wie es passiert ist, wusste ich ja nicht, dass es nur ein Traum war.«

»Aber wo ist deine Mitpatientin eigentlich?«

»Sie wurde einfach in ein anderes Zimmer verlegt, aber ich war mir sicher, dass sie tot ist. Der Apparat hat geheult und die Schwestern und ein Arzt waren da und es hat sich irgendetwas abgespielt. Dann haben sie sie rausgebracht, aber das haben sie ja doch nicht, es war ja nicht echt …«

»Hast du denn von ihr geträumt?«

»Ja, ich dachte … Nein, lass uns über etwas anderes reden, ja?«

»Ja, das machen wir. Wie geht es dir ansonsten? Hast du schon Gefühl in den Beinen?«

»Noch nicht, aber es ist ein bisschen besser geworden. Es gab einem kleinen Fortschritt während der Krankengymnastik heute. Ich konnte länger aushalten als sonst. Das bedeutet, dass das Training intensiviert werden kann. Kenneth und Alexander glauben beide, dass es mir gelingen wird, wieder auf meinen Beinen zu stehen.«

»Und was ist mit dir, Irene? Glaubst du das auch?«

Sie schaute ihn lange an. Es war nicht nötig, dass sie etwas sagte, Roland konnte die Antwort in ihren Augen lesen. Doch dann nickte sie und lächelte.

Er legte sich über die Decke und drückte ihre Hand. Sie streichelte ihm mit der anderen über den Rücken.

»Du frierst doch hoffentlich nicht in dem nassen Hemd?«

»Frieren! Hier ist es ja wie in der Sauna.«

»Wir haben doch eine Klimaanlage hier drinnen.«

»Ich friere nicht, das verspreche ich dir.«

Der Assistenzarzt verließ das Zimmer. Er hatte den Flachbildfernseher an der Wand angeschaltet. Die Frau in dem anderen Bett stellte den Ton lauter.

»Das stört doch wohl nicht?«, erkundigte sie sich.

»Nein, Ester, sieh ruhig fern, wenn der Donner es zulässt«, antwortete Irene.

Roland sah den fragenden Blick aus dem anderen Bett, dessen Kopfteil ebenfalls hochgefahren war. Er stellte sich vor, dass sie sicher eine elegante Erscheinung war, wenn sie zusammen mit ihrem Mann im Kasino aufkreuzte, sicher der Typ, der mit echtem Pelz, Designerfummeln, Schmuck und hohen Absätzen herumlief. Jetzt war die Haut unter der Sonnenbräune fahl, aber die elegante Art und Weise, wie sie sich die blonden, sicher gefärbten Haare aus der Stirn strich, schien fast bewusst kokett, als ob sie es gewohnt war, Männer zu bezirzen, obwohl sie mittleren Alters war, schätzte er. Zumindest schien sie selbst von ihrer Ausstrahlung sehr überzeugt. Die Hand fiel kraftlos zurück auf die Decke, als ihr klar wurde, dass sie gerade wohl nicht im Besitz der Mittel war, die normalerweise wirkten.

Roland lächelte freundlich, um ihr eine Freude zu machen.

»Sind Sie der Polizist?«, wollte sie wissen, und ihre Augen leuchteten augenblicklich wieder verführerisch.

Roland war kurz davor, das abzustreiten, nachdem er hier in einer Klinik saß, die die ethischen Regeln des Landes nicht einhielt. Er bekam einen bitteren Geschmack im Mund. Irene bemerkte sein Zögern und antwortete an seiner Stelle.

»Rolando ist Kriminalkommissar. Vielleicht bald Vizepolizeidirektor.«

Er schaute sie warnend an. Warum mussten Frauen sich immer gegenseitig übertrumpfen? Aber Ester schien sich nicht über seine Anwesenheit zu wundern. Sie war ja selbst schuldig, indem sie hier lag. Was tat man nicht alles, um zu überleben? Rückte das seinen Beruf nicht in ein anderes Licht? Heiligte der Zweck die Mittel? Nun, legal machte er sie jedenfalls nicht.

»Sie haben ein neues Herz bekommen, habe ich gehört?«, sagte er, fast als wolle er sie daran erinnern, dass sie im selben Boot saßen. Oder vielleicht auch nicht. War eine Herztransplantation etwas anderes? Jedenfalls ging es bei ihr nicht um eine verbotene Stammzellentransplantation. Aber wie lange hatte sie auf der Warteliste gestanden, und hatte sie dafür bezahlt, um die Sache zu beschleunigen?

»Ja, aber das ist schon eine Weile her. Ich darf bald nach Hause. Rissvang ist ein hervorragender, fähiger Chirurg. Mein Mann kennt ihn aus dem Rotary Club.«

Roland räusperte sich, lächelte dann aber wieder und wandte seine Aufmerksamkeit Irene zu.

»Mein Mann ist momentan nicht besonders gut auf die Polizei zu sprechen«, fuhr Ester hinter seinem Rücken fort. Er hatte gar keine Lust, nach der Ursache zu fragen, bekam sie aber trotzdem zu hören.

»Im Frühjahr wurde in unser Bootshaus eingebrochen, aber als er im Polizeipräsidium angerufen hat, bekam er die Antwort, man hätte dort für so etwas keine Ressourcen. So ein Quatsch! Am Tag darauf war er angehalten worden und hatte einen Strafzettel bekommen, weil das Rücklicht seines Autos kaputt war. Dafür gibt es offenbar Ressourcen!«

Irene schaute ihn gutmütig an, hob bedauernd die Augenbrauen und verdrehte die Augen. Er weigerte sich, zu einer längeren Erklärung über die Strukturen bei der Polizei auszuholen, und verzichtete auch darauf ihr das ganz Offensichtliche zu erklären, nämlich dass es natürlich nicht dieselbe Abteilung war, die sich um Diebstahl und Verkehrsverstöße kümmerte, aber Ester erwartete offenbar auch keine Antwort, denn sie stellte den Ton des Fernsehers noch lauter, als ein neuer Donnerschlag rumpelte. Die Spätnachrichten hatten angefangen. Roland hörte mit halbem Ohr zu. Es ging um den Vergewaltiger. TV2 hatte einen Psychologie-Experten ins Studio geschleppt, damit er seine Einschätzung abgeben konnte, was einen Menschen zu einer derartigen Brutalität befähigte und warum die Polizei nicht imstande war, ihn zu überführen.

»Du siehst müde aus, mein Schatz«, flüsterte Irene und streichelte ihm zärtlich über die Wange.

»Ja, ich sollte auch lieber mal zusehen, dass ich nach Hause komme. Es war ein stressiger Tag und der morgen wird noch härter, wir müssen früh anfangen. Hoffentlich passiert nicht noch etwas Neues.« Er stand auf und gab ihr einen Kuss auf die Stirn. »Bis morgen. Schlaf gut und ohne böse Träume, ja?«

Er schlich hinaus, bevor Ester damit fertig war, dem Experten zuzuhören und neue Schlussfolgerungen ziehen konnte. Zum Glück war die Tür neben Irenes Bett.

Der Regen sah wie ein undurchdringliches Gitter zwischen dem Haupteingang und seinem Auto aus. Der Donner schien auf dem Rückzug zu sein, aber der Regen konnte andauern. Hoffentlich hatten sie es geschafft, Spuren im Gedächtnispark zu sichern, bevor er eingesetzt hatte. Er holte das Handy heraus und suchte nach Isabellas und Mikkels Nummer im Telefonbuch, dann glitt sein Blick weiter auf die Armbanduhr. Er stopfte das Telefon zurück in die Tasche. Er wartete noch einen Augenblick, sah aber dann ein, dass der Regen vorläufig nicht aufhören würde. Er klappte den Hemdkragen hoch und lief zum Auto.

33

»Du klangst so ernst, als du angerufen hast«, sagte Jytte Spang und stellte Gläser und eine Kanne mit kaltem Apfelsaft auf den Tisch. Es lag eine sommerliche, hellgelbe Tischdecke darüber, festgehalten mit Klammern aus rostfreiem Stahl.

Das Gewitter in der letzten Nacht hatte die Temperaturen ein wenig gesenkt, und eine angenehme Brise wehte sanft vom Kattegat.

»Du machst doch heute wohl nicht blau?«, fuhr sie mit einem Zwinkern fort, als er nicht antwortete. Zwei Worte, die Erinnerungen weckten, gerade weil sie aus ihrem Mund kamen. Wie damals. Warum hatte ihn sein Unterbewusstsein seine Mutter auf diese Weise abstoßen lassen? Was hatte sie ihm getan?

»Ich habe gesagt, dass ich heute Vormittag mit Mathilde zum Arzt wollte«, sagte er matt.

»Pia macht sich jetzt doch wohl keine Sorgen, oder?«

Andreas lachte bitter. »Das bezweifle ich. Sie hat nicht einmal nach Mathilde gefragt ... nach Gitta übrigens auch nicht.«

Jytte zog den einen Mundwinkel ein wenig herunter, sagte aber nichts. Sie sah ihn an. Forderte ihn mit den Augen auf, das zu sagen, weswegen er gekommen war, aber er wusste einfach nicht wie. Dann entschloss er sich, einfach geradeheraus zu fragen:

»Mama. Der Kühlraum im Hinterzimmer, weißt du etwas davon?«

Er fand, ihr Gesichtsausdruck änderte sich, aber dann lachte sie auf einmal schallend.

»Hast du immer noch Angst vor diesem Raum? Ich erinnere mich, wie du immer ... du hast gedacht ...« Sieh hörte auf zu lachen und hustete, gewann die Kontrolle über ihre Stimme wieder. »Es ist lange her, dass er in Benutzung war. Früher gab es in den Krankenhäusern und Kapellen keine Einrichtungen wie heute. Dein Großvater ... wieso fragst du eigentlich danach?«

»Einiges deutet darauf hin, dass er wieder benutzt wird.«

»Was sagst du da?«

Die Tischdecke flatterte unter einer plötzlichen Windböe auf und erschreckte ihn, doch seine Mutter sah ihm weiter fest und unbeirrt in die Augen.

»Ich habe es gestern entdeckt. Pia hat eine Rechnung für Stromverbrauch im Kühlraum bezahlt.«

»Das kann nicht sein, Andreas. Dieser Kühlraum ist so alt, ich bin mir nicht einmal sicher, ob er noch funktioniert.«

Andreas schaute über das Meer. Das Sommerhaus lag fast am Strand. Der Sand sah nicht einmal nass aus, als ob die Hitze darin das Wasser zum Verdunsten gebracht hätte. Der Niederschlag in der letzten Nacht war heftig gewesen. Das Vogelbecken im Garten war übergelaufen, das Regenwasser floss wie ein kleiner Wasserfall über den Rand, spülte einen Teil der Granitbeschichtung hinweg und ertränkte die kleine Vogelskulptur in der Mitte des Beckens.

»Sie haben für Erling das Büro im Vorzimmer des Kühlraums eingerichtet.«

»Da kannst du es sehen. Dann ist er wohl derjenige, der den Strom verbraucht.«

Andreas schüttelte den Kopf. Vielleicht war er in Panik geraten. Hatte sich von den verrückten Fantasien dieser Journalistin einfach zu sehr mitreißen lassen.

»Andreas. Was genau glaubst du eigentlich, wofür dieser Kühlraum benutzt wird?«

Er zuckte die Schultern. Fand das Ganze plötzlich selber absurd. Er bereute es, hergekommen zu sein.

Mit Mühe und Not war er gestern aus Pias Büro entkommen. Wäre er nicht durch den Hinterausgang durch den Raum mit den Särgen geschlüpft, hätte er es nicht geschafft, rechtzeitig in sein Büro zu verschwinden und beschäftigt auszusehen, als Pia zurückkam. Zum Glück war Erling nicht da gewesen, sonst wäre er direkt in ihn hineingelaufen.

»Hast du schon etwas über Johan herausgefunden?«

»Nicht viel. Nur, dass Papa eingeäschert wurde, aber das wusstest du ja bereits.«

Seine Mutter nickte. Es schmerzte sie, dass Johan Spangs letzter Wunsch nicht erfüllt worden war, das sah man in ihren Augen.

»Ich weiß, dass er hart mit euch war. Es war schwer für mich, euch zu beschützen, wenn ...«

Sie legte eine weiche, warme Handfläche an seine Wange, und ihre Augen flackerten, fast schien es, als würde sie in seinen nach einem Zeichen für irgendetwas suchten.

»Du erinnerst dich gar nicht daran, oder, Andreas?«

Er nahm ihre Hand und legte sie auf den Tisch, hielt sie weiter fest. Krampfhaft.

»Woran soll ich mich erinnern, Mama?«

»Nichts, mein Schatz ... es ist nur gut, wenn du es vergessen hast.«

»Was vergessen? Ich erinnere mich dunkel an Erling, wie er damals gewesen ist. Er war nicht immer so wie jetzt, stimmt's?«

Die Tränen brannten hinter den Lidern, als er versuchte, sie zurückzuhalten. Er wusste nicht, warum er den Drang verspürte, zu weinen. Als ob etwas in ihm versuchte, anzuklopfen und hineingelassen zu werden. Oder hinaus.

»Das mit Erling war ein Unfall ...« Jytte schaute ihn wieder mit diesem suchenden Blick an. »Du erinnerst dich wirklich an nichts«, sagte sie wie zu sich selbst.

Er wurde wütend, weil er Angst hatte. Es war ja immer genau dieses Gefühl gewesen, dass etwas aus seinem Gedächtnis verschwunden war, bei einem Fehler unwiederbringlich gelöscht wie von einer Festplatte. Vielleicht hatte er eine ernste Krankheit. Alzheimer konnte auch jüngere Menschen treffen.

»Dann erzähl mir doch, woran ich mich erinnern soll!«, rief er und ließ ihre Hand los. »Erinnern sich meine Geschwister daran?«

Jytte hatte nun auch Tränen in den Augen. Vielleicht war es bloß der Wind, das konnte er nicht genau sagen.

»Ich befürchte es. Erling vielleicht nicht, aber ...«

»Mama, jetzt sag' schon, was es ist. Hat es etwas mit Papa zu tun?«

Sie nahm seine beiden Hände und hielt sie ruhig in ihren. So fest, dass er sie kaum bewegen konnte. Er spürte ihre verblüffende Stärke.

»Du bist gesegnet damit, dich nicht an alles zu erinnern, Andreas. Viele Menschen schaffen es nicht, Dinge loszulassen, die sie nicht ändern können. Du bist in deinem Leben weitergekommen, freu' dich stattdessen darüber; das ist mehr, als man über deine Geschwister sagen kann.«

Sie ließ ihn los, stand schnell auf und schirmte mit der Hand die Augen ab. »Da kommt Len. Jetzt kannst du ihn begrüßen.«

Andreas entdeckte den Mann, der durch den Sand zum Sommerhaus gestapft kam. Er wirkte trotz seines Alters trainiert, sonnengebräunt und war nur mit einer engen Badehose bekleidet, die keinen Zweifel daran ließ, dass er recht gut ausgestattet war. Ein gelbes Handtuch lag um seinen Nacken. Offenbar mochten sie gelb. Seine Haut glänzte vom Wasser und die Haare waren fast weiß. Er nahm die fünf Steinstufen rauf zu ihnen auf die Terrasse mit kleinen, athletischen Sprüngen. Er brachte den Duft und die Kühle vom Meer mit sich. Aus der Nähe konnte Andreas sein wahres Alter besser einschätzen. Die Haut verriet es. Er verglich ihn mit seinem Vater. Damit, woran er sich erinnern konnte, und der Unterschied war frappierend. Len war wohl mindestens zehn Jahre jünger als seine Mutter. Er trocknete sich die Hand ab und reichte sie ihm. Andreas schüttelte sie, ohne aufzustehen. Sie war vom Salzwasser klebrig, aber den Händedruck spürte er noch lange, nachdem Len losgelassen hatte.

»Schön, dich zu treffen. Jytte hat so viel über dich gesprochen, und über Mathilde ...« Er schwieg, als Jytte ihm einen vielsagenden Blick zuwarf. Sie bekam einen Kuss auf die Wange. »Wenn das in Ordnung ist, husche ich ins Bad. Das Meer war heute ein bisschen kühler, aber nicht viel.«

Er verschwand im Sommerhaus und kurz darauf konnte man irgendwo von drinnen eine Dusche rauschen hören.

»Er geht jeden Morgen im Meer schwimmen, ich warte immer, bis die Nachmittagshitze kommt«, sagte Jytte und lachte. »Ich mache ihm gerade mal einen Kaffee. Willst du auch einen?«

»Ich weiß nicht, Mama, ich sollte lieber zusehen, dass ich zur Arbeit komme, damit Pia nicht misstrauisch wird.«

»Ach, Andreas, bleib doch noch ein bisschen. Sonst lernst du Len ja schon wieder nicht kennen.«

Andreas wusste plötzlich nicht, ob er eigentlich Lust dazu hatte. Der Vergleich mit Johan Spang war nicht angenehm gewesen, und nachdem seine Mutter diese unschönen Andeutungen über seine Kindheit gemacht hatte, ging es ihm schlecht. Wie konnte es gut sein, Erinnerungen zu verlieren? Sie gehörten doch zu seiner Identität, die Kindheit war das, was einen prägte. Er hatte sie verdrängt, wusste aber nicht, warum. Sie schon, davon war er überzeugt.

»Ein andermal«, sagte er und stand bereits an der Tür, die Hand auf dem Messingtürgriff. Das Geräusch der Dusche verstummte abrupt. Das Badezimmer lag direkt nebenan. Er sah noch Jyttes

Blick aus der Küche, wie eine stumme Bitte, bevor er hinauseilte. Was schuldete er ihr eigentlich? *Sie* war diejenige gewesen, die ihn damals verlassen hatte. *Sie* war es, die etwas verheimlichte. Etwas Wichtiges, das spürte er. War da noch mehr, als dass sie seinen Vater verlassen und ihren Kindern den Rücken gekehrt hatte? Versuchte sie, Zwietracht zwischen ihnen zu säen? Falls sich die anderen an etwas erinnerten, lag darin dann der Grund für ihren Hass verborgen? Eigentlich wollte er nach Hause fahren und einfach nichts tun. Gitta war zu Hause, sie hatte einige Tage frei, aber dieser Gedanke ließ ihn umdisponieren. Sie würde ihm ansehen, dass etwas nicht stimmte. Und wie sollte er es ihr erklären können, wenn er selbst nicht wusste, was vor sich ging?

Pia stand in der Tür, fast, als ob sie auf ihn gewartet hätte. Unter dem Arm hielt sie eine Urne aus grauer Keramik.

»Wurde aber auch Zeit, dass du kommst! Wir müssen die hier bei ihrer Familie abliefern. Am Nachmittag ist die Urnenbeisetzung.«

Sie schloss ab, bevor Andreas hineingehen und seine Tasche abstellen konnte.

»Nimm sie einfach mit«, sagte sie und signalisierte ihm mit einer Kopfbewegung, dass er mit ihr zum Auto kommen sollte. Die Irritation nagte an seinem Geduldsfaden.

»Mathilde geht es gut, es war doch nichts, meint der Arzt«, sagte er provokant, als er sich neben sie setzte. Sie lächelte schief und reichte ihm die Urne. Er nahm sie entgegen, als ob sie ein blutiger, neugeborener Säugling wäre, von dem er nicht wusste, wie er ihn halten sollte.

»Ja, ich weiß«, erwiderte sie trocken.

Andreas erschrak. Ihre Stimme klang unheilvoll.

»Als ich sie im Minirock auf dem Ströget zusammen mit ihren Freundinnen gesehen habe, sah sie nicht gerade aus, als ob ihr etwas fehlen würde. Jedenfalls wirkte sie nicht krank.«

Andreas schluckte hörbar. Er hatte Mathilde gebeten, über Mittag zu Hause zu bleiben, aber natürlich hatte sie ihr Versprechen nicht eingehalten. Gitta hatte ihr sicher erlaubt, in die Stadt zu gehen.

Pia legte eine Hand auf sein Knie. Das wirkte so verkehrt, dass er es schnell wegzog, als wäre sie ein Arzt, der gerade mit einem Hämmerchen seine Patellasehne getroffen hatte.

»Ganz ruhig, kleiner Bruder. Ich verstehe es doch gut, wenn du am Morgen ein kleines Nümmerchen mit deiner Frau schieben willst, wenn eure Tochter nicht zu Hause ist.« Sie grinste, zog die Hand zurück und drehte den Schlüssel. Der Motor fing an zu brummen.

Andreas starrte angespannt aus dem Seitenfenster. Er entdeckte das Auto, das auf dem Hof parkte. Es war der weiße BMW.

»Du bist doch der Boss, also musst du keine Entschuldigungen erfinden, das weißt du doch?« Ihre Stimme wurde versöhnlicher, besänftigend. Eine Entschuldigung?

Das Auto glitt sanft aus der Parklücke und schob sich in den Verkehr.

Er hielt den Blick auf die Heckscheibe des Autos vor ihnen gerichtet. Auf der Hutablage lagen Handtücher und ein aufblasbares Gummitier. Ein blauer Delfin mit übergroßen Augen à la Bambi. Ein kleines, sommersprossiges Mädchen mit blasser Haut und kohlschwarzen Haaren drehte sich um und starrte zu ihm zurück. Er musste wieder an die Journalistin denken. Das Mädchen verzog keine Miene, er auch nicht, umklammerte bloß die Urne, als wäre sie ein Rettungsring.

»Wohin fahren wir?«, fragte er schwach.

»Es ist nicht besonders weit. Wir sollen bloß diese Urne abliefern.«

»Was macht Erling? Warum konnte er das nicht erledigen?«

»Er hat etwas in seinem Büro zu tun.«

»Mit den Särgen?«

Sie schaute ihn kurz an, er konnte die Bewegung nur gerade so aus dem Augenwinkel erahnen.

»Ist das denn so wichtig?«

Andreas zuckte die Schultern. Er wollte sie am liebsten fragen, woran aus ihrer Kindheit sie sich erinnern konnte. Hören, ob sie seine Gedächtnislücken füllen könnte. Jetzt hatte er das Gefühl, sie auch beinahe körperlich spüren zu können. Er hätte nie zu ihr ins Sommerhaus fahren sollen. Das war ein großer Fehler gewesen.

34

Die roten Zahlen auf dem Digitalwecker hatten sich von 3:30 zu 5:30 geändert, während er darauf starrte. Der Vogelchor im Garten hatte eingesetzt, mit der Amsel als kraftvoller Vorsängerin. Die Laute, die in seinen empfindlichen Ohren wie Schreie klangen, drangen durch das weit geöffnete Fenster hinein. Es war so heiß in diesem Schlafzimmer unter dem Dach, dass es nicht möglich war, zu schlafen. Jetzt erst recht nicht mehr. Er stand auf und schloss widerstrebend das Fenster. Lauschte nach Angolos Krallen auf dem Parkettboden, die normalerweise ertönten, wenn er mitten in der Nacht aufstand, doch dann fiel ihm ein, dass der Hund ja mit Rikke, Tim und Marianne im Campingurlaub in Nordjütland war. Er warf sich zurück ins Bett und fragte sich, warum er in seiner Betthälfte blieb, wenn Irenes doch frei war und er sich im ganzen Doppelbett ausbreiten könnte. War es eine Gewohnheit geworden, dass er dort blieb, als ob ein Stromzaun zwischen seiner und ihrer Hälfte verliefe? Er beneidete Irene, die in einem Zimmer mit Klimaanlage lag. Aber vielleicht hatte sie wieder Alpträume. Beinahe hätte er den Assistenzarzt gefragt, ob es auch normal sei, dass er als Irenes Mann in der Nacht von diesen Alpträumen geplagt wurde, nachdem er in eine teure, illegale Transplantation eingewilligt hatte. Vielleicht war der Alptraum in der Nacht davon gekommen, dass diese Ester, deren Nachnamen er nicht einmal kannte, nun über ihn Bescheid wusste. Wusste, dass er in diesem Kriminalfall, denn nichts anderes war ja diese Operation gewesen, ein Auge zudrückte, um seine Frau aus dem Rollstuhl zu retten. Oder sie *vielleicht* zu retten. Aber er war ja auch nur ein Mensch! Er drehte sich auf die andere Seite und zog das Laken über sich. Er wollte nicht splitternackt schlafen, doch es klebte an seinem verschwitzten Körper, wie es die Gewitterfliegen getan hatten. Er schloss die Augen und glitt in einen Dämmerzustand zwischen Träumen und Wachen. Er sah Irene, wie sie ihm entgegenkam, mit geschmeidigen Bewegungen, in einem weißen, fast durchsichtigen Kleid, das im Wind wie ein feiner Nebel um sie wogte. Unter dem dünnen Stoff konnte er die Konturen ihres Körpers erahnen, aber das war es nicht, was ihn faszinierte. Vielmehr war es ihr strahlendes Gesicht. Ihr Lächeln. Ihre leuchtenden Augen. Jetzt hörte er auch ihre Stimme, die sanft und gedämpft zu ihm drang. Ihre Worte: »Ich kann gehen, Rolando, dank dir und Kenneth Rissvang kann ich gehen! Ich kann tanzen!« Sie drehte sich schwebend herum im Tanz, es war, als ob sie flog. Flog wie der freie Vogel, der sie einmal gewesen war, nicht gefangen in ihrem Käfig auf zwei Rädern. Ihr Gesicht kam immer näher, bis er zuletzt von diesen unergründlichen, braunen Augen verschlungen wurde. Dann klingelte der Wecker. Erschrocken schlug er die Augen auf. Die Digitalanzeige verkündete 6:00 Uhr.

Roland zappte auf dem Weg in die Stadt im Autoradio von einem Sender zum nächsten, aus lauter Sorge, dass die Aasgeier etwas erwischt hatten und er es überhören könnte, aber es lief nur langweilige Morgenmusik und die üblichen Nachrichten über Waldbrände in Spanien und Überschwemmungen in Thailand. Die Panik, die in ihm rumorte, verschwand erst, als er den Diensthabenden am Haupteingang traf, der gerade seine Nachtschicht beendete und mit einem raschen Gruß versicherte, dass es eine ruhige Nacht gewesen sei. Als ob er wüsste, dass diese Worte Rolands Morgen retten würden. Gott sei Dank! Vielleicht merkte der Mörder, dass sie ihm dicht auf den Fersen waren, also, falls sie das waren.

»Guten Morgen! Seid ihr fit?«, grüßte er in die Runde und war selbst von seiner Heiterkeit überrascht, die in einem großen Gegensatz zu seiner inneren Schwermut stand.

Die Jungs und Isabella saßen bereits im Konferenzraum. Er war wohl nicht der Einzige, der in dieser weiteren Tropennacht nicht hatte schlafen können. Das nächtliche Gewitter hatte die Temperatur nur um ein paar Grad gesenkt, und wenn sie tagsüber noch immer bei 34 Grad lag, brachte das nicht die große Erleichterung.

Er fing mit dem Punkt an, auf den er am gespanntesten war. »Habt ihr bei dem Baum etwas gefunden?« Er schaute Mikkel und Isabella an, die nah nebeneinander saßen.

»Wir mussten auf die Kriminaltechniker warten, es hat dann angefangen, leicht zu regnen, noch bevor sie angekommen sind. Aber dieses Waldgebiet ist ziemlich dicht, wie wir auch auf Tanjas Bildern sehen konnten, daher hat es ein bisschen gedauert, bis das Wasser durch das Blätterdach gedrungen ist und den Waldboden erreicht hat. Darin waren deutliche Fußspuren zu erkennen. Ich glaube tatsächlich, dass sie ein paar ziemlich schöne Abdrücke machen konnten. Jetzt warten wir bloß auf das Ergebnis. Wir haben auch dieses spezielle Bonbonpapier gefunden, also eine eindeutige Verbindung zu dem Typen aus Tanjas Wohnung.« Isabella war diejenige, die antwortete, sie sah auch am muntersten aus.

Roland nickte zufrieden und wandte den Blick Kim und Hafid zu. »Heute vernehmen wir noch einmal alle Freunde, Bekannte und die Familien von Maja, Tanja und Filippa. Jason muss gefunden werden. Und dieser graue Golf.«

»Und die Briefe«, vervollständigte Hafid.

»Und die Briefe, ja..«

»Haben wir denn überhaupt keine Anhaltspunkte? In Filmen und Büchern, in denen es um Serienmörder geht, bekommt die Polizei doch vom Täter immer einen Wink irgendeiner Art dem sie folgen können. Entweder mordet er nach einem bestimmten Muster, das bloß auf den Stadtplan übertragen werden muss, dann hätten wir einen Hinweis auf den Wohnort des nächsten Opfers, oder er legt kleine Rätsel rund um die Tatorte aus, die man lösen kann wie ein Puzzle.«

»Das sind Filme und Krimis, Kim, das hier ist die Realität. So leicht ist es leider nicht.« Roland konnte sich ein kleines Lächeln dennoch nicht verkneifen. Kim fuhr fort, auf Mikkels Serienmörder-Theorie herumzureiten, und Mikkel war wie immer ziemlich aufbrausend.

»Wir haben doch einen Anhaltspunkt!«, äffte er seinen Kollegen nach. »Die Art, wie er die Hände seiner Opfer hinlegt. Vielleicht ist das ein Signal, das wir lesen sollen.«

1:0 für Mikkel, damit traf er Kim, der nur den Kopf schüttelte, aber nichts erwidern konnte.

Mikkel schaute auffordernd zu Roland. »Ich weiß, ich sitze an dem Sarg-Fall, aber ein Kriminaltechniker ist gestern mit einer anderen Theorie gekommen, was dieses Ding mit den Händen der Opfer betrifft, an die wir selbst nicht gedacht haben. Er findet, es sieht aus, als ob die Opfer, also ... sich selbst befriedigen. Das kann doch eine Spur sein, da wir bei allen Frauen dieses Sexspielzeug gefunden haben.«

»Hmm, und was glaubst du dann, worum es geht?«

Mikkel setzte sich auf dem Stuhl zurecht, als ob er eine längere Darlegung geplant hätte. Alle schauten ihn erwartungsvoll an, selbst Kim.

»Der Täter beobachtet die Frauen, stimmt's? Er muss einiges über sie wissen, wenn er es so gut vorbereitet, wenn er sich die Mühe macht, in ihre Wohnungen einzudringen und in ihren Sachen herumzuwühlen. Das kann ein abgewiesener Verehrer sein, der auf Rache aus ist. Wenn sie ihn zurückgewiesen haben und es sich lieber selber machen mit ihrem Spielzeug, ihn also quasi ersetzt haben ... vielleicht macht es ihn scharf, und er will es ihnen zeigen.«

Roland dachte daran, wie viele Individuen mit so einer verkorksten Psyche da draußen herumliefen. Vielleicht gleichzeitig unter dem Einfluss von Pilzen. Vielleicht war Mikkels Theorie gar nicht so unwahrscheinlich.

»Haben wir mehr darüber herausgefunden, woher das Spielzeug stammen kann?«

Kim schüttelte den Kopf. »Das sind bekannte Marken, die eigentlich alle in dieser Branche verkaufen.«

»Und die Kette, mit der er die Frauen vermutlich fesselt?«

»Es gibt viele Kettenarten, und so lange die Kriminaltechnik nicht genau sagen kann, welcher Typ Kette das ist, ist das eine große Aufgabe«, antwortete Kim.

»Hieß es nicht, damals als die Rede davon war, dass es ein Seil ist, ungefähr drei Millimeter dick? Das muss doch auch auf die Kette zutreffen«, meinte Isabella und biss in den Druckknopf ihres Kugelschreibers.

Alle wandten nun den Blick Kim zu. Er kratzte seine dunklen, lockigen Haare, die im Nacken bereits schweißfeucht waren.

»Natalie hat das zunächst in Erwägung gezogen, ja, aber die Abdrücke sind nicht genau genug, um das festzustellen. Die Verletzungen sind irgendwie ausgeartet, weil die Frauen Widerstand geleistet und versucht haben, sich loszureißen.«

»Die Morde wurden alle nachts begangen. Warum wohl? Ist es jemand, der tagsüber arbeitet und daher erst später zuschlägt …«, überlegte Isabella leise. Es klang, als ob sie Selbstgespräche führte.

»Die meisten haben doch gerade Urlaub«, bemerkte Mikkel und gab seiner Nachbarin einen kleinen Knuff in die Seite, als wolle er sie aufwecken.

Isabella schaute Mikkel hitzig an. »Genau, vielleicht sollten wir nach jemandem suchen, der keinen Urlaub hat, das schränkt die Auswahl momentan ja ganz schön ein.«

Hafid saß mit geschlossenen Augen da und nickte langsam. Das tat er immer, wenn er intensiv über etwas nachdachte, um zu einer Schlussfolgerung zu gelangen. Erst hatte Roland gedacht, er würde schlafen – oder beten – aber jetzt wusste er, dass dieser Spleen oft in einen ganz ausgezeichneten Lösungsvorschlag mündete.

»Vielleicht hat es bloß etwas mit seinem Modus Operandi zu tun, dass er nachts am besten arbeitet. Die Frauen können ihn im Dunkeln nicht sehen, sie schlafen, sind schwach und leisten keinen großen Widerstand. Tagsüber schafft er das vielleicht nicht. Die Frauen könnten ihn sehen und sind aufmerksamer.«

»Was ist dann mit der Maske?«, fragte Isabella leise, als hätte sie Angst, ihn zu wecken.

Hafid öffnete die kohlschwarzen Augen und erwiderte ihren Blick. »Das wissen wir nicht, bis wir herausfinden, was das für eine Art Maske ist, die er aufsetzt. Ist es eine lustige, eine unheimliche oder bloß eine, die seine Identität verbirgt?«

Roland ließ sie argumentieren und verschiedene Vorschläge machen, während er selbst sich heraushielt und nur zuhörte. Auf die Art kamen die besten Hypothesen zustande. Zuletzt, als die Diskussion zu hitzig wurde, räusperte er sich kräftig und wie auf Kommando verstummten sie.

»Alle eure Theorien sind gut, jetzt müssen sie in der Praxis geprüft werden. Ihr erinnert euch an die Aufteilung: Isabella, Kim und Hafid, die Mordfälle. Mikkel und Kim, der Sarg-Fall. Ich mische mich ein bisschen in beide ein. Wenn wir uns das nächste Mal treffen«, er schaute auf seine Armbanduhr, »sagen wir 16:30 Uhr, dann sollte bestenfalls so viel auf dem Tisch liegen, dass wir jemanden verhaften können. Die Drogenabteilung kümmert sich um die Suche nach den importierten Pilz-Bonbons. Unser Täter hat irgendeine Verbindung zu diesem Milieu.«

35

»Ja, aber ich habe ihn gestern zufällig beim Bäcker getroffen, Nicolaj, es stimmt also nicht, dass ich mich einmische. Ich musste doch bloß die Situation ausnutzen. Wir arbeiten doch zusammen, oder?«

»Okay, okay, Anne. Ich kann es bloß nicht leiden, wenn du mir Informationen vorenthältst. Wir müssen miteinander korrespondieren. Jetzt meinst du also plötzlich, dass dieser Andreas Spang nichts mit der Sache zu tun hat?«

»Nein, er sah total schockiert aus als ich das mit den Organtransplantationen erwähnt habe.«

»Vielleicht schauspielert er gut?«

»Nein, da wäre er auf jeden Fall in der verkehrten Branche«, lachte Anne. »Ich glaube bloß, du solltest damit anfangen, dir seinen Vater ein bisschen näher anzuschauen.«

»Seinen Vater? Johan Spang? Wieso das?«

Anne genoss es, sich wieder als seine Mentorin zu fühlen, die ihm Anweisungen gab und nicht umgekehrt, es war wieder wie damals beim Tageblatt, als er ihr Praktikant war. Diese Verteilung gefiel ihr besser.

»Weil es vielleicht schon zu seiner Zeit angefangen hat. Das Bestattungsunternehmen scheint sich überdurchschnittlich gut behauptet zu haben über so viele Jahre, also auch zu seinen Lebzeiten. Außerdem scheint es so, als wäre er plötzlich und ohne vorhergehende Krankheit gestorben ist. Ich habe etwas über ihn im Internet gelesen.«

Sie erzählte Nicolaj von dem Abend in der Stadt und dem Gespräch zwischen Spang und seiner Mutter, das sie belauscht hatte.

»Der Bestatter ist ja derjenige, der die Unterlagen ausfüllt, also falls an dem Tod ihres Vaters irgendetwas Mysteriöses ist, können sie es leicht vertuscht haben.«

»Na, ich bin aber der Meinung, dass der Arzt den Totenschein unterschreibt; ist er dann auch in das Komplott verwickelt?«

Anne mochte das schiefe Lächeln nicht, das Nicolaj hinter dem Bildschirm zu verstecken versuchte, als ob er ihren Gedankengang unglaubwürdig fände. Sie stand auf und holte Kaffee, stellte sich hinter ihn und blickte nach unten auf seine roten, struppigen Haare. Er stylte sie mit Haargel. Auch das war zurückgekehrt, alles Retro.

»Ja, wer weiß, wie verworren das hier ist. Falls es um organisierten Organhandel geht, müssen noch weitere Korrupte darin verwickelt sein. Auch aus dem Gesundheitssystem.«

Nicolaj drehte schnell seinen Bürostuhl herum und schaute zu ihr hoch. »Du meinst also, wir sprechen tatsächlich von Organhandel?«

»Ich weiß es nicht, Nicolaj. Es gibt so viel, was darauf hindeutet, aber dann auch wieder nicht. Deswegen finde ich, du solltest untersuchen, wer Johan Spang eigentlich war. Vielleicht wissen wir dann, warum er gestorben ist.«

Nicolaj nickte. Sein Lächeln war verschwunden und von einer besorgten Stirnfalte vertrieben worden. Es sah aus, als ob er überlegte, ob das hier zu groß für ihn war.

»Reich' mir mal eine Tasse Kaffee.«

Anne schenkte in seinen gestreiften Becher ein.

»Hast du das hier Roland Benito gegenüber erwähnt?«

Sie schüttelte den Kopf. »Ich kriege ihn nicht zu fassen, aber wir haben auch noch nicht genug. Er würde uns bloß auslachen.«

Nicolaj wirbelte mit dem Stuhl herum. Über seine Schulter sah sie, dass er ›Johan Spang‹ Bestatter‹, in das Google-Suchfeld eingab. Sie setzte sich auf ihren Platz. Der Täter hatte sich letzte Nacht offensichtlich freigenommen. Warum wohl? Hielt er Ausschau nach einem neuen Opfer? Gab es nun eine andere Frau, die keine Ahnung hatte, dass sie von ihm überwacht wurde? Sie dachte an das Gespräch, das sie am Tatort mitgehört hatte. Sexspielzeug und die Positionierung der Hände der Opfer. Als ob sie sich selbst befriedigen würden, hatte der Kriminaltechniker gesagt. Sie versuchte, es sich bildlich vorzustellen. ›Serienmördermäßig‹ hatte Mikkel gemeint. Hielt sich die Polizei deswegen so bedeckt? Aber junge Frauen sollten das doch wissen. Sie mussten es wissen, damit sie Vorsichtsmaßnahmen treffen konnten. Sie legte die Finger auf die Tastatur, zögerte ein wenig, dann tippte sie die Überschrift für ihren Onlineartikel. *Serienmörder wütet in Aarhus.*

36

Das Polizeipräsidium war belagert. Eine Flut von Reportern kam ihm entgegen, als er durch den Haupteingang ins Gebäude wollte. Er sah Mikrofone mit Logos von DR1 und TV2, Ostjütland.

»Können Sie bestätigen, dass Sie nach einem Serienmörder suchen?«, fragte ein verschwitzter, dicklicher Journalist mit einem Kassengestell auf der markanten Hakennase. Bestimmt war er von einem kleinen lokalen Käseblatt aus dem Hinterland, aber trotzdem der Erste, der zum Zuge kam.

»Kein Kommentar.«

»Stimmt es, dass die Frauen gefesselt, mit einem viereckigen, scharfkantigen Rohr vergewaltigt und dann erwürgt wurden?«, rief eine Frauenstimme.

Roland hielt widerwillig an.

»Ein viereckiges, scharfes Rohr?«, wiederholte er mit hochgezogenen Augenbrauen. Er konnte die Journalistin, die die Frage gestellt hatte, nicht entdecken.

»Die Frauen hatten alle Sexspielzeug in der Schublade, hat das irgendeine Bedeutung?«

»Wissen Sie etwas darüber, weshalb der Serienmörder seine Opfer in diese spezielle Stellung legt?«, unterbrach wieder jemand einen anderen.

Roland machte eine energische Handbewegung, als wolle er sie alle verscheuchen wie Fliegen. Nein, etwas Größeres. Etwas Gefährlicheres, Hartnäckigeres. Geier. Der, der jetzt vor ihm stand, sah sogar wie einer aus.

»Hat der Serienmörder etwas mit der verschwundenen Leiche auf dem Westfriedhof zu tun?«

»Wie gesagt, ich gebe keinen Kommentar ab und jetzt lassen Sie mich reingehen und meine Arbeit machen.«

Er schubste einen mageren Schwächling zur Seite, der glaubte, er könne ihm den Weg versperren. Als er hineinkam, hatte er von den Blitzlichtern der Fotoapparate schwarze Flecken vor den Augen.

Roland war bei der Krisensitzung im Kriminaltechnischen Zentrum gewesen, deswegen war seine Laune ohnehin schon alles andere als gut.

»Was zur Hölle geht hier vor?«, rief er, als er in die Abteilung kam. Kim war ebenfalls knallrot vor Hitze und Erregung.

»Sie hat verdammt nochmal was von Serienmord geschrieben!« Der Zorn in der ansonsten beherrschten Stimme ließ sich nicht überhören.

Roland setzte sich und musste nicht fragen, wen Kim meinte. Es war nur eine Frage der Zeit gewesen, bis Anne zu dieser Theorie kommen würde. Aber der Zeitpunkt war der denkbar schlechteste. Falls der Täter die Presse mitverfolgte, was er nach Meinung der Experten tat, um sein Ego zu stärken, würde er vielleicht die Vorgehensweise ändern oder etwas früher zuschlagen, und wenn ihnen ohnehin etwas fehlte, dann war es Zeit. Außerdem würde ihn das Prädikat vielleicht dazu inspirieren, noch extremer in seiner Vorgehensweise zu werden. Und dann die Infos über das Sexspielzeug und ein ›viereckiges, scharfkantiges Rohr‹ – wo kam das her? Niemand hatte der Presse gegenüber etwas davon erwähnt, was in der Wohnung der Frauen gefunden worden war und auch nicht, wie sie gefunden wurden. Und der Gegenstand, der benutzt wurde, um die Frauen damit zu misshandeln, war ja selbst ihnen immer noch unbekannt. Dieser Teil musste erfunden sein. Aber wer hatte diese anderen Informationen durchsickern lassen? Konnte es der Täter selbst sein, der der Presse Informationen gab? Das würde er doch wohl erfahren? Natürlich nicht, wenn er Anne Larsen kontaktierte. Roland stand kurz vor einem Wutausbruch.

»Scheißtag!«, war das Einzige, was ihm dazu einfiel. Erschöpft lehnte er sich zurück gegen die abgenutzte Rückenlehne des Bürostuhls.

»Was war das mit der Kriminaltechnik?«, fragte Kim.

»Die haben verdammt nochmal echt was weggeschmissen!«

»Hoffentlich nichts von Bedeutung?«

Roland nickte schwer.

»Beweismaterial. Gert Schmidt versteht nicht, wie das in seiner Abteilung passieren konnte. Das sei das erste Mal, behauptet er.«

»Was ist verschwunden?« Kim hielt sich in ausreichendem Abstand in der Türöffnung.

»Es betrifft leider den Sarg-Fall. Die Analyse der Hautzellen und Hundehaare ist weg. Sowohl der Ausdruck als auch die digitale Variante.«

»Soll das heißen ...« Kim dachte gründlich nach, bevor er fortfuhr »... dass es keine rechtlichen Beweise gibt, wenn wir den Täter finden?«

»Das soll es heißen, ja. Das werden nur Indizien sein.«

»Wurde bei ihnen eingebrochen?«

Roland schüttelte den Kopf. Er fummelte ein Kaugummi aus dem Päckchen.

»Dann muss es ja einer aus der Abteilung gewesen sein.«

»Sie sind dran, die Sache zu untersuchen, aber es ist auf jeden Fall verdammt blöd für uns. Das sind die einzigen Beweise, die wir in dem Sarg-Fall haben. Wo ist Mikkel?«

»Der ist zu der Pietät gefahren, um etwas über diese Eichenholzplatten herauszufinden und zu untersuchen, wer von denen Psoriasis hat. Und einen Hund.«

»Ja, das kann doch dann jetzt egal sein«, seufzte Roland.

»Vor Gericht ja, aber wir wollen Bescheid wissen, und ...«

»Und was, Kim? Wenn wir die Dokumente nicht vorlegen können, kommen wir nicht weiter. Woran bist du gerade?«

»Organhandel«, sagte Kim, als ob er sich schämte, das zu sagen.

»Was?« Eine eiskalte Würgeschlange kroch Rolands Wirbelsäule hoch und legte sich um seinen Hals.

»Wieder etwas, das auf dem Nachrichtenportal aufgetaucht ist. Sie haben einen Artikel über das Thema verfasst und bringen ihn zusammen mit der Sarg-Sache.«

»Ja, zum Teufel aber auch ...«, entfuhr es Roland.

»Ja, aus der Perspektive haben wir es noch gar nicht gesehen. Vielleicht hätten wir daran denken sollen, als wir gehört haben, dass viele an David Lund Iversens Organen interessiert waren. Du solltest den Artikel auf www.nachrichten-online.dk mal lesen.«

»Sowas, ist denn da keiner, der …«

Roland merkte, dass Kim schon wieder gegangen war, fuhr widerwillig seinen PC hoch und rief das Portal auf. Das Bild der Privatklinik Mollerup und Irene, wie sie in dem durchsichtigen Nebelkleid vor ihm herumtanzte, störten weiterhin seine Konzentration. Er hatte nicht übel Lust, diesen Nicolaj anzurufen, wusste aber nicht, ob er ihm einen Anschiss verpassen oder ihm doch lieber weitere Informationen entlocken wollte. Ein Brennen in seinem Magen ließ ihn an ein Magengeschwür denken.

Exakt um 16:30 Uhr waren sie wieder um den Tisch versammelt. Mikkel hatte für alle Waffeleis gekauft. Gedankenverloren packte Roland es aus. Er hatte immer noch Magenschmerzen. Er befürchtete, die anderen könnten es ihm anmerken, da er sicherlich mindestens so weiß im Gesicht war wie das Eis, das unter dem Papier zum Vorschein kam.

»Lasst uns anfangen«, sagte er nach dem ersten Bissen. Die Sahne kühlte seinen Magen und schmierte die Stimme, wenigstens die klang jetzt wieder normal.

»Ja, also keiner von denen, mit denen wir gesprochen haben, kennt einen Jason. Ein paar der Befragten haben einen hellgrauen, alten Golf bei dem Gebäude parken sehen, aber ich weiß echt nicht, ob sie sich nur so genau daran erinnert haben, was für ein Wagen es war, weil wir das gesagt haben«, meinte Hafid, der das Eis dankend abgelehnt hatte.

»Was ist mit den Briefen?«

»Falls Maja und Tanja Briefe bekommen haben, dann haben sie niemandem etwas davon gesagt. Bei der erneuten Durchsuchung der Tatorte haben wir nichts gefunden. Der Müll ist längst bei der Verbrennung, daher stehen wir wieder am Anfang«, sagte Isabella.

Sie hatte Eis am Kinn. Mikkel machte sie nicht besonders diskret darauf aufmerksam.

»Haben wir das Ergebnis der Fußabdrücke im Gedächtnispark?«, fragte Roland weiter.

Sie wischte sich das Kinn ab und schaute ihn an, während sie den Kopf schüttelte. »Noch nicht.«

Roland seufzte laut. »Wir sind also keinen Schritt weiter. Außerdem haben wir, wie ihr wohl bemerkt habt, ein neues Problem bekommen. Die Presse stürzt sich auf uns. Bald kommen sicher auch die internationalen Medien. Solche Sensationen verkünden sie ja bekanntlich am liebsten.«

»Ja, die Telefone stehen nicht still. Ich habe die Zentrale gebeten, sich darum zu kümmern. ›Kein Kommentar‹, sonst nichts.«, sagte Niels.

»Der einzige Trost ist, dass in der Ferienzeit vielleicht auch ein paar Journalisten weg sind.« Das war eher eine Hoffnung als eine Tatsache, das wusste Roland.

»Ja, falls sie nicht aufgrund einer solch weltbewegenden Neuigkeit von ihren Redaktionen zurückgerufen werden«, sagte Kim, was durchaus zu befürchten war.

Es war nicht das erste Mal, dass Roland Anne Larsen innerlich verfluchte und auf den Mond wünschte. Er wurde in Skandale verwickelt und berichtete von Beweismaterial, das nicht mehr existierte. Die Umstände fachten seine Arbeitsmoral nun auch nicht gerade an.

»Sowas darf doch verdammt nochmal nicht passieren«, rief Mikkel aus.

»Gert ist sicher dabei zu untersuchen, ob sie einen Maulwurf in der Abteilung haben.«

»Was sollte der Betreffende davon haben?«, fragte Isabella und biss in die Spitze der Waffel.

Roland zuckte die Schultern und rettete mit seinem Daumen schnell etwas Schlagsahne davor, auf sein Hosenbein zu tropfen.

»Ich bin mir sicher, dass ein Fehler passiert ist. Bestimmt wurde das Beweismaterial nur falsch archiviert.«

»Sowas darf aber auch nicht passieren!«

Mikkel hatte Recht. Und Roland erinnerte sich auch nicht an einen ähnlichen Fall. Wer gab wichtige Informationen an die Presse weiter? Ausgerechnet an Anne Larsen. Ob er wohl auch keine Kontrolle mehr über seine Abteilung hatte?

»Ganz deiner Meinung, aber jetzt ist unser Job, neue, vielleicht sogar stichhaltigere Beweise zu finden. Ich muss auch fragen, ob jemand von euch mit Anne Larsen gesprochen hat, da sie so viele Details von dem Fall kennt, die eigentlich nur wir kennen.«

Alle verneinten natürlich. Was hatte er erwartet?

»Es kann ganz zufällig passiert sein. Ohne dass ihr es bemerkt habt. Habt ihr mit Freunden oder Bekannten über den Fall gesprochen? In einer Bar, einem Restaurant, wo auch immer in der Öffentlichkeit?«

Wieder wurden die Köpfe geschüttelt.

»Hmm. Okay. Was hat denn die ärztliche Untersuchung und die Hundejagd im Bestattungsinstitut ergeben?«

»Keiner von ihnen leidet an Hautkrankheiten und sie kennen auch keinen rotbraunen Hund, daher war dort auch nichts zu holen. Um nach den Holzplatten zu suchen, brauchen wir einen Durchsuchungsbefehl. Dort, wo ich Zugang hatte, waren keine zu sehen. Und das wird sicher schwierig, stimmt's?«

Roland brauchte nicht zu antworten, alle wussten, dass das eine Tatsache war. Ohne die Beweise aus der Kriminaltechnik war es völlig unmöglich.

»Das Ergebnis des Tages ist also, dass es keine weiteren Spuren in einem der beiden Fälle gibt?«

Auch darauf musste niemand antworten.

»Dann lasst uns nach Hause gehen, Wochenende. Wir können nichts mehr tun, bis wir die neusten Analysen haben, auf die die Kriminaltechnik hoffentlich ein bisschen besser aufpasst. Lasst uns beten, das am Wochenende nicht mehr passiert. Ansonsten sehen wir uns am Montagmorgen. Nächste Woche müssen wir Fortschritte machen!«

Roland stand auf und erwartete, dass es ihm der Rest gleichtun würde, eifrig, nach einem heißen Freitag nach Hause zu kommen, aber Kim setzte tatsächlich noch zu einer neuen Möglichkeit an, inspiriert von dem Artikel der Journalistin über Organhandel.

»Ich weiß, dass das wieder Sensationsjournalismus ist, aber wir werden uns diese Sache wohl anschauen müssen. Ich habe etwas über Organhandel auf dem Schwarzmarkt herausgefunden. Wenn es um Beträge in Millionenhöhe geht, die man für Organe mittlerweile erzielen kann, steckt dahinter eine riesige kriminelle Lobby. In den meisten Fällen geht es gar nicht um den Organdiebstahl und den Verkauf von Organen im Ausland, vor allem in der Dritten Welt, wie man vielleicht annehmen könnte. Es ist eine Verschwörung korrupter Ärzte und anderer Personen im Gesundheitswesen, die die Behörden zum Narren halten. Ja, und natürlich die Käufer, die sind keinen Deut besser, in der Regel reiche Schweine, die die Ärmsten der Armen auf den Wartelisten krepieren lassen«, schloss Kim verärgert.

Rolands Magensäure brodelte schmerzhaft.

37

Anne sammelte die Umschläge und Werbebroschüren ein, die auf der Matte unter dem Briefschlitz lagen, und schaute die Absender an, während sie durch die Küche ins Wohnzimmer schlenderte, das Fenster aufriss und dann zurück in die Küche ging. Da war ein Brief ohne Absender dabei, ein gewöhnlicher, weißer Umschlag, den sie mit dem Schälmesser öffnete, das sie ungeduldig aus dem Messerblock zog. Er war maschinell geschrieben und völlig anonym. Ein spontanes Lächeln zog ihre Mundwinkel nach oben. Esben. Sie hoffte, er würde dieses Wochenende nach Hause kommen und einiges deutete darauf hin. Sie las den Brief erneut. Ihr Herz klopfte vor Erregung beim Lesen seiner Worte. Sie faltete den Brief zusammen und steckte ihn zurück in den Umschlag, während sie nachsichtig den Kopf schüttelte, dann holte sie das Handy aus dem Rucksack und tippte seine Nummer ein. Wieder hatte sie nur seine Mailbox dran und verkündete ihm nach dem Signalton, dass sie sich wie verrückt freue und hoffe, dass er bald nach Hause käme.

Schon an den letzten beiden Tagen hatte er ihr Briefe geschickt. Das war eine neue Seite von ihm, die sie nicht kannte, glaubte gar nicht, dass er eine literarische Person war, obwohl die Briefe nun auch nicht gerade besonders poetisch waren. Sie hatten nur von dem Sexspielzeug gehandelt, ob sie es genoss, und ob sie nicht bald einen richtigen Mann bräuchte, *richtig* war unterstrichen. Doch, sie vermisste ihn und dachte an Mikkels Worte über Küsse und Zärtlichkeiten, all das eben, was Spielzeug ihr nicht geben konnte. *Die* vermisste sie, und sich eng an ihn zu schmiegen. Sie schauderte wohlig und lächelte wieder. Es war unglaublich, wie er ihr unter die Haut ging. Fast unheimlich. Einige sagten, die erste Liebe würde immer einen besonderen Stellenwert behalten. Vielleicht stimmte das. Sie waren ja noch Kinder gewesen, als sie angefangen hatten, sich in Nørrebro zu treffen. Er gehörte zur Clique und war oft der Anführer der Gruppe, wenn eine Besetzung leerer Gebäude organisiert werden sollte oder ein neues Piercing oder Tattoo anstand.

Sie stellte sich ans offene Fenster und zündete eine Zigarette an. Dieselgeruch verpestete die frische Luft. Der Verkehr glitt träge die Frederiksallee entlang. Hauptsächlich waren es halb besetzte Busse, als ob alle außer den Busfahrern in Urlaub gefahren wären. Jetzt wohnte sie hier, bezahlte Miete und hatte einen guten Job. Insgesamt hatte sie ihr Leben gut in den Griff bekommen, seit sie nach Aarhus gezogen war. Esben war auch in die Stadt gezogen. Auch er war in diesem ganz anderen Extrem gelandet. Anwalt! Keiner in der Clique hätte das vermutet. Anne folgte dem Zigarettenrauch mit den Augen, wie er sich in Zeitlupe aus dem Spalt im Fenster herauskräuselte wie ein lebendiges Wesen, das sich vorsichtig wegschlich, mit den Autoabgasen vermischte und in der Atmosphäre verpuffte. Sie sann darüber nach, wie viele aus der Clique wohl auch ihrem früheren Leben entkommen sein mochten. Wie viele weitergemacht hatten, für die Ideologie des linken Flügels zu kämpfen. Vielleicht waren sie jetzt alle irgendwie bürgerlich, dem Freiheitsdrang entwischt und hatten sich angepasst. Hatten die neue Generation das Ruder übernehmen lassen. Waren klüger geworden – oder was? Sie klopfte die Zigarettenasche in den Aschenbecher, der auf dem Fensterbrett stand. Er war fast voll. Unten auf der Straße waren Jugendliche in kleinen Grüppchen auf dem Weg in die Stadt. Freitagabend. Bald Wochenende. Dann würde durchgefeiert werden. Die Mädchen waren halbnackt in kleinen, kurzen Kleidern, Röcken oder Shorts. Das Wetter war auch passend dafür, aber vielleicht würden sie sich morgen ein bisschen mehr anziehen, wenn die Aushänge der Kioske von einem Serienmörder berichteten, der hinter jungen Mädchen her war, sie sexuell missbrauchte und ermordete. Sie erwartete, dass richtig viele Redaktionen diesen Artikel würden kaufen wollen. Auch die ausländischen. Das war eine große Sache und vielleicht konnte das der Polizei ein bisschen Antrieb verleihen. Man sollte meinen, dass alle im Polizeipräsidium ebenfalls in Urlaub gefahren wären. Sie schaute auf die Uhr und drückte die Zigarette aus. Hatte keine Lust auf Abendessen, wünschte bloß, dass Esben bald herkommen würde, damit sie auch Party machen und den Abschluss der Woche feiern könnten. Aber er würde heute Abend kommen, das spürte sie mit brennender Erwartung im ganzen Körper. Sie nahm ein Bier aus dem Kühlschrank, ging ins Bad und stellte es neben den Parfumflacon. K.A.O.S. by Gosh. Normalerweise benutzte sie so etwas nicht, aber Esben hatte gesagt, dass es schön sei, wenn Mädels gut dufteten, also hatte sie in der Parfumabteilung von Sallings ein paar Düfte ausprobiert, aber die meisten mochte sie nicht, und als sie die Preise hörte, war sie genervt wieder abgezogen. Das hier hatte sie billig im Matas gefunden, als sie ohnehin gerade dort gewesen war, um ihre übliche Tagescreme zu kaufen, die mit den Streifen auf dem Tiegel. Hauptsächlich hatte sie das Parfum wegen seines Namens gekauft, jetzt sollte die Wirkung getestet werden. Ihr Spiegelbild passte auch gut zu seinem Namen: Chaos. Sie berührte die Narbe an der Augenbraue, als ob sie sie zum ersten Mal sähe. Damals, als ihr Stiefvater sie ihr verpasst hatte, war Esben auch zur Stelle gewesen. Sie war knapp fünfzehn gewesen, er achtzehn. Sie nahm einen Schluck aus der Bierflasche und versuchte, die Erinnerungen zu vertreiben, dachte stattdessen an die kommende Nacht, wenn Esben zurück wäre und sie alles vergessen ließe. Alles vergessen. Sie zog das T-Shirt über den Kopf und schlüpfte aus ihren Sommershorts. Es kitzelte angenehm unter den nackten, warmen Füßen, als sie vor der Duschkabine auf die flauschige, orangefarbene Badematte trat, eine, die Adomas mal in Litauen für sie gekauft hatte. Esben konnte sie nicht ausstehen und dabei wusste er noch nicht einmal, dass ihr Ex-Freund sie gekauft hatte. Sie stellte sich unter die Dusche, drehte das Wasser an und hielt das Gesicht direkt in den kalten, harten Strahl. An Adomas wollte sie auch nicht denken, nur an etwas Schönes, etwas, worauf sie sich freuen konnte. Sie durchforstete ihre Gedanken und landete wieder bei Esben. Es überraschte sie fast ein wenig, aber ja, er überzeugte sie. Esben Bentzen.

38

Einen Augenblick lang lag sie nur so da, starrte an die Decke und verstand nicht, dass sie überhaupt imstande gewesen war, einzuschlafen. Erschöpfung vielleicht. Sie konnte nicht aufhören zu lächeln und drehte vorsichtig den Kopf, um sein Gesicht auf dem Kissen neben ihr zu sehen. Oder hauptsächlich, um sich zu vergewissern, dass es wirklich passiert und nicht nur ein Traum gewesen war. Das war es nicht. Sie wollte sein Gesicht berühren. Die langen Haare wegstreichen, die über seiner Wange lagen, aber sie traute sich nicht, aus Angst, ihn zu wecken. Den Zauber zu brechen, denn dann würde er vielleicht verschwinden.

Als es an der Tür klingelte, war sie zuerst überrascht, danach so erleichtert, dass sie fast angefangen hätte hysterisch zu lachen. Amalie war gerade von ihrem Vater abgeholt worden, der sich am Wochenende um sie kümmern würde, damit Natalie ein paar Dinge für die Arbeit erledigen konnte. Sie hatte ihr eine Tasche mit ihren Sachen gepackt, und nun lagen keine verräterischen Dinge mehr in der Wohnung herum. Die Tür zum Kinderzimmer war geschlossen und einen Teddy, der auf dem Boden lag, schob sie geschickt und unbemerkt – davon war sie überzeugt – mit ihrem Fuß hinter die Tür, während ihr Blick die Umgebung auf weitere Amalie-Spuren scannte. Aber das wäre gar nicht nötig gewesen, denn innerhalb weniger Minuten waren sie in ihrem Schlafzimmer gelandet und dort auch geblieben.

Natalie drehte sich so vorsichtig auf die Seite, dass sich die Matratze fast nicht bewegte. Sie legte die Wange auf seinen Unterarm und betrachtete ihn. Ja, ein junger Kris Kristofferson, das war er ganz sicher. Er lag in ihrem Bett. Sie hatten sich geliebt. Sie war kurz davor, laut zu jubeln, hielt sich aber zurück. Solange er schlief, würde er bleiben. Wenn er aufwachte, musste sie ihm von Amalie erzählen. Jetzt führte kein Weg mehr daran vorbei, aber sie wollte es trotzdem gerne noch ein bisschen hinauszögern. Es war immer noch hell und die Amsel sang ganz in der Nähe. Am liebsten hätte sie ihr den Mund verboten, als er sich bewegte. Er schmatzte ein wenig, als ob er etwas probierte, und drehte sich dann halb herum, sodass sie sein Profil sehen konnte. Die Wimpern waren hell. Die Nase ganz gerade und der Schnurrbart gut getrimmt. Plötzlich schlug er die Augen auf und schaute sich um, als ob er nicht wüsste, wo er war. Sie lächelte, als er den Kopf drehte und sie anschaute. Blaue Augen. Genauso blau wie die Bettwäsche. Sie hatte vor einigen Stunden alle Nuancen darin gesehen, als er auf ihr lag und sich auf seinen Armen abstützte, um sie nicht zu erdrücken, während er sich rhythmisch über ihr bewegte. Es war so lange her, dass sie mit einem Mann intim gewesen war, dass sie fast vergessen hatte, was für ein phantastisches Erlebnis das sein konnte. Wenn es gut war.

»Hi, Hübsche«, sagte er und drehte sich um, sodass sich ihre Gesichter direkt gegenüber waren, so dicht, dass ihre Nasen sich beinahe berührten.

»Selber hi. Du hast ein bisschen geschlafen.«

»Ich muss ja total erschöpft gewesen sein. Was für eine Woche! Was für ein Tag!« Mit seiner geballten Faust deutete er einen Schlag unter ihr Kinn an. »Und du bist auch echt ziemlich erschöpft«, schmunzelte er.

»Auf eine gute Art, hoffe ich.«

Er antwortete nicht.

»Ja, hoffen wir, dass nicht noch mehr Morde passieren, damit die nächste Woche ruhiger wird«, sagte sie, als er immer noch nichts sagte.

»Falls ich nächste Woche noch da bin.«

»Warum solltest du das nicht sein, Oliver? Es ist doch nicht deine Schuld, was da passiert ist.«

»Da bist du wohl die Einzige, die das so sieht. Schmidt verdächtigt mich sicher, die Dinge nicht unter Kontrolle zu haben.« Er drehte sich wieder auf den Rücken und guckte zur Decke. Natalie stützte sich auf den Ellbogen und versuchte, Augenkontakt zu bekommen.

»Ja, aber wieso? Du hast doch nichts gemacht. Okay, du hast das mit den Hautzellen übersehen, aber das kann doch jedem passieren.«

»Diese verschwundenen Unterlagen, das ist ein Kündigungsgrund, hat Gert Schmidt heute Nachmittag bei einer Besprechung gesagt.«

»Ach, hör doch auf mit dem Unsinn, das bildest du dir sicher nur ein.« Sie legte eine flache Hand auf seinen Brustkorb und rüttelte ihn spöttisch. Die Matratze schaukelte. Er zog sie zu sich herunter und küsste sie, so stürmisch, dass sie nach Luft schnappte.

»Du hast doch wohl nichts in deinem Computer versteckt, was meinen Arsch retten könnte?«

Natalie schüttelte den Kopf. »Alle kriminaltechnischen Akten liegen bei euch. Ich habe nur das, was das Rechtsmedizinische betrifft.«

»Das tun Hautzellen doch wohl auch?«

»Ja, falls ich sie bei einer Leiche gefunden hätte, aber ihr habt sie im Sarg gefunden, das ist etwas anderes.«

»Also überhaupt keine Beweise?«

»Nicht die geringsten, es sei denn, ihr findet die Analysen wieder.«

»Hast du gehört, ob der Bestatter Psoriasis hat?«

»Hat er nicht. Und auch keines seiner Geschwister.«

»Weißt du, wie weit sie mit der Aufklärung sind? Hat der Vergewaltiger nicht höchste Priorität?«

»Der Mörder«, berichtigte Natalie. »Sicher beide. Das letzte, was ich gehört habe ist, dass es eine neue Theorie gibt …«

Sie schwieg, da sie selbst den Kopf darüber geschüttelt hatte, als sie davon erfahren hatte.

»Welche?«

»Organhandel?«

»Was?«

»Ja, so habe ich auch geguckt.«

Oliver lachte und setzte sich auf.

Sie lehnte die Wange an seinen Rücken, fühlte fast das Tattoo. Sie fuhr mit dem Finger das Muster nach und sah, dass er von der Berührung eine Gänsehaut bekam.

»Aber war da nicht was mit einem Arzt in Deutschland, der …«, fing sie an.

»Das könnte in Dänemark nie passieren, da bin ich mir sicher!«

Er lachte nicht mehr und es ärgerte sie, dass sie angefangen hatten darüber zu reden. Sie legte die Hände um seine Schultern und zog ihn zurück ins Bett. Sie küssten sich wieder, aber etwas vibrierte auf dem Fußboden. Oliver lehnte sich über die Bettkante und wühlte in seinen Hosentaschen. Er fand sein Handy und schaute aufs Display.

»Da muss ich drangehen«, sagte er und sprang aus dem Bett. Sie folgte ihm mit den Augen und wunderte sich darüber, dass er nicht hier im Bett telefonieren konnte, aber offenbar war das etwas, was sie nicht hören durfte. Währenddessen schaffte sie es sicher, aufs Klo zu huschen. Er stand ganz nackt im Wohnzimmer am Fenster mit dem Rücken zu ihr und lauschte der Stimme am Telefon. Offenbar war es ihm egal, wenn jemand draußen ihn sah. Sie lächelte und öffnete die Tür zum Bad, dann erstarrte sie plötzlich. Etwas in seiner Stimme, als er antwortete, ließ sie aufhorchen. Er flüsterte fast, aber in den Worten lag ein nervöser, fast aggressiver Unterton.

»Jetzt entspann dich, Mann! Alles ist weg, es gibt keine Bew…«

Aufmerksam drehte er den Kopf und schaute in den Flur, als hätte er sie gehört. Schnell versteckte sie sich hinter der Tür.

»Nein, das verspreche ich! Das ist geregelt. Kein Grund, nervös zu werden«, fuhr er noch gedämpfter fort und ging langsam zum Schlafzimmer zurück.

Natalie schloss die Tür, blieb dahinter stehen und lauschte, aber er sprach nicht mehr. Sie blieb eine Weile auf der Toilette und versuchte, zu begreifen, was sie da gehört hatte. Dann ging sie zurück ins Schlafzimmer und setzte ihren neutralsten Gesichtsausdruck auf.

»Wer war das? Gibt's Probleme?«, fragte sie und krabbelte zu ihm ins Bett.

»Nein, das war nichts. Alles ist unter Kontrolle«, antwortete er leichtfertig und wickelte die Decke um sie. Sie kroch zu ihm, konnte jedoch an seinem Gesicht sehen, dass er grübelte. Sie küsste ihn wieder, aber etwas war jetzt anders. Die Stimmung war im Eimer. Die Intimität war weg. In seine Augen war ein neuer Ausdruck getreten, er war gar nicht mehr da. Die Handbewegung, mit der er ihr eine Haarsträhne aus dem Gesicht strich, wirkte eher irritierend. Würde es helfen, sich noch einmal zu lieben? Würde es wiederherstellen, was sie zusammen gehabt hatten? Mit einem verschmitzten Lächeln griff sie unter die Bettdecke, aber er war schlaff. Er schob ihre Hand weg.

»Was ist los, Oliver? Gibt es etwas, was du mir verheimlichst?«

»Muss man denn alles voneinander wissen?«

»Natürlich nicht, aber ...«

»Da ist nichts. Wie kommst du darauf?«

»Ich dachte bloß. Dieses Gespräch ... Du weißt doch nichts über das verschwundene Beweismaterial, oder?«

Die Muskeln in dem Arm, der um ihren Rücken lag, versteiften sich.

»Hast du gelauscht?«

»Nein! Nein, natürlich nicht. Ich war auf Toilette. Aber warum konntest du nicht hier im Bett telefonieren? War da etwas, das ich nicht hören durfte?«

»Das war ein Privatgespräch.«

»Okay. Oliver, wenn du etwas damit zu tun hast, dann sag' es mir. War es ein Missgeschick? Traust du dich nicht, es zuzugeben? Du bist ja neu, und ...«

»Beschuldigst du mich da etwa gerade?« Er klang wütend und bitter und sie wich unwillkürlich ein Stück vor ihm zurück.

»Du hast da jemanden am Telefon beschwichtigt und gesagt ... alles sei weg. Was ist weg? Was ist geregelt?«

»Du hast also doch gelauscht!«

»Wenn du etwas damit zu tun hast, Oliver, solltest du schleunigst mit Gert Schmidt oder Benito reden. Ich kann auch mit ihnen reden, wenn du nicht willst!«

»Du hältst den Mund, Natalie!«, unterbrach Oliver sie aufgebracht.

»Du weißt, dass ich es melden muss, wenn ich von etwas Wind bekomme, oder? Sonst mache ich mich mitschuldig.«

Oliver sah sie lange an, als wollte er etwas sagen, dann schüttelte er den Kopf. »Wie zum Teufel kannst du so etwas von mir denken?«

»Worum ging es denn dann bei diesem geheimen Gespräch? Ich weiß ja nicht besonders viel über dich. Bist du vielleicht verheiratet, oder ...?«

»Ich bin nicht verheiratet, das habe ich doch gesagt. Ich werde nie heiraten! Aber was ist denn mit *dir*? Gehst du immer mit Kerlen ins Bett, die du nicht kennst?«

Natalie fühlte sich getroffen wie von einer schallenden Ohrfeige.

»Nein, ich ... wir kennen uns doch jetzt schon seit mehreren Monaten, Oliver.«

»Ja, im Job. Aber jetzt sagst du gerade, dass du nicht besonders viel über mich weißt.«

Sie atmete tief ein.

»Wir wissen nicht viel übereinander, hätte ich wohl sagen sollen. Ich war dir gegenüber auch nicht ganz ehrlich, ich ...«

»Nein, aber du bist so vorhersehbar, Natalie. Ich weiß verdammt nochmal, dass du ein Balg hast!«

»Aber, ich ... ein *Balg* ...!« Tränen schossen ihr in die Augen. Sie setzte sich auf und zog die Decke um sich. Plötzlich war es ihr peinlich, sich ihm nackt gezeigt zu haben. Ihrem Kollegen. Einem, den sie vermutlich weiterhin tagtäglich sehen würde und mit dem sie zusammenarbeiten sollte.

Oliver hatte sich auch aufgesetzt. Er lächelte, aber es war nicht dasselbe Lächeln wie zuvor, als sie sich geliebt hatten.

»Das macht nichts, Schätzchen.« Er streckte die Hand aus und strich ihr leicht über die Wange, so, wie sie es bei Amalie tat, wenn sie schmollte. Sie wollte sich zurückziehen, konnte es aber nicht.

»Solange wir nur ficken, ist es doch egal, dass du ein Balg hast. Denn damit willst du doch gerne weitermachen, oder? Du hast es doch genossen, das konnte ich hören.«

Natalie starrte ihn ungläubig an. Er war ganz verändert. *Jetzt* war es ein Traum. Ein böser Traum. So war er doch gar nicht, er ... ja, wer war er eigentlich?

»Ich finde, du solltest jetzt gehen!« Ihre Stimme klang ruhiger und beherrschter, als sie sich fühlte.

Er sagte nichts. Stand bloß auf, zog seine Boxershorts an und dann seine Hose. Er suchte nach dem Rest seiner Kleidung. Dann fiel ihm offenbar ein, dass sie im Wohnzimmer und Eingangsbereich verstreut lag. Sie schaute ihm nach, als er aus der Schlafzimmertür ging. Der schlanke Rücken mit dem Tattoo. Sein trainierter Po straffte den Stoff der Shorts. Dann war er außer Sicht. Plötzlich kam etwas durch die Tür auf sie zugeflogen, sie spürte einen Luftzug ganz dicht an ihrem Ohr. Erschrocken fuhr sie zusammen. Der Teddy war neben ihr auf der Bettdecke gelandet und hätte sie fast getroffen. Er hatte ihn also entdeckt. Die Haustür schloss mit einem harten Klicken draußen im Eingang und kurz darauf drang der Lärm des Harley-Motors durch das offene Fenster zu ihr hoch. Sie startete nach dem dritten Versuch. Sie nahm den Teddy und drückte ihn. Der Pelz war weich an der nackten Haut und roch nach Amalie. Tränen stiegen ihr in die Augen, aber sie konnte weder weinen noch schreien oder auch nur wütend sein, sie fühlte sich nur gedemütigt und erschüttert. Sie legte den Teddy aufs Bett und stand langsam auf, als täten ihr die Bewegungen weh, ging ins Bad und stellte sich unter die Dusche. Sie wollte sich nur wieder sauber fühlen, die Erlebnisse der letzten Minuten einfach abwaschen. Der Zweifel wurde größer, während sie die Wasserstrahlen ihren Körper massieren ließ, und eine Frage nach der anderen ihr in den Kopf kam. Mit wem hatte Oliver gesprochen? Hatte er etwas mit dem Diebstahl des Beweismaterials zu tun? Sollte sie mit Gert Schmidt darüber reden?

39

Ein Mann in Bermudashorts, T-Shirt und Sandalen lief auf dem Bürgersteig vorbei. Er hatte einen Hund an einer Leine, der direkt neben dem Auto stehenblieb und am Bordstein schnüffelte, bis er schließlich das Bein hob. Ein kleiner, hässlicher Satan, der an eine Ratte erinnerte. Der Mann war sicher von seiner Frau zum

Gassigehen geschickt worden; er sah nicht wie jemand aus, der seine Zeit besonders gerne damit verbrachte, seinem Hund beim Kacken zuzusehen. Andreas machte das Autoradio aus. Jetzt, da er in der schlecht beleuchteten Straße vor der Firma hielt, kamen ihm Zweifel, wozu er sich da entschlossen hatte. Warum er diese bescheuerte Entschuldigung erfunden hatte, er habe etwas vergessen, und zurück in die Stadt gefahren war, Mathilde und Gitta auf der Terrasse zurückgelassen hatte mit den Grillresten vom Vortag. Sie hätten es sich eigentlich sonst gemütlich gemacht. Freitagsgemütlichkeit, wie Gitta es nannte.

Er stieg aus und aktivierte die Zentralverriegelung. Das Piepen klang besonders laut in der stillen Straße und schien zwischen den Mauern widerzuhallen. Er schaute sich um, befürchtete, dass die Leute in den Nachbarhäusern nun am Fenster standen und ihn beobachteten. Aber es war niemand zu sehen. Die Stadt wirkte fast verlassen. Was hatte er auch zu verbergen? Das war jetzt sein Geschäft. Es war doch wohl nicht außergewöhnlich, dass der Inhaber sein Geschäft nach Feierabend noch einmal aufsuchte, auch, wenn es fast Mitternacht war. An der Ladentür zögerte er, drehte sich um und schloss das Tor zum Hinterhof auf. Der Schlüssel glitt in das gut geölte Hängeschloss und die Scharniere quietschten nur schwach. Erling kümmerte sich um die Dinge.

Der Leichenwagen stand in der Garage. Es war, als ob er ungeduldig wartete, aber ein anderes Auto parkte direkt davor. Es war das von Pia. Was machte sie hier noch so spät? Und was tat er selbst? Es war der verdammte Kühlraum. Jetzt wusste er, dass er es war, der ihn hierher geführt hatte. Der Gedanke daran hatte ihn gequält, seit er mit seiner Mutter darüber gesprochen und auch sie behauptet hatte, er sei außer Betrieb. Aber wofür war dann der Strom verbraucht worden? Er musste herausfinden, ob Jytte Spang Recht hatte. Erleichtert darüber, sich daran erinnert zu haben, was er eigentlich hier wollte, ging er hinein. Er kam durch die Hintertür direkt in den Raum mit den Särgen. Im Halbdunkel leuchteten sie wie weiße Gespenster. Auch sie schienen auf etwas zu warten, oder besser: auf jemanden. Es gab nur drei kleine Oberlichter in der Decke, aber er wollte das Licht nicht anschalten. Wie sollte er Pia erklären, was er hier machte, wenn sie ihn entdeckte? Aus der Tür zu Erlings Büro und dem Kühlraum kam ein schmaler Lichtstreifen, sie war nicht ganz geschlossen. Durch den Spalt sah er, dass sich dort drinnen jemand bewegte. Jemand in einem weißen Kittel.

»Wann ist die Verabredung?«

Das war Pias Stimme, und er erkannte auch die Stimme der Person, die jetzt antwortete, obwohl es lange her war, seit er sie das letzte Mal gehört hatte.

»Er kommt bald, wir sind spät dran. Beeilt euch.«

»Ich hoffe, sie schmeißen nicht alles wieder weg wie letztes Mal.«

»Was meinst du?« Wieder die Stimme seiner kleinen Schwester.

»Hast du nicht gehört, dass sein Motorboot kurz vor dem Svaneker Hafen verunglückt ist?«

»Auf Bornholm?«

»Ja, da lag der Hafen jedenfalls, als ich zuletzt auf die Dänemarkkarte geguckt habe.«

Erling war auch da. Andreas hörte sein Lachen, die kleinen, charakteristischen Laute.

»War er auf dem Weg in die Ukraine?«

»Das weiß ich nicht. Vielleicht. Aber glücklicherweise haben sie die meisten Koffer gerettet, einer ist allerdings nicht wieder aufgetaucht. Vielleicht auf den Meeresgrund gesunken.«

»Gott sei Dank, hätte ich fast gesagt.«

Andreas konnte Pias Antwort nicht verstehen, denn in diesem Moment gab es ein lautes, klapperndes Geräusch, als würde Stahl gegen Stahl prallen. Er wandte sich von dem Türspalt ab und drückte den Rücken gegen die Wand, als sie sich mit einem Stahltablett mit Operationsbesteck zur Tür drehte und es auf einem Sideboard abstellte. Sein Polohemd war schweißdurchtränkt, ein Tropfen lief ihm über die Stirn, den Nasenrücken hinunter und legte sich in die Augenhöhle. Er störte, aber er traute sich nicht, sich zu bewegen und vielleicht Lärm zu machen, indem er ihn wegwischte. Da drinnen war es jetzt still. Langsam beugte er sich vor und schaute durch den Spalt hinein. Auf dem Tisch, um den sie herumstanden, lag ein nackter Körper. Eine junge Frau. Sie standen am Kopfende des Tisches und er konnte erkennen, wie seine Schwester ein Glasauge aus einer Schachtel nahm und es vorsichtig in der Augenhöhle platzierte. Schnell drehte er sich weg und schluckte mühsam ein paar Mal, um die Übelkeit zu vertreiben. Einige Bestatteter machten ein Makeover bei Toten, wenn sie bei einem Unfall gestorben waren, damit die Angehörigen ihre Lieben danach im Sarg betrachten und Abschied nehmen konnten. Johan Spang hatte den Ruf gehabt, ein Meister seines Fachs zu sein. Er hatte einen Kurs in Rekonstruktion in den USA belegt, in dem er unter anderem gelernt hatte, mit Zahnseide zu nähen, die weicher als gewöhnlicher Operationsfaden war und leichter durch die Oberflächenbehandlung zu kaschieren war – eine Schicht Wachs und darüber die Schminke. Diese Toten sahen danach wieder wie sie selbst aus, egal, wie übel zugerichtet sie auch gewesen waren. Andreas hatte nie beobachtet, wenn sein Vater diese Arbeit ausführte. Aber er hatte einmal die Tasche gesehen, in der er die Utensilien aufbewahrte, die er für die Rekonstruktion benötigte. Darin waren Pinzetten, Scheren, Skalpelle, Nadeln, Wachs, Pinsel, Schminke und Augenkappen, die die Lider mit kleinen Widerhaken an ihrem Platz hielten. Wurde er hier gerade einfach bloß Zeuge einer herkömmlichen Rekonstruktion? Ja, so würde es sein. Er hätte nie herkommen sollen. Er hätte nie mit seiner Mutter reden sollen, sie nie wieder in sein Leben lassen sollen. Sie säte Zwietracht zwischen ihnen, und der Verdacht, den er gegen seine Geschwister hegte, fühlte sich an wie eine schlimme Krankheit, die sich schnell ausbreitete. Er hatte gerade beschlossen zu gehen, als sein Handy plötzlich ungewöhnlich laut in seiner Hosentasche klingelte. Die Titelmelodie der *Flintstones*, die Mathilde für ihn ausgesucht hatte, weil er für so etwas zu fantasielos war. Als er das Handy aus der Tasche zerrte, um es schnell auszumachen, sah er, dass Gitta anrief. Sie verstand sicher nicht, wo er blieb, aber jetzt war es zu spät. Pia stand vor ihm und sah wie eine OP-Krankenschwester aus in ihrem weißen Kittel und mit den weißen Handschuhen und dem Mundschutz. Sie zog ihn herunter. Er baumelte unter ihrem Kinn, während sie ihn mit glühenden schwarzen Augen ansah.

»Was machst du hier? Spionierst du uns aus?«

»Nein, ich war bloß im Büro, um etwas zu holen, das ich vergessen hatte. Ich habe gesehen, dass Licht an war, und ...«

»Du *hast* uns also ausspioniert!«

Die beiden anderen kamen nun auch an die Tür. Besonders Erling blies sich auf. Ihre hasserfüllten Augen sprachen eine wortlose, ernsthafte Drohung aus, die weder einem Chef noch einem Bruder galt.

Draußen knallte eine Autotür und sie zuckten alle erschrocken zusammen.

»E... e... Er ko... ko... kommt...«, stotterte Erling.

Pia sah ratlos und nervös von einem zum anderen, dann eilte sie in Erlings Büro. Kurz darauf kam sie ohne Operationskleidung zurück, einen blauen Koffer mit weißem Deckel in der Hand. Andreas starrte ihn an.

»Was ist da drin? Wer kommt?«

»Halt dich da raus, Andreas!«, knurrte Pia.

Tote Körper stehen hoch im Kurs – die Stimme der Journalistin ertönte wieder in seinem Kopf wie ein verspätetes Echo. Er konnte den Blick nicht von dem Koffer abwenden.

»So... so... sollen wir A... A... Andreas e...erzählen, wa... was wir...v...vielleicht w...will er ...«, fing Erling an.

»Ist da jemand?«, erklang eine energische Stimme.

In Erlings Augen stand Panik, während er zur Hintertür starrte, die gerade geöffnet wurde.

»Andreas ist wie Papa, das geht nicht«, flüsterte Pia fast hysterisch.

»Papa? Was ist hier los, Pia? Wusste Papa davon, was ihr hier treibt?«

Andreas bekam keine Antwort, er konnte gerade noch sehen, dass Erling hinter ihm ausholte, als er auch schon den Schlag spürte und zu Boden ging. Er roch den Staub und sah noch den roten, dünnen Rinnsal, der sich direkt vor seinen Augen seinen Weg über den Zementboden bahnte.

40

Das einschläfernde, monotone Ticken des Weckers war das einzige Geräusch im Schlafzimmer, in dem es schwül wie in einem Gewächshaus war, obwohl das Fenster den ganzen Tag offen gestanden hatte. Anne hatte das dunkle Rollo heruntergelassen, lag nur da und wartete. Es war wohl bald Mitternacht, schätzte sie. Sie kämpfte damit, sich wach zu halten. Dieses Mal war sie vorbereitet. Sie wusste, dass er kommen würde. Die Zeit verging. Vielleicht kam er doch nicht. Sie war kurz vorm Einschlafen als sie hörte, dass er da war. Nein, nicht hörte – es war mehr ein Gefühl. Das Gefühl, im Dunkeln nicht allein zu sein. Als ob sie seine Aura spüren könnte. Sie stellte sich schlafend, doch ihr ganzer Körper zitterte von der prickelnden Erwartung, die sich seit dem Duschen aufgestaut hatte. Zum Glück verdunkelten die Jalousien das Zimmer fast vollständig, sodass er sie unter dem dünnen Laken, das sie über sich geworfen hatte, nicht sehen konnte. Aber jetzt war er hier. Jetzt würde er mit ihr anstellen, was er in den Briefen versprochen hatte. Sie wagte es, ein Auge einen Spalt weit zu öffnen, denn eine Weile lang passierte gar nichts. Was waren dieses Mal seine Pläne? Worauf wartete er? Die Silhouette am Fußende des Bettes trat vor der hellen Wand etwas deutlicher hervor, als sich ihre Augen an die Dunkelheit gewöhnten. Sie wollte das Licht anmachen, mit ihm reden, ihm erzählen, wie sehr sie ihn vermisst hatte, aber das würde die Situation ruinieren, denn auch sie hatte etwas geplant.

Während sie auf ihn wartete, ging sie es noch einmal in Gedanken durch. Wenn er ihre Hände am Kopfende des Bettes festgebunden hatte, würde sie es sicher schaffen, mit der einen Hand ganz unauffällig das Messer hinter dem Vorhang hervorzuholen, das sie dort strategisch platziert hatte. Dann würde sie die Fesseln durchschneiden. Der Plan würde allerdings nur funktionieren, wenn er die Fesseln nicht so festzog wie beim letzten Mal. Aber sie glaubte nicht, dass er sich traute, die gleiche, harte Vorgehensweise noch einmal durchzuziehen. Wenn sie beide Hände frei hätte, was er wohl gar nicht bemerken würde, weil er mit anderem beschäftigt war, würde sie die Handschellen nehmen, die zwischen den beiden Matratzen lag – auch ein Geschenk von ihm -, ihn überrumpeln und seine Hände festketten. Dann war sie die Dominante. Sie kannte ihn so gut, dass sie wusste, dass er sich auf das Spielchen einlassen würde. Aber warum tat er jetzt nichts? Wieso zögerte er so lange? Da hörte sie plötzlich ein Geräusch, das sie nicht zuordnen konnte. Das erschreckte sie. Etwas rasselte. Erst, als sein Gewicht auf ihr lag und sie den Schmerz fühlte, wurde ihr klar, was es war. Es waren Ketten. Er fesselte sie mit kalten, harten Ketten, und er zog sie unheimlich fest. Sie erstarrte. Es sah Esben nicht ähnlich, *so* brutal und rücksichtslos zu sein.

»Au, das ist viel zu fest, das tut weh«, zischte sie im Dunkeln. »Würdest du sie bitte ein bisschen lockern?«

Die Silhouette versteifte sich. Sie lauschte dem Atem, der sich intensivierte, als ob er hyperventilierte. Dann kam der Schlag, und sie wusste, dass derjenige, der da auf ihr lag, nicht der war, den sie erwartet hatte. Einen Augenblick lang wurde ihr schwarz vor Augen; als sie wieder zu sich kam, schmeckte sie Blut in ihrem Mund und jetzt waren auch ihre Knöchel ans Fußende des Bettes gefesselt. Sein Atem war plötzlich ganz dicht an ihrem Ohr, aber was ihre Wange berührte, war keine warme Haut. Es war etwas Gummiartiges.

»Nun werd' mal nicht frech, du kleines, lesbisches Luder. Ich bestimme jetzt!«

Die zischende Stimme ließ ihr Blut zu Eis gefrieren. Das war ganz sicher nicht Esben. Sie griff nach dem Messer auf dem Fensterbrett, auch wenn sie genau wusste, dass es ihr nicht helfen würde. Die Ketten würden sich nicht durchschneiden lassen wie weiche Seidenbänder. Sie schnitten tief in die Haut, sobald sie versuchte, sie zu lockern. Sein Gewicht verschwand von ihrem Körper. Er stand direkt neben ihr. Die Wärme seines Körpers und ein merkwürdiger Geruch, den sie nicht definieren konnte, umhüllten sie. Dann schnellte das Rollo hoch, mit einem Geräusch, als ob etwas entzweigerissen würde. Die Sonne war längst untergegangen, aber das Mondlicht drang durch das Fenster. Das Rollo hatte das Messer von der Fensterbank gefegt und es landete mit einem dumpfen Knall auf den Boden. Die Silhouette neben ihr versteifte sich erneut, dann beugte sie sich herunter und hob das Messer auf. Sein Lachen war leise und unheimlich beherrscht. Triumphierend. Sie machte die Augen fest zu. Wollte ihn nicht sehen, vielleicht ließ er sie dann leben, wenn sie ihn nicht identifizieren konnte.

»Ich werde dich nicht anzeigen, wenn du … wenn du mir nichts tust. Willst du nicht …« Die Stimme klang nicht wie ihre und die Worte ebenfalls nicht. So jämmerlich klang sie nicht. So verletzlich. Sie wollte nie um ihr Leben betteln. Sie schluckte das Weinen herunter und harrte aus. Etwas Kaltes berührte ihre Haut unter der Unterhose und sie begann zu zittern. Die Bilder des Abends schossen ihr durch den Kopf, als Torsten ihr die Kleidung mit einem Messer heruntergeschnitten hatte. Ihr Stiefvater hatte sie missbrauchen wollen, doch Roland Benito hatte sie gerettet. Weil die Nacht so heiß war, und sie eigentlich Esben erwartet hatte, trug sie nur ein schwarzes Spitzenhöschen, die er mit zwei schnellen Schnitten in Stücke zerlegte. Sie hielt die Augen weiterhin geschlossen, aber die Lider zitterten nervös und das Herz hämmerte in ihrem Brustkorb.

»Ich wusste, dass du diese kleinen, frechen Höschen irgendwo hast. Waren sie in der geheimen Schublade eingeschlossen?«, fragte er und berührte die dünne Haut an der Innenseite ihrer Schenkel.

Seine Finger fühlten sich auch wie Gummi an. Die Stimme klang, als ob er sie verstellte, oder durch einen Stimmverzerrer sprach.

»Jetzt werde ich dir etwas geben, das besser ist als dein Dildo.«

Seine Schritte verschwanden in Richtung Tür. Sie öffnete die Augen und hoffte, dass er gegangen war, aber er stand über irgendetwas an der Tür gebeugt. Eine Tasche? Als er sich umdrehte hielt er etwas in der Hand. Der Schrei kam von ganz tief unten in ihrem Bauch und klang so entsetzlich und durchdringend, dass sie nicht glaubte, dass er von ihr selbst stammte. Der nächste Schlag traf sie hart und unvermittelt, er hatte den Gegenstand benutzt. Sein Umriss schwankte vor ihren Augen und verschwamm. Sie blinzelte und war sich sicher, dass sie halluzinierte, denn sie dachte, sie sähe Esben, und schrie erneut auf, als der nächste Schlag sie traf. Was dann folgte, erlebte sie wie durch einen Nebel, alles fühlte sich unwirklich an. Hektische Bewegungen. Die Geräusche, die seine Schläge machten. Ihr Stöhnen vor Schmerzen. Schnelle Schritte. Dann wurde es still. Ihr wurde wieder schwarz vor Augen und sie versuchte, gegen die Dunkelheit anzukämpfen, in der sie zu versinken drohte. Sie versuchte, nach etwas zu greifen, woran sie sich festhalten konnte. Die Ketten rasselten. Sie wollte wieder schreien, brachte aber keinen Ton heraus. Die Schmerzen an den Handgelenken verschwanden. Die Arme fielen schwer auf das Laken, matt und entkräftet. Hände umfassten ihre Schultern und versuchten, sie in eine aufrechte Position zu bringen. Jetzt schrie sie, sammelte den winzigen Rest Kraft, den sie noch mobilisieren konnte und verteidigte sich, so gut sie konnte, aber es reichte nicht aus. Er war stärker. Sie fing an, hysterisch zu weinen, denn jetzt wusste sie, dass sie sterben würde. Dann erkannte sie die Stimme wieder, die versuchte, brüllend zu ihr durchzudringen, und die Arme, die sie so festhielten, dass sie sich nicht länger bewegen und um sich schlagen konnte. Sie öffnete die Augen, konnte aber nichts sehen, denn Blut lief ihr warm und klebrig die Stirn hinab in die Augen. Aber sie wusste, dass er es war. Jetzt war sie sich sicher, dass er es war.

»Esben?«, flüsterte sie und er zog sie noch fester an sich. So fest, dass es wehtat. »Wie ...?«

»Shhh, wir müssen dich ins Krankenhaus bringen.«

»Nein! Nein, Esben! Wo ist er?« Sie versuchte sich loszumachen, um sich umzusehen, aber Esben hielt sie fest.

»Er ist weg! Aber du bist verletzt, Anne! Du blutest!«

Sie blinzelte ein paar Mal und berührte die Wunde.

»Das ist nichts«, beteuerte sie, fühlte aber, wie ihr schwindelig wurde. »Hilf mir ins Bad.«

Esben wusch sie, fragte nach ihrem Erste-Hilfe-Koffer, fand ihn und verband die Wunde mit einer Kompresse und einer Mullbinde. Dann wickelte er sie in eine Decke, brachte sie aufs Sofa, goss etwas von ihrem guten Whisky in ein Glas und reichte es ihr. Sie trank, er brannte im Hals und bis in den Magen herunter. Sie keuchte und schnappte nach Luft. Er setzte sich neben sie und legte den Arm um sie, als wolle er sie vor einer neuen Gefahr beschützen.

»Du blutest auch, Esben!«

Obwohl sie nicht gesagt hatte, wo, wischte er das Blut unter seiner Nase weg.

»Ich werd's überleben. Aber was ist mit dir, Anne? Hat er dir etwas getan? Hat er dich ...«

Anne schüttelte den Kopf und legte ihn an seine Schulter. Es pochte, als wolle er explodieren.

»Bist du dir sicher, dass ich dich nicht ins Krankenhaus fahren soll?«

»Ja, Esben. Hast du die Polizei angerufen?«

»Ja. Die schicken jemanden.«

Sie schloss die Augen und zwang sich selbst, ruhig zu atmen. »Das war er! Er war's, Esben! Er hätte mich getötet, wenn du nicht gekommen wärst. Er wollte mich gerade ... warum ausgerechnet mich?«

»Ja, warum ausgerechnet dich, Anne? Ich wusste, dass etwas nicht stimmte, sobald ich aufgeschlossen hatte ...«

»Du hast aufgeschlossen? Wie ist er dann …?«

»Das weiß ich nicht. Du hast ihm nicht aufgemacht?«

»Nein! Bist du verrückt! Ich würde nie einen Fremden reinlassen, schon gar nicht einen wie den. Hast du ihn gesehen?«

»Nein, leider nicht. Ich war zu beschäftigt damit, ihn von dir wegzubekommen!«

»Er ist also abgehauen! Verdammt nochmal, Esben. Du hättest ihn festhalten sollen!« Ein stechender Schmerz jagte durch ihren Kopf, als sie sich aufregte.

»Dann hätte ich ihm hinterherrennen müssen, aber du warst mir wichtiger.«

Sie nicke apathisch ein paar Mal, ohne mit ihm einer Meinung zu sein, aber sie wollte nicht streiten. Sie wollte dankbar sein. Was wäre passiert, wenn er nicht gekommen wäre?

»Du hast ihn gesehen?« Er strich ihr immer wieder mit den gleichen, rhythmischen Bewegungen über den Kopf. Die Fingerspitzen fuhren über ihre Haare, hin und her, fast manisch.

»Ja, er war unheimlich. Die Augen haben sich wie in irgendwelchen Löchern bewegt. Er hatte … ein rotes Dreieck auf der Stirn und auf den Wangen und … er hatte dieses Ding in der Hand, und ich …« Sie zitterte wieder und erinnerte sich nicht, jemals in ihrem Leben so eine Angst gehabt zu haben. Nicht einmal vor Torsten hatte sie sich damals so gefürchtet. »Er hat mich an irgendjemanden erinnert. Jemanden, den ich schon einmal gesehen habe.«

»Wen? Trug er eine Maske?«

Anne versuchte, den Schock abzuschütteln und sich zu konzentrieren. Es fiel ihr schwer, ihre Gedanken zu ordnen.

»Ich weiß es nicht, er … doch, jetzt weiß ich es. *Freitag der 13.*«

»Du meinst den Film?«

»Ja, den Film. Er sah aus wie der Typ … der mit der Maske.«

»Derek Mears?«

»Nein, wie er im Film hieß!«

Anne drehte sich um und schaute in Esbens besorgte Augen.

»Jason? Sah er aus wie Jason Voorhees, der mit der Eishockey-Maske?«

»Ja, ich bin mir ganz sicher, dass er das war. Es war einfach so unheimlich.« Sie hatte Schluckauf vom Weinen bekommen und vergrub ihr Gesicht in seiner Halskuhle. Er fing wieder an, mit seinen Fingern rhythmisch durch ihre Haare zu streichen. Das wirkte beruhigend, sie entspannte sich ein bisschen, aber sie zuckten beide heftig zusammen, als die Türklingel die Stille durchbrach.

»Das müssen die Kriminaltechniker sein«, sagte Esben und löste sich von ihr, um aufzumachen.

Die Kriminaltechniker blieben mehrere Stunden. Sie nahmen Fingerabdrücke und verstauten das Beweismaterial, wie die Ketten, mit denen Anne gefesselt worden war, in Tüten. Einer der Techniker erklärte ihr, dass später noch ein Beamter kommen und sie befragen würde.

Kurz darauf klingelte es erneut an der Tür. Esben machte auf. Der Kriminalkommissar stand einen Moment lang stumm da und schaute ihn an. Die Verwunderung stand ihm in das dunkle, südländische Gesicht geschrieben. Anne sah es vom Sofa aus, wo sie kuschelig in die Decke eingehüllt sitzen geblieben war. Den kurzen Höflichkeitsphrasen, die sie austauschten, bevor Roland ins Wohnzimmer kam und sich ihr gegenüber auf den Sessel setzte, entnahm sie, dass sie sich aus dem Gerichtssaal kannten. Er lächelte nicht. Sein Gesicht war ernst, die Augen vorwurfsvoll, als glaubte er, dass sie sich selbst in diese Lage gebracht hätte. Ob sie das wohl hatte? Warum war *sie* unter den ausgewählten Opfern? Anne versuchte, ihm ein Lächeln zuzuwerfen, das der Situation angemessen war, wie auch immer das aussehen sollte, aber ihre Lippen brachten nur ein schwaches Zittern zustande.

»War sie im Krankenhaus?«, fragte Roland und schaute nur Esben an, als ob sie gar nicht existierte.

»Sie wollte nicht. Es sei nichts, sagt sie.« Esben hielt sich ein Stück Küchenrolle unter die Nase, die wieder angefangen hatte zu bluten.

»Es *ist* nichts!«, sagte Anne hitzig, griff über den Tisch nach dem Aschenbecher und nahm eine halbe Zigarette, die ausgegangen war, um sie anzuzünden, doch sie konnte ihre Finger kaum ruhig halten.

»Wie bist du mit dem Täter in Kontakt gekommen, Anne?«

Jetzt sah er sie fest an, mit diesem Blick, der sie immer dazu brachte, sich verstecken zu wollen. Auf jeden Fall musste sie wegschauen und fixierte die Glut der Zigarette.

»Keine Ahnung. Plötzlich ist er in meinem Schlafzimmer aufgetaucht.«

»Und du hast ihn vorher noch nie getroffen? Serienmörder! Wie konntest du das schreiben! Davon war nie die Rede. Woher hattest du diesen Einfall?«

»Du weißt genau, dass ich meine Quellen nicht verrate. Dann wäre ich nicht mehr lange Journalistin.«

Sie konnte sehen, was er dachte.

»Und er war also nicht derjenige, der dich kontaktiert hat?«

Sie schaute ihm trotzig in die Augen und kämpfte dagegen an, wegzusehen.

»Natürlich nicht!«

Sein aggressiver Ton zwang ihre Stimme in den gleichen Tonfall. Vielleicht hatte es etwas mit seiner Frau zu tun. Vielleicht kam er gerade aus dem Krankenhaus.

»Du musst ihn irgendwie auf dich aufmerksam gemacht haben.«

Esben hatte sich neben sie aufs Sofa gesetzt und starrte sie unverwandt an. Hier saß der Gesetzeshüter und tat so, als ob sie den Täter persönlich eingeladen hätte, vorbeizukommen und sie zu vergewaltigen, damit sie Stoff für eine neue Sensationsstory sammeln konnte.

»Ich habe nichts gemacht!« Sie nahm einen tiefen Zug von der Zigarette und schickte den Rauch in Richtung Fenster. Es war gekippt, aber er konnte unmöglich auf diesem Wege in ihre Wohnung gekommen sein. Das war völlig unmöglich.

Roland sah sehr müde aus, er lehnte den Kopf zurück und wiegte ihn ein paar Mal hin und her, als ob er eine Verspannung im Nacken lösen wollte. Er schaute sie wieder an.

»Du bist die Einzige, die überlebt hat, Anne. Unsere beste Zeugin.« Es klang, als ob ihn diese Tatsache quälte. »Kannst du eine Personenbeschreibung abgeben?«

»Ja, Jason!«

»Jason! Kennst du diesen Jason?«

»Das tun sicher alle.«

»Jason Voorhees. Der aus *Freitag, der 13.*«, erklärte Esben, als zwischen Rolands schwarzen Augenbrauen eine irritierte Falte sichtbar wurde.

»Die Maske!«, murmelte er, als ob ihm etwas Wichtiges klar wurde.

»Die Maske?«, wiederholte Anne fragend, bekam aber keine Antwort, nur eine neue Frage:

»Hast du Briefe bekommen?«

»Ja.« Sie lächelte und schielte zu Esben hinüber. »Von dir?«

»Von mir? Ich habe keine Briefe geschickt. So etwas liegt mir echt nicht«, sagte Esben mit einem jungenhaften Grinsen.

Anne verstand, warum er es leugnete.

»Das waren sehr private Briefe«, beeilte sie sich hinzuzufügen.

»Hmm. Du hast also keine bekommen, deren Absender du nicht kanntest?«

Sie schaute wieder zu Esben, dessen Blick neutral war. Sie schüttelte den Kopf.

»Hast du ein Auto auf der Straße parken sehen? Einen hellgrauen Golf, älteres Modell?«

Anne schüttelte wieder den Kopf, was nicht bedeuten musste, dass er nicht dort gehalten hatte. Sie achtete selten auf die parkenden Autos.

»Du hast auch keinen Verdacht, dass jemand unangemeldet hier drinnen war?«

»Unangemeldet?«

Die Stimme, die heiß an ihrem Ohr flüsterte, erklang wieder. Sie erschauderte. Er hatte die abgeschlossene Schublade erwähnt. Er wusste, dass sie diesen Dildo hatte. Sie holte tief Luft und schwieg.

»Der Täter hat, wie du ja bereits weißt, die Angewohnheit, seine Opfer zu beschatten. Er wühlt in ihren Sachen. Findet alles über sie heraus, bevor er zuschlägt. Aber du hast nichts Entsprechendes beobachtet?«

Sie wippte mit dem Zigarettenstummel, saugte das letzte Nikotin heraus und drückte sie aus, während sie den Kopf schüttelte. Er pochte unerträglich.

Roland schaute auf seine Armbanduhr und stand auf. Annes Blick wanderte automatisch zu ihrer eigenen. Es war 2:30 Uhr.

»Haben Sie den Kriminaltechnikern Ihre Fingerabdrücke gegeben?«, fragte Roland Benito Esben, der nickte.

»Ja, sie haben darum gebeten, damit ich von den Ermittlungen ausgeschlossen werden kann. Ich habe ja die Ketten angefasst, als ich Anne befreit habe.«

Rolands forschender Blick fiel wieder auf sie. Es war deutlich zu sehen, dass er wusste, sie hatte ihm nicht alles erzählt und wenn er könnte, würde er es gerne aus ihr herausquetschen.

»Ich möchte dich bitten, nicht zu viel über das hier auf deinem Nachrichtenportal zu veröffentlichen, Anne. Auch in deinem eigenen Interesse. Ich werde ein paar Kollegen deine Wohnung im Auge behalten lassen. Keine Widerrede!«, schloss er und deutete direkt auf sie, bevor sie es schaffte, den Mund aufzumachen.

Esben legte einen Arm um ihre Schulter. »Ich bleibe bei ihr.«

Anne seufzte laut, als sie wieder alleine waren, dann wandte sie sich Esben zu.

»Wo zur Hölle hast du dieses Sexspielzeug gekauft?«

41

Alle Geräusche waren verstummt. Und es war dunkel. Seine Augen schmerzten von dem angestrengten Versuch, im Dunkeln einen Fixpunkt zu finden. Die Übelkeit glitt seine Kehle auf und ab, während er nach Luft schnappte. Die Arme lagen eng an seinem

Körper, so, wie Pia die Toten hinlegte, und seine Finger ertasteten etwas Weiches und Seidiges. Es roch nach muffigem Holz. Obwohl sein Kopf pochte, als ob sich etwas den Weg durch seinen Schädel fraß, brauchte sein Gehirn nicht lange, um diese Eindrücke zu einer konkreten Vorstellung zusammenzufügen: Er lag in einem Sarg. Befand er auch unter der Erde? Er erinnerte sich mit Schrecken an die Geschichten seines Großvaters über Menschen, die man bei lebendigem Leibe begraben hatte. Manchmal passierte es, jedenfalls damals, dass ein Scheintoter unter die Erde kam, der später dort unten aufwachte. Sie kratzten sich an der Innenseite des Sargdeckels aus Holz die Nägel blutig, um herauszukommen, bis es keinen Sauerstoff mehr gab und sie qualvoll erstickten. Särge waren ausgegraben worden, erzählte er, in deren Deckeln man ihre Qualen wie unleserliche Hieroglyphen in das Holz eingeritzt sehen konnte. Aber das war nicht der Fehler des Bestatters, hatte sein Großvater mit Nachdruck gesagt, es seien die Ärzte, die nicht sorgfältig genug gewesen waren. Hatten sie einen Mann für tot erklärt, konnte der Bestatter nichts anderes tun, als ihn zu begraben. Die Panik lähmte ihn wie damals, als sie alle vier dagesessen und ihrem Großvater mit großen, bangen Augen gelauscht hatten. Er hätte in diesem Alter so etwas überhaupt nicht hören dürfen, eine Horrorgeschichte, die ihm Nächte voller Alpträume beschert hatte. Sein Herz hämmerte, als ob es sich ebenfalls aus seinem Gefängnis befreien wollte. Wie lange er schon hier drin lag, wusste er nicht. War der Tag schon angebrochen? Suchten Gitta und Mathilde nach ihm? Er rief und hämmerte mit den Fäusten fest gegen die Seiten und den Deckel des Sarges, aber es ertönte fast kein Laut. Das Seidenfutter dämpfte seine kraftlosen Schläge. Mit einer Hand schaffte er es mühsam, sich an den Hinterkopf zu fassen. Er spürte etwas Klebriges und roch daran. Es war Blut. Er rief erneut, aber seine Stimme wurde schwächer und die Anstrengung saugte die Kraft aus ihm. Er schloss die Augen. So fühlte es sich also an, lebendig begraben zu werden. Sein Gehirn suchte verzweifelt nach Antworten. Was war geschehen? Immer wieder landete er in der

Vergangenheit, als ob einigen alten, unbenutzten Gehirnzellen plötzlich etwas eingefallen war, das sie ihm erzählen wollten. Das Ganze hatte etwas Bekanntes an sich. Das hier war eine Strafe, das wusste er. Er war wieder Kind. Was hatte er getan? Er war dabei nicht allein gewesen. Erling war auch hier. Er lag irgendwo in einem anderen Sarg. Hatten sie ihre Schwestern geärgert? Nein, dafür wären sie höchstens im Sargraum im Dunkeln eingesperrt worden. In dem Raum mit der Tür, hinter der der Mann in seiner schwarzen Kutte stand und darauf wartete, hinausgelassen zu werden. Er wusste nie, ob ihr Vater den Tod vielleicht schon hinausgelassen hatte und er in der Dunkelheit herumlief und nach ihm suchte. Es war, als ob er schliefe, und das Ganze kam ihm wie ein ferner Traum vor. Jetzt wusste er, was sie getan hatten. Es war Erlings Idee gewesen. Andreas hatte sie nicht gefallen, aber er hatte dennoch bloß passiv zugesehen, während Erling die Katze einfing. Hatte er sogar geholfen? Vielleicht. Ihre Schreie hatten seinen Kopf gefüllt, sodass er sich die Ohren zuhalten musste. Dann war es vorbei. Erling hatte Blut an den Händen gehabt und seine Stimme hatte seltsam geklungen, als er ihm erklärte, dass schwarze Katzen böse und mit Satan im Bunde seien, dann war er gegangen und hatte das tote Tier einfach im Gras liegen lassen. Andreas hatte die Katze hochgehoben. Sie war eigentlich nur ein großes Kätzchen. Ihr Körper war immer noch warm und ganz schlaff. Er wollte es wieder gut machen. Behutsam trug er sie in den Sargraum, obwohl er diesen Raum hasste und normalerweise nicht freiwillig hierher kam. Sein Vater half den Toten auf dem Weg in eine bessere Welt, sagte er immer. Er legte die Katze in einen Sarg, die Vorderbeine an die Seiten, wie er es den Vater mit toten Menschen hatte machen sehen. Sie sah in diesem großen Sarg sehr klein aus. Das Blut floss aus ihrem Hals, der halb aufgeschnitten war. Er hatte geweint und den Deckel zugemacht. Jetzt kam sie in eine bessere Welt. Niemand entdeckte es, bis es im Sargraum zu stinken begann und Johan Spang die verweste Katze fand. Er war fuchsteufelswild gewesen, denn den teuren Sarg hatte er entsorgen müssen.

Andreas hatte sofort gestanden und Erling verpetzt. Damals hatten sie wieder die Sarg-Strafe bekommen. Ihr Vater hatte ihnen befohlen, sich jeweils in einen Sarg zu legen und dann die Deckel festgeschraubt. Dann ließ er sie einfach dort im Dunkeln liegen. Erling hatte Andreas lange Zeit beschimpft. Seine Stimme klang durch den Sarg gedämpft und schwach zu ihm durch, doch dann wurde sie panisch. Er trat gegen den Sargdeckel und schrie wie ein Wahnsinniger. Andreas hatte versucht, ihn damit zu beruhigen, dass ihr Vater sie natürlich nicht lange hier liegen lassen würde. Er würde bald kommen und sie rauslassen. Das machte er immer so. Seine Klaustrophobie drückte auf seinen Brustkorb, der sich schnell und unkontrolliert hob und senkte. Er bildete sich ein, der Sauerstoff in dem Sarg sei bereits aufgebraucht, obwohl er nicht einmal unter der Erde lag. Es wurde ganz still. Er rief nach Erling, aber der antwortete nicht mehr. Er konnte nicht sagen, wieviel Zeit verging. Es fühlte sich wie eine Ewigkeit an. Hatte ihr Vater sie vergessen? Dann hörte Andreas endlich, dass die Schrauben gelöst wurden. Kurz darauf drang Licht zu ihm hinein und er blickte in das immer noch wütende Gesicht seines Vaters.

»Hast du es jetzt gelernt, Freundchen! So was machst du nicht nochmal!«

Andreas hatte den Kopf geschüttelt und die ausgestreckten Hände seines Vaters ergriffen, die ihm hoch halfen und ihn auf den Zementfußboden setzten. Er wischte sich die Tränen ab, während er zusah, wie sein Vater den Deckel von dem anderen Sarg schraubte, während er auch Erling ausschimpfte, ihn verfluchte, einen Tierquäler nannte und drohte, dass er nicht zum letzten Mal in diesem Sarg gelegen habe, falls er nichts daraus gelernt hatte. Er sah, wie sein Vater den Deckel hochhob und in den Sarg starrte. Dann schimpfte er wieder.

»Stell dich nicht so an, Junge! Jetzt steht auf! SOFORT!«

Es passierte nichts. Andreas biss sich auf die Lippe und schmeckte die salzigen Tränen und das Blut, er hatte sich die Lippen aufgebissen. Sein Herz wollte nicht aufhören zu galoppieren.

»Was ist los, Papa?«, fragte er und trat näher an ihn heran, aber Johan Spang hob seine Hand wie ein Stoppschild. Er starrte hinunter in den Sarg, und dann blickte er Andreas an, doch seine Augen glänzten merkwürdig und schienen durch ihn hindurch zu blicken.

»Bleib hier! Nein, lauf zu Mama. Lauf schnell zu Mama.«

Andreas lief, so schnell ihn seine puddingweichen Beine tragen konnten. Er wäre beinahe über die Türschwelle gestolpert, fand aber die Balance und kam wieder auf die Beine. Er sah über die Schulter, dass sein Vater Erling aus dem Sarg hob. Sein Körper hing schlaff in den Armen seines Vaters und es sah aus, als würde er schlafen. Kurz darauf kam der Krankenwagen.

Andreas schlug die Augen auf. Es war immer noch dunkel und er war immer noch eingesperrt. Das war also kein Traum gewesen. Ihm war klar, dass er kein Kind mehr war und nicht sein Vater ihm die Sarg-Strafe verpasst hatte. Er hatte es nie wieder getan, aber Erling wurde auch nie wieder er selbst. Wie hatte er das vergessen können? Nein, vergessen hatte er es nicht, er hatte es verdrängt, und jetzt war es wieder da. Klar und deutlich. Wieso hatte sein Vater sie so lange dort liegen lassen? Warum war es für Erling so schlimm ausgegangen? Er fing an zu schluchzen. Wie ein Kind lag er da und weinte in dem dunklen Sarg, während die Erinnerungen nach und nach in seinem schmerzenden Kopf auftauchten und die Kräfte ihn verließen. Dann hörte er, dass jemand in den Raum kam. Absätze klackerten auf dem Zementboden. Es waren hinkende Schritte, die sich näherten.

42

»Anne Larsen? Wie in aller Welt passt die jetzt ins Bild?«, unterbrach Niels das lange Schweigen, das auf Rolands Darstellung der Ereignisse der letzten Nacht gefolgt war. Eine Biene summte aufgeregt am Fenster, um hinaus in die jetzt schon brennende Sonne zu gelangen.

»Vielleicht, weil sie angefangen hat, über den Serienmord zu schreiben«, schlug Hafid vor und gestikulierte demonstrativ in Richtung der Zeitungen, die auf dem Tisch verstreut lagen, alle mit der gleichen Botschaft, die auf den Titelseiten prangte: *Serienmörder wütetet in der Stadt des Lächelns, die Polizei tappt im Dunkeln!*

Es war Samstagmorgen. Noch ein perfekter sonniger Sommertag mitten in den Ferien, und er hatte die Leute zur Arbeit zitieren müssen. Jedenfalls die, die mit den Mordfällen zu tun hatten. Es erfüllte ihn mit Dankbarkeit, seine drei treuen Mitarbeiter zu sehen, die nun in ihrer Alltagskleidung vor ihm saßen, fast ohne zu murren. Isabella in einem etwas zu tief ausgeschnittenen Kleid. Ihr Hals und ihre Brust glänzten vor Schweiß, als wäre sie zum Polizeipräsidium gerannt.

»Es kann viele Ursachen geben. Von der Theorie mit den Studentinnen können wir jetzt wohl absehen. Aber Anne hat weder Briefe bekommen noch sich überwacht gefühlt, daher ist dieser Überfall hier jetzt atypisch.«

»Vielleicht wird er allmählich nachlässig«, sagte Niels.

»Ja, vielleicht. Deswegen ist es auch wichtig, dass wir jetzt zuschlagen. Er ist ganz sicher frustriert über diesen missglückten Vergewaltigungsversuch und das könnte zur Folge haben, dass er bald wieder zuschlägt.«

»Was haben wir? Eine Personenbeschreibung?« Isabella lehnte sich über den Tisch. Roland merkte, dass er ihr in den Ausschnitt geschaut hatte und sah schnell weg.

»Gert Schmidt kümmert sich persönlich um das Beweismaterial, das die Kriminaltechniker in Annes Wohnung gefunden haben. Unter anderem Ketten. Anscheinend hat er damit seine Opfer gefesselt, nicht mit Seilen, wie zuerst angenommen. Sobald wir wissen, um was für einen Typ Kette es sich handelt, haben wir vielleicht eine Spur. Es gab keine Fingerabdrücke. Anne meinte, er habe Handschuhe benutzt. Außerdem wissen wir mehr über die Maske. Isabella, du darfst gerne weiter nach Latexmasken suchen. Dieses Mal schaust du nur nach der Hockeymaske aus *Freitag, der 13*.«

»Der Film? Ist das der?«

»Jason«, sagte Niels schlau und nickte, als wäre es eine Selbstverständlichkeit, an die sie längst hätten denken sollen.

Isabella nickte ebenfalls, aber er sah deutlich in ihrem Gesicht, dass sie auf diese Aufgabe gerne verzichtet hätte.

»Hat die Drogenabteilung etwas über das Bonbonpapier herausgefunden?«, wollte Hafid wissen und kratzte sich die Narbe am Hals, die bei der Hitze deutlicher hervortrat.

»Noch nicht. Sie reden sich auch mit Urlaub raus. Wir gehen das gesamte Material nochmal durch. Ich fahre ins Kriminaltechnische Zentrum und mache ihnen Feuer unter dem Hintern. Behalte sie ein bisschen im Auge. Der Fall hier hat oberste Priorität.«

Die Räumlichkeiten sahen an einem Samstagvormittag in den Betriebsferien verlassen aus. Er fand Gert Schmidt in seinem Büro.

»Na, schiebst du auch Wochenenddienst?«, grüßte er.

»Das ist eigentlich nicht so ungewöhnlich.«

»Habt ihr das abhanden gekommene Material gefunden?«

»Leider nicht. Verdammt blöde Sache.«

»Kannst du dir vorstellen, dass es jemand gestohlen hat?«

»Wer sollte das sein? Und mit welchem Motiv? Ich vertraue meinen Mitarbeitern.«

Roland nickte. Das musste man ja auch.

»Es ist doch wohl nicht im Umzugschaos untergegangen? Ihr zieht doch in das neue Ermittlungszentrum um?«

Roland wusste, dass es ein heißes Eisen war, Gert darauf anzusprechen, aber er war neugierig. Gerüchten zufolge hatte das Justizministerium Pläne für ein großes Nationales Kriminaltechnisches Zentrum, das für das ganze Land arbeiten sollte, das NKZ, wie sie es nannten. Das passte Gert nicht.

»Lass uns mal abwarten, was daraus wird. Es ist ja nicht das erste Mal, dass sie damit drohen, unsere Abteilung zu verlegen, das steht jetzt bald schon seit zehn Jahren zur Debatte. Sorgt für ordentlich Frust unter den Mitarbeitern. Jedes Mal, wenn ein neuer Leiter kommt, gibt es auch einen neuen Plan. Zuerst hieß es, wir gehen nach Randers, einige der Kriminaltechniker hatten dort bereits Häuser gekauft, dann wurde der Plan begraben, jetzt ist es ein zusammengelegtes Zentrum in Fredericia, das Kriminaltechnische Sektion West heißen sollte. Aber es ist echt weit von Aarhus nach Fredericia. Viele fahren dann über eine Stunde zur Arbeit, wenn daraus was wird«, schnaubte er.

»Glaubst du, es geht um Geld?«

Gert Schmidt schaute ihn durch die runden Gläser in der John Lennon Brille an.

»Wann geht es heutzutage nicht darum? Natürlich geht's um Geld! Ein neues Zentrum in Jütland wird Millionen kosten, deswegen benutzten die logischerweise die bereits existierenden, in denen sie die meisten Einrichtungen haben, und sammeln uns da.«

»Aber zu welchem Zweck? Ist es nicht gut so, wie es jetzt ist?«, erkundigte sich Roland vorsichtig.

»Sie sagen, es sei ein fachliches Projekt. Zukunftssicherung. Mehr Spezialisierung, damit rechtfertigen sie es. Das Gleiche, was wir auch schon bei den Krankenhäusern gesehen haben. Aber siehst du irgendeinen Vorteil darin, dass wir alle in Fredericia hocken? Es würde zum Beispiel zweieinhalb Stunden dauern, zu einem Tatort in Aalborg zu kommen, das kann wichtige Spuren kosten. Meiner Meinung nach wäre das jedenfalls keine fachliche Verbesserung für Jütland!«

»Hmm, Fredericia ist trotz allem besser als die Hauptstadt.«

»Nur über meine Leiche. Ich hoffe nicht, dass es was wird, bis ich in Rente bin. Wenn es dieses Mal überhaupt was wird!« Gert steigerte sich in die Sache rein, seine Stimme wurde immer lauter, als ob sie nicht ohnehin schon laut genug wäre. Roland bereute es, das Thema zur Sprache gebracht zu haben.

»Was hast du über die Ketten herausgefunden?«

Gert Schmidt wischte sich irritiert den Schweiß von der Stirn.

»Verdammte Hitze! Das sind Stahlketten, Roland, und wir haben sogar schon versucht herauszufinden, wer diesen Typ Kette verwendet. Das war eigentlich gar nicht so schwer, und hier wird es interessant.«

Gert machte eine große Nummer aus der Pause. Er stand auf, holte eine Thermoskanne und schenkte ihnen beiden Kaffee ein. Dann setzte er sich wieder hin.

»Es hat sich herausgestellt, dass es die Art Kette ist, die verwendet wird, um Türketten herzustellen.«

Roland hatte diese Art von Sicherheitsschloss schon öfter gesehen. Besonders bei Älteren und Alleinstehenden waren sie beliebt. Aber das waren ja nur kleine, kurze Ketten, die an einem Schloss befestigt waren.

»Der Täter kann also Zugang zu einem Lieferanten von Türketten haben, oder …«

»… oder selbst Schlosser sein«, vollendete Gert und trank von dem Kaffee, der sicher nicht heiß war.

»Das könnte erklären, warum es für ihn so leicht ist, in die Wohnungen zu gelangen, ohne Türen oder Fenster aufzubrechen.«

Gert nickte. »Vielleicht wählt er seine Opfer in seinem Geschäft aus.«

»Aber keine der Frauen hatte eine Türkette, soweit ich weiß«, wandte Roland ein.

»Vielleicht hatten sie auf irgendeine Weise Kontakt zu einem Schlosser. Das wäre doch eine Untersuchung wert.«

Roland brummte in seine Tasse. Ein Kriminaltechniker, der wichtiges Beweismaterial verschwinden ließ, sollte ihn nicht über seine Arbeitsmethoden belehren.

»Natürlich«, erwiderte er und stellte die Tasse auf Gerts aufgeräumten Schreibtisch. Der Computerbildschirm beanspruchte den Großteil der Tischplatte. Das Kriminaltechnische Zentrum war ganz sicher die Abteilung, die den größten Teil des Budgets für IT-Equipment ausgab. Bei ihm und seinen Kollegen standen die alten Modelle mit den langsamen Programmen.

»Fingerabdrücke wurden, wie bereits erwähnt, nicht hinterlassen. Um das zu vermeiden hat der Täter Handschuhe benutzt.«

Das wusste Roland bereits. Er nickte.

»Aber für alle Opfer wurden die gleichen Ketten verwendet. Man muss sagen, er ist geduldig und lässt sich Zeit. Erst befreit er seine Opfer von den Ketten, dann legt er sie in diese bestimmte Stellung und nimmt die Ketten wieder mit, um sie beim nächsten Mal wieder zu verwenden. Auf den Ketten befinden sich DNA-Spuren von allen drei Opfern plus die einer Unbekannten, die vermutlich von der Journalistin stammt.«

Pass bloß gut auf die auf, dachte Roland. »Er muss ein eiskaltes Monster sein. Aber dass er möglicherweise Schlosser ist oder bei einem arbeitet, ist also das, was wir daraus schlussfolgern können?«, fragte er.

»Das ist doch auch ein Anfang«, sagte Gert und versuchte, optimistisch auszusehen.

Anfang. Roland wollte bald einen Abschluss sehen. Und zwar am liebsten, bevor der Mörder wieder zuschlug und sich offiziell als Serienmörder bezeichnen konnte. Dieses Mal war es knapp gewesen. Anne Larsen hatte Glück gehabt, dass Esben Bentzen aufgetaucht war. Er war noch nicht ganz darüber hinweggekommen, dass sich die beiden kannten. Anne hatte offenbar angefangen, ihre Bekanntschaften mit mehr Sorgfalt auszuwählen. Ihre letzte war hochkriminell gewesen und hatte sie einer großen Gefahr ausgesetzt, und Roland wusste nicht einmal, ob sie mittlerweile tatsächlich völlig in Sicherheit war. Mit der Mafia war nie zu spaßen, ob es nun die italienische oder die osteuropäische war. Sie vergaßen nie. Bentzen war ein kompetenter Anwalt. Roland hatte ihn ein paar Mal im Gericht getroffen und war dankbar gewesen, dass er auf seiner Seite gestanden hatte.

Er rief in der Abteilung an und ordnete an, dass alle Schlosser der Stadt vernommen werden sollten. Besonders sollte nach einem bestimmten Kettentyp Ausschau gehalten werden, der für Türketten verwendet wurde.

»Scheiß drauf, dass Ferien sind und Samstag ist! Die Schlosser haben doch wohl einen 24-Stunden-Dienst und in der Urlaubszeit müssten sie wohl am meisten zu tun haben. Gerade jetzt haben die Einbrecher doch Hochsaison!«, schnaubte er.

43

Gitta Spang ging aufrecht auf den hohen Absätzen über den unebenen Gartenweg. Gras und Unkraut, das zwischen den Fliesen hochragte, versuchten ihr ein Bein zu stellen. Aber sie war geübt darin, auf Absätzen zu laufen, aus ihrer Zeit auf dem Catwalk als junge Frau und nun auch durch ihren Job als Stewardess. Täglich legte sie auf hohen Hacken mehrere Kilometer in den schmalen Gängen der Flugzeuge zurück.

Das gelbe Reihenhaus sah einsam und verlassen aus, es war in helles Sonnenlicht getaucht, das die Mauersteine ganz weiß aussehen ließ. Sie glaubte nicht, dass Andreas wirklich hier war, aber es war eine Möglichkeit. Er sei nicht in der Pietät, hatte Pia gesagt, als Gitta sie dort aufgesucht und sich beschwert hatte, dass niemand ans Telefon ging. Sie hasste diesen Ort. Hasste diese Familie. Sie hatten irgendetwas an sich, was ihr Gänsehaut verursachte und sie wusste, dass Andreas' Geschwister sie im Gegenzug ebenfalls nicht ausstehen konnten. Sie war sich sicher, dass sie sie für ein Flittchen hielten. Bloß, weil sie selbst so hässlich waren und nichts aus sich machten. Vielleicht war es ihre Schuld, dass Andreas so wenig Kontakt mit seiner Familie gehabt hatte. Sie wollte nie mit, wenn er einen Familienausflug nach Jütland vorschlug, und dann war er eben auch zu Hause geblieben. Aber etwas sagte ihr, dass da noch mehr dahintersteckte. Etwas, über das Andreas nicht sprechen wollte oder konnte. Ihr Gefühl war stärker geworden, nachdem sie nach Jütland gezogen waren. Er hatte sich in letzter

Zeit verändert. War abweisender geworden, stiller. Als ob er über irgendetwas Tiefgründiges nachgrübelte oder versuchte, auf etwas zu kommen. Es vielleicht zu vergessen. Aber dass er einfach eine ganze Nacht verschwand und nicht ans Handy ging, hatte sie noch nie erlebt. Sie spürte, dass irgendetwas nicht stimmte.

Auf der Steintreppe blieb sie vor einer neueren, massiven Haustür aus dunklem Holz stehen, die ihrer Meinung nach überhaupt nicht zum Haus passte. Das Türschild passte auch nicht zur Tür. Die Namen waren mit schiefen und altmodischen Buchstaben in eine Holzscheibe eingebrannt. Es sah aus wie etwas, das eines der Kinder gebastelt hatte. Sie legte den Zeigefinger auf die Messingklingel und zögerte. Ihr knallroter Nagellack reflektierte die Sonnenstrahlen, sie hatte ihn passend zu ihrem Lippenstift ausgesucht. Dann entschied sie sich und drückte den Klingelknopf. Sie hörte die Türglocke drinnen im Haus, aber keine Schritte, und die Tür wurde nicht geöffnet. Sie versuchte es erneut und hielt den Knopf länger gedrückt, aber es ertönte bloß wieder dieselbe Melodie. Sie ging die Treppe hinunter. Lange stand sie da und überlegte. Sie spürte Furcht, die als ein erhöhter Puls gegen ihren Hals pochte. Eine wohltuende Brise ergriff ihre langen Haare und wehte sie vor ihre Augen wie einen hellen Seidenschleier. Sie warf sie mit einer leichten Kopfbewegung zurück und schob die Sonnenbrille in die Haare. Es war auch niemand im Garten. In der festen Überzeugung, dass sie zur Familie gehörte und ein Recht dazu hatte, öffnete sie das Gartentörchen, das leicht knarrte, ging in den Garten, der einigermaßen gepflegt aussah, und schaute durch die Fenster. Es schien keiner zu Hause zu sein. Alles war still. Das Schaukelgerüst, das leere Planschbecken und das große, blaue Trampolin, das den Großteil der Rasenfläche einnahm, ließen den Garten wie einen verlassenen Spielplatz aussehen, von dem die Kinder geflüchtet waren. Erschrocken wich sie mit einem lauten Keuchen zurück, als sich ihr ein dunkler Schatten von der anderen Seite des Fensters entgegenwarf. Eine Topfpflanze, die auf der Fensterbank stand, fiel krachend zu Boden, und von drinnen hörte man ein hitziges Bellen. Ein Dackel. Die hasste sie auch. Natürlich hatten sie obendrein einen hässlichen Hund. Aber sie konnten nicht in Urlaub gefahren sein, wenn er zu Hause war. Sie ging einmal ums Haus herum und schaute durch sämtliche Fenster. Klopfte ein paar Mal, was den Hund völlig durchdrehen ließ. Jetzt hatte er auch ein Tischchen mit einer Vase umgeworfen. Es war auch kein Andreas zu sehen, er besuchte also nicht seine kleine Schwester. Wo war er? Der Riemen der Mulberry-Tasche rieb an ihrer nackten Schulter. Sie schwitzte und merkte mit Unbehagen, dass ihr Kleid unter den Armen nass war. Die Absätze sanken tief in die Erde eines Blumenbeetes, das aussah, als wäre es vor kurzem gewässert worden. Dreck klebte an ihren Schuhen, fast bis zum Knöchel. Mit einem resignierten Schnauben nahm sie eine Packung Kleenex aus der Tasche und wischte die Absätze ab. Eine Weile stand sie mit dem Papier zwischen zwei Fingern angeekelt da. Sie hatte keine Ahnung, was sie mit dem Papier machen sollte. Dann stopfte sie es kurzerhand zwischen die Blätter in der Ligusterhecke. Eine Amsel flog auf, schimpfte los und erschreckte sie schon wieder. Sie hatte sicher ein Nest mit Jungen dort. Das Metallgehäuse ihres Handys glänzte in der Sonne, als sie die Tasche schließen wollte. Sie holte es heraus und rief Andreas an, aber wieder landete sie nur auf der Mailbox. Sie wollte nicht noch weitere Nachrichten hinterlassen. Was sollte das bringen, wenn er ohnehin nicht zurückrief. Sie hatte keine Ahnung, ob sie Angst haben, genervt oder wütend sein sollte und versuchte stattdessen, in der Pietät anzurufen. Aber auch hier ging immer noch niemand dran. Was nun, wenn jemand gestorben war und Hilfe benötigte? Vielleicht konnte Pia aber auch sehen, wer anrief. Sie fluchte und stopfte das Handy zurück in die Tasche, sah sich wieder um. Die Nachbarhäuser sahen auch leer aus. Wie verlassene Schneckenhäuser. Einige warben sogar damit, in den Sommerurlaub gefahren zu sein, indem sie die Zeitungen aus dem Briefkasten gucken ließen. Die Hoffnungslosigkeit machte sie matt. Matt und verschwitzt. Jetzt blieb ihr wohl nur noch, zur Polizei zu gehen. Oder wäre das übertrieben? Sollte man nicht mindestens 24 Stunden warten, wenn jemand verschwunden war? Mutlos ging sie über die Fliesen mit Unkraut zurück und setzte sich ins Auto.

44

Die Zigarette, die zwischen Annes trockenen Lippen hing, verlor Asche auf die Tastatur. Sie fluchte leise, drückte sie mit der einen Hand aus und wischte mit der anderen die Asche weg. Vertieft ins Schreiben bekam sie nicht mit, was um sie herum geschah. Sie hatte keinerlei Zweifel daran gehabt, dass sie heute arbeiten sollte, obwohl Samstag war und ihr Kopf pochte, als ob jemand Squash darin spielte. Nicolaj war nicht gekommen. Er war sicher mit seiner Sache nicht weitergekommen. Die im Kriminaltechnischen Zentrum hatten wichtiges Beweismaterial weggeworfen, hatte er gesagt. Ihrer Meinung nach war das doch eigentlich auch etwas, über das man schreiben konnte, aber sie würde sich nicht einmischen. Das gehörte zu dem für sie verbotenen Sarg-Fall. Der war plötzlich auch nicht mehr so interessant. Sie war selbst ins Zentrum ihres eigenen Falls geraten, was könnte wichtiger sein? *Sie* war dichter an dem Täter gewesen als jeder andere. Abgesehen von den anderen Opfern natürlich. Geistesabwesend berührte sie den Kopfverband. Beide Arme waren rot und von Verletzungen übersät. Die Ketten hatten sich tief in ihre Haut gegraben. Wäre es nicht so verdammt heiß, hätte sie etwas Langärmeliges angezogen, um es zu verbergen. Sie merkte, dass ihr alle auf der Straße hinterherglotzten. Es zeichnete sich ein blaues Auge ab. Neben ihr summte ein Tischventilator wie ein Flugzeugpropeller. Ohne den könnte sie die Hitze nicht aushalten. Gleichzeitig passte sie zu ihrer Stimmung, es erinnerte sie an einen Hollywoodfilm, wenn in der Schlussszene die Windmaschine auf Turbo gestellt wird und alles chaotisch durcheinanderwirbelt. War das hier dann also die Schlussszene? Sie hoffte es. Hoffte, dass die Informationen, die sie der Polizei gegeben hatte, den Täter überführen konnten, obwohl sie ein paar Details für sich behalten hatte. Ein bisschen was brauchte sie, um Roland Benito damit zu erpressen, falls es notwendig würde. Sie hatte diverse Gegenstände auf die Papierstapel gelegt, damit der Ventilator sie nicht durcheinanderbrachte. Ein Wasserglas, einen Topf mit einer Pflanze, die gegossen werden musste, den Taschenrechner und das Handy. Als ihr Handy klingelte, nahm sie es, ohne nachzudenken, und sofort wirbelten Blätter durch die Luft. Es waren Notizen von den letzten Gesprächen mit Filippas Freunden, denen, die sie hatte erreichen können.

Anne versuchte, sie einzufangen, während sie den Anruf entgegennahm. Als sie Esbens Stimme hörte, kribbelten alle Nervenenden in ihrem Körper vor Glück. Er war in der Nacht bei ihr geblieben. Er war so fürsorglich und liebevoll gewesen, dass sie ganz vergessen hatte, welche dunklen Kräfte auch in ihm schlummerten. Erschöpft war sie an seiner Brust eingeschlafen, seine Arme um sie gelegt. Und obwohl sie irgendwann davon aufgewacht war, dass sie beide schwitzten, sodass ihre Körper aneinander klebten, waren sie so liegen geblieben, bis sie aufgestanden waren und gemeinsam kalt geduscht hatten. Auch wenn sie nach Adomas geschworen hatte, dass sie nie wieder mit jemandem zusammenwohnen wollte, hätte sie nicht Nein gesagt, wenn Esben heute Morgen gefragt hätte, ob er bei ihr einziehen dürfe.

»Wie geht's dir, Anne?«, fragte er, bevor sie es schaffte, etwas zu sagen.

»Mir tut alles weh, aber sonst okay.«

»Was ist das für ein Sausen?«

»Das ist bloß der Ventilator.«

»Bist du arbeiten? Anne, also wirklich!«

»Ich hab' echt keine Zeit im Bett zu liegen und in Selbstmitleid zu versinken. Bist du zu Hause?«

»Ja, und ich hab sie gefunden!«

»Wen? Was?«

»Die Quittung. Für das Sexspielzeug.«

Ihr fiel ein, dass sie ihn darum gebeten hatte, da er sich nicht daran erinnern konnte, wo er es gekauft hatte. Der Angreifer hatte dieses Sexspielzeug erwähnt. Woher wusste er, dass sie das hatte? Er hatte natürlich in ihren Schubladen gewühlt, das wusste sie, aber trotzdem. Alle Opfer hatten Dildos und so etwas im Schlafzimmer gehabt, vielleicht lag hier eine Verbindung.

»Hast du der Polizei etwas davon gesagt, Anne?«

»Nein. Nein, noch nicht. Ich will erst sicher sein.«

»Auch das mit den Briefen nicht? Vielleicht ist das eine wichtige Spur, wenn der Kriminalkommissar sie explizit erwähnt.«

»Nein, Esben. Ich habe auch noch nichts von den Briefen gesagt.« Sie war immer noch erschüttert darüber, dass die Briefe nicht von Esben gewesen waren. Sie hatte weiterhin geglaubt, dass er geblufft hatte, aber zuletzt war ihr klar geworden, dass er die Wahrheit sagte. Und es leuchtete ja ein: Briefe zu schreiben lag ihm überhaupt nicht. Sie hatte noch nie einen Brief von ihm bekommen, nicht einmal in all den Jahren, in denen sie getrennt gewesen waren. Er war einfach nicht der Typ dafür. Und wenn die Briefe nicht von ihm waren, konnten sie nur von einem stammen. Sie erschauderte.

»Du musst mit Benito reden und das weißt du genau!«

»Ja, ja. Wo ist denn dieser Sexshop?«

»Das ist nur ein Webshop, er heißt www.sappho.dk. Aber da steht nicht, wem er gehört. Keine Kontaktinformationen, kein Impressum oder so etwas.«

»Natürlich nicht«, murmelte Anne und war schon auf der Homepage. »Komischer Name für einen Sexshop. Aber der kann ja auf einem x-beliebigen Server liegen, der muss noch nicht mal hier in Dänemark sein.«

»Wenn der Täter die Kunden kennt, muss es doch einer hier in der Gegend sein, der Zugriff darauf hat.«

»Vielleicht ein Hacker.«

»Vielleicht. Aber es ist schon merkwürdig, dass es auf dieser Seite nur Sexspielzeug für Frauen gibt. Da ist nichts für Männer.«

»Habt ihr sowas auch?«, fragte Anne und hörte ein Schulmädchenkichern in ihrer Stimme, das sie nicht geplant hatte.

»In einem gut sortierten Sexshop muss es Ausstattung für sie und ihn geben; du wirst auch aufblasbare Puppen finden, Penisringe, künstliche Vaginas und so etwas.«

»Okay. Und was schließt du jetzt daraus? Dass Frauen dieses Geschäft hier führen oder Männer?« Sie wollte plötzlich nicht wissen, wie erfahren Esben im Sortiment von Sexshops war. So war es, wenn Gefühle echt wurden, dann akzeptierte irgendetwas in einem nicht, dass der Partner andere intime Interessen als man selbst hatte. Das war genau die Art Egoismus, die sie hasste. Sie hieß Eifersucht. Es war leichter, gar nichts zu fühlen und einfach gleichgültig zu sein.

»Keine Ahnung. Aber die Polizei kann dir auch hier helfen, Anne. Die haben eine IT-Abteilung, die sich um so etwas kümmert. Die können ihn sicher aufspüren.«

»Ach, glaubst du das? Sicher nicht auf der Grundlage, dass *ich* einen Verdacht habe, dass es hier eine Verbindung gibt.«

»Es geht um Mordfälle. Bestialische Morde an jungen Frauen. Die Polizei ist anscheinend noch keinen Schritt weitergekommen. Selbstverständlich werden die dir zuhören.«

Anne verzog höhnisch das Gesicht, was Esben glücklicherweise nicht sehen konnte. Nein, gerade ihr würden sie nicht zuhören. Sie brauchte erst ein bisschen mehr.

»Ich habe noch etwas herausgefunden.«

»Und was?« Anne surfte herum und wunderte sich über so viel Spielzeug, das erfunden wurde, um sich selbst und einander zu befriedigen.

»Das Kennzeichen des Autos, dessen Halter ich für dich ausfindig machen sollte.«

»Ach das, aber das ist nicht mehr mein Fall. Den hat Nicolaj.«

»Und das sagst du jetzt, wo ich sämtliche Regeln für die Befugnisse von Anwälten gebrochen habe, um es dir zu beschaffen. Ich kann großen Ärger bekommen, wenn das entdeckt wird.«

»Okay. Entschuldigung, Esben. Dann gib mir die Information, ich kann sie ja einfach an Nicolaj weitergeben.«

Sie notierte den Namen auf der Rückseite eines Stücks Papier und legte es unters Handy, als sie sich verabschiedet hatten. Dabei schob sie den Aschenbecher in den Windzug des Ventilators, und augenblicklich war sein kompletter Inhalt über ihrem Schreibtisch und all ihren Unterlagen verteilt. Verdammte Hitze! Die Meteorologen hatten eine Abkühlung angekündigt, aber das offenbar überall, außer in Ostjütland.

Esben hatte Recht. Es stand keine Adresse auf der Homepage, auch keine Telefonnummer. Daran war etwas faul. Sie ging immer auf Homepages mit dem Trusted Shops-Logo, wohl wissend, dass das natürlich jeder einfach im Internet herunterladen und auf seiner Seite implementieren konnte. Wer das wohl kontrollierte? Wer kontrollierte das Internet überhaupt? Wieso konnten solche hinterlistigen Homepages hier überhaupt existieren? Weil sie nicht illegal waren und die Leute sie fleißig nutzten natürlich. Wenn sie doch nur aufdecken könnte, dass irgendjemand hier eine Verbindung zu dem Mörder hatte, konnte sie sie vielleicht für immer schließen lassen. Vielleicht war Roland Benito doch ihre einzige Möglichkeit. Sie bürstete die Asche vom Tisch und wollte den Zettel, auf den sie den Namen des Autobesitzers aufgeschrieben hatte, in Nicolajs Hälfte legen, aber dann hielt sie mitten in der Bewegung inne. Sie las den Namen. Ihre Neugier war zu groß. Wer war derjenige, der den weißen BMW besaß? Das ist nicht meine Sache, sagte sie halblaut zu sich selbst, während sie den Namen ins Google-Suchfeld eingab. Das ist nicht meine Sache. Aber dann stieg ihr Puls, bis er in ihren Ohren pochte.

»Heilige Scheiße«, murmelte sie und klickte auf den Eintrag. Er hielt offenbar in einer halben Stunde einen Vortrag in der Klinik. Das Thema war *Organspende bei Herztod*. Sie nahm ihr Handy und wollte Nicolaj anrufen, aber es wäre ohnehin zu spät, nur sie selbst konnte es jetzt schaffen, und sie wollte ihn auch nur ungern am Wochenende stören. Er lag sicher am Strand und kam am Montag wie ein gekochter Krebs zurück. Das ist nicht meine Sache, wiederholte sie immer wieder, während sie die Treppen herunterlief.

In dem Raum waren nicht viele Leute. Ganz sicher war Nicolaj nicht der Einzige, der das Wochenende an einer kühleren Aarhusbucht verbrachte. Oder das war einfach kein Thema, mit dem man sich an einem warmen Sommertag in den Ferien beschäftigen wollte. Anne setzte sich auf einen der weichen Stühle mit hellblauem Stoffbezug in die letzte Reihe. Die Temperatur war angenehm. Hier war für eine Klimaanlage gesorgt worden. Die langen weißen Vorhänge vor einer großen Fensterpartie waren geschlossen, um vor der Sonne zu schützen, und das tauchte den Raum in ein schönes, weiches Licht. Die Klinik in Skejby war insgesamt sehr imponierend. Der Vortrag war schon eine Weile im Gange, wie es schien. Der Chirurg stand an einem Pult aus hellem Buchenholz und blickte auf sein Auditorium. Sie hatten ganz kurz Augenkontakt. Ruhige, nussbraune Augen umkränzt von dunkeln Wimpern trafen ihre, sie spürte einen Vorwurf, weil sie zu spät gekommen war. Dann wandte er den Blick wieder ab.

»Jetzt will ich mal grob skizzieren, was der Unterschied zwischen Hirntod und Herztod ist«, fuhr er fort. »Es ist eigentlich recht simpel. Wenn eine Person hirntot ist, wird dem Gehirn kein Sauerstoff mehr zugeführt. Aber ein Beatmungsgerät kann dafür sorgen, dass es einen Puls und eine Atmung gibt. Beim Herztod hat das Herz aufgehört zu schlagen. Es gibt keine Atmung, der Körper wird kalt und die Haut bleich aufgrund der mangelnden Sauerstoffzufuhr.«

Er trank aus einem Glas Wasser. Anne befeuchtete unwillkürlich die Lippen. Seine Finger waren lang und schlank, wie die Hand, an der sie saßen, wie die eines Klavierspielers.

Er stellte das Glas ab und schaute über sein lauschendes Publikum. »Und hier kommt dann die große Streitfrage: Können wir

Organe von herztoten Personen als Spende benutzen? Ich meine: ja. Absolut ja. Jede Woche stirbt ein Däne, der auf ein neues Organ wartet. Alle jubeln darüber, dass die Zahl der Todesfälle auf den Straßen sinkt und wir immer bessere Heilungsverfahren finden, aber das hat zur Folge, dass es weniger Hirntote gibt. Es gibt in diesem Spiel einige Verlierer – all diejenigen auf den Wartelisten. Wenn wir es legalisieren, Organe von Herztoten zu verwenden, können wir diese Statistik ändern. Holland und Großbritannien haben schon zugestimmt.«

Ein junger Mann in der ersten Reihe meldete sich. Ein Medizinstudent, schätzte Anne. Irgendwie sah er wie einer aus.

»Ja, bitte«, der Chirurg nickte ihm auffordernd zu.

»Kann man von Herztoten nicht nur die Lunge und die Nieren verwenden?«

Der Chirurg nickte. »Ja, aber Lungen- und Nierenpatienten machen ja gerade den Großteil der Warteliste aus.«

»Was ist mit Herztransplantationen, werden dann nicht Herzen fehlen, wenn wir sie sterben lassen?«, fragte eine Frau neben ihm, ohne sich zu melden.

»Doch, das ist ein gängiger Einwand vieler Ärzte, aber ich sehe das nicht als Problem. Es wird weiterhin genügend Hirntote geben, die Herzen liefern können.«

»Was ist mit Toten?«, fragte Anne.

Ihre Worte durchschnitten die Luft wie Messer. Der Chirurg sah einen Augenblick lang verwirrt aus und schaute sich um, als hätte er nicht mitbekommen, woher die Frage kam. Alle drehten sich zu ihr um. Einige fingen an, miteinander zu tuscheln, sie fragten sich bestimmt, wer sie so zugerichtet haben könnte und tippten sicher auf häusliche Gewalt. Der Chirurg hatte sie jetzt auch als Fragerin identifiziert und lächelte sie irritiert an.

»Ich verstehe die Frage nicht ganz.«

»Nun, wenn man einen Körper direkt nach dem Eintreten des Todes kühlt, dann können gewisse Körperteile auch weiterverwendet werden? Hornhäute, auch die Haut, Knochen?«

In den Stuhlreihen kam Unruhe und Gemurmel auf, aber der Chirurg bewahrte die Fassung. »Das ist möglich, aber worauf wollen Sie damit hinaus?« Er lächelte immer noch.

»Ich denke daran, dass eine Zusammenarbeit mit einem Bestatter vielleicht ein gutes Geschäft sein könnte«, machte Anne weiter. Sie erwiderte dabei stur sein gekünsteltes Lächeln.

»Ach, ich finde, dass wir jetzt ganz schön in die Extreme gehen.« Er lächelte nicht mehr. Er lachte jetzt laut auf, und kurz darauf lachten alle im Raum. Annes Wangen brannten.

»Warum hat Ihr Auto dann im Hinterhof eines Bestattungsunternehmens gestanden? Ihr macht wohl Geschäfte zusammen?«

»Darf ich fragen, wer Sie sind?«, fragte der Chirurg ernst, aber das Vergnügen blitzte immer noch in seinen Augen. War es Schauspiel? Sie konnte es nicht einschätzen.

»Ich bin Journalistin und ich habe Beweise dafür, dass ihr Auto bei der Pietät Spang geparkt hat und …«

»Selbstverständlich arbeite ich mit Bestattern zusammen«, unterbrach er sie und schenkte dem Publikum ein weiteres nonchalantes Lächeln. »Es passiert natürlich, dass jemand in einem Krankenhaus verstirbt. Ja, selbst in einer Privatklinik.« Die letzten Worte waren eine perfekt platzierte Pointe und sorgten für noch mehr Amüsement unter den Anwesenden.

Aalglatt, dachte Anne, aber ihr fiel nichts mehr ein und sie wurde von Frust und Zweifeln erfüllt. Hatte sie da wirklich völlig danebengelegen?

»Aber wollen wir nicht weitermachen? Das hier ist ein sehr wichtiges Thema.« Falls Annes kleiner Exkurs ihn erschüttert haben sollte, war es ihm nicht anzusehen.

Während des restlichen Vortrags verhielt Anne sich ruhig und der Chirurg vermied es, sie anzusehen. Sie wollte anschließend mit ihm sprechen, aber er eilte hinaus, bevor sie aufstehen konnte. Er saß bestimmt unbesorgt in seinem schicken Büro.

Draußen traf die Hitze sie wie ein Schlag. Sie ging zu ihrem Auto, in dem es sicher unerträglich heiß war, da es direkt in der

Sonne gestanden hatte, aber auf einmal entdeckte sie Benito, wie er in den Haupteingang der Privatklinik Mollerup huschte. Lag hier nicht auch seine Ehefrau? Anne wollte ihm folgen, ihn anhalten, entschied sich aber anders. Stattdessen setzte sie sich auf eine Bank vor der Klinik, genoss die Sonne und den Fliederduft, zündete sich eine Zigarette an und wartete auf ihn.

45

Das Geräusch wurde lauter. Es klang wie ein großer Wurm, der sich durch das Sargholz fraß. Endlich wurde ihm herausgeholfen. Jemand löste die Schrauben aus dem Deckel. Er hatte eine Menge Blut verloren. Jedes Mal, wenn er den Kopf bewegte, hörte er ein glucksendes, schmatzendes Geräusch an seinem Nacken. Die Müdigkeit wirkte wie ein Beruhigungsmittel; er war zu entkräftet, um in Panik zu geraten. Er hatte sich glaubhaft selbst eingeredet, dass er sich noch über der Erde befinden musste, der Sauerstoff hätte sonst nicht so lange ausgereicht. Sicher hatte er auch kurz geschlafen.

Es war, als ob die Nacht mit einem Zauberstab in den Tag verwandelt worden wäre, als endlich das Dach über seinem Kopf verschwand. Er blinzelte, obwohl das Licht nicht grell war. Erlings Gesicht erschien verschwommen in seinem Blickfeld im Gegenlicht, aber Andreas konnte nicht glauben, dass er es tatsächlich war. Der Sarg stand auf einem Stahlstativ mit Rädern, wie auch alle anderen Särge im Raum. Andreas konnte Erlings Oberkörper sehen. Er hatte ein weißes Unterhemd an und der Schweiß lief ihm den Hals und die Brust herunter. Er dünstete Schweißgeruch aus.

»Erling! Gott sei Dank!« Seine Stimme klang schwach, tränenerstickt und heiser. Er konnte sich nicht aufrichten und umklammerte Erlings Unterarm, damit er ihm half, aber Erling schlug ihn weg und starrte danach auf seinen Arm, als ob die Berührung ihn verbrannt hätte. Sein Gesicht wurde blass und schien vor Ekel verzerrt. Erling hatte nie Blut sehen können, und jetzt waren sein Arm und seine Hände damit beschmiert.

»D... d... du... du... b... b... bist n... n... noch hier!« Erling griff wieder nach dem Deckel.

»Nein, Erling. Das darfst du nicht! Hilf mir hoch. Komm schon. Nimm meine Hand!«

P... Pi... Pia!«, rief Erling und wollte sich zu ihr umsehen, ohne Andreas dabei aus den Augen zu lassen.

Feste Schritte erklangen auf dem Zementboden, kurz darauf war auch Pias Gesicht über ihm.

»Du bist noch da? Ich dachte mir schon, dass du zäh bist.«

»Ha... habt ihr gedacht, ich wäre tot? Sollte ich tot sein?« Seine Stimme zitterte, er konnte nicht glauben, was er hörte.

»Du hast eine ganze Nacht hier gelegen. Und du hast doch gesehen, wie es dem da ergangen ist.« Pia machte eine Nackenbewegung nach hinten zu Erling.

»Wie ist das passiert, Pia? Warum ist das so schiefgegangen?«

»Ach, du erinnerst dich also wieder, du Scheißkerl! Das war deine Schuld! Du bist ein zynischer Petzer. Das ist schiefgegangen!«

Andreas versuchte wieder, sich aufzurichten und streckte seiner Schwester die Hand entgegen, aber sie nahm sie nicht, schaute ihn bloß hasserfüllt an.

»Pia. Jetzt hilf mir hoch. Ich wurde genug bestraft.«

»Ach, findest du? Du sollst in der Hölle schmoren, und nicht einmal das wäre genug! Guck, was du deinem Bruder angetan hast! Uns angetan hast!«

»Ich habe nichts gemacht. Ich wurde für etwas bestraft, was Erling getan hat. Er war derjenige, der unschuldige Tiere gefoltert hat, er hat diese Katze gequält und getötet!«

»Aber du hast sie in den Sarg gelegt. Du hast bei Papa gepetzt und Erling die Schuld gegeben. Er wäre beinahe gestorben.«

Andreas war erschöpft, er war dabei, ins Nichts zu gleiten, kämpfte aber dagegen an.

»Aber, was ist passiert? I... ich habe von Papa die gleiche Strafe bekommen, aber bin ja nicht ins Krankenhau gekommen«, stöhnte er.

Erlings Gesicht zeigte sich neben Pias. Andreas konnte den Hass darin sehen, so deutlich wie noch nie zuvor. Ein unwirkliches Gefühl breitete sich in ihm aus; das hier konnte doch gerade nicht wirklich geschehen. Es war zu absurd. Vielleicht halluzinierte er, weil er so viel Blut verloren hatte.

»Erling ist in Panik geraten und hatte einen epileptischen Anfall. Sein Gehirn war zu lange unterversorgt. Papa hatte euch vergessen, weil er zu einem Todesfall gerufen worden war. Es waren Eltern, die gerade ihren kleinen Sohn verloren hatten. Tragikomisch, oder? Unser Vater war ein Satan. Ich dachte, du hättest es ›vergessen‹«, sie machte Anführungszeichen in der Luft, »aber du bist geflüchtet und hast dich versteckt, du Feigling. Erling hätte deine Hilfe echt gebraucht, ihr wart *Brüder*, Andreas! Aber dieses Band hat nicht lange gehalten, was!«

Andreas konnte nicht antworten. Sich nicht erklären. Das Ganze war zwecklos. Er konnte nichts sehen. Seine Augen füllten sich mit Tränen, die sein Gesicht hinabliefen, in seine Nase und in seinen Mund. Er schluchzte und hatte das Gefühl, als würde er ertrinken.

»Ach nee, Andreas hat Gefühle. Guck mal, Erling. Er weint! Unser kleiner Bruder weint echt!«

Auf den dicken, roten Lippen seines Bruders breitete sich ein höhnisches Lächeln aus.

»W... w... was machen w... w... wir m... m... mit ihm?« Erlings Stimme kiekste vor Aufregung. Oder gar vor Freude?

»Nichts! Es wird ein anonymes Begräbnis.«

»A... a... aber, w... w... was ist m... m... mit d... d... dem Po... Poli...Polizisten, d... d... der ...« Er schaffte es nicht auszureden.

»Der hat nichts gegen uns in der Hand. Im Gegenteil. Ob der Polizeidirektor über die illegale Behandlung hinwegsehen wird, die Benito seiner Frau bezahlt hat? Nein, von dem haben wir nichts zu befürchten! Der wird den Mund halten.« Sie nickte Erling bestätigend zu, drehte sich um und ging.

Andreas versuchte ein weiteres Mal, sich aufzusetzen, brachte es aber nicht fertig. Sein Kopf tat weh und eine schwarze Wolke zog an seinen Augen vorbei. Als er sie schloss, wurde es ganz dunkel. Er vernahm das dröhnende Krachen, mit dem der Deckel wieder auf dem Sarg landete, spürte die Vibration im ganzen Körper, dann wieder das Geräusch des Holzwurms, die Schrauben, Dunkelheit. Mit schwacher Stimme flehte er Erling an, aufzuhören und ihm zuzuhören. Seinem kleinen Bruder zu helfen, der ihm doch auch immer geholfen hatte. Die Worte klangen so dünn, demütig, bittend und falsch. Erling gab als Antwort nur grunzende Laute von sich, während er über ihm werkelte. Dann wurde es still, bis Andreas die hinkenden Schritte hörte, wie sie sich entfernten und wie eine Tür geöffnet, geschlossen und schließlich der Schlüssel im Schloss umgedreht wurde. Er war wieder allein. Seine Haut wurde langsam kalt.

46

»Ihr Zustand hat sich verschlechtert?« Roland setzte sich apathisch auf einen Stuhl neben Irenes leeres Bett.

»Aber kann ich sie gar nicht sehen? Mit ihr sprechen?«

»Nein, sie benötigt jetzt dringend völlige Ruhe.«

Die Krankenschwester mit den schiefen Zähnen hatte einen nervösen Ausdruck in den Augen, der ihn noch mehr beunruhigte.

»Aber ich habe heute Morgen mit Irene telefoniert, sie wirkte munter und es war alles in Ordnung ...«

»Es kam ganz plötzlich. Wir mussten sie verlegen.«

Roland stand auf und ging ein paar Mal auf und ab. Aus dem Fenster sah er, dass der Himmel sich zuzog, aber ihm war alles egal.

»Ich akzeptiere das nicht ...«, begann er und schaute schnell auf ihrem Namensschild, da er ihren Namen vergessen hatte, »... Frau Mathisen. Ich möchte mit Kenneth Rissvang sprechen.«

»Das ist leider nicht möglich. Er hält gerade einen Vortrag.«

Sie kratzte sich am Hals und Roland bemerkte abwesend, dass winzige Hautschuppen auf ihren Kragen rieselten. Sie waren auf dem weißen Kittel fast unsichtbar.

»Vortrag!« Er seufzte und setzte sich wieder. Die Krankenschwester legte eine Hand auf seine Schulter. Ihre Wärme brannte durch das dünne Hemd.

»Fahren Sie nach Hause. Wir werden Sie anrufen, wenn sich etwas ändert.«

»Sagen Sie mir wenigstens, was passieren kann.« Roland schaute bittend zu ihr hoch und wusste, dass Angst in seinen Augen lag.

»Im schlimmsten Fall kann Irene einen Herzstillstand erleiden. Aber ich hoffe nicht, dass es so weit kommt. Das hängt von vielen Faktoren ab.«

»Wovon?«, fragte er sie, in seiner Stimme lag ein Flehen.

»Wir werden sehen. Ich werde Sie auf dem Laufenden halten.«

Roland stand widerwillig auf und schaute lange auf Irenes leeres Bett. Die Blumen, die er ihr gestern mitgebracht hatte, ließen die Köpfe hängen. Ihre Lesebrille lag neben der Vase auf einem zur Hälfte gelösten Kreuzworträtsel.

Er ging an der Rezeption vorbei, blieb aber plötzlich stehen und drehte sich um.

»Ich möchte mit Kenneth Rissvang sprechen«, sagte er mit fester Stimme, die Autorität vermitteln sollte, zu der Rezeptionistin, einer jungen Frau mit kupferfarbenem Pferdeschwanz. Die braunen Augen strahlten freundlich und entgegenkommend über einer kleinen Stupsnase in einem sonnengebräunten, schmalen Gesicht. Eine echte Rothaarige konnte sie kaum sein.

»Er ist gerade zurückgekommen und auf Station B gegangen. Die Kinderabteilung«, sie schaute zu einer Glastür, auf dem ein großes, grünes ›B‹ prangte, das die halbe Tür ausfüllte. »Aber Sie dürfen nicht …« Sie versuchte ihn aufzuhalten, aber er war bereits auf dem Weg durch die Tür. Sie stand von ihrem Stuhl auf und lief ihm nach. Er hörte ihre Absätze hinter sich auf dem blanken

Marmorboden klackern. Als die Tür sanft vor ihrer Nase zufiel, blieb sie stehen und sah ihm durch die Glastür nach.

Die Türen zu den Krankenzimmern standen offen. Durch die vierte Tür entdeckte er Kenneth Rissvang in einem Einzelzimmer. Er sprach mit einer Frau, die gerade einen kleinen Jungen stillte, der vielleicht ein paar Monate alt war. Es verblüffte Roland, wie sehr die Mutter Olivia ähnelte. Die dunklen Augen sahen ihn sofort vorwurfsvoll an, als er eintrat, es war exakt der gleiche Blick, den seine Tochter immer zugeworfen hatte, wenn er etwas tat, was ihr nicht passte. Der Chirurg drehte sich langsam um und stutzte, als er ihn erblickte. Er wollte etwas sagen, aber Roland kam ihm zuvor.

»Wo ist Irene?«

Er versuchte, in einem moderaten Tonfall zu sprechen da die wachsamen Augen der Frau ihn weiterhin fixierten. Sie erinnerte an ein Raubtier, das seinen Nachwuchs beschützte. In der einen Hand hielt sie einen schokobraunen Plüschbären mit runden, starren Glasaugen, den sie dem Baby hinhielt, das mit seinen kleinen Händen dessen große, buschige Ohren packte.

»Guten Tag, Herr Kommissar. Ja, ich habe gerade gehört, dass wir Irene auf Station 1 verlegen mussten. Ich habe noch nicht nach ihr geschaut. Aber begrüß' Sabina und ihren Sohn Rune. Er wurde mit Gallengangsatresie geboren. Das heißt, dass seine Gallenwege außerhalb der Leber verschlossen sind. Wir werden eine Lebertransplantation bei ihm durchführen. Zum Glück kann auch die Leber eines Erwachsenen verwendet werden, wir können sie auf die richtige Größe adaptieren. Und wir haben sogar schon einen Spender für ihn gefunden.«

Roland versuchte, der Frau, die den Jungen nun über ihre Schulter gelegt hatte und ihm vorsichtig über den Rücken strich, ein echtes Lächeln zuzuwerfen.

»Rune ist nicht der Einzige, der eine neue Leber braucht. Jährlich benötigen fast zehn Kinder eine Lebertransplantation, um zu überleben.« Kenneth Rissvang streichelte dem Jungen liebevoll über die Haare. »Leg Rune jetzt schlafen, bald kommt eine

Krankenschwester. Alles wird gut«, sagte er zu der Frau, die Tränen in den großen braunen Augen hatte, als sie zu ihm hochschaute. Wieder musste Roland an Olivia denken, wie sie ihre beiden kleinen Zwillingen in den Armen hielt. Wenn es nun einer von ihnen wäre. Er hatte einen Kloß im Hals und schluckte ihn herunter.

Kenneth stellte sich neben ihn. »Ich begleite dich hinaus«, sagte er, fasste Roland bestimmt am Arm und führte ihn auf den Flur.

Roland warf einen letzten Blick auf den Jungen, der ihn mit dem unschuldigen Blick eines Babys hinterherschaute. Jetzt wusste er, dass diese sehr dunkle Hautfarbe sicherlich von Gelbsucht herrührte.

»Wie gut stehen die Chancen für das Kind?«

»Er wird es schon schaffen. Wenn keine Komplikationen auftreten. Aber ohne eine neue Leber wird er nicht lange überleben. Was Irene betrifft werde ich dich kontaktieren, wenn ich nach ihr gesehen habe. Es ist sicher nichts Ernstes.«

»Aber wieso darf ich sie dann nicht sehen?«

»Dorte Mathisen kann sehr beharrlich sein, manchmal ein bisschen zu sehr, aber Gründlichkeit ist das, was ihre Arbeit hier voraussetzt. Irenes Immunsystem ist geschwächt, daher müssen wir besonders gut auf sie aufpassen. Aber ich werde dich anrufen, sobald ich sie untersucht habe.«

Sie hatten den Ausgang erreicht und Kenneth Rissvang blieb stehen und reichte Roland die Hand. »Wir sprechen uns.«

Roland erwiderte den festen Händedruck und sah, wie ihm die Rezeptionistin hinter der Empfangstheke einen verärgerten Blick zuwarf. Vielleicht bekam sie eine Zurechtweisung dafür, ihn nicht aufgehalten zu haben, was sicher eine ihrer Aufgaben war. Er studierte schnell das Schild mit der Übersicht über die Abteilungen der Klinik, die an der Wand hing. Station I war die Intensivstation und lag im vierten Stock.

Draußen war es schwül geworden. Der klare, blaue Himmel war verschwunden, aber die Sonne brannte immer noch über der dichten, weißen Wolkendecke, die sich darunter ausgebreitet hatte. Es machte den Tag nicht besser, dass Anne Larsen vor einer Bank vor der Klinik auf ihn wartete und ihn abpasste, bevor er sein Auto erreichen konnte.

»Das war ja ein kurzer Besuch.«

Sie lächelte und ihr Atem roch schwach nach Zigaretten und Pfefferminz. Die Pastille, auf der sie kaute, sollte sicher kaschieren, dass sie geraucht hatte. Vielleicht verabschieden sie bald ein Gesetz, dass verbietet, nach Zigaretten zu riechen, dachte er.

»Was machst du hier, Anne? Warst du bei einer Untersuchung?« Er schaute auf ihren Verband und ihr übel zugerichtetes Gesicht und konnte nicht anders, als Mitleid zu haben. Sie hatte Glück gehabt, und vielleicht konnte ihre Zeugenaussage nun die entscheidende sein. Eigentlich war das fast grotesk.

»Ich muss mit dir reden, Roland.«

»Ich will aber nicht mit dir reden, Anne! Es sei denn, du willst mir endlich erzählen, was du mir bis jetzt verheimlicht hast.« Es verblüffte ihn, dass er trotzdem stehenblieb. Vielleicht war er einfach zu erschöpft, um sich mit ihr anzulegen. Am liebsten wollte er sich wie ein Kind auf den Asphalt setzen und alles hinschmeißen. Jetzt war es gerade so gut mit Irene gelaufen. Mit ihnen beiden. Sie hatte von Tag zu Tag Fortschritte gemacht, es war, als ob die Entscheidung, die sie getroffen hatten, dadurch gerechtfertigt würde. Jetzt war alles anders. Wenn Irene es nicht schaffen würde, käme alles ans Licht, und was natürlich viel schlimmer war... Roland wollte gar nicht daran denken.

»Was meinst du? Ich habe dir alles gesagt.« Er konnte hören, dass sie log.

Sein Körper gehorchte plötzlich wieder, als ob die Wärme seine Batterien aufgeladen hätte, während er hier gestanden hatte. Er ging los in Richtung seines Autos, das leider am anderen Ende des Parkplatzes stand.

»Aber ich muss wirklich mit dir reden, Roland. Es ist wichtig.«

Das sagte sie immer.

»Woher wusstest du, dass ich hier bin?«

»Zufall. Ich war gerade bei einem Vortrag in der Klinik. Der Chirurg Kenneth Rissvang hat über Organspende nach Herzstillstand berichtet. Eine medizinische Neuerung, die er sicher einführen möchte.«

Rolands Muskeln versteiften sich wieder, dann wurden sie wie Gelee. Er musste sich auf Annes Schulter abstützten. Sie ergriff sofort seinen Arm und hielt ihn fest.

»Alles okay?«

Er richtete sich auf und atmete tief ein.

»Ja, das ist die Hitze. Ich habe heute bestimmt zu wenig getrunken.«

»Okay.« Anne ließ ihn wieder los. »Wollen wir uns nicht kurz auf die Bank setzen? Ehrlich gesagt finde ich, du bist ein bisschen blass. Du kannst einen Schluck von meinem Wasser haben.«

Rolands Mund war trocken, als hätte er unreife Bananen gegessen. Matt setzte er sich neben Anne, die in ihrem Rucksack kramte und eine Flasche Aquador-Mineralwasser zu Tage förderte, deren Deckel sie aufschraubte und ihm reichte. Das Wasser war lauwarm, aber er trank trotzdem einen Schluck.

»Was für ein Interesse hast du am Thema Organspende, Anne?«, fragte er, auch wenn er das genau wusste, und wischte sich einen Tropfen Wasser vom Kinn.

»Genau darüber wollte ich mit dir sprechen. Ich brauche deine Hilfe und du meine.«

Das sagte sie auch immer.

»Aber zuerst möchte ich gerne wissen, wie es Irene geht. Warum ist sie hier? Ich dachte, ihr würdet die öffentlichen Krankenhäuser nutzen.«

»Die haben aufgegeben. Sie können nichts mehr für Irene tun, sagen sie, und …« Er verstummte und starrte über die Felder vollreifer Gerste. Sie war schnell gewachsen in diesem warmen Sommer fast ohne Regen, aber darüber klagten die Bauern auch.

»Und die Privatklinik Mollerup sieht noch Möglichkeiten?«

Er nickte und bekam sofort wieder einen trockenen Mund.

»Darf ich noch einen Schluck?«

Anne lächelte und schraubte den Deckel wieder von der Flasche. Dieses Mal nahm er einen großen Schluck. Danach trank Anne selbst aus der Flasche. Er starrte währenddessen auf ihr Profil; man konnte ihr ansehen, dass die Bewegung schmerzte. Irgendwie wirkte es auf ihn wie eine Art Vertrauensbeweis, dass sie mit ihm aus derselben Flasche trank, sogar ohne zuerst den Flaschenhals abzuwischen. Jedenfalls deutete es darauf hin, dass sie nicht glaubte, dass er irgendwelche ansteckenden Krankheiten hätte.

»Das ist doch phantastisch, Roland! Ein Wunder, wenn andere Experten schon aufgegeben haben.«

Sie steckte die Flasche zurück in den Rucksack und holte eine Schachtel Hvid Kings ohne Filter heraus. Sie hatte offenbar die Marke gewechselt. Sonst rauchte sie Prince.

»Darf ich?«

»Ja, natürlich.« Er hatte irgendwo sein Kaugummipäckchen gefunden und zwei Stück in den Mund gesteckt. Das könnte auch gegen die Trockenheit in seinem Mund helfen.

»Wird sie wieder gehen können?«

Anne entfernte ein Stück Tabak von ihrer Zungenspitze. Wieder verzog sie vor Schmerzen das Gesicht.

»Hm. Das versprechen sie nicht, aber ...«, er zögerte, »... sie hat nach der Operation große Fortschritte gemacht.«

»Wenn Irene nach Hause kommt, Roland, kann ich einen Artikel über ihre Genesung schreiben. Alle sollen wissen, dass es Hoffnung geben kann, auch wenn alle bereits aufgegeben haben. Damit könnten wir auch eine Debatte anstoßen. Privatklinik versus öffentliches Krankenhaus.«

Er war drauf und dran, heftig abzulehnen, schaffte es aber, sich selbst zu bremsen. Das würde einen falschen Eindruck erwecken. So falsch fühlte es sich auch, dass er jetzt so unglücklich war. Er wollte versuchen, etwas jovialer zu wirken.

»Wir werden sehen, Anne. Aber worüber wolltest du mit mir sprechen? Willst du mir vielleicht endlich erzählen, wer dein Informant ist?«

Statt einer Antwort verzog sie nur das Gesicht.

»Jetzt, da Irene hier in dieser Klinik liegt, will ich mit dem Sarg-Fall anfangen, wie wir ihn ja nennen.« Sagte sie schließlich. »Ich möchte gleich hinzufügen, dass ich mir nicht hundertprozentig sicher bin, aber ich finde du solltest wissen, dass Kenneth Rissvang gesehen wurde, als er mit seinem fetten BMW auf dem Hinterhof der Pietät Spang geparkt hat.«

»Und?« Roland blinzelte und verstand nicht, worauf sie hinauswollte.

»Das, was ich meine, ist … es kann gut sein, dass die Klinik illegale Methoden anwendet. Es gab gerade einen Fall über ein Krankenhaus in der Ukraine, das eine sehr fragwürdige Stammzellentherapie angeboten hat. Eine ganze Reihe lebensbedrohlicher Krankheiten sollten sich damit heilen lassen, aber ihre Behandlung war nur experimentell und … es ist jetzt geschlossen. Auch ein Krankenhaus in Deutschland wurde geschlossen, nachdem mehrere Patienten gestorben sind, darunter auch Kinder.«

Roland schwieg, er suchte nach Worten, fand aber keine, und der unangenehme Geschmack in seinem Mund verstärkte sich.

»Du bist Kriminalkommissar, Roland, deswegen gehe ich davon aus, dass in der Privatklinik Mollerup alles mit rechten Dingen zugeht, aber ich finde es schon sehr komisch, dass ein fähiger Chirurg, der sich für kontrovers diskutierte Organspendepraktiken einsetzt, Kontakt zu einem Bestatter hat«, fuhr sie fort.

»Ab und zu stirbt wohl mal jemand«, antwortete Roland heiser.

»Ja, das hat Kenneth Rissvang auch gesagt.«

»Du hast mit ihm darüber geredet?« Verblüfft starrte er die Journalistin an, die unbeirrt Rauch aus dem einen Mundwinkel blies, glücklicherweise nicht in seine Richtung.

»Als er in seinem Vortrag davon anfing, dass wir Organe von Herztoten verwenden sollten, konnte ich mich einfach nicht zurückhalten. Vielleicht praktiziert er das bereits.«

Roland stand auf. Irgendetwas in ihm wollte nicht mehr darüber hören.

»Das finde ich aber wirklich zu weit hergeholt, Anne.«

»Ja, das meinte der Chirurg auch. Aber ich finde, du solltest dir die Sache mal anschauen, Roland. Der junge David Lund Iversen war ein registrierter Spender, die Leiche ist verschwunden, und bei wem? Der Pietät Spang.«

»Das wissen wir doch nicht mit Sicherheit, Anne. Und du hast keine Beweise für diese Behauptung, oder?«

»Nein, leider noch nicht. Aber wir beabsichtigen, tiefer zu graben. Es gibt noch etwas, von dem ich finde, dass du es dir angucken solltest, im Hinblick auf diesen Serienmörder …«

»Anne!« Roland sah sie warnend an.

»Ja, Entschuldigung, aber so werde ich ihn ja wohl nennen dürfen. Er hat vier Menschen auf dem Gewissen …«

»Maja wurde nicht getötet, sie ist im Krankenhaus an einem Herzstillstand gestorben.«

»Doch wohl nicht etwa hier?« Anne deutete fassungslos auf das hübsche Gebäude der Privatklinik hinter ihnen.

»Nein, das war nicht hier, Anne.« Er versuchte zum zweiten Mal, zu seinem Auto zu gehen, zog es vor, so weit wie möglich von Anne Larsen wegzukommen. Er musste allein sein und seine Gedanken ordnen. Aber Anne war nicht so einfach loszuwerden. Sie stand ebenfalls auf, sammelte ihre Sachen auf der Bank zusammen und folgte ihm.

»Ich glaube, der Serienmörder hat eine Verbindung zu einem Onlineshop, der Sexspielzeug verkauft. Alle Frauen haben solches Zeug besessen, vielleicht haben sie es alle dort gekauft.«

»Wir wissen nicht, wo sie die Sachen gekauft haben. An diese Möglichkeit wurde tatsächlich gedacht, Anne. Wir arbeiten noch an einem anderen Fall. Da gibt es bessere Beweise, denen man nachgehen kann.«

»Welche?«

Jetzt zog Roland eine Grimasse, die unmissverständlich war.

»Okay. Na schön. Aber falls ich jetzt eine Homepage hätte, die ihr aufspüren könnt ...«

Er hielt erneut widerwillig inne und drehte sich zu ihr um. Es fiel ihr schwer, Schritt zu halten, weil sie ein wenig hinkte, aber sie holte ihn ein.

»Woher hast du diese Adresse?«

Er hatte den Eindruck, dass sie rot wurde, aber war das bei Anne Larsen wirklich möglich?

»Das ist doch egal. Und das mit diesen Briefen, nach denen du gefragt hast ... ich habe Briefe bekommen, ja, aber gedacht, sie wären von jemand anderem, aber wie sich herausgestellt hat, waren sie das doch nicht, also ...«

»Hast du sie noch?«

Anne nickte. »Ja. Willst du sie haben? Du kannst sie gerne bekommen, wenn ich im Gegenzug auch etwas dafür bekomme.«

Das sagte sie auch immer.

47

Seine Hände zitterten, als er den Computer anschaltete und zum tausendsten Mal auf die Uhr schaute. Wo blieb er nur? Falls er nicht bald kam, dann ...

Der Computer stand in seinem alten Zimmer, das sie zu einem armseligen Büro umfunktioniert hatten, als er auf das Boot gezogen war. Seine Sachen waren rausgeschmissen worden, damit es Platz für die Regale und den anderen Kram gab, die Kartons mit der Ware. Selbst seine große Sammlung von Slasher-Filmen war weg. Zum Glück hatte er seine Favoriten nachkaufen können, viele sogar in besserer Qualität. Auch die Ausrüstung von seiner ultrakurzen Jugendkarriere als Eishockeyspieler war verschwunden. Alle Spuren von ihm waren getilgt. Seine Identität zunichte gemacht. Aus dem Schlafzimmer hörte er ihr wollüstiges Stöhnen. Heute hatte er Lust, die Tür aufzureißen, sie aus dem Bett zu ziehen und ihre abstoßenden, nackten Körper bis zur Unkenntlichkeit zusammenzuschlagen. Stattdessen setzte er Kopfhörer auf, schaltete seinen Musikplayer an und drehte Black Sabbath laut auf. *Heaven and Hell* füllte seinen Kopf und das Chaos verschwand. Oder bekam zumindest einen Sinn.

The world is full of Kings and Queens
who blind your eyes then steal your dreams ...
it's Heaven and Hell, oh well.

Sie hatten Bilder neuer Artikel gemacht, die auf die Homepage sollten. *Das* kriegten sie hin. Warum hatte keiner von ihnen gelernt, das Programm zu benutzten, damit sie ihren Scheiß selbst hochladen konnten? Aber er sagte nichts. Gehorchte bloß, als ob er ihnen etwas schuldete. Es gab ja auch ein bisschen Geld, davon konnte er sich den Boten leisten. Wo blieb der denn nur? Wütend schob er den Aschenbecher mit seiner Pfeife aus seinem Blickfeld und warf dabei fast ein Bild auf den Boden. Das Familienfoto. Unglaublich, dass es überhaupt noch hier war. Er starrte es hasserfüllt an, die Musik hämmerte in seinem Kopf und pulsierte durch seine Adern. Auf dem Bild war er noch ein Junge und saß zwischen ihnen. Sah er fröhlich aus? Falls er es tat, war es nicht aufrichtig gewesen. Die Augen zeigten jedenfalls keine Freude. Obwohl er auf dem Bild erst sechs war, meinte er, sich an den Urlaub erinnern zu können. Eine dieser langen Autofahrten, die er hasste. In jenem Sommer hatte er zum ersten Mal gemerkt, dass in seiner Familie etwas nicht stimmte. Dass da etwas nicht normal war. Etwas, das sein Leben und seinen Charakter prägen würde. Er war gerade eingeschult worden und die anderen Schüler hatten davon noch nichts mitbekommen. Das kam erst später. Ihm fiel auf, dass er die Hände so fest zu Fäusten ballte, dass sich die Nägel in die Handflächen gruben, griff stattdessen nach der Maus und begann, die neuen Bilder auf die Homepage zu laden, platzierte sie korrekt auf der Seite und schrieb die Texte und Preise dazu, die auf dem Zettel neben der Tastatur standen. Dann war das wenigstens erledigt. Ohne darüber nachzudenken, hatte er die aktuelle Kundenstatistik aufgerufen. Hier stand, wie bezahlt, was gekauft und an wen die Ware gesendet worden war. Name, Adresse, alles stand dort. Völlig diskret natürlich, wie es der Text auf der Homepage versprach. Sein geübter Blick fand mehrere Käuferinnen aus Aarhus. Mädchen, denen etwas zum Spielen fehlte. Kleine bedauernswerte Mädchen, die sich mit Spielzeug begnügen mussten – oder es vielleicht sogar bevorzugten. Er ging immer nach den Lieferadressen. Er holte das Notizbuch aus der Hosentasche und nahm einen Bleistift aus dem Halter. Namen und Adressen schrieb er ordentlich unter die anderen. Die ersten Namen waren durchgestrichen. Aber der letzte nicht. Anne Larsen. Der Gedanke daran, wie die letzte Nacht gelaufen war, machte ihn fertig, störte selbst *Heaven and Hell*. Das Gefühl, es nicht vollbracht zu haben, der Ärger und der Frust machten ihn krank. Wo zum Teufel blieb dieser Bote? Er steckte das Notizbuch zurück und stieß dabei auf das Messer. Ihr Messer. Woher hatte sie gewusst, dass er kommen würde? Sie war vorbereitet gewesen. So gleichgültig. Fast als hätte sie auf ihn gewartet. Nicht wie die anderen. Das machte ihn irgendwie an, und das kannte er bisher nicht. Er konnte ihre Schwäche nicht ausstehen. Sie gaben sich so verdorben, wollten pervers sein und kauften diese widerlichen Dinge, als ob ein Mann ihnen nicht reichte. Wenn sie dann aber einen *richtigen* Mann trafen, kamen sie damit auch nicht klar. Und wenn sie schrien! Anne Larsen war anders. Mit ihr war er noch nicht fertig. Sie müsste das aushalten können. Der Schatten eines Lächelns huschte über sein Gesicht, als er das Messer im Sonnenlicht hin und her drehte. Es war ein ganz gewöhnliches Küchenmesser, sicher ein Kräutermesser, das hätte nicht besonders viel Schaden angerichtet. Durch das Fenster sah er, wie der Bote das Fahrrad abstellte und den Gartenweg hochkam. Nachdem einige der *Braunen Boten* in Kopenhagen verhaftet worden waren, war er vorsichtig geworden. Er benutzte immer diese Adresse. Es durfte keine Verbindung zu dem Boot geben, falls das Gleiche hier in Aarhus passieren sollte. Schnell nahm er die Kopfhörer ab und eilte auf den Flur. Er schaffte es gerade noch die Tür aufzureißen, bevor geklingelt wurde. Der Bote, wohl nicht älter als vierzehn, sah ihn erschrocken an und zog schnell den Finger von der Klingel zurück. Er hatte einen ärmellosen Wings-Kapuzenpulli an. Die Kapuze hatte er trotz der Hitze aufgesetzt und die Stirnhaare waren nass, entweder vom Schweiß oder vielleicht bloß fettig. Das Gesicht war voller Macken und aufgekratzter Pickel, und die Augen flackerten fiebrig. Er glaubte fast, sich selbst im Spiegel zu sehen. Er wusste, dass der Junge der Sohn von einem der Dealer war. Der Bote steckte die Hände in die Bauchtaschen des Kapuzenpullis und reichte ihm etwas in der geschlossenen Hand. Er nahm es entgegen und runzelte die Stirn, packte den Jungen am Kragen und zog ihn näher heran. Starrte ihm direkt in die flackernden Augen, die noch erschrockener aussahen.

»Was zum Teufel ist das hier?«, zischte er gedämpft.

»Hasch«, flüsterte er.

»Hasch! Ich will kein Hasch! Ich hab' ›Goldbonbons‹ bestellt.«

»Es …« Der Junge schluckte ein paar Mal und versuchte sich aus seinem Griff zu winden. »Es gab keine mehr, aber sie sind unterwegs. Ich soll sagen, dass die bald kommen.«

Er ließ den Pulli los und schubste den Jungen zurück, sodass er beinahe rückwärts die Treppe hinunterfiel.

»Wann?«

»Bald.«

»Nimm diesen Scheiß wieder mit!« Er reichte ihm die Tüte mit dem braunen Klumpen, obwohl in ihm eine unbändige Wut tobte.

»Du … du bekommst es billig.«

»Wie viel?«

»200.«

»Okay! Aber dass das nicht nochmal passiert!« Er steckte die Hände in die Hosentasche und zog einen warmen, zerknüllten Geldschein heraus, den er dem Jungen reichte. Bevor er es schaffte, die Tür zu schließen, war der Geldschein in der Bauchtasche verschwunden und der Junge auf dem Fahrrad davongedüst.

»Wer war das?«

Sie stand im Flur, nur mit einem offenstehenden Morgenmantel bekleidet. Einen Augenblick lang starrte er auf die flachen Brüste, ohne irgendetwas anderes als Ekel zu empfinden. Sie war größer als er und hatte viel breitere Schultern. Das Gesicht war maskulin, aber recht hübsch mit hohen Wangenknochen, einem markanten Kinn und klaren blauen Augen. Die Haare waren dunkelbraun und kurz geschnitten.

»Bloß ein Kumpel, der was abgeben wollte.«

Sie nahm die Pfeife aus dem Aschenbecher und versuchte den alten Tabak anzuzünden. Das Feuerzeug klickte ein paar Mal, bevor es gelang.

»Bist du fertig mit der Homepage?«

»Noch nicht.« Er ging ins Zimmer und setzte sich auf den Stuhl. Durch die Kopfhörer hörte er, dass Black Sabbath den nächsten Song auf dem Album spielten. Er setzte sie auf, um nicht ihr Gezeter hören zu müssen, aber sie zerrte sie ihm vom Kopf und riss ihm dabei einige Haare aus.

»Au, verdammt nochmal!«

»Warum kommst du erst jetzt? Wo warst du gestern Abend?«

»Ich hatte keine Zeit. Ich war unterwegs. In der Stadt.«

»Ich dachte, wir hätten die Verabredung, dass du kommst, wenn wir dich brauchen.«

Er antwortete nicht. Etwas in ihm, das letzte Nacht nicht befriedigt worden war, regte sich bedrohlich in ihm.

»Kommst du nicht bald, Schatz?«, ertönte eine fordernde Stimme aus dem Schlafzimmer. Die Tür stand offen und er konnte sehen, dass ihre Klamotten auf dem Fußboden verteilt waren. Sie hatten wohl das neue Spielzeug getestet, schätzte er, und musterte sie von oben bis unten mit unverhohlener Abscheu.

»Ich rede gerade mit unserem Sohn«, rief sie. »Ich glaube, wir haben ihn nicht gut genug erzogen.«

»Du sollst mich nicht so nennen. Ich bin verdammt nochmal nicht dein Sohn!«

»Hach, fast, Mäuschen. Obwohl wir lieber ein Mädchen gehabt hätten, aber das konnten wir ja nicht ändern, stimmt's?«

»Wie wäre es mit einer Abtreibung gewesen?«, schnaubte er.

Normalerweise vermied er es, sie zu treffen. Das war der Vorteil daran, spät am Abend zu kommen, dann war die Tür zum Schlafzimmer immer geschlossen. Er hatte das Gefühl, dass sie da drinnen lebten. Aber heute war Samstag und die Dinge liefen nicht, wie sie sollten.

Sie kratzte sich an der Brust und paffte an der Pfeife. Frauen und Pfeifen passten einfach nicht zusammen, aber sie tat das für ihr Image. Das Schauspiel. Das Maskuline. Er beeilte sich, mit seiner Arbeit fertigzuwerden und streckte die Hand aus. Sie wusste, was das bedeutete, und holte ihr Portemonnaie. Irritierend langsam nahm sie das Geld heraus.

»Du kriegst nur 300. Weil du zu spät gekommen bist.«

»500, so war's ausgemacht!«, knurrte er und griff nach den Geldscheinen, mit denen sie vor seiner Nase wedelte. Aber sie zog sie blitzschnell zurück.

»Und hau nicht alles für Hasch auf den Kopf!«

»Ich rauche kein Hasch!«

»Irgendwas rauchst du aber, so unnormal wie du bist.«

Er war kurz davor zu antworten, dass das einzig Unnormale in seinem Leben *sie* sei. Sie beide. Dass sie ihn mit ihrer Perversität zerstört hatten.

»Jetzt hört auf zu streiten!«, ertönte es aus dem Schlafzimmer, aber er klang nicht wütend. Das Gesicht, das sich über dem Bettende zeigte, war freundlich, seine Augen sahen ihn liebevoll an. »Gib' ihm jetzt das Geld, ja?« Auch bei diesen Worten blieb seine Stimme neutral und zeigte wie immer keine Emotionen. Nur, wenn er sie durch die Schlafzimmertür hörte.

»Es stimmt nicht, dass wir lieber ein Mädchen gehabt hätten. Sie würde nicht all die Dinge für uns tun können, die du kannst«, klang es erneut mitfühlend aus dem Bett.

Er hasste Mitleid und riss sich zusammen.

»Jetzt ist euer Sexscheiß jedenfalls aktualisiert. Aber du schuldest mir was!« Er deutete auf die kleinen Brüste, aber sah ihr direkt in die Augen, sein Blick war eine stumme Drohung.

»Okay, okay. Aber jetzt komm' rein und gib mir einen Kuss, bevor du gehst.«

Er hatte keine Lust, aber das Lächeln auf dem Gesicht im Bett berührte wie immer etwas Zerbrechliches in ihm. Eine Art Mitleid. Er bereute seine Schwäche, als er ins Zimmer kam. Der Körper in dem Bett war nackt. Die Luft war stickig und schwül und es roch süßlich und nach Schweiß. Mit geschlossenen Augen drückte er seine Lippen auf die glühende Wange, die ihm hingehalten wurde.

Sie war trotz allem seine Mutter.

48

Isabella saß immer noch am Computer, als Roland zurück ins Präsidium kam.

»Was gefunden?«, fragte er, als er an ihr vorbeiging.

»Es gibt eine ganze Menge abscheulicher Jason-Latexmasken im Internet, daher ist es nicht leicht herauszufinden, wo er sie gekauft hat. In den meisten Onlineshops erreiche ich niemanden, weil Samstag ist«, sagte sie, ohne aufzuschauen. Er vernahm den Hauch eines Vorwurfs in ihrer Stimme.

»Damit wartest du einfach bis Montag. Vielleicht ist es gar nicht notwendig. Es ist eine neue Spur aufgetaucht, die uns weiter bringen könnte als diese Maske.«

Niels sah neugierig von seinem Bildschirm auf, über den er gebeugt saß. Isabella drehte den Stuhl zu Roland und streckte den

Rücken, während sie ihre Daumen gegen die Lendenwirbelsäule drückte.

»Hatten die im KTZ denn was Brauchbares abgesehen von den Türketten?«

»Nee, aber ich bin in Anne Larsen gelaufen.«

»*Die* schon wieder!«, stöhnte Niels mit einem leichten Schnauben.

»Ja, es gab da noch etwas, das sie nicht erwähnt hatte.«

»Was für 'ne Überraschung«, kommentierte Isabella säuerlich.

»Anne hat auch Briefe bekommen, dachte aber, sie wären von jemand anderem.«

»Und die wollte sie natürlich nicht abliefern«, riet Isabella und fing mit etwas an, das wie Schwimmzüge aussah. Sie befolgte den Rat der Gesundheitsapostel bezüglich Gymnastik am Arbeitsplatz.

»Doch, ich habe sie tatsächlich bekommen und sende sie am Montag ins Labor. Vielleicht können die ja Fingerabdrücke finden.« Roland setzte sich auf die Kante von Isabellas Schreibtisch.

»Was war der Preis?«, wollte sie wissen.

»Ich musste ihr einige Informationen geben und ihr natürlich versprechen, dass sie als Erste erfährt, wer der Täter ist.«

»Natürlich!« Isabella nickte übertrieben und stand auf. Roland befürchtete, sie würde mit Übungen auf dem Boden anfangen, aber stattdessen ging sie zur Thermoskanne, goss Kaffee in ihren Becher und tat zwei Stück Zucker hinein. So viel zum Thema Gesundheit.

»Brauchst du auch was zum Aufmuntern?«

»Nein, aber danke.« Er kratzte sich den Nacken, ein Schweißtropfen kitzelte und Kaffee war nicht gerade das, worauf er unbedingt Lust hatte. »Anne hat mir auch die Adresse einer Homepage gegeben, die Sexspielzeug verkauft. Sie meint, es gebe eine Verbindung zu unserem Täter und seinen Opfern.«

»Wo die Dildos der Frauen gekauft worden sind? Wo zum Teufel hat sie die her?« Isabella schüttelte mit hochgezogenen Augenbrauen und aufgerissenen Augen den Kopf, bevor sie einen Schluck von dem süßen Kaffee trank.

»Damit wollte sie nicht herausrücken. Sie schützt ihre Quellen, wie sie immer sagt. Pressefreiheit. Aber die Kriminaltechnik und die IT werden am Montag genug zu überprüfen haben. Lasst uns hoffen, dass etwas Brauchbares dabei herauskommt.«

»Ja, das könnten wir gut gebrauchen«, kam es vielsagend von dem Computerbildschirm hinter ihnen.

»Anne Larsen hat wohl was mit Esben Bentzen am Laufen, wie es aussieht«, warf Roland ein.

»Bentzen? Der Anwalt?«, fragte Niels und schaute wieder auf. Roland nickte.

»Na, dann hat sie sich ja tatsächlich gesteigert, wenn man das so sagen darf. Sind ihre Freunde sonst nicht immer Kriminelle?« Ein süffisantes Schmunzeln kräuselte Isabellas Lippen.

»Soviel ich weiß, ja.«

Hafid kam atemlos durch die Tür und unterbrach sie. Er ließ sich auf Isabellas Stuhl fallen, sodass er auf den Rädern ein kleines Stücken über den Boden rollte.

»Mann, ist das heiß! Sind wir für heute fertig?«, stöhnte er.

»Was hast du herausgefunden?«

»Dass Samstag ist! Und Sommerferien sind.«

»Also nichts?«

»Ein bisschen. Die meisten Schlosser, mit denen ich geredet habe, haben diese Art Türketten, aber sie bekommen sie in der Regel schon zugeschnitten von ihren Lieferanten. Aber der, den ich gerade als letztes besucht habe, hatte ganze Ketten, die er selbst kürzt, aber er kann es nicht sein. Ein alter Mann, der sicher noch nicht mal mehr einen hochkriegt.«

»Vielleicht kann der Täter gerade das ja auch gar nicht«, meinte Isabella, schob Hafid von ihrem Stuhl und setzte sich.

»Und wenn, er war es jedenfalls nicht. Er war dick und total eingerostet. Der könnte unmöglich all die Treppen hochsteigen und sich erst recht nicht in einem Schrank verstecken. Der hätte kaum auf Tanjas kleinen Balkon gepasst.« Hafid lachte und trank gierig aus einer Flasche Wasser, die er mitgebracht hatte.

»Hat er Angestellte?«
»Danach habe ich nicht gefragt, ich …«
»Das machst du am Montag.«
Hafid nickte.

»Hast *du* etwas gefunden, Niels?« Roland wandte sich an den großen Mann, der gebeugt vor dem Bildschirm saß.

»Nichts Neues, abgesehen von Annes Zeugenaussage. Nichts anderes, als dass wir nun wissen, dass er Ketten und kein Seil benutzt, aber das ändert nichts an den alten Tatsachen – dass wir den Täter finden müssen, damit die technischen Beweise Sinn ergeben, und falls nicht …«

Niels wurde von Rolands Handy unterbrochen, das in seiner Tasche vibrierte. Er hatte es nach dem Besuch in der Klinik immer noch auf lautlos.

»Entschuldige, Niels. Ich gehe kurz dran.« Er ging in sein Büro, wo er ungestört reden konnte, da er erwartete, dass es Kenneth Rissvang war, der endlich zurückrief. Aber es ertönte nicht die beherrschte und ruhige Stimme des Chirurgen, sondern das aufgebrachte Schnattern einer Frau. Sie hatte seine Nummer von einer Visitenkarte, die sie in der Hosentasche ihres Mannes gefunden hatte, soviel verstand er. Sie redete kurzatmig, schnell und nervös, es dauerte eine Weile, bis Roland begriff, wer sie war und worum es ging. Er hatte das Handy noch nicht vom Ohr genommen, als er sein Büro verließ und den verständnislosen Niels hinter sich herwinkte. Roland dankte Isabella und Hafid im Vorbeigehen für den Einsatz und wünschte ihnen einen schönen Sonntag. Sie konnten am Montag weitermachen.

»Warum glaubst du, dass er ausgerechnet da ist?«, fragte Niels, der im Aufzug auf dem Weg nach unten eine schnelle Erklärung von Roland bekommen hatte. Er hielt sich am Griff der Autotür fest, als Roland zügig um die Ecke auf die Sönderallee fuhr.

»Wir müssen irgendwo anfangen, und das Bestattungsunternehmen ist ja sein Arbeitsplatz, dort ist er am Freitagabend hingefahren, um irgendetwas zu holen. Da stimmt was nicht.«

»Die können also nicht nur Leichen verschwinden lassen.«

Roland antworten nicht und überlegte, ob er das Blaulicht aufs Dach stellen sollte, um schneller voranzukommen. Leichtbekleidete Leute überquerten die Straße ohne zu gucken, wo sie hinliefen, erledigt und reaktionsschwach von der drückenden Hitze, die an den.

Er fuhr in eine leere Parklücke vor der Pietät. Sie stiegen beide aus dem Auto. Das Tor war offen und der Leichenwagen stand im Hof. Durch das Fenster sah Roland, dass Pia im Büro saß. Er klopfte an die Scheibe.

Die Melodie, die er gehofft hatte vorläufig nicht mehr hören zu müssen, spielte, als sie die Tür aufmachte, die nur angelehnt war.

»Was wollen Sie hier? An einem Samstag?«, fragte sie. Der Versuch, freundlich auszusehen, misslang.

»Ist Ihr Bruder bei der Arbeit?«

»Welcher?«

»Andreas.«

»Nein, der ist nicht da. Nur Erling. Kann der Ihnen irgendwie weiterhelfen?«

»Ihre Schwägerin hat angerufen und uns mitgeteilt, dass ihr Mann verschwunden ist. Sie sagt, er geht nicht ans Telefon.«

»Schon wieder!«, seufzte Pia und verdrehte die Augen.

»Was meinen Sie damit?«

»Es passiert oft, dass Andreas nicht nach Hause kommt. Er hat vielleicht einfach nur eine andere.«

»Dürfen wir reinkommen?«

»Wozu? Hier ist er jedenfalls nicht.«

»Ich glaube, wir bekommen einen Durchsuchungsbefehl«, sagte Niels neben Roland.

»Na schön.« Pia öffnete nun doch widerwillig die Tür. Erling saß auf einem Stuhl im Büro und schielte auf den Boden. Der Mund bewegte sich, als ob er auf etwas kaute.

»Was machen Sie hier an einem Samstag?«, wollte Niels wissen und schaute sich um.

»Auch samstags sterben Menschen. Es passieren doch sicher auch Verbrechen, obwohl Wochenende ist, Sie beide sind schließlich auch im Dienst.« Sie setzte sich auf den Stuhl hinter dem Schreibtisch und ließ einige Papiere unter einem Ordner verschwinden.

»Und Sie sind sich sicher, dass Andreas nicht arbeitet? Ist das im Übrigen nicht sein Büro?«

»Es gibt hier nichts, was seins ist. Wir teilen.«

»Und Sie haben Ihren Bruder auch nicht gesehen?«, fragte Roland an Erling gewandt, der ihn noch nicht angesehen hatte.

Der schüttelte bloß heftig den Kopf und fuhr mit dem Wiederkäuen fort. Pia Spang schaute Niels nach, der eine Runde gedreht hatte und nun die Tür zu dem nächsten Raum öffnete. Roland erhaschte einen Blick auf einige Särge, die auf Stahlstativen mit vier Rädern standen. Er hoffte inständig, dass darin keine toten Menschen lagen.

»Was macht er? Wo will er hin?«, blaffte Pia.

»Es macht Ihnen doch wohl nichts, dass wir uns ein wenig umsehen?«

»Doch! Dann will ich diesen Durchsuchungsbefehl sehen, sonst ist das sicher keine legale Aktion.«

Niels blieb abrupt stehen und kam zurück.

»Sind die Särge leer?«, fragte er.

»Natürlich sind sie das, das ist unser Lager. Hier gibt es keine Leichen.«

Roland starrte Erling an, konnte aber keinen Augenkontakt herstellen. Irgendetwas stimmte nicht mit ihm.

»Gitta Spang sagt, Andreas sei am Freitagabend hierhergefahren, um etwas zu holen, das er vergessen hatte. Aber Sie haben ihn nicht gesehen?«

»Nein. Wir waren am Freitagabend nicht hier. Versuchen Sie es in den Bordellen, wenn Sie Andreas finden wollen.«

Ein Geräusch, das wie ein Grunzen klang, aber vielleicht bloß ein Nieser war, ließ Erlings Körper erzittern. Roland wandte den Blick von ihm ab und schaute stattdessen seine Schwester an.

Pia lächelte, aber in ihren Augen lag ein anderer Ausdruck als Freundlichkeit.

»Kennt einer von Ihnen Kenneth Rissvang?«

Pia sah schnell zu Erling. »Nein, sollten wir?«

»Er ist Chirurg in der Privatklinik Mollerup.«

Sie zuckte mit einem gleichgültigen Gesichtsausdruck die Schultern. »Keine Ahnung, wer das sein soll.«

Roland schmunzelte unmerklich. Manchmal war Leugnen Bestätigung genug. Jedenfalls wenn es stimmte, dass Anne das Auto des Chirurgen im Hinterhof der Pietät hatte stehen sehen.

»Sonst noch was?«, fragte Pia abweisend. »Wir müssen eine Beerdigung für Montag vorbereiten.«

Roland sah sie herausfordernd an. »Falls Andreas auftaucht, würde ich sehr gerne von Ihnen hören. Sonst kommen wir am Montag mit einem Durchsuchungsbefehl«, drohte er.

Pia warf den Kopf in den Nacken. »Nichts gegen meine Schwägerin, aber ich verstehe meinen kleinen Bruder gut. Ich verstehe, wenn er ab und zu mal ein bisschen Abstand von ihr braucht. Er kann auch in der Kneipe sitzen, aber Sie haben sicher anderes zu tun, als solche Familienstreitigkeiten zu klären. Ich werde mich um Gitta kümmern.« Während sie sprach, war sie aufgestanden. »Ich begleite Sie nach draußen«, fuhr sie fort, und weil sie keine andere Wahl hatten, folgten sie ihr gehorsam.

49

»Was zum Teufel ist denn mit dir passiert?«, rief Nicolaj entsetzt, als sie am Montagmorgen verspätet in die Redaktion kam und sich an ihren PC setzte. Er konnte den Blick nicht von ihrem Gesicht abwenden. Fast sah er aus, als ekele er sich vor ihrem Anblick. Sie erzählte ihm von Freitagnacht. Er lehnte sich bestürzt immer weiter auf seinem Stuhl zurück und schüttelte stumm und fassungslos den Kopf. Es fiel ihr schwer, davon zu berichten, und Anne hörte selbst, dass ihre Stimme belegt klang und immer leiser wurde. Sie schwieg eine Weile. Nicolaj wartete ungeduldig, bis sie fortfahren konnte. »Und du hast wohl das ganze Wochenende einfach im Schatten unter einem Sonnenschirm gelegen?«, schloss sie, um das Thema zu wechseln.

»Nee, dafür ist es auch zu heiß. Und viel zu viele Badegäste. Aber Anne, was dir da passiert ist, ist ja furchtbar. Wie kam er ausgerechnet auf dich?«

Anne zuckte die Schultern. »Was hast du dann gemacht?«

»Nichts«, antwortete er ungewöhnlich kurz angebunden. »Hast du eine Personenbeschreibung von ihm?«

»Er trug eine Maske. Aber ich habe Roland Benito alles erzählt, was ich weiß. Fast.«

»Fast?«

»Ja, wir müssen ja auch noch was für uns haben, oder?«

»Ja, der Meinung bin ich auch«, antwortete er und sie hatte das Gefühl, dass er eher sich selbst damit meinte. Sie schaute ihn an, versuchte, seinen Blick aufzufangen, aber er hatte begonnen, etwas auf seinem Bildschirm zu lesen. Seine hellen Augenbrauen waren aufmerksam hochgezogen. Das wirkte völlig übertrieben.

»Ist das sehr geheim?«

»Jetzt halt die Klappe, Anne.«

Das tat sie, während sie ihn weiter anstarrte. Seine grünen Augen bewegten sich demonstrativ hin und her, während er auf dem Bildschirm scheinbar ungeheuer konzentriert etwas las. Vielleicht war er bloß betroffen von dem, was ihr zugestoßen war. Sie dachte daran, wie wenig sie eigentlich über ihn wusste. Er wusste mehr über sie.

»Okay, aber dann kann ich dir ja erzählen, was *ich* gemacht habe.«

»Du bist im Krankenhaus gewesen, oder?«

»Gut geraten, aber nicht, um mich behandeln zu lassen.«

Sie erzählte von dem Vortrag in der Privatklinik Mollerup.

»Ich bin mir immer sicherer, dass es hier um illegalen Organhandel geht, Nicolaj.«

»Glaubst du wirklich, ein kompetenter und renommierter Chirurg würde sich in Schwarzmarktgeschäfte verwickeln lassen?«

»Er kann sich dazu gezwungen sehen, wenn es nicht ausreichend Spender für seine Patienten gibt.«

Sie erzählte ihm auch von dem weißen BMW, der im Hinterhof des Bestattungsunternehmens geparkt hatte, und dass er Kenneth Rissvang gehörte. Sie sagte nicht, woher sie das wusste, und er fragte auch nicht. Er wurde nicht einmal ärgerlich, obwohl sie sich wieder in seinen Sarg-Fall eingemischt hatte.

»Deswegen bist du also zu diesem Vortrag gegangen?«

»Jep, aber ich hatte nicht die Gelegenheit, mit ihm zu sprechen, er ist so schnell verschwunden. Und dann habe ich Benito getroffen.«

»In der Privatklinik?«

»Ja, Irene Benito liegt dort. Sie haben wohl eine Operation vornehmen lassen, damit sie wieder laufen kann. Alle anderen Ärzte hatten sie schon aufgegeben.«

Nicolaj griff sich an die Stirn. »Krass!«

»Genau! Wir machen eine Reportage, wenn sie entlassen wird. Roland hat es mir fast versprochen. Lass uns das Gesundheitswesen ein bisschen aufmischen. Es kann doch nicht sein, das die Leute ins Ausland reisen oder Gesetzeswidrigkeiten begehen müssen, um geheilt zu werden, wenn wir hier so hohe Steuern zahlen.«

»Hmm, aber das ist wohl nicht die Schuld des Gesundheitswesens. Sind nicht all die ethischen Regeln dafür verantwortlich, dass die Forschung ins Stocken gerät, dass wir nicht mehr mithalten können? Aber willst du damit sagen, dass die Operation von Benitos Frau illegal gewesen ist?«

Anne zupfte an der Bandage an ihrem Handgelenk und schnitt eine Grimasse. Nicolaj war immer Feuer und Flamme, wenn die Polizei ihre eigenen Regeln brach. Der Fall mit dem Beamten Dan Vang hatte ihn sehr beschäftigt, und er hatte tief und lange gegraben, um ähnliche Fälle von Machtmissbrauch zu finden, aber meistens geschahen sie gut verdeckt. Doch Nicolaj dachte gar nicht daran, aufzugeben.

»Ich weiß nicht, welche Methode verwendet wird, um Frau Benito zu heilen. Sie muss ja nicht unbedingt illegal sein.«

Nicolaj streckte unter dem Tisch seine langen Beine aus, sodass eine seiner Sandalen ihr nacktes Schienbein traf.

»Es wird wohl eine Stammzellentherapie sein?«

»Nicht alle Formen sind illegal. Stammzellentransplantation wird als ein Bestandteil in der Krebsbehandlung verwendet, beispielsweise bei Leukämie. Willst du nicht zu mir rüber kommen und bei deinen langen Beinen sitzen?«

»Nee, ich sitz' hier gut. Es ist doch auch gefährlich, mit diesen Stammzellen herumzuexperimentieren. Gab es da nicht ziemlich viele Risiken? Zum Beispiel, dass unerwünschte Immunreaktionen auftreten? Oder dass Krebszellen mitübertragen werden? Da steckt doch bestimmt auch eine Menge Erbmasse drin?«

»Tja, wer weiß, ob man damit nicht die Büchse der Pandora öffnet.«

Nicolaj kratzte seine roten Haare.

»Aber stell dir mal vor, wenn nun der Bestatter den Chirurg beliefert! Das kann viele Jahre so gegangen sein. Nach dem, was ich über Johan Spang herausgefunden habe, ist er ganz plötzlich gestorben, er war nicht krank. Vielleicht hat er entdeckt, was da vor sich ging und wurde zum Schweigen gebracht, und dann haben sie ihn einfach eingeäschert. Leichte Sache für ein Bestattungsunternehmen.«

Anne dachte an das Gespräch, das sie zwischen Andreas Spang und seiner Mutter vor dem *Magasin* mitgehört hatte, als Pia Spang ihren Bruder – oder ihre Mutter – beschattet hatte.

»Das geht ja nicht ohne einen von einem Arzt ausgestellten Totenschein«, merkte sie an.

»Vielleicht kann ein Arzt mit gewissen Mitteln dazu gebracht werden. Wenn er zum Beispiel mit denen unter einem Hut steckt, könnten sie ihn erpresst haben. Du hast selbst gesagt, dass bei dieser Art illegalen Handels meistens mehrere zusammenarbeiten.«

»Aber das ist unmöglich zu beweisen, Nicolaj.«

»Hmm. Was machen wir dann jetzt, Anne?«

»Ich habe Benito ein paar Informationen entlockt, damit du ein bisschen was zum Arbeiten hast«, lächelte sie.

»Und? Wie hast du das angestellt?«

»Das ist geheim. Genauso geheim wie das, was du am Wochenende gemacht hast.«

»Ja, aber das geht dich einfach nichts an, Anne.«

Nicolaj zog seine Beine zurück und beugte sich wieder zu seinem Computerbildschirm vor.

»Verschweigst du mir etwas? Ich bin bloß ein bisschen neugierig. Besonders, wenn ich einen rosafarbenen Schwimmmring mit kleinen, roten Blümchen auf dem Rücksitz deines Autos sehe. Brauchst du sowas etwa noch?«, grinste sie und sah sofort an seinem Gesicht, dass ihm die Unterhaltung unangenehm war.

»Du sollst nicht in mein Auto gucken!«

»Das ist mir geradezu ins Augen gesprungen! Ich konnte es gar nicht übersehen, als ich vorbeigelaufen bin. Hast du vielleicht ein kleine Nichte?«

Nicolaj nickte gereizt. »Aber was hast du denn jetzt aus Benito herausbekommen?«

»Irgendetwas über einen Hund und Psoriasis. Aber ich habe ihm versprochen, dass wir noch nichts darüber schreiben, daher ...«

»Ein Hund mit Psoriasis? In welcher Verbindung?«

Anne lachte. »Nein, das sind zwei verschiedene Aspekte, aber beides wurde bei der Untersuchung des Sarges gefunden. Also natürlich kein Hund, aber Hundehaare. Von einem rotbraunen Dackel.«

Nicolaj nickte und seufzte tief. »Dann muss ich also einen braunen Dackel finden, der in einem Sarg gewesen ist?«

»Nein, du sollst herausfinden, wer von denen, die etwas mit dem Sarg zu tun hatten, einen rotbraunen Dackel besitzt. Hat der Betreffende auch noch Psoriasis, haben wir ziemlich sicher den Beweis dafür, wer den toten Jungen aus dem Sarg entwendet hat.«

Nicolaj richtete sich auf dem Stuhl auf und rieb sich schläfrig das rechte Auge. »Bestimmt der Bestatter.«

»Nein, das hat Rolands Team überprüft. Keiner dort hat einen Hund oder Psoriasis.«

»Und wo soll ich dann suchen?«

»Tja, das ist deine Sache!«

»Ja, jetzt ist es auf einmal *meine* Sache«, murmelte er fast unhörbar.

Anne lächelte unversöhnlich und drehte sich zu ihrem Computer.

»Und was machst du? Ach ja, du bist ja die Hauptperson im Serienmörder-Fall!«

»Das ist echt nicht lustig, Nicolaj!« Verletzt sah sie ihn an. Der Alptraum war noch zu lebendig. Wäre Esben nicht gewesen, würde sie jetzt nicht hier sitzen.

»Nein, Entschuldigung, Anne. Aber hast du herausgefunden, mit welchem Gegenstand er die Mädchen vergewaltigt?«

Anne runzelte die Stirn. »So weit ist er glücklicherweise nicht gekommen, aber …«

Wieso hatte sie da nicht vorher dran gedacht? Was hatte der Verrückte aus der Tasche geholt, die er dabei gehabt hatte? Der Gegenstand, mit dem er sie geschlagen hatte. Unwillkürlich berührte sie den Verband, während sie nachdachte. Sie hatte es nicht erkennen können, aber es war hart und kalt gewesen. Irgendein Werkzeug?

»Tut dein Kopf weh?«, erkundigte sich Nicolaj und nahm seine Zigaretten vom Tisch. Er klopfte eine aus der Schachtel und reichte sie ihr. Überrascht nahm sie sie, obwohl die Marke Marlboro Light war. Es war selten, dass Nicolaj Zigaretten austeilte.

»Höllisch! Ich fühle mich, als wäre ich von einem Mähdrescher überfahren worden.«

»Mieses Schwein. Ob die Polizei ihn bald hat?«

»Ich hoffe es. Wissen wir etwas über das erste Opfer, das im Krankenhaus gestorben ist? Maja. Maja Andersen.«

»Nur, dass sie 20 Jahre alt und Studentin war. Aber sie ist wohl an einem Herzstillstand gestorben. Komplikationen bei der OP?«

Anne zog heftig an der Zigarette und runzelte die Stirn. Der Schmerz erinnerte sie an die schallenden Ohrfeigen ihres

Stiefvaters, die auch immer entsetzliche Kopfschmerzen nach sich gezogen hatten.

»Das sagen sie, ja. Sie war noch so jung und wir haben nicht mit dem zuständigen Arzt gesprochen, daher wissen wir es eigentlich nicht sicher.«

»War es das Mollerup?«

»Nein, das alte Stadtkrankenhaus.« Sie streifte die Asche von der Zigarette in den Aschenbecher und ließ sie liegen. Viel zu schnell stand sie auf und musste sich einen Augenblick lang auf dem Tisch abstützen, bevor sie sich nach ihrem Rucksack bückte und ihn mit einem Riemen schulterte.

»Ich gehe ins Krankenhaus.«

»Das klingt nach einer richtig guten Idee, Anne. Irgendjemand sollte dich jedenfalls mal anschauen«, stimmte Nicolaj zu und sah nicht, dass sie hinter ihm den Kopf schüttelte, bevor sie durch die Tür verschwand.

50

Roland hatte über eine halbe lang Stunde mit Kenneth Rissvang telefoniert. Irenes Zustand hatte sich im Laufe der Nacht verbessert, aber er Roland riet dennoch davon ab, sie zu besuchen oder mit ihr zu telefonieren. Er verordnete ihr absolute Ruhe. Der Chirurg würde sich melden, wenn sich ihr Zustand stabilisiert hatte, wie er es ausdrückte. Das sah Roland als gute Neuigkeit und seine nächtliche Unruhe verschwand wie die Dunkelheit im Tageslicht. Er bat ihn, Irene von ihm zu grüßen, damit sie wusste, dass er an sie dachte. Rissvang versprach, etwas reserviert, es ihr auszurichten.

Roland war wieder einigermaßen frohen Mutes, als er zusammen mit Hafid zu der Adresse fuhr, die eine clevere Urlaubsvertretung in der IT-Ermittlung ziemlich schnell ausfindig gemacht hatte – auch eine Abteilung, für die es trotz Protesten politische Pläne gab, nach Kopenhagen oder Fredericia umzuziehen. Der

Betreiber der Homepage hatte nichts getan, um sich zu verstecken, und das wunderte Roland. Offenbar waren sie keine professionellen Kriminellen. Oder sie hatten einfach nichts zu verbergen. Die Vernehmungen der Schlosser in der Stadt überließ er vertrauensvoll Isabella und Niels, dann konnten sie mit dieser Studentin im Nacken dasitzen, die ihren Verhörmethoden lauschen und sich die Einrichtung und die Vernehmungsumgebung ansehen würde. *Nonverbale totale Kommunikation* nannte man das. Er hatte hörbar geschnaubt, als Kurt Olsen sie darauf aufmerksam gemacht hatte, dass von höherer Stelle beschlossen worden war, eine Expertin auf sie anzusetzen, die eine Art Qualitätskontrolle durchführen sollte. Die Beamten sollten freundlicher und entgegenkommender auftreten. Die Beraterin sollte sich für längere Zeit im Polizeipräsidium aufhalten und beobachten. Sie waren die Versuchskaninchen. Es war sicher auch diese Art von Experten, die die Polizei auf Twitter und Facebook angesetzt hatte, damit sie mit den Leuten kommunizieren konnten. Jetzt sollte es Blumen und Kerzen auf dem Tisch des Vernehmungsraums, stimmungsvolle Wandfarben und weiche Sitzkissen geben, damit sich die Verhörten wohlfühlten in einer Umgebung, die Vertrauen schaffte. Natürlich hatte diese Art der Einrichtung Erfolge bei der Befragung von Kindern im Kinderzentrum in der Uniklinik in Skejby gebracht, aber dort ging es halt auch um Kinder. Kinder, die in der Regel häuslicher Gewalt ausgesetzt gewesen waren. Opfer. Als wäre es nicht schon genug, dass die Verurteilten in Gefängniszellen mit seidenweichen Ecksofas, Stereoanlagen und großen Flachbild-Fernsehern landeten, samt eines Menüs, das sich mit dem im Hotel D'Angleterre messen konnte. Roland schnaubte bei dem Gedanken, und genau das hatte er auch dem Vizepolizeidirektor gesagt. Das sind Verbrecher, die das Gesetz gebrochen oder das Leben Unschuldiger auf verschiedenste Weise zerstört hatten. Sie sollten eine spürbare Strafe bekommen, und das fing schon bei den Verhören an. Er meinte, Zustimmung bei Kurt Olsen zu sehen, aber er äußerte sich nicht. Nun wusste er natürlich auch, dass Roland nicht zu der

Kategorie ›bad cop‹ gehörte, und dass die Vorstellung, man leuchte den Verdächtigen mit 1000 Watt-Birnen ins Gesicht, während sie auf harten Stühlen an einen Stahltisch festgeschnallt waren, nur in Hollywoodfilmen zutrafen. Die meisten Vernehmungen fanden tatsächlich in ihren eigenen Büros statt. Offenbar saßen also *sie* in Räumen, die weder Sicherheit noch Gemütlichkeit ausstrahlen.

Gerade waren sie an der Tennisanlage Hasle vorbeigefahren, wo das Knallen der Bälle gegen die festgespannten Schlägersaiten das Vogelgezwitscher übertönte, als Hafid leise zu lachen anfing.

»Was ist los?«, fragte Roland mürrisch. Er war es gewohnt, Mikkel als Partner zu haben, und der sagte nicht besonders viel, wenn sie Auto fuhren. Hafid hatte eine deutlich offenere Persönlichkeit, die Roland sicher an jedem anderen Tag genossen hätte. Jetzt stand eine Menge auf dem Spiel und er hoffte, Hafid war der Aufgabe gewachsen.

»Der Sexshop ist im Priesterweg … na wenn das mal nicht ein Brüller ist«, grinste er, und seine kohlschwarzen Augen blitzten vor Vergnügen. Da Roland weder antwortete noch lachte, glitt ihm die Belustigung aus dem Gesicht wie geschmolzene Butter und er fuhr sich frustriert mit den Fingern durch die schwarzen Haare wie eine Katze, die ihren Pelz leckt, wenn sie weiß, dass sie etwas angestellt hat.

Es war kein Geschäft, zu dem sie kamen, als sie die Adresse erreicht hatten. Das Villenviertel war eines der ältesten von Aarhus und die Villa sicher eine der Gründungsbauten. Roland und Hafid gingen die drei Stufen zur Eingangstür hinauf. Roland klingelte. Auf jeden Fall wurde nicht damit geworben, dass hier ein Unternehmen ansässig war. Erst recht keines, das mit Erotik zu tun hatte. Rolands Vorstellung, ihnen würde eine sexy junge Blondine in hautengen schwarzen Lederklamotten mit feuchten Lippen und einem frechen Zwinkern die Tür öffnen, musste er in dem Augenblick begraben, als die Tür sich öffnete. Zuerst glaubte er, die Person ihnen gegenüber sei ein Mann, wegen der sehr kurz geschnittenen Haare. Irgendwie erinnerte er an Kurt Olsen.

Vielleicht wegen der Pfeife, die zwischen den großen Zähnen festgeklemmt war.

»Ja?« Die Stimme klang nicht wie die eines Mannes. Die Person nahm die Pfeife aus dem Mund und ihre Spitze zeigte nun direkt auf Roland.

»Entschuldigung, wir …«, fing er irritiert an.

»Wir kaufen nichts!«

Die ausdruckslose Art und Weise, mit der das gesagt wurde, sprach dafür, dass diese Floskel hier generell und sehr häufig verwendet wurde, wenn jemand ungebeten vor der Tür stand. Unter markanten, dunklen Brauen lagen Augen, ohne jegliches Make-Up, die im grellen Sonnenlicht leicht zusammengekniffen wurden, jedoch Hafid hinter Roland erspähten. Der Kopf neigte sich zur Seite, wie bei einem Huhn, das auf dem Boden einen Wurm entdeckt hat, und für einen kurzen Moment dachte Roland, die Tür würde ihnen direkt vor der Nase zugeknallt.

»Wir sind von der Ostjütländischen Polizei. Mordkommission!« Roland zeigte seinen Dienstausweis.

»Die Polizei? Was wollen Sie von uns? Wir haben nichts verbrochen!«

»Sicher nicht, aber dürfen wir trotzdem mit Ihnen sprechen?« Roland überlegte, was er hier gerade nonverbal total kommuniziert hatte. Die Tür wurde jedenfalls ganz geöffnet, wenn auch etwas widerstrebend.

Roland schaute sich um, während er dicht hinter Hafid herging. Sie kamen in einen engen Flur mit braunen Steinfliesen und zwei geschlossenen Zimmertüren auf der rechten Seite. Roland betrachtete die Person vor sich und konnte nun eindeutig sagen, dass es eine Frau sein musste; obwohl die Brüste sehr klein waren, zeichneten sie sich deutlich genug unter dem dünnen, eng anliegenden T-Shirt ab. Die Beine in den kurzen, weißen Shorts waren schlank und feminin, nicht die kräftigen, kantigen Beine eines Mannes.

»Wir sitzen draußen im Garten. Möchten Sie ein Bier?«

Roland und Hafid wechselten einen schnellen Blick. Roland schaute auf die Uhr. »Nein, dafür ist es noch zu früh. Aber ein Glas Wasser wäre bei der Hitze schön.«

Hafid nickte zustimmend hinter ihm.

»Dann also nur Leitungswasser.«

Das Mannsweib wies mit der Hand durch eine offene Terrassentür, die zu einem Garten mit frischgemähtem Rasen führte, ging selbst in die kleine, renovierungsbedürftige Küche und öffnete den Wasserhahn. Sie holte zwei Gläser aus dem Schrank, während sie das Wasser laufen ließ.

»Wer ist es, Schatz?«, ertönte eine etwas rostige Frauenstimme aus einem Liegestuhl, der mit dem Rücken zu ihnen stand. Die andere, die ein Stückchen größer als Roland war, stand plötzlich neben ihm, in jeder Hand ein Glas Wasser.

»Die Polizei, Süße. Die wollen mit uns reden.«

Ein Kopf, bedeckt mit einem rosafarbenen, geblümten Sonnenhut kam augenblicklich hinter der Rückenlehne des Liegestuhls zum Vorschein. Das Gesicht war beinahe verborgen von einer großen, dunklen Sonnenbrille, aber der rote Mund drückte Verwunderung aus. »Worüber denn?«

»Das weiß ich nicht, aber komm mal hierher und trink noch ein Bier mit uns.«

Dass die Person, die sich aus dem Liegestuhl erhob, eine Frau war, daran bestand keinerlei Zweifel. Der Körper war weiblich und schlank und sie trug einen schwarzen Bikini, dessen Oberteil gut ein E- statt eines C-Körbchens hätte sein können. Sie schob die Sonnenbrille hoch in die rotblonden Haare. Eine sonnengebräunte hohe Stirn kam zum Vorschein und hübsch gezupfte Augenbrauen. Die Augen strahlten freundlich und hatten die gleiche Farbe wie die blauen Stiefmütterchen, die einen Blumentopf mitten auf dem Gartentisch zierten.

»Darf ich Ihnen meine Frau vorstellen?«, sagte die mit den Gläsern und stellte sie auf den Tisch. Sie holte einen weiteren Klappstuhl aus der Ecke, den sie aufklappte und an den Tisch stellte.

»Charlotte«, sagte die Frau im Bikini, als Roland ihre ausgestreckte Hand schüttelte, die sich wie ein Klumpen lauwarmer Teig anfühlte. Danach war Hafid an der Reihe, der angestrengt versuchte, Charlotte nicht in den Ausschnitt zu starren.

»Ich habe Ihren Namen nicht verstanden«, sagte Roland zu der anderen, die sich an den Tisch gesetzt und Bier in ihr Glas eingeschenkt hatte.

»Nennen Sie mich einfach Bo.«

»Bo? Eine Abkürzung von Bodil?«, fragte Hafid naiv. Beide Frauen lachten lauthals.

»Ja, es ist sicher nicht schwer sich auszurechnen, dass wir lesbisch sind«, sagte Bo gerade heraus, als sie aufgehört hatte zu lachen.

Hafid fiel keine passende Reaktion ein, bemerkte Roland. Für einen Moslem war Homosexualität strafbar, aber nun war er dänischer Polizist, daher musste er sich mit einigen Dingen abfinden, die sein Glaube nicht akzeptierte. Roland setzte sich, Hafid tat es ihm gleich und trank von dem Wasser, ohne den Blick von den beiden Frauen abzuwenden. Es lag auch Neugierde darin.

»Na, weswegen sind Sie also hier? Mordkommission, sagten Sie?«, fuhr Bo fort und sah Roland aufmerksam an.

Er wusste nicht, wie er es formulieren sollte. An dieser Situation hier war etwas ganz verkehrt. Sie saßen in einem netten Garten hinter einer alten Villa zusammen mit zwei lustigen lesbischen Frauen, die unmöglich diese grausamen Morde an jungen Frauen begangen haben konnten. Oder doch? Es war Anne Larsens Theorie, dass es einen Zusammenhang gab, und woher hatte sie diese Vermutung eigentlich? Damit hatte sie nicht rausrücken wollen. Auch sie hatte während ihrer Ermittlungen keinen Beweis dafür gefunden.

Hafid erläuterte es schließlich.

»Sie haben sicher von den Morden an den jungen Frauen in letzter Zeit gehört?«

Sie nickten beide.

»Ja, der Serienmörder! Das ist so furchtbar. Die armen Mädchen!«, flüsterte Charlotte heiser. Bo nahm ihre Hand.

»Man sollte den Männern ihre Schwänze abschneiden!«, bemerkte sie scharf und hob dann beschwichtigend die Hände. »Ja, Entschuldigung, natürlich nicht allen«, grinste sie, aber Roland konnte in ihren Augen sehen, dass sie das nicht so meinte.

»Männer sind wie Geld, es reicht, sie auf der Bank zu haben. Der Samenbank«, fügte sie hinzu, da sie an Rolands und Hafids Gesichtern deutlich ablesen konnte, dass sie den Witz nicht verstanden.

»Hmm. Wir haben einen roten Faden, etwas, das sich bei all den ermordeten Mädchen findet. Sexspielzeug. Wir untersuchen nun die Theorie, dass ein Sexshop hier in Aarhus eine Verbindung zu den Opfern und vielleicht dem Täter haben kann«, sagte Roland und hatte das Gefühl, ziemlich gut damit weggekommen zu sein.

»Dann untersuchen Sie also alle in der Stadt?«, feixte Bo.

Roland beeilte sich zu nicken und sah Hafid nicht an, der ihn mit gerunzelter Stirn anstarrte.

»Wie haben Sie uns gefunden? Wir haben nur einen kleinen, unbedeutenden Onlineshop«, fragte Charlotte mit einem misstrauischen Ausdruck in den stiefmütterchenblauen Augen.

»Das war Zufall, wir haben einen Hinweis auf ihren Onlineauftritt bekommen. WWW.sam... äh, sappho.dk«, erinnerte sich Roland.

»Ja, benannt nach Sappho von Lesbos. Kennen Sie sie nicht? Die zehnte Muse. Die bekannteste Dichterin des Altertums.«

Roland und Hafid schüttelten beide den Kopf.

»Sappho wurde 630 vor Christus auf der griechischen Insel Lesbos geboren. Sie hat Gedichte über Liebe zwischen Frauen geschrieben, deswegen war sie die Namensgeberin für die lesbische Liebe.« Bo hatte Charlottes Hand wieder genommen, während sie sprach.

»Also ist das ein Shop für Lesben?«, fragte Roland und nahm ebenfalls einen Schluck aus dem Wasserglas, um das die Fruchtfliegen lange gekreist waren, sicher von einem Apfelkerngehäuse angezogen, das im Aschenbecher auf dem Tisch lag.

»Wir werben nicht direkt damit. Auch Männer kaufen dort Spielzeug für ihre Freundinnen, das dürfen sie natürlich.« Bo grinste wieder.

»Wir müssen Ihre Kundenkartei sehen.«

»Das geht nicht. Wir garantieren volle Diskretion, wir haben ebenso eine Schweigepflicht wie ein Arzt und wie Sie.« Charlotte war diejenige, die antwortete. Bo lächelte ihr zu und streichelte ihr zärtlich über die Wange.

»Es geht um einen Mordfall. Da muss die Schweigepflicht mal gebrochen werden«, machte Hafid die beiden Damen aufmerksam.

»Was ist Ihr Beweis dafür, dass unsere Kunden von Bedeutung sind? Haben Sie die Erlaubnis der anderen bekommen, ihre Daten einzusehen?«

»Der anderen?«, fragte Hafid verständnislos.

»Ja, sagten Sie nicht, Sie untersuchen sämtliche Shops in Aarhus.«

»Ähm, wir haben bei Ihnen angefangen«, sagte Roland und kratzte sich die Bartstoppeln, während er Hafid einen Blick zuwarf. Der schaute nach unten auf den Tisch.

»Okay. Dann waren Sie also noch nirgendwo anders! Aber wenn Sie einen begründeten Verdacht gegen eine bestimmte Person haben, dann können wir ja nachgucken, ob sie bei uns Kunde ist.«

»Es sind nicht so sehr die Kunden. Wir wollen bloß sehen, ob die ermordeten Mädchen äh, Equipment in Ihrem Shop gekauft haben.«

»Das geht absolut nicht. Dann müssen Sie mit einem Durchsuchungsbefehl kommen. Kann Ihnen nicht ein Richter einen ausstellen?«

Nicht auf der aktuellen Grundlage, dachte Roland und wünschte, Sie hätten weitreichendere Befugnisse.

»Ja, aber die Mädchen sind doch tot, Bo. Was könnte denn schon passieren?«

»Wenn herauskommt, dass wir unsere Regel bezüglich absoluter Diskretion brechen, haben wir keine Kunden mehr«, entgegnete Bo. Der Blick, den sie ihrer Frau zuwarf, war tadelnd. Sie war bestimmt diejenige, die die Hosen anhatte.

»Ja, aber ...«

»Ich will nichts mehr davon hören, Charlotte! Schluss!«

Roland räusperte sich. »Haben Sie Angestellte?«

»Nein. Wir betreiben den Shop alleine, nur wir zwei.«

»Leben Sie vom Verkauf dieser ... Waren?«, erkundigte sich Hafid.

»Fast, Charlotte hat einen Halbtagsjob in einem Dessous-Laden, ich bin Frührentnerin, daher habe hauptsächlich ich mit dem Shop zu tun.«

Roland stand auf. »Ja, dann wollen wir nicht länger stören. Vielleicht kommen wir wieder, wenn etwas Konkreteres auftaucht.«

Hafid beeilte sich, den letzten Rest Wasser aus seinem Glas herunterzuschlucken und stand ebenfalls verwirrt auf.

»Hätten wir nicht hartnäckiger sein sollen?«, fragte Hafid ärgerlich, als sie wieder im Auto saßen.

Roland nahm ein neues Kaugummi und sah zu der Villa hoch, bevor er den Schlüssel in der Zündung drehte und das Auto mit einem sachten Brummen startete.

»Wir können im Moment nicht mehr tun. Was sollten wir ihnen zur Last legen? Es ist in Dänemark nicht verboten, Sexspielzeug zu verkaufen. Im Übrigen können sie es auch nicht gewesen sein. Oder glaubst du das?«

»Sie waren schon ein bisschen sonderbar. Gehen die wirklich miteinander ins Bett?« Er schüttelte sich auf dem Sitz.

»Liebe ist Liebe, Hafid.«

»Die sollten es mal mit einem richtigen Mann versuchen. Der mit den Brüsten würde ich gerne etwas zeigen.«

Roland schielte zu ihm hinüber um zu sehen, ob er das Ernst meinte. Einige der dänischen Manieren hatte er recht schnell gelernt.

»Hast du denn nicht zugehört? Männer sind nur wie Geld auf der Bank«, sagte er. Der Samenbank. Was hatte sie eigentlich damit gemeint?

Er schaffte es nicht, diesen Gedanken zu Ende zu denken, da die Stimme des Diensthabenden durch die Anlage schnarrte.

»Wo seid ihr?«

»Auf dem Rückweg, Möller. Stimmt was nicht?«

»Eine Frau will mit dir reden, es eilt, sagt sie ...« Roland hörte eine Frauenstimme Jörgen Möller unterbrechen, aber nicht, was sie sagte. »Ja, sie heißt Gitta Spang. Ihr Mann ist immer noch verschwunden und ... was?« Er lauschte wieder der Frauenstimme. »Sie sagt, sie sei sich sicher, dass er in der Pietät ist.«

51

Anne zog die Zigarettenschachtel aus der Tasche, beeilte sich aber, sie zurückzustopfen. Sie hatte unerträgliches Verlangen nach einer Zigarette, doch hier drinnen war das Rauchen natürlich strikt untersagt.

Sie lehnte sich gegen die Mauer und konnte durch die offene Tür direkt in ein Krankenzimmer gucken, wo ein junges Mädchen lag, mit Schläuchen in Nase und Mund und einem Infusionsschlauch im Arm. Anne schaute schnell weg, denn sie sah schon wieder sich selbst dort liegen, ihren Stiefvater Torsten und ihre Mutter am Fußende des Bettes stehend, mit Augen, in denen Nervosität und Schuldgefühle flackerten. Ihre Tochter war die Treppe heruntergefallen – schon wieder, das hatten sie dem Arzt gerade erklärt, ohne dass Anne protestierte. Sie hatte es nicht über sich gebracht, als sie in die flehenden Augen ihrer Mutter schaute. In der Wohnung in Nørrebro, wo sie damals wohnten, gab es keine Treppen, und wären die Behörden misstrauisch geworden und hätten ihnen einen Besuch abgestattet, wären ihr weitere Krankenhausaufenthalte vielleicht erspart geblieben. Sie wohnten im Erdgeschoss.

»Anne Larsen?«, unterbrach eine Stimme ihre Kindheitserinnerungen.

»Ja. Ja, das bin ich. Schön, dass Sie Zeit haben mit mir zu sprechen.«

Sie reichte der Krankenschwester, die mit einem schwarzen DIN A4-Klemmbrett mit einigen Papieren und einem Kugelschreiber in der Hand vor ihr stand, als wäre sie mit etwas Lebenswichtigem beschäftigt und hätte eigentlich keine Zeit, die Hand.

»Signe Hansen«, stellte sie sich vor, das verriet auch ihr Namensschild, und schüttelte Annes Hand herzlich. »Gehen wir ins Büro.«

Anne folgte dem weißen Kittel mit einem letzten Blick auf das Mädchen im Bett. In diesem Augenblick wurde die Zimmertür von einem Arzt geschlossen.

»In der Thermoskanne ist Kaffee, aber möchten Sie vielleicht lieber Wasser haben? Es ist ja ziemlich schwül geworden.«

Signe legte das Klemmbrett auf den Tisch und knöpfte den obersten Knopf ihres Kittels auf.

»Ja, danke. Wasser wäre schön.«

Signe ging einen Moment hinaus und kam mit zwei Flaschen Mineralwasser zurück. »Sie sind also Journalistin und schreiben über die Vergewaltigungen?«

»Ja, oder besser gesagt über die Opfer. Der Polizei fehlen Hinweise aus der Bevölkerung. Meine Artikel können vielleicht dabei helfen, sie zu beschaffen. Ich weiß, dass Sie nicht so viel dazu sagen können, oder dürfen, aber ich finde, es wird zu wenig über Maja Andersens Tod gesprochen. Ist sie an den Verletzungen des Übergriffs gestorben oder gab es Komplikationen bei der OP?«

»Es kam sehr plötzlich, keiner konnte damit rechnen. Nein, die Operation lief gut. Das war reine Routine. Wir wissen nicht, warum es letztendlich so schiefgegangen ist.«

»Was hat die Obduktion gezeigt?«

»Nichts Ungewöhnliches. Maja hat eine Thrombose bekommen.«

»Sie war doch so jung …«

»Eine Thrombose ist keine reine Alterserscheinung. Die Einnahme der Pille kann eine der Ursachen sein.«

»Sie wollen also sagen, dass Maja Andersen nach der Operation in keinem kritischen Zustand war?«

»Ja, es ging ihr gut. Alles lief, wie wir es nach so einem Eingriff erwartet haben.«

»War Polizeischutz an ihrer Tür?«

»Polizeischutz? Nein, das glaube ich nicht. Wieso?«

»Falls nun der Vergewaltiger zurückgekommen ist, um sie zum Schweigen zu bringen? Falls sie ihn gesehen hatte?«

»Nein, davon weiß ich nichts. Die Beamten, die hier waren, haben sie vernommen. Sie war außerdem ständig unter Beobachtung des Pflegepersonals.«

»Hmm. Die Frage klingt jetzt sicher merkwürdig, aber gibt es einen Auslöser für eine Thrombose, die bei einer Obduktion nicht erkennbar wäre?«

Signe runzelte die Stirn und sah sie skeptisch an. »Was meinen Sie?«

»Ich habe gehört, dass es beim Verabreichen von Spritzen sehr gefährlich sein kann, wenn Luft in die Adern gerät. Es können Embolien auftreten. Könnte man so nicht also auch jemanden umbringen?«

Auf Signes Stirn bildete sich eine Zornesfalte, vielleicht dachte sie aber auch bloß nach, dann nickte sie. »Luftembolien können tatsächlich sehr gefährlich und können tödlich sein.«

»Würden die Pathologen das entdecken?«

»Wenn sie die Leiche nicht gezielt darauf untersuchen, dann sicher nicht. Es ist keine Routineuntersuchung, soweit ich weiß. Da müssen Sie unsere Pathologen fragen. Aber das kann hier unmöglich der Fall sein, wir haben nur fähige Ärzte und Krankenschwestern, die sofort reagiert hätten, falls …«

»Es ist in der Nacht passiert. Kann eine Nachtwache in der Zeit geschlafen haben?«

»Nein, diesen Vorwurf weise ich aufs Schärfste zurück. Die Krankenschwester, die Dienst hatte, ist sehr kompetent und verlässlich.«

»Arbeitet sie heute?«

»Nein, sie hat montags frei.«

»Sie können mir wohl nicht ihre Adresse geben?«, lächelte Anne.
»Nein, das machen wir nicht ...«
Signe Hansen rutschte auf dem Stuhl hin und her und schaute auf ihre Uhr. Sie hatte angekündigt, dass sie nicht länger als zehn Minuten Zeit habe, als Anne am Telefon mit ihr die Absprache getroffen hatte, aber zehn Minuten waren noch nicht um.

»Was ist mit dem Namen, wollen Sie mir den auch nicht geben?«
»Nein, ich will nicht einfach ... nicht auf diese Art. Das klingt ja, als würden Sie Sie sie anschuldigen.«

Anne nickte und trank noch einen Schluck von dem Wasser, dann stand sie auf und verstaute Schreibblock und Stift in ihren Rucksack.

»Ja, dann schreibe ich einfach, dass Maja Andersens Tod einem Behandlungsfehler im Krankenhaus geschuldet sein könnte, da eine Luftembolie nicht ausgeschlossen werden kann. Darf ich auf Sie verweisen?«

Signe Hansens Augen nahmen einen erschrockenen Ausdruck an. »Nein, ganz bestimmt nicht, wozu sollte das notwendig sein? Wie kann das der Polizei helfen?«

»Die könnten ja anfangen, sich den Todesfall näher anzusehen und die Verhältnisse zu untersuchen. Und wenn diese Theorie nicht wiederlegt werden kann, zum Beispiel durch die Nachtschwester, dann wird das eben meine Version. Was soll ich sonst schreiben?«

Signe Hansen nahm den Kugelschreiber und riss ein Stück Papier aus ihrem Block. Sie schrieb eine Adresse darauf und reichte Anne ohne ein einziges Wort den Zettel.

52

Die Tür war abgeschlossen. Roland überlegte, wie wahrscheinlich es war, einen richterlichen Beschluss zur Durchsuchung zu bekommen. Immerhin war sich die Ehefrau von Andreas Spang ganz sicher, dass ihr Mann im Bestattungsunternehmen war. Er rechnete dennoch nicht damit. Hafid ging durch das Tor in den Hinterhof. Der Leichenwagen stand nicht in der Garage. Da waren auch keine anderen Autos. Roland guckte durch die Fenster hinein, als ein Knall ertönte. Glas splitterte und Scherben fielen auf den Asphalt. Schnell lief er durch das Tor, die Hand an seiner Dienstwaffe, und spähte vorsichtig um die Ecke. Hafid stand vor einer Tür mit einer zerbrochenen Scheibe inmitten von Glasscherben.

»Sieht aus, als hätte es hier einen Einbruch gegeben. Das sollten wir uns besser etwas näher anschauen, findest du nicht?«, sagte er, während er unschuldig einige Glasscherben vom Ellbogen seiner Jacke bürstete.

»Hafid, wir können nicht einfach …«, begann Roland wütend, schaute sich dann aber um und konnte niemanden entdecken. Grimmig ging er in den Hof und wurde mit Herzklopfen, aber ohne dass er weiter dagegen protestiert hätte, Zeuge, wie Hafid durch die kaputte Scheibe griff und das Schloss von innen öffnete. Er schob die Tür auf. Hier war keine muntere Musik, nur ein schwaches Knirschen ertönte, als die Tür über die Glasscherben kratzte.

Sie waren im Sarglager, in den er schon bei ihrem letzten Besuch einen flüchtigen Blick geworfen hatte.

»Hallo. Ist hier jemand?«, rief Hafid.

»Hier ist die Polizei!«, fügte Roland der Ordnung halber hinzu.

Niemand antwortete. Es herrschte Totenstille. Genau das richtige Wort, dachte Roland und erschauderte. Hafid rüttelte an einer Tür, aber sie war abgeschlossen. Die andere führte zu den Büros. Roland ging eine Runde und kehrte zu Hafid zurück.

»Keiner da.«

»Hier auch nicht. Vielleicht hinter dieser Tür, aber die ist abgeschlossen. Soll ich …?« Hafid machte Anstalten, sich gegen die Tür zu werfen und sie aufzubrechen, aber Roland stoppte ihn.

»Das geht jetzt doch ein bisschen zu weit«, meinte er und dachte, dass es jetzt eigentlich auch schon egal war.

In dem Raum waren keine Fenster, nur durch die Tür drang das Sonnenlicht und warf einen Streifen über den staubigen Zementboden.

Roland ging in die Hocke und untersuchte einige dunkle Flecken. Es sah aus, als ob Flüssigkeit auf den Boden getropft und dort ein Muster gebildet hätte, das einem roten Lacksiegel ähnelte. Er legte den Kopf ein wenig schräg und guckte entlang der Oberfläche des Bodens zum Licht. Da waren schwache Reifenspuren, der Abstand zwischen ihnen passte zu denen der Stative, auf denen die Särge standen. Die Spuren führten zum Tor. Roland richtete sich auf.

»Hier stimmt was nicht. Wir müssen die Kriminaltechnik rufen.«

»Wat?«, fragte Hafid mit einem starken Aarhus-Dialekt, den er mittlerweile fast so selbstverständlich benutzte wie die Einheimischen.

Roland deutete auf die Flecken auf dem Boden. »Leichen bluten nicht«, sagte er.

»Glaubst du, das ist Blut?«

»Ich glaube es nicht, ich bin mir sicher.« Er nahm sein Handy aus der Tasche und rief beim Kriminaltechnischen Zentrum an. Wie er ihnen die kaputte Scheibe erklären sollte, das würde er sich dann überlegen.

Pia Spang hatte von einer Beerdigung gesprochen, die heute stattfinden sollte, aber wo? Er rief beim Kirchenbüro an, sobald er die Verbindung zur Kriminaltechnik unterbrochen hatte, und bat um Auskunft, für welche Beerdigungen die Pietät Spang heute zuständig war und in welcher Kirche sie stattfand. Als er sich als Kriminalkommissar vorstellte, bekam er die Informationen sofort und ohne Einwände. Sie hatten heute nur eine Beisetzung.

»Du bleibst hier und nimmst die Kriminaltechniker in Empfang«, sagte er auf dem Weg in den Hof. Glasscherben knirschten unter seinen Schuhsohlen.

Hafid sah ihm verwirrt nach. »Und wo gehst *du* hin?«, rief er.

»In die Kirche.«

Die Sankt Pauls Kirche wandte ihr Gesicht der Stadt zu, wie es der Staatsrat Mads Pagh Bruun, der der Kirche den Grund einst im 19.

Jahrhundert geschenkt hatte, als Bedingung gestellt hatte. Deswegen war der Kirchturm als einer der wenigen in Dänemark nicht nach Westen ausgerichtet. Dafür gab es zwei Türme, die sich links und rechts von einem hohen Mittelschiff befanden. Die Kirche sah aus, als würde sie den Weg für allen Verkehr am Ende der M. P. Bruunsstraße sperren. Roland fuhr entlang der Bäume auf den St. Pauls Kirchplatz und um die Kirche herum. Die Leute saßen in Sommerkleidung auf den Bänken entlang der Odensestraße im Schatten und ruhten sich nach dem Einkaufen aus oder aßen Eis. Kinder spielten Labyrinth zwischen den Hecken hinter der Kirche. Entspannte Ferienstimmung. Hinter den hohen Bäumen erahnte man das nachträglich angebaute Pfarrhaus. Er fand eine freie Parklücke.

Die große, schwere Kirchentür knarrte, als er den Griff hinunterdrückte und sie vorsichtig aufschob, aber das Geräusch wurde von Orgelmusik übertönt. Die Zeremonie war in vollem Gang. Roland schlich zu den ersten Reihen auf der linken Seite, wo er Pia Spang von hinten an den krausen, schwarzen Haaren erkannte. Sie saß neben ihrem Bruder. Die Bestatterin nahm dieses Mal offenbar selbst an der Beerdigung teil. Andreas Spang war nicht zu sehen. Roland setzte sich, keiner von ihnen drehte sich um. Es waren nicht viele Leute in der Kirche. Sicher nicht mehr als zu einem gewöhnlichen Gottesdienst, vielleicht sogar einige, die aus purer Neugier zu einer Beerdigung kamen. Vielleicht bloß, weil es in der Kirche so schön kühl war. Die paar Wenigen saßen vereinzelt und sahen nicht so aus, als wären sie Freunde, Bekannte oder Familie des Verstorbenen. Keiner schien wirklich zu trauern, was Roland, als gläubigen Katholiken, ein wenig schockierte. Oben vor dem Altar stand der Sarg. Niemand saß auf den Stühlen um ihn herum, die sicher für die nächsten Angehörigen bestimmt waren. Der Gesang verstummte, das Pfeifen der Orgel erstarb langsam und der Pfarrer begann zu sprechen. Roland bewunderte den Kirchenraum. Zuletzt fiel sein Blick auf den Sarg, der spärlich geschmückt war, nur mit einem einzigen Sargstrauß aus weißen Lilien, der mitten auf dem Deckel lag, aber eine bestimmte Stelle des Sarges fesselte seine Aufmerksamkeit. War es wirklich das, was er zu erkennen glaubte? Am Rand des Sargdeckels, beinahe verdeckt durch die Schnitzereien, hatte er etwas entdeckt, was seine trainierten Augen sofort als getrocknetes Blut auf dieser weißen, blanken Oberfläche identifizierten; jemand hatte hier etwas übersehen, was er hätte wegwischen sollen, und es war Blut, da war er sich ziemlich sicher. Er spürte Unruhe in sich aufsteigen und bekam einen unfreiwilligen kleinen Hustenanfall.

Pia Spang drehte sich um und schaute ihn an, wollte ihn offensichtlich zur Ruhe ermahnen, aber dann weiteten sich ihre Augen plötzlich vor Verblüffung. Sie wollte etwas sagen, aber das nächste Lied fing an und die Orgel setzte ein. Sie drehte sich schnell wieder um, als ließe ihn das verschwinden. Roland beugte sich vor, sodass ihn ihre krausen Locken im Gesicht kitzelten und flüsterte ihr ins Ohr: »Ist es dieses Mal eine Erd- oder Feuerbestattung?«

Pia Spang antwortete nicht, ihre Schultern zogen sich angespannt zusammen, und jetzt war Roland auch im Fokus von Erlings Schweinsaugen. Er fing an, auf irgendetwas herum zu kauen, sicher pure Nervosität, vermutlich Angst.

Als der Gesang abebbte, stand Roland auf und hielt seine Dienstmarke hoch. Sein Herz pochte wie wild, da er trotzdem eine gewisse Unsicherheit verspürte. Was, wenn er sich irrte? Das Blut konnte aus mehreren Gründen an dem Sarg sein, aber angesichts der Szenerie im Sarglager der Pietät musste er zu seinem Beschluss stehen und ließ seine Stimme laut und fest klingen. Durch die Akustik in der Kirche klang sie viel lauter und hallte unheimlich wieder, als er darum bat, die Zeremonie zu unterbrechen und den Sarg zu öffnen.

53

Das Fertighaus aus den Sechzigern mit den gelben Mauersteinen und dem ziegelfarbenen Dach, das den anderen Häusern in der

Straße stark ähnelte, da sie vermutlich von demselben Architekten entworfen und von derselben Baufirma errichtet worden waren, der betäubende Duft von blühenden Ligusterhecken und frisch gemähtem Gras, das Wegenetz, die *Pass auf mich auf!*-Schilder mit dem kleinen Mädchen mit rotem Ballon darauf, die Umgebung insgesamt, verursachten ihr Atemnot. Es war etwas an dieser Art Viertel, die es immer so wirken ließ, als wäre die Zeit stehengeblieben. Festgefahren in kleinbürgerlicher Trivialität. Die meisten hier waren sicher gerade auf Pauschalreise, Schweinefest auf Mallorca, falls das nicht schon vorbei war. Eine Umgebung, aus der sie sich schnell wegwünschte, die aber dennoch auch etwas Verlockendes an sich hatte. An so einem Ort waren viele Kinder, aufgewachsen mit Schaukel und Planschbecken im Garten, wie sie es auch hier bei der Nummer 25 auf dem Rasen sah, bei Musik und Gelächter von feierfreudigen Nachbarn bei den jährlichen Straßenfesten, von denen die Kinder auch ein Teil waren, Amselgesang im Frühling und Sommer und Schneemänner im Winter. Vielleicht beneidete sie sie bloß um diese Kindheit, die so gegensätzlich zu ihrer eigenen in einem sozialen Wohnungsbau in Nørrebro war, mit einem Stiefvater, vor dem sie Todesangst hatte, und einer Mutter, die es nicht wagte sich einzumischen und ihre Scham im Alkohol ertränkte. Natürlich geschahen auch in Reihenhäusern Übergriffe, man sollte sich nicht von dem idyllischen Bild blenden lassen, aber die Nachbarn waren doch so dicht dran, dass es schwer war, etwas zu verheimlichen, sich zu sehr außerhalb der Norm zu bewegen, ohne dass sofort über die Hecken hinweg darüber gesprochen wurde. Hier war es schwer, die Treppen in mehr als einem Sinn herunterzufallen. Ob dann jemand eingreifen würde, war eine andere Sache.

Anne hatte ein paar Mal auf die Klingel gedrückt und nur Hundegebell als Antwort bekommen. Ein kleinerer Hund, konnte sie hören. Der Gartenweg hatte ein Unkrautjäten zwischen den Fliesen nötig, aber ansonsten sah der Garten sehr gepflegt aus. Sie ging zurück zu ihrem Auto. Die Nachbarin war dabei, ein Beet

Ringelblumen mit orangefarbenen Blumenköpfen zu wässern, die wie kleine, fröhliche Sonnen aussahen. Sie schirmte mit der Hand die Sonne ab und schaute Anne an.

»Die sind beide arbeiten. Die Kinder sind bei ihrem Opa. Sind Sie verletzt?«

Anne fiel ein, dass sie wie ein Verkehrsunfallopfer herumlief.

»Nein, das ist nichts. Sie ist nicht bei der Arbeit, denn da war ich gerade«, antwortete sie mit einem Lächeln und öffnete die Autotür.

Die Frau hielt den Wasserschlauch nun auf das zweite Beet mit anderen Blumen. Anne hatte keine Ahnung, was das für welche waren, aber sie waren genauso rot wie die Streifen auf dem Trägerkleid, das die Frau trug.

»Haben Sie es bei ihrem Zweitjob versucht?«

»Wo ist der?«

»In dem neuen Krankenhaus. Diese Privatklinik, wie heißt die doch gleich? Maal, Mol, oder so ähnlich. Irgendwas mit M. Die ist in Skejby, glaub' ich.«

»Meinen Sie die Privatklinik Mollerup?«, fragte Anne.

»Ja, genau! Sie arbeitet da nachmittags und abends. Irgendwie hat sie bei beiden Jobs keine Vollzeitstelle bekommen, aber so ist es ja sehr clever gelöst. Preben hat auch oft Nachtschicht, daher passt das ja sehr gut, und die Kinder …«

Sie geriet ins Stocken, als ob ihr plötzlich klar wurde, dass sie mit einer Wildfremden sprach und nicht mit einer ihrer Nachbarinnen. Das Wasser aus dem Schlauch lief über die Fliesen auf die Straße, wo es in Richtung von Annes Auto weiterlief und im Gully verschwand. Gab es nicht ein Bewässerungsverbot in diesem Monat, dachte Anne und setzte sich ins Auto.

Sie war erleichtert, als sie auf den Skjoldhøjweg einbog und aus dem Labyrinth kleiner Sträßchen mit ihren fast identischen Reihenhäusern herauskam. Sie schaltete das Radio an und landete mitten in der Wettervorhersage für Ostjütland. Im Laufe des Nachmittags würde ein Gewitter von Westen aufziehen und der Sprecher warnte in sehr ernstem Tonfall, als wäre es der Tag des

Jüngsten Gerichts, vor extremen Gewitterschauern. Anne warf einen Blick zum Himmel. Es hatte angefangen, sich zuzuziehen, wie eine große, dunkle Atomwolke, die sich unheilvoll und unaufhaltsam näherte, um die Stadt einzunehmen. Unwillkürlich trat sie aufs Gas und bog in den Hasle Ringweg ein.

Die Frau an der Rezeption der Privatklinik Mollerup bestätigte, dass die Krankenschwester hier arbeitete, aber weder sie noch Kenneth Rissvang waren zu sprechen. Anne überlegte, ob sie warten sollte, entschied sich aber schnell, zurück in die Redaktion zu fahren. Was bedeutete es, dass die Krankenschwester, die in jener Nacht die Verantwortung getragen hatte, als Maja Andersen starb, in derselben Privatklinik arbeitete wie der Chirurg Kenneth Rissvang, dessen Auto sie auf dem Hinterhof des Bestattungsunternehmens hatte parken sehen? War das bloß Zufall? Sie grübelte den ganzen Rückweg darüber nach und reagierte nur instinktiv auf den Verkehr und die Ampeln.

Nicolaj war auch gerade zurückgekommen. Er hatte eine Zigarette angezündet und sah frustriert aus. Seine Wangen brannten und in den grünen Augen lag ein verstörter Ausdruck. Anne dachte, dass er wie eine erschrockene Hinterhofkatze aussah.

»Was ist los?« Sie lehnte ihren Rucksack auf den Boden gegen die Wand und kramte nach ihrem eigenen Zigarettenpäckchen.

»Irgendetwas geht in der Pietät vor sich, die war voller Kriminaltechniker.«

»Was sagst du?« Anne stand mit offenem Mund da, die Zigarette an der Unterlippe hängend.

»Alles war mit ihrem gestreiften Flatterband abgesperrt. Ich habe mit ein paar anderen Journalisten geredet, die dort standen, aber die wussten auch nicht, was da los war.« Er hielt ihr sein Feuerzeug hin, es klickte, als er es anmachte.

»Dann haben sie also etwas gefunden. Ich wusste es. Ich hatte tatsächlich Recht!«, jubelte sie.

»Ja, aber was haben die gefunden? Hat das etwas mit dem Sarg-Fall zu tun?«

»Klar! Was sonst?«

»Was ist mit dir, warst du mal beim Arzt?«

Sie schüttelte den Kopf. »Nein, der hatte keine Zeit. Aber ich habe etwas Interessantes herausgefunden. Die Krankenschwester, die sich um Maja gekümmert hat, arbeitet auch für Kenneth Rissvang.«

»Und?«

»Ja ... was weiß ich, das muss ich noch herausfinden. Aber es gab keine plausible Erklärung dafür, warum Maja gestorben ist.«

»Ich dachte, es war ein Herzstillstand?«

»Ja, das sagt die Obduktion, aber wie kam es dazu, wenn die Operation doch gut verlaufen und Maja jung, gesund und in bester körperlicher Verfassung war? Sie war in einem Krankenhaus, Herrgott nochmal, warum hat man sie nicht reanimiert?«

»Die können nicht alle retten, Anne, und außerdem sterben die meisten Leute ironischerweise in Krankenhäusern.«

»Ich weiß.« Anne setzte sich auf ihren Platz und legte die Zigarette in den Aschenbecher. »Aber jetzt will ich versuchen herauszufinden, wer diese Krankenschwester ist.«

Sie googelte den Namen und ging schweigend die Ergebnisse durch.

Nicolaj fing an, seine Kontakte durchzutelefonieren, um herauszufinden, was in der Pietät Spang los war.

Plötzlich lehnte sich Anne auf dem Stuhl zurück und rief laut »Is' nich' wahr!«, woraufhin Nicolaj aufblickte und sie erwartungsvoll ansah.

»Du errätst nie, wer diese Krankenschwester ist!«

54

Roland entdeckte, dass jemand in der Tür stand, hob den Kopf und starrte verblüfft auf etwas, das wie das rote Ampelmännchen aussah. Die Sonne hatte ganz sicher auch in Spanien geschienen, und dass der Vizepolizeidirektor ein rotes Poloshirt trug, machte es nicht besser.

Kurt Olsen hatte seinen Urlaub vorzeitig abgebrochen, als er von der Entwicklung in Aarhus gehört hatte. Der Bürgermeister sollte ihm nicht vorwerfen können, dass er Urlaub machte, während die Aufklärung eines wichtigen Falls ihren Höhepunkt erreichte. Er hatte anscheinend am ganzen Körper Sonnenbrand, den hätte er sehr wahrscheinlich auch bekommen, wenn er zu Hause geblieben wäre, aber das hatte wohl irgendetwas mit Golfspielen in Spanien zu tun.

»Ich will alle ungeschönten Details, Roland«, sagte der Vizepolizeidirektor energisch und setzte sich ein bisschen unbeholfen hin, als ob es überall wehtat.

Roland berichtete, wie er eine Beisetzung hatte unterbrechen und den Sarg hatte öffnen lassen müssen. Es war Andreas Spang, den sie bewusstlos im Sarg gefunden hatten, er hatte durch eine Kopfverletzung sehr viel Blut verloren. Aber er lebte noch und war mit Blaulicht und Sirene ins Krankenhaus gefahren worden. Die Ärzte hatten ihn in ein künstliches Koma versetzt, aber sein Zustand war sehr kritisch. Pia Spang und ihr Bruder waren festgenommen worden und saßen in Untersuchungshaft. Roland wies darauf hin, dass seine Abteilung momentan in vollem Gange war, stichhaltige Beweise für ihre Schuld zu finden. Eigentlich wollte er damit aussagen, dass er überhaupt keine Zeit hatte, hier zu sitzen und mit seinem Chef zu plaudern.

»Ich bin wirklich von deinen Fähigkeiten beeindruckt. ›Leichen bluten nicht‹, richtig gut kombiniert, Benito!« Er nickte zufrieden. »Sind schon Ergebnisse der anderen Analysen gekommen, auf die wir warten? Die in der Kriminaltechnik haben die doch wohl zum Teufel nochmal nicht alle weggeworfen!«

»Heute Vormittag habe ich den Bericht zu den Briefen bekommen, die Anne uns überlassen hat, sie haben einen verwertbaren Fingerabdruck gefunden, aber der war nicht im AFIS zu finden, daher brauchen wir auch hier erst den Täter, um sie vergleichen zu können.«

»Hmm. Sonst noch was?«

Roland fuhr fort und berichtete über das lesbische Paar, das anscheinend die Porno-Homepage besaß, aber die, wie er es einschätzte, nichts mit den Morden zu tun haben konnten. »Wären Männer ermordet worden, hätte ich sie vielleicht doch verdächtigt«, fügte er hinzu, fand es aber selber eigentlich nicht lustig.

Kurt Olsen wurde langsam ungeduldig, vermutlich hatte er sich auch den Hintern verbrannt. Er räusperte sich.

»Wie gesagt, ich bin beeindruckt, was du in den Tagen, in denen ich weg war, erreicht hast, Roland. Und auch wenn das jetzt gerade nicht der passende Zeitpunkt ist, würde ich es gern zur Sprache bringen ...«

Er machte eine Pause, in der er Roland ansah, als versuche er abzuschätzen, ob er konzentriert genug war, um diese Neuigkeit überhaupt zu empfangen.

»Ich habe viel darüber nachgedacht, aber jetzt bin ich froh über meine Entscheidung. Ja, ich habe dich also der Leitung vorgeschlagen, Roland. Als meinen Nachfolger.«

Roland konnte hören, wie er nach Luft schnappte. Er richtete sich in seinem Stuhl auf.

»Ja, aber Mikkel ...?«

»Mikkel Jensen hat bestimmt den Willen, aber nicht die Fähigkeiten. Er muss einfach ein bisschen mehr Eigeninitiative zeigen. Du hingegen, Roland ...«

Das war eine richtig gute Nachricht, auch wenn ihm Mikkel ein bisschen leidtat, der so überzeugt daran glaubte, dass er den Job bekommen würde. Roland hatte ihn selbst in seinen Bemühungen unterstützt. Aber das Haus war mit einer Hypothek belastet und Irenes Klinikaufenthalt war noch nicht einmal überstanden. Ein unangenehmes Kribbeln breitete sich in seiner Magengrube aus, wenn er an sie dachte. Wie ging es ihr? Er hatte den Großteil des Tages keine Zeit gehabt, daran zu denken. Jedenfalls nicht an sie. Das schlechte Gewissen schmeckte bitter.

»Du sagst ja gar nichts, Roland? Ich weiß, es ist ein blöder Zeitpunkt, aber …«, er schlug sich vergnügt auf die Oberschenkel, verzog sogleich schmerzhaft das Gesicht und stand auf, »… wir behalten es im Augenblick noch für uns, ja?« Kurt blinzelte ihm verschwörerisch zu. »Na, dann lass uns mal herausfinden, was zur Hölle da in diesem Bestattungsunternehmen passiert! Wir treffen uns zur Besprechung um …«, er schaute auf sein Handgelenk, »… verdammt, ich habe meine Uhr im Hotel in Marbella vergessen«, sagte er verärgert und schlug auf seinen nackten Arm, wo die Uhr einen weißen Abdruck hinterlassen hatte. »In vier Stunden, passt das?« Er nickte Roland zu und war aus der Tür, bevor er eine Antwort bekommen hatte.

Roland wusste, dass *uns* kein Wort war, das Kurt Olsen selbst mit einschloss. Er vermutete, dass Kurt auf dem Weg zum Bürgermeister war, um mit ihm ein Schwätzchen zu halten und ihn davon zu überzeugen, dass er zu Hause an seinem rechten Platz war, um den Verlauf der Schlacht zu steuern.

Roland schnappte sich das Telefon, sobald Kurt verschwunden war, und rief Gert Schmidt an. Obwohl er es einleuchtend fand, dass sowohl das Blut auf dem Boden im Sarglager als auch das im Sarg von Andreas Spang stammte, musste er es bestätigt bekommen.

»Mir fehlt unser bester Mann, Roland. Keine Ahnung, wo er abgeblieben ist«, seufzte der Chef des Kriminaltechnischen Zentrums.

Jetzt verschwinden bei denen also auch noch Mitarbeiter, dachte Roland. »Sind die nicht alle in der Pietät oder in der Kirche?«, schlug er vor.

»Alle? So viele sind wir nun auch nicht, die Hälfte ist in Urlaub, jeder der fehlt, ist einer zu viel. Da ist es nicht ganz einfach, Chef zu sein.«

Roland brannte darauf ihm zu erzählen, dass er bald selbst zu spüren bekommen würde, wie es war, Chef zu sein, aber er dachte an seine Abmachung mit Kurt Olsen.

»Sobald ich das Ergebnis habe, werde ich dich schon anrufen.«
Gert Schmidt legte auf. Enttäuscht schaute Roland auf das tutende Telefon in seiner Hand. Jetzt konnte er nicht weitermachen.

Sein Kopf brummte, so voll war er mit Gedanken und Informationen, die er bald nicht mehr länger unter Kontrolle halten konnte. Dinge, von denen er fühlte, dass er sie tun musste, aber nicht tun konnte. Sein Gefühl wurde verstärkt, als das Telefon klingelte und er ihre Stimme hörte.

»Papa?«

»Rikke! … Willkommen zurück, war …«

»Was ist mit Mama passiert? Warum dürfen wir sie nicht sehen? Oder wenigstens mit ihr sprechen?«

Roland seufzte tief und betrachtete durchs Fenster den dunklen Himmel. »Ich weiß es nicht, mein Schatz. Es ist etwas Unvorhergesehenes eingetreten, daher wurde sie auf die Intensiv verlegt.«

»Wie ernst ist es?«

»Ich weiß es nicht, ich darf sie auch nicht sehen oder mit ihr sprechen. Sie sagten, sie müsse isoliert bleiben.«

»Das klingt aber ernst, Papa. Kannst du nicht herausfinden, was es ist?« Seine Tochter hatte Panik in der Stimme.

»Natürlich, Rikke. Ich tue, was ich kann.« Er räusperte sich.

»Okay, Papa, ich geb' dir mal Marianna …«

»Nein, Rikke, ich habe keine Zeit, ich …«

»Hallo, Opa!«

»Hallo Marianna, mein Mäuschen. War's schön auf dem Campingplatz?«

»Ja, aber viel zu heiß. Angolo fand's toll. Er hat im Wasser gebadet, mit Bällen gespielt und … vermisst du ihn nicht?«

»Doch, sicher. Ich freue mich darauf, ihn wieder zu Hause zu haben, aber darf ich nochmal mit Mama sprechen?«

»Was ist mit Oma passiert?«

»Das werde ich noch herausfinden, aber ich muss jetzt los, Opa muss Verbrecher fangen, weißt du. Kann ich nochmal die Mama haben?«

»Okay, Opa.«

»Rikke, könnt ihr Angolo noch ein bisschen bei euch behalten? So lange Mama im Krankenhaus ist, meine ich.«

»Klar. Tim mag Schäferhunde eigentlich nicht, aber Angolo ist ja so unkompliziert, also natürlich. Finde du nur heraus, was mit Mama los ist, ja?«

»Okay, Schatz. Grüß Tim.«

Roland legte auf, als er entdeckte, dass Mikkel in seinem Büro stand. Kurt Olsen hatte die Tür nicht hinter sich geschlossen.

»Na, ist der Alte schon wieder daheim«, sagte Mikkel mit einem Kopfnicken in Richtung Flur zu der geschlossenen Tür von Olsens Büro. »Er hat sich da unten ja einen ganz schönen Sonnenbrand geholt«, grinste er. Sein eigener kahl rasierter Schädel sah eigentlich auch ziemlich rot aus. Er blieb stehen, obwohl Roland nicht antwortete, und verlagerte das Gewicht von einem Bein aufs andere. »Wir haben Eichenholzplatten im Bestattungsunternehmen gefunden. Die gleiche Sorte wie in David Lund Iversens Sarg, daher sieht es so aus, als hätte es Pläne für mehrere Leichen gegeben.«

»Was geht da vor?«, murmelte Roland, ohne Mikkel anzusehen. Er beschäftigte sich mit den Unterlagen eines Berichts.

Mikkel setzte sich auf den Stuhl ihm gegenüber.

»Könnte es sein, dass deine Journalistin Recht hat? Sie schreibt weiterhin über illegalen Organhandel auf Nachrichten-Online. Ja, und natürlich über diesen Serienmörder.«

»Illegaler Organhandel? Hier in Dänemark? Ich bezweifle, dass das machbar ist, es gibt so viele Kontrollen, und ...« Er verstummte. War gedanklich zurück in Irenes Krankenzimmer mit den goldenen Streifen von Sonnenlicht, das durch die Jalousien und auf ihr Gesicht fiel, das vor Glück strahlte auf dem weißen Kissen. Er sah ihre hoffnungsvollen braunen Augen.

Mikkel sagte etwas, aber Roland überhörte ihn bewusst, als das Telefon klingelte. Er ging dran. Während er zuhörte, glitt sein Blick dennoch über die Unterlagen zu Mikkels Augen. Er hielt seinem Blick stand, während er nickte. »Ich komme«, sagte er und erhob sich.

»Was ist los, Roland?« Mikkel war ebenfalls auf den Beinen, bereit, mitzukommen.

»Ja, komm einfach. Sie haben den Raum in der Pietät geöffnet, der abgeschlossen war, und da ist etwas, das wir uns ansehen sollen.«

55

Natalie parkte das Auto unter der Kastanie vor dem Kindergarten Zauberstaub. Einen Augenblick lang saß sie da, das Lenkrad mit beiden Händen fest umklammert, als ob sie immer noch fuhr, und schloss die Augen. Versuchte sich zu stärken, die erforderlichen Kräfte zu sammeln, bevor sie ihre Tochter treffen sollte.

Die Luft war schwül und schwer und es wunderte sie, dass keine Kinder draußen spielten. Vielleicht war es zu heiß. Dann fiel ihr Blick auf die Zeiger der Armbanduhr. Sie war diejenige, die zu spät dran war. Alle anderen waren sicher schon abgeholt worden und jetzt saß Amalie ganz allein dort und wartete unglücklich. Sie sprang aus dem Auto und lief durch die Vordertür, die offen stand. Im Flur standen Schränke mit Schlössern in verschiedenen knalligen Farben, einer für jedes Kind und mit seinem eigenen persönlichen Symbol. Amalies war eine Schwalbe. Sie liebte Vögel und besonders Schwalben. Aber sie saß nicht auf der Bank vor ihrem Schrank und wartete. Natalie ging in den Aufenthaltsraum und fürchtete schon, dass alle nach Hause gegangen waren. Es wirkte so verlassen hier, aber Spielzeug lag über dem Großteil des Fußbodens verteilt und bewies, dass es ein ganz gewöhnlicher Tag im Kindergarten gewesen war.

»Hallo?«, rief sie, während sie zur Küche ging, wo sie Geschirr klappern hörte.

»Ach, hallo, Natalie! Du hast mich vielleicht erschreckt!«, sagte Ulla, eine der Erzieherinnen. Demonstrativ griff sie sich mit einer

Hand ans Herz und atmete aus. Dann lachte sie erleichtert auf. Sie war dabei, die Spülmaschine einzuräumen. »Was gibt's? Hat Amalie was vergessen?«, fragte sie, und nahm ihre Arbeit wieder auf.

»Vergessen? Was meinst du? Wo ist sie?«

Ulla hielt mitten in einer Bewegung inne und lehnte sich gegen den Küchentisch, runzelte die sonnengebleichten Brauen, die in ihrem gebräunten Gesicht ganz weiß aussahen.

»Ja, aber sie wurde doch vor einer halben Stunde abgeholt. Von deinem netten Freund, er …«

»Meinem … Wem? Amalies Vater?«

»Nein«, Ullas Gesichtsausdruck hatte sich versteift, etwas schien an ihren Mundwinkeln zu ziehen, »der, mit dem du zusammen bist. Der Smarte mit dem Motorrad.«

»Hat Oli … Hat *er* Amalie abgeholt?«

»Ja, er sagte, ihr hättet das abgesprochen. Unsere Urlaubsvertretung wusste es nicht besser und Cecilia war nicht hier, daher …«

»Hat er Amalie auf dem Motorrad mitgenommen? Ist sie einfach freiwillig mitgegangen?«

»Ja, du weißt doch, wie sie …«

»Ist die Urlaubsvertretung noch hier? Oder Cecilia? Sie ist Amalies Sonderpädagogin, sie hätte …«

»Nein, sie ist gegangen, sobald Amalie abgeholt worden war, sie hatte ja nichts mehr zu …«

Natalie hörte den Rest gar nicht, lief hinaus in den Garten, stützte sich einen Augenblick lang mit den Händen auf den Knien ab und atmete tief ein, als wäre sie lange gerannt und außer Atem. Was wollte Oliver mit Amalie? Woher wusste er überhaupt, dass sie hier in den Kindergarten ging? Die Panik kroch ihr Rückgrat hoch.

»Wir haben wohl etwas falsch gemacht, Natalie? Ich konnte es auch nicht verstehen, du holst sie doch immer selbst ab …« Ulla war ihr nach draußen gefolgt. Sie hatte ein Spültuch in den Händen und wand es betreten hin und her. Es war ganz deutlich, ihr war klar geworden, dass sie alle Regeln übertreten hatten und das Konsequenzen haben würde.

Natalie richtete sich auf und hielt die Hände vor sich, wie um sie wegzuschieben, obwohl sie ein Stück von ihr entfernt stand, dann lief sie zu ihrem Auto.

Mit zitternden Fingern drückte sie seine Nummer in die kleinen Tasten ihres Handys. Es klingelte ein paar Mal und dann ertönte die Mailbox. Sie versuchte es erneut, mit dem gleichen Ergebnis. Die im Kriminaltechnischen Zentrum mussten seine Adresse haben, aber sie wollte Gert Schmidt nur ungern in das hier involvieren. Sie startete das Auto und fuhr in das Restaurant seines Kumpels, wo sie an dem Tag zusammen gegessen hatten, als sie geglaubt hatte, einen richtigen Freund gefunden zu haben. Einen richtigen Partner. Aber das Restaurant war montags geschlossen, verkündete ein handgeschriebenes Schild an der Tür. Natalie hatte angefangen, am ganzen Körper zu zittern und setzte sich auf eine Bank in der Nähe. Heute war die Besprechung, da war sie sich sicher. Gert Schmidt war gekommen, um mit der Rechtsmedizin einen Bericht durchzugehen und sie war kurz davor gewesen, ihren Verdacht gegen Oliver wegen des verschwundenen Materials zu äußern. Sie hatte Gert Schmidt berichtet, dass sie einige der Ergebnisse der Hautzellen-Analysen auf ihrem Computer hatte, sodass nicht alles verschwunden war. Dann war Oliver plötzlich aufgetaucht. Wie viel hatte er gehört? Aber sie war sich ja nicht zu hundert Prozent sicher, dass Oliver tatsächlich dafür verantwortlich war. Dass er sich bei ihr Zuhause so merkwürdig aufgeführt hatte, war ja kein Beweis und sie hatte deswegen auch nichts dergleichen zu Olivers Chef gesagt ...

Sie zuckte heftig zusammen, als ihr Handy klingelte. Sie kramte in der Tasche danach. Es war er.

»Ich habe gesehen, dass du angerufen hast. Kannst du deine Tochter nicht finden?«

»Oliver! Was hast du getan? Was hast du mit ihr vor?«

»Warum hast du nicht erwähnt, dass sie nicht normal ist? Ach nein, ich sollte ja gar nichts von ihr wissen, war es deswegen?«

»Wieso? Was meinst du?« Ihre Stimme klang wie ein gedämpftes Knurren.

»Sie ist ja echt schon süß, ähnelt ihrer Mutter ein bisschen, aber doch gar nicht normal. Sie hat ja kein Wort gesagt und sie sieht mich überhaupt nicht an. Ihre Augen sind ... fast wie aus Glas.«

»Sie mag es vielleicht einfach nicht, von einem wildfremden Mann abgeholt zu werden.«

»Da gab es überhaupt keine Probleme, sie ist freiwillig mitgegangen. Aber was stimmt nicht mit ihr?«

Natalie stand von der Bank auf und ging auf dem Bürgersteig auf und ab.

»Was stimmt nicht mit ihr, Natalie?«, rief Oliver in ihr Ohr.

»Sie ... sie hat das Asperger-Syndrom«, erwiderte sie matt.

»Aha. Ist das nicht bloß eine Folge schlechter Erziehung?«

»Du bringst meine Tochter jetzt sofort nach Hause, hörst du!« Sie war selbst überrascht, wie bestimmt und furchtlos ihre Stimme klang. Überhaupt nicht in Übereinstimmung damit, wie sie sich in Wirklichkeit fühlte, obwohl auch die nun fern und unecht wirkte.

»Wer ist ihr Vater?«

»Oliver, wärst du so gut?«

»Wer?«

»Oliver!«

»Okay, aber das kostet dich was.«

»Was?«

»Ich weiß, dass du die Ergebnisse der Analyse noch auf deinem PC hast.«

»Die Hautzellen? Der Psoriasis-Fall? Nein ... die Unterlagen sind verschwunden, das weißt du doch.« Während sie das sagte, wuchs ihre Überzeugung. Sie hätte es dem Chef des Kriminaltechnischen Zentrums sagen sollen.

»Hast du etwas mit dieser Sache zu tun, Oliver?«

»Willst du Amalie gerne wiedersehen?«

»Oliver, du könntest doch einem kleinen Mädchen nichts tun, das weiß ich. Sie ist erst vier und hat nichts mit dem hier zu tun. So bist du nicht.«

»Bin ich nicht? Bist du jetzt vielleicht plötzlich eine Menschenkennerin geworden? Neulich hast du gesagt, du würdest mich nicht kennen. Aber vielleicht bestimme ich nicht allein, was mit dem Mädchen passiert.«

»Was meinst du? Wer noch?«

»Ich lege jetzt auf, Natalie. Geh rein und lösch alles, was du zu dem Fall vorliegen hast.«

»Ja, aber ich habe ja nichts, das sagte ich doch«, entgegnete sie und war erneut überrascht, wie überzeugend sie klang.

»Wenn du lügst ...«

»Tu ich nicht. Darf ich wenigstens mit Amalie sprechen? Gib' ihr das Telefon? Bitte?«

»Wenn du lügst«, wiederholte er bloß, dann legte er auf.

»Oliver! Nein, Oliver!« Sie bekam nur ein Tuten als Antwort, das in ihren Ohren wie Hohn klang.

56

»Ein Kühlraum! Ist das denn nicht normal bei einem Bestatter? Und der ist außerdem leer«, stellte Mikkel fest, da es Roland die Sprache verschlagen hatte.

»Heutzutage ungewöhnlich. Es gibt genügend hervorragende Kühleinrichtungen ringsherum in den Kapellen und Krankenhäusern. Aber da ist ja auch Operationsbesteck. Wir nehmen es zur technischen Untersuchung mit«, sagte der Kriminaltechniker.

Der Anblick des Operationsbestecks war es, was Roland hatte verstummen lassen. Er war immer überzeugter, dass Anne Larsen Recht hatte. Dieser Raum sah wie eine Art mobiler Operationssaal aus. War es das, was Andreas entdeckt hatte? Hingen die Dinge wirklich auf diese so unheimliche Weise zusammen?

Ein zweiter Techniker war dabei, einen Schrank aufzubrechen. Es gab ein Klicken und die Metalltür sprang auf. Er zog einen kleinen, hellblauen Koffer mit weißem Deckel hervor und hielt ihn vor sich hoch.

»Koffer?«, rief Mikkel staunend. »Der Schrank ist voller kleiner Koffer.«

»Das ist die Sorte, die man verwendet, um Gewebe und Organe zu transportieren«, antwortete der Techniker.

Damit stand es fest. Roland wurde schlecht, er brauchte frische Luft, wo auch immer er die jetzt finden mochte; draußen herrschte eine fast unerträgliche Luftfeuchtigkeit, außerdem belagerten die Journalisten das Gebäude. Waren sie alle genau an diesem Tag aus dem Urlaub zurückgekommen? Wegen der neuesten Entwicklungen? Roland ging trotzdem hinaus, verkündete streng, dass die Polizei vorerst keinen Kommentar abgeben würde und entdeckte Anne Larsen und diesen Nicolaj in der Menge. Anne rannte los und bahnte sich schubsend einen Weg zu ihm, sie stach aus der Menge heraus mit dieser weißen Bandage, die fast etwas Mumienhaftes hatte, und er wusste, dass es keinen Fluchtweg gab. Er richtete sich auf und die Reporter hingen buchstäblich an seinen Lippen. Sie wollten keines seiner Worte verpassen.

»Ich bitte Sie alle, zurück in Ihre Redaktionen zu fahren und auf die Pressekonferenz zu warten, geben Sie uns Zeit, um diese Sache hier zu untersuchen«, sagte er so deutlich, dass alle es hören konnten. Einige wollten trotzdem Fragen stellen und drängten sich mit ihren Mikrofonen um ihn, aber er wandte ihnen den Rücken zu und ging zum Auto.

»Wurde der Bestatter verhaftet?«, rief eine Männerstimme hinter ihm.

»Haben Sie die verschwundene Leiche gefunden?«, lautete die nächste von einer Frau.

Anne hatte es bis nach vorne zu ihm geschafft und lief im Gleichschritt neben ihm her.

»Habt ihr auch die andere Schwester verhaftet?« Sie ging sehr dicht neben ihm und flüsterte es fast.

»Die andere Schwester?«

»Ja, die Schwester von Andreas, Erling und Pia Spang? Sie hat ganz sicher auch etwas damit zu tun.«

»Womit?«

»Organhandel.«

Roland kniff die Lippen zusammen und setzte die Sonnenbrille auf, obwohl es bewölkt war und aussah, als ob der lang angekündigte Regen bald kommen würde.

»Sie ist Krankenschwester. Dorte Mathisen heißt sie.«

Ein Ruck ging durch ihn hindurch, doch er ließ es sich nicht anmerken, sondern beschleunigte stattdessen seine Schritte und bahnte sich einen Weg zum Auto. Er stieg ein und atmete auf.

»Privatklinik Mollerup!«, rief Anne, bevor er die Autotür ganz geschlossen hatte. »Guck dir auch Maja Andersens Tod nochmal näher an!«

Bekümmert wartete er auf Mikkel, der sich kurz darauf auf den Beifahrersitz neben ihm fallen ließ.

»Du meine Güte! Gut, dass sich der Vizepolizeidirektor um die Presse kümmert«, lachte er leise und warf Roland ein schiefes Lächeln zu. Er schielte zu ihm, aber Mikkel missverstand seinen Blick.

»Ach ja, das mache ja dann eines Tages ich, sogar schon ziemlich bald! Na denen werde ich schon die Meinung geigen!« Er schnallte sich an und Roland beeilte sich auszuparken, ohne etwas zu kommentieren.

Isabella und Niels waren dabei, Pia und Erling Spang in separaten Räumen zu verhören. Die Vernehmungen dauerten schon seit einigen Stunden an, sie hatten lediglich eine kurze Pause eingelegt, aber sie hatten noch nicht das Geringste aus ihnen herausbekommen. Sie leugneten beide, etwas damit zu tun zu haben, dass ihr Bruder fast tot in diesem Sarg gefunden worden war. Vollständig entgegen aller Logik, nachdem die technischen Untersuchungen zeigten, dass das Blut in dem Sarg von Andreas Spang stammte und der Abdruck, der sich als der fast vollständige einer Handfläche herausstellte, zu Erlings passte. Sie leugneten weiterhin beide.

Roland erwischte Niels, der ganz erleichtert aussah, als er aus dem Verhörraum kam.

»Ist Andreas wieder bei Bewusstsein?«, fragte Roland.

Niels schüttelte bedauernd den Kopf. »Die vom Krankenhaus kontaktieren uns, wenn sich was tut ... haben sie versprochen.«

Roland bat darum, seinen Platz zu übernehmen, und es sah nicht aus, als hätte Niels etwas dagegen.

»Gerne, er sagt keinen Ton«, schimpfte er und wischte sich den Schweiß von der Stirn.

Roland meinte, Erling müsste derjenige sein, den er am leichtesten knacken könnte. Er machte sich bereit. Jetzt hatte der Fall eine andere und unerwartete Wendung genommen. Er war erleichtert, dass die Universitätspraktikantin nicht länger vor Ort war. Sie war wohl zu Hause, um ihre Hausaufgaben zu machen.

Erling schien müde zu sein. Oder vielleicht einfach nur der Situation überdrüssig. Aber wie normal war er? Konnte man sich auf seine Aussage verlassen? Also, falls er eine machen würde.

»Hat man Ihnen etwas zu trinken angeboten, Erling?«, fragte er und setzte sich. Der große Mann auf dem Stuhl, der jetzt viel kleiner aussah, nickte beklommen.

»Erzählen Sie mir, was Sie in der Pietät machen. Sie fahren den Leichenwagen, stimmt's?«

Erling nickte verschlossen.

»Darin sind Sie richtig gut, wie ich höre. Und darin, die schweren Särge zu tragen, nicht?«

Erling nickte wieder und Roland sah die Andeutung eines stolzen Lächelns die dicken, feuchten Lippen kräuseln.

»Sie und ihre Schwester kriegen das gut hin, seit Ihr Vater gestorben ist, habe ich gehört. Oder sollte ich sagen *Schwestern*?«

Erling machte wieder dicht und fing an zu kauen.

»Wofür braucht ihr den Kühlraum?«

Erling kratzte sich am Arm. »D... d... damit die die die T... Toten frisch ge... ge... gehalten w... w... werden k... können.«

»Wozu? Werden die nicht einfach begraben oder eingeäschert?«

Erling starrte mit leerem Blick an die Decke.

»Wofür braucht ihr denn das Operationsbesteck?«

Erling schaute zu Boden, und jetzt bewegten sich seine Pupillen unruhig hin und her, als ob sie lebendigen Wesen folgten, die dort unten auf dem Boden herumliefen.

»Erling, hören Sie mir zu. Hilft Dorte auch in der Pietät?« Roland musste Annes Behauptung prüfen. War es nur eine Behauptung? Niemand von ihnen hatte einen Gedanken an die andere Schwester verschwendet. Es war, als hätte sie überhaupt nicht existiert – bis jetzt.

Erlings Blick, der langsam bis zu ihm hochwanderte, wie der eines Tieres, das auf der Hut war, zeigte große Verwunderung.

»Ihre Schwester Dorte. Dorte Mathisen, so heißt Ihre kleine Schwester doch?«

Erling schüttelte den Kopf.

»Sie hilft euch manchmal, oder?«

Erling schüttelte weiter den Kopf.

»Das hat Pia aber gesagt.«

Der Blick wurde wachsam und er hörte auf zu kauen. Er schaute Roland mit zusammengekniffenen Augen an.

»Sie hat auch gesagt, dass ihr im Krankenhaus helft. Sind Sie nicht stolz darauf?« Roland lächelte, merkte aber selbst, dass es weit entfernt davon war, überzeugend zu sein.

Erling kniff die Augenbrauen zusammen, als ob er gründlich über die Frage nachdachte.

»Wobei helft ihr im Krankenhaus, Erling?«

Keine Antwort.

»Ist es der Chirurg, Kenneth Rissvang, der eure Hilfe braucht?«

Erling versteifte sich auf dem Stuhl. Sein Mund bewegte sich, aber es ging Roland auf, dass er nicht kaute, er versuchte, etwas zu sagen. Er gab ihm die Zeit und betrachtete sein Gesicht, während die Worte zuerst von den Lippen geformt wurden, bevor sie in Bruchstücken herauskamen.

»K... K... Kranke w... w... würden sterben, w... wenn nicht w... w... wir...«

Erling, der es offenbar gewohnt war, seine Sätze nicht beenden zu dürfen, nickte plötzlich und lachte breit.

»Dieser tote Junge, der verschwunden ist, habt ihr den auch bei der Privatklinik Mollerup abgegeben?«

»N... n... nein er ... ja, a... aber....« Erling rieb sich mit der flachen Hand mehrfach übers Gesicht und der Blick mäanderte im Raum herum. Er konnte die Worte nicht herausbringen und wirkte darüber frustriert.

»I... ich w... w... will m... m... mit Pia reden!«, rief er plötzlich und kratzte sich mit beiden Händen am Hals.

»Jetzt nicht, Erling. Sie müssen mir erzählen, was Sie wissen!«

Aber Roland sah schnell ein, dass er nicht mehr aus Erling Spang herausbekam. Er würde nicht imstande sein, weitere zwei Worte zusammenzusetzen, bevor er sich nicht beruhigt hatte. Roland stand auf und sprach in das Diktiergerät, dass sie eine Pause im Verhör von Erling Spang einlegten.

Isabella saß an ihrem Schreibtisch und schrieb einen Bericht. Sie war auch fertig mit Pia, die ebenfalls beharrlich jede Aussage verweigert hatte.

»Kurt Olsen ist gerade von einer Besprechung mit dem Bürgermeister zurückgekommen. Er will mit dir reden, Roland«, sagte sie mit mitleidigem Blick.

Roland seufzte laut und klopfte kurz darauf an die Bürotür des Vizepolizeidirektors. Sofort wurde er hereingebeten und Olsen wies ihn an, Platz zu nehmen. Im Büro war es schwül und es roch penetrant nach Kurt Olsens Ralph Lauren-Aftershave.

Nach und nach bildete sich eine tiefe Sorgenfalte zwischen seinen Augenbrauen, während Roland von dem Verhör und seinem Verdacht berichtete.

»Kann man ihm trauen? Er hat einen Hirnschaden, oder?«

»Soviel ich weiß. Keine Ahnung, was mit ihm nicht stimmt. Aber das, was er sagt, passt ja sehr gut zu den Beweisen, die wir in der Pietät gefunden haben. Der Kühlraum, Operationsbesteck und Transportkoffer für Organe, da kann es ja fast um nichts anderes gehen ...«

»Es deutet ja nichts auf den Chirurgen hin. Sagt Pia Spang nichts?«

»Gar nichts.«

»Wie hast du herausgefunden, dass diese Krankenschwester zu der Bestatterfamilie gehört?«

»Nachforschung«, antwortete Roland ausweichend, denn er wollte Anne Larsen auf keinen Fall ins Spiel bringen. Gleichzeitig ergriff ihn nackte Panik bei dem Gedanken, dass Irene in der Obhut dieser beiden Menschen war und er keinen Kontakt zu ihr aufnehmen konnte.

»Aber es macht einen ja nicht zu einem Kriminellen, Mitglied der Familie Spang zu sein«, machte Kurt Olsen weiter. Roland wusste, dass es der Job des Vizepolizeidirektors war, die Beweise skeptisch zu betrachten, damit sie vor Gericht nicht einfach vom Tisch gefegt wurden.

»Nein, aber nach dem, was Erling Spang sagt, da ...«

»Wir haben keine ausreichende Grundlage, um einen angesehen Chirurgen und seine Krankenschwester festzunehmen, Roland. Er ist ein persönlicher Freund des Bürgermeisters und mit allen Spitzen der Stadt verbandelt, das können wir also vergessen. Schon gar nicht aufgrund eines so dünnen Verdachts. Deines Verdachts! Beweise! Wir brauchen Beweise, bevor wir jemanden verhaften.«

»Die Kriminaltechniker sind dabei. Die finden ganz sicher etwas!«

»Dann warten wir auf ihre Ergebnisse, bevor wir weitermachen.«

»Der Mordversuch an Andreas Spang ist eine andere Sache, es gibt Beweise und ...«

»Wirklich, Roland? Welche?«

»Sie haben ihn begraben. Lebendig!« Roland gestikulierte verzweifelt mit den Armen.

»Beizusetzen. Er sollte wohl eingeäschert werden ...«

»Ja, noch schlimmer!«

»Das beweist nicht, dass sie ihm den Kopf eingeschlagen und ihn in den Sarg gelegt haben. Beweise, Roland!«, wiederholte Kurt Olsen und nahm seine Pfeife, die mit dem Kopf auf dem Rand des Aschenbechers ruhte.

»Andreas muss etwas wissen. Wenn wir bloß seine Erklärung bekommen könnten.«

»Ich habe Isabella ins Krankenhaus geschickt, damit sie da ist, sobald er aufwacht«, sagte Olsen und stopfte die Pfeife mit frischem Mac Baren Tabak. Roland inhalierte den Duft, der ihn bei jedem x-beliebigen anderen Anlass erfreut hätte.

»Falls er aufwacht«, murmelte er, aber das überhörte Kurt Olsen. Er zündete den Tabak an und zog an der Pfeife.

»Während wir darauf warten, statte doch mal dieser Dorte Mathisen einen Besuch ab. Sie ist jetzt sicher zu Hause?« Er kniff die Augen zusammen und schaute auf den weißen Umriss auf seinem verbrannten Handgelenk. »Verdammt, wie spät ist es?«

»Ich glaube, sie ist jetzt zu Hause. Ich nehme Mikkel mit«, antwortete Roland und stand auf.

»Denk an die Beweise!«, sagte Kurt Olsen und lehnte sich gemächlich auf dem Stuhl zurück, während er die Pfeife genoss. Roland wandte ihm den Rücken zu und verließ sein Büro.

57

Bescheuerte Stelle zum Parken, dachte Anne und schaute sich den alten, grauen Golf mit Rostflecken näher an, der den Bürgersteig trotz der gelben durchgehenden Linien versperrte, sodass sie fast nicht durch das Tor in den Hinterhof hätte fahren können. Sie hatte einen Abstecher zur Pietät gemacht, ohne weitere Informationen bekommen zu haben. Die Kriminaltechniker arbeiteten immer noch dort drinnen, aber niemand wollte mit ihr sprechen. Auch Roland Benito nicht.

Sie schirmte das Licht mit der Hand ab und guckte durch das Seitenfenster in den Golf. Am Rückspiegel hing einer dieser Duft-Wunderbäumchen. Es war lange her, dass sie so einen gesehen hatte und ihr wurde übel bei dem Gedanken, wie eklig die an einem heißen Sommertag stinken mussten. Auf dem Rücksitz lag eine abgenutzte karierte Decke und auf dem Boden einige leere Bierdosen. Missbilligend schüttelte sie den Kopf, warf sich den Rucksack über die Schulter und holte den Schlüssel heraus. Das Treppenhaus roch nach Scheuermilch, also hatte eine gute Seele sich erbarmt und endlich geputzt. Eigentlich war sie wohl dran gewesen. Sie hätte es tun können, während sie auf diese Pressekonferenz wartete, die ihr und den anderen versprochen worden war. Bis dahin konnte sie nicht viel machen und sie und Nicolaj waren sich einig, die Gelegenheit zu nutzen und ein wenig abzuschalten. Es würde wohl eine hektische Nacht werden.

Abrupt blieb sie am Ende des Treppenabsatzes stehen, als sie den Mann sah, der in der Hocke vor ihrer Tür saß und durch das Schloss spähte. Gaben sich denn Einbrecher heutzutage überhaupt keine Mühe mehr? Aber, dachte sie, warum auch, wo es doch sowieso niemanden interessiert, was am helllichten Tag in den Nachbarwohnungen vor sich ging. Da konnten ruhig fremde Männer eine Bude leerräumen. »Die ziehen bestimmt um«, hieß es dann. Das genaue Gegenteil zu dem Reihenhausviertel. Niemand fragte nach etwas. Niemand verhinderte irgendetwas. Der Mann trug eine blaue Mütze und einen blauen Overall. Anne konnte seinen Rücken sehen, er musste ihre Schritte auf der Treppe hören können, sie schlich nicht gerade.

»He, was machen Sie da?« Sie setzte den Rucksack ab und hielt ihn an einem Riemen fest, bereit, sich damit zu verteidigen. Der Mann schaute ruhig zu ihr hoch und lächelte. Er war jünger, als sie ihn seinem gebeugten Rücken nach geschätzt hatte.

»Sind Sie vielleicht Anne Larsen? Wie ich sehe, haben Sie erst kürzlich ein neues Schloss bekommen.«

»Kürzlich ... wie man's nimmt«, sagte Anne und dachte mit Schrecken an den Tag, an dem sie ein neues Schloss gebraucht hatte, weil ihr altes aufgebrochen worden war. Die osteuropäische Mafia hatte nach einem Koffer mit Drogen gesucht, den Adomas in ihrer Wohnung zurückgelassen hatte. Die Erinnerung rammte wie eine Faust in ihren Magen.

Der junge Mann stand auf, das Licht des Flurfensters traf sein Gesicht. Er war auch größer, als sie vermutet hatte. Die Haare waren kurzgeschnitten und der Pony schweißnass. Die Haut war voller Aknenarben, besonders schlimm war es am Kinn und an den Augenbrauen, von denen die eine fast kahl war. Die Augen waren braun und matt. Ein graues Häutchen über der Iris, wie man es auch bei Drogensüchtigen sehen konnte, verschleierte sie. Jetzt entdeckte sie, dass *Kjaers Schlosserservice* auf die Kitteltasche gestickt war.

»Wir überprüfen die Schlösser nach einer gewissen Zeit. Es kommen ständig neue Systeme auf den Markt, die wir den Kunden anbieten möchten.« Seine Stimme wirkte bekannt, aber sie konnte sie nicht zuordnen. Sie verspürte eine Unruhe, von der sie nicht wusste, woher sie kam.

»Sie waren aber sicher nicht derjenige, der letztes Mal hier war«, sagte sie und holte den Schlüssel raus. Er ging von der Tür weg, damit sie aufschließen konnte, aber er antwortete nicht. Sie öffnete die Tür und drehte sich halb zu ihm um. Er sandte einen seltsamen Geruch aus, der ihr auch Unbehagen bereitete. Der Geruch strömte aus seiner Kleidung und aus seinen Haaren, irgendwie ölig, vielleicht irgendetwas, womit man die Schlösser schmierte.

»Ja, dann danke für den Check. Ich gehe davon aus, dass der gratis ist. Ich habe jedenfalls nicht darum gebeten!« Sie wollte die Tür schließen, aber er stellte schnell einen Fuß in den Spalt.

»Ja, Entschuldigung, aber ich darf nicht gehen, bevor ich Ihnen nicht einige Broschüren ausgehändigt habe«, sagte er und lächelte entschuldigend. Die Zähne waren mehr grau als weiß und irgendetwas Grünes steckte zwischen den Schneidezähnen. Spinat, igitt.

»Egal, ich brauche sie nicht«, erwiderte sie und ihr fiel wieder ein, wie sehr sie aufdringliche Verkäufer hasste. Vorwurfsvoll schaute sie auf seinen Fuß und versuchte die Tür zu schließen, aber er bewegte sich keinen Zentimeter.

»Das dauert nur einen winzigen Augenblick. Dann kann ich Ihnen auch die Ergebnisse des Schlosschecks geben. Sieht nicht ganz gut aus bei Ihnen.«

»Nicht? Na schön, aber nur einen Augenblick, ich hab' viel zu tun.« Anne ging hinein und schmiss den Rucksack unter die Garderobe. Der Schlosser beugte sich herunter und hob eine schwere Tasche auf, die er mit hinein nahm. Daher kam der Geruch, bemerkte sie. Anne lehnte sich an den Küchentisch, die Arme vor der Brust verschränkt, und nahm eine feindliche Haltung ein, damit er sehen konnte, sie meinte es ernst mit dem kurzen Augenblick.

»Ja«, fing er an und ging in die Hocke, während er in der Tasche nach etwas suchte. »Ich habe hier irgendwo ein paar Broschüren, ein neues und sehr viel sichereres Modell …«

Anne beugte sich ein bisschen vor und konnte in die Tasche gucken, die mit verschiedenen Werkzeugen gefüllt war. Sie zuckte zusammen, als er eine große Zange hochhob, um darunter zu suchen. Sie wusste, dass sie Polygripzange hieß, auch Papageienzange genannt, der Klempner verwendete die auch. Von ihm hatte sie vor nicht allzu langer Zeit Besuch gehabt, als es Probleme mit den Rohren unter dem Waschbecken gegeben hatte. Sie erlebte den Anblick der Zange und seine Bewegung wie ein Déjà-vu. Es war die gleiche Art Werkzeug – exakt diese Silhouette – die sie Freitagnacht gesehen hatte, die herabgesaust war und sie am Kopf getroffen hatte. Siedend heiß wurde ihr klar, dass der Schlosser im Gegensatz zu allen anderen keinen Kommentar zu ihrem Kopfverband und dem dunkelvioletten, fast schwarzen Veilchen abgegeben hatte. Unwillkürlich wollte sie einen Schritt nach hinten gehen und spürte, wie sich der Griff der Küchenschublade in ihre Lende bohrte. Er schien es zu bemerken und blieb einen Augenblick lang mit der Zange in der Hand sitzen, als ob er sie wöge und ihm etwas einfiele. Er schaute sie mit einem merkwürdigen Blick an, dann lächelte er und legte sie zurück in die Tasche, aber als er einen Stapel Broschüren herauszog, konnte Anne das Messer sehen. Es sah wie ihr eigenes Küchenmesser aus, das sie auf dem Fensterbrett versteckt hatte. Der Angreifer hatte es mitgenommen. Sie schluckte ein paar Mal und starrte auf seinen Nacken. Er hatte auch Verletzungen und blaue Flecken von dem Schlag, den Esben ihm verpasst hatte, bevor er geflüchtet war. Ein schneller Blick auf die Tür machte jede Hoffnung einer Flucht zunichte. Er hatte sie zugemacht; sie war ins Schloss gefallen.

»Hier ist sie«, sagte er und stand auf. Er reichte ihr eine Broschüre, die sie zögernd entgegennahm. Sie versuchte zu lächeln, doch ihre Lippen zitterten zu stark.

»Sie können zu diesem neuen Schloss hier wechseln, aber Sie können sich auch mit der Umkodierung Ihres alten begnügen.«

»Äh, wie macht man das?«, fragte Anne heiser und blätterte ohne hinzusehen in der Broschüre. Währenddessen kreisten die Gedanken in ihrem Kopf. Er war Schlosser, deswegen war es so einfach für ihn, in die Wohnungen der jungen Frauen einzubrechen, ohne Spuren zu hinterlassen. Und sie hatte geglaubt, er hätte etwas mit einer Pornoseite im Internet zu tun.

»Eine Umkodierung kann ich vornehmen, bei diesem Verfahren werden die Stifte im Schloss, die man auch Kodierung nennt, geändert. Das ist billiger als ein neues Schloss.«

Anne nickte gespielt eifrig. »Danke, das werde ich mir anschauen und auf Sie zurückkommen. Haben Sie eine Visitenkarte mit Telefonnummer?«

»Gibt es noch andere Schlösser, die ich mir anschauen soll?«, fragte er und ging durch die offene Tür ins Schlafzimmer. Sie bemerkte, dass er schnell das Zimmer und das Bett inspizierte.

»Sie können sich auch für eine Türkette entscheiden. Ich kann die Kette maßanfertigen ...«

Anne bewegte sich seitlich auf die Tür hinter ihm zu, aber dann drehte er sich plötzlich um und sie wusste, dass er sich im Klaren darüber war, dass sie ihn erkannt hatte.

»... oder vielleicht haben Sie selbst ein paar Ketten herumliegen?« Er grinste und schaute ruhig zu, wie sie zur Tür lief und die Klinke herunterdrückte. Verzweifelt drehte sie am Türknauf, aber er klemmte.

»Der Schlosser kann ein Schloss auch so manipulieren, dass man die Tür nicht von innen öffnen kann«, bemerkte er in neutralem Tonfall, stellte sich direkt hinter sie und presste sie mit seinem Körper gegen die Tür. Sie spürte seine Erektion und seine Hand, die ihre nackten Oberschenkel hochglitt unter dem kurzen Kleid, das sie nun bereute angezogen zu haben. Sie erschauderte angewidert, als er ihr schwer und heiß in den Nacken atmete.

58

»Keiner da!«, stellte Mikkel trocken und überflüssigerweise fest. Keiner öffnete die Tür, aber dann hörten sie Kinderlachen und schauten über die Hecke. Zwei Jungs spielten mit einem Hund auf dem Rasen.

»Hallo! Ist eure Mutter zu Hause?«, rief Roland und lächelte freundlich. Beide Kinder hielten jäh und verblüfft im Spiel inne und guckten sie an.

»Papa ist zu Hause«, sagte der eine mit blonden Locken. Der Kleinere fuhr mit dem Fangspiel mit dem Hund fort. Er war ganz nackt und Roland sehnte sich danach, wieder fünf Jahre alt zu sein und so im Garten herumlaufen zu können.

Preben Mathisen kam auf die Terrasse. Er trug eine schwarze Weber-Grillschürze und hatte ein Fleischermesser in der Hand. So sah er fast bedrohlich aus. Er war ein großer Mann und Roland war sich sicher, dass die Steaks, die vor ihm auf dem Tisch lagen, riesig waren. Die Augen waren zu Schlitzen verengt, sodass man ihre Farbe nicht erkennen konnte. Es war fast, als ob in diesem fleischigen Gesicht kein Platz wäre, um sie zu öffnen.

»Ja?«, rief er fragend.

»Wir würden gerne mit Dorte Mathisen sprechen.«

»Die ist bei der Arbeit! Worum geht's?«

Das Gesicht des Mannes veränderte sich, als Roland sagte, wer sie waren.

»Ich kann Ihnen nicht helfen. Versuchen Sie es im Krankenhaus«, sagte er abweisend und ging unter der überdachten Terrasse wieder rein.

»Sollen wir ihn nicht ausfragen?«, flüsterte Mikkel, aber Roland schüttelte den Kopf.

»Den können wir uns später vornehmen, wenn wir mehr in der Hand haben.«

Die Privatklinik Mollerup wurde von einem warmen, orangefarbenen Schimmer erhellt, der durch die großen Fenster schien. Die Sonnenstrahlen kämpften sich durch die dicken Gewitterwolken, ein letzter verzweifelter Versuch, den Himmel zurückzuerobern, bevor die Wolken sie ertränkten. Dieser Kampf war schön anzusehen, Rolands jedoch nicht. Weder der in seinem Inneren noch der, dem er nun gegenüber stand, als die Empfangsdame an der Rezeption ihn unwirsch abwies. Weder mit dem Chirurgen noch mit der Krankenschwester könne er sprechen.

»Er operiert. Eine sehr schwierige Transplantation an einem Baby«, sagte sie wütend, als Roland insistierte.

»Dorte Mathisen, ist sie bei dieser Operation dabei?«

Die Empfangsdame schüttelte den Kopf. »Ich weiß nicht, was sie gerade macht, vielleicht ist sie auf der Intensiv.«

Roland winkte Mikkel mit zum Aufzug, wo eine Frau gerade auf den Knopf gedrückt hatte und wartete, während sie ungeduldig zur Tür hochschaute, als ob es dadurch schneller ginge. Rote

Digitalziffern in der Mauer über dem Aufzug, die Roland an die auf seinem Wecker erinnerten, zeigten an, dass sich der Aufzug im fünften Stock befand, nun aber auf dem Weg nach unten war. Die Frau hatte einen Kaffeebecher in der Hand, den sie sicherlich aus dem großen Kaffeeautomaten neben der Tür hatte. Die Empfangsdame wollte etwas sagen, nahm dann aber stattdessen das Telefon in die Hand und drückte mehrmals auf die Tasten, während sie die Zahlen über der Aufzugtür im Auge behielt. Der Aufzug hielt auf der Etage und die Türen glitten mit einem kleinen, fast unhörbaren saugenden Geräusch auf. Im Aufzug waren große Spiegel an allen Wänden. Roland folgte Mikkel hinein und lächelte der Frau mit dem Kaffee zu. Erst jetzt sah er, dass es die Mutter des kleinen Jungen war, der Gallengangatresie hatte. Nun aus der Nähe konnte er sehen, dass sie Olivia gar nicht besonders ähnlich sah, das lag nur an den dunklen Augen und Haaren. Flüchtig sah er sein eigenes Gesicht im Spiegel an der Wand und war entsetzt, wie blass er war. Er drückte auf den Knopf zu Station I im vierten Stock.

»Wie geht es Ihrer Frau? Ist sie wieder auf dem Damm?«, erkundigte sich die Frau, die auch ihn wiedererkannt hatte. Das Weiße in ihren Augen schimmerte rot, es sah aus, als hätte sie geweint. Roland sah auch die Spiegelung von Mikkels Gesicht, seine Augen musterten ihn verwundert.

»Ja. Doch, danke. Ihr geht's gut«, antwortete er flüchtig.

»Ja, Rune wird auch ... gerade operiert«, sagte die Frau mit brüchiger Stimme und Tränen stiegen ihr in die Augen.

Roland konnte nicht antworten, nur nicken, und war erleichtert, als die Türen aufglitten und sie in einen Flur traten, den die Frau offenbar nicht aufsuchen musste. Aber wenn Kenneth Rissvang gerade ihren Sohn operierte, müssten sie doch eigentlich in die gleiche Richtung wie sie. Roland blieb stehen und schloss einen Moment lang die Augen. Was tat er hier gerade? Alles in ihm war ein einziger, riesiger Konflikt. Er war auf Station I. Hierhin war Irene verlegt worden, aber wo war sie?

»Was ist los, Roland? Was war das gerade mit Irene?«, fragte Mikkel hinter ihm.

»Nichts, es ist bloß …«

Er verstummte, als er Dorte Mathisen sah, die die Frau mit dem Kaffee in Empfang nahm. Sie sprachen miteinander und das Gesicht der Frau nahm einen schockierten Ausdruck an. Es gab einen heftigen Stich in Rolands Zwerchfell. Ein Schmerz, der ihn beinahe zwang, sich zusammenzukrümmen, aber er schaffte es, sich aufzurichten, bevor Mikkel es sah. Die Frau setzte sich auf einen Stuhl und starrte mit leerem Blick aus dem großen Fenster mit Aussicht auf Felder und einen Teil des Parkplatzes. Sie hob etwas von dem Stuhlsitz auf und presste es an sich. Er erkannte den braunen Plüschbären des Jungen wieder.

»Ich glaube nicht, dass Sie hier etwas verloren haben!«, sagte Dorte Mathisen, noch bevor sie ganz bei ihnen angekommen war.

»Wir holen Sie und Kenneth Rissvang zum Verhör ab«, erklärte Mikkel bestimmt, nachdem er einen schnellen Blick auf ihr Namensschild geworfen hatte. »Auch wenn der Chirurg in der wichtigsten OP seines Lebens steckt. Wenn sie nicht freiwillig mitkommen, müssen wir Sie verhaften!«

»Wenn die Operation jetzt unterbrochen wird, wird der Junge sterben!«, schnaubte Dorte und sah Roland in die Augen. Ihr Blick war völlig furchtlos, es war fast, als lache sie triumphierend, aber nur mit den Augen. Der Rest des Gesichts war steif und ausdruckslos.

»Ich würde gerne unter vier Augen mit Ihnen sprechen«, sagte sie und vermied es, Mikkel Jensen anzusehen, der seine Forderung wiederholen wollte.

»Wir können hier hineingehen«, fuhr sie fort und deutete auf eine geschlossene Tür. In dem Raum war es halbdunkel. Die Jalousien waren heruntergelassen, aber Roland erhaschte einen Blick auf die Frau im Bett. Irene lag mit geschlossenen Augen da, sie hatte einen Tropf im Arm. Er eilte an ihr Bett.

»Irene, geht es dir gut? Was ist …«, fing er verwirrt an und nahm ihre Hand, die auf der Decke lag. Irene rührte sich nicht. Die Hand war warm und schlaff. Dorte stellte sich ans Fußende des Bettes.

»Irene hat bloß etwas zum Einschlafen bekommen.«

»Warum hängt sie am Tropf? Kenneth Rissvang sagte, sie sei auf dem Weg der Besserung.«

»Ja, das *war* sie, aber Sie müssen verstehen, dass wir Maßnahmen ergreifen mussten.«

»Maßnahmen? Was meinen Sie?«

Roland konnte seinen Blick nicht von Irenes Gesicht losreißen. Er hatte plötzlich das Gefühl, dass es sehr lange her war, seit er sie gesehen hatte, und vermisste es. Am allermeisten ihr Lächeln.

»Sie haben angefangen, sich in etwas einzumischen, aus dem sie sich besser heraushalten sollten. Sie wollen doch etwa nicht, dass Ihrer Frau etwas zustößt?«

Roland sah die Krankenschwester an. Er glaubte, er hätte sich verhört, aber etwas an ihrem Blick beseitigte jeden Zweifel.

»Wie kann das Irene schaden? Ich mache bloß meinen Job.«

»Sie wollen also Kenneth, der Irene geholfen hat, verhaften? Sie wollen seinen Ruf ruinieren, sein Leben, wollen ihn unfähig machen, anderen Menschen dieselbe Hilfe zukommen zu lassen, die Irene zuteilwurde?« Dortes Stimme war ruhig und keineswegs drohend, dennoch hatte Roland sich noch nie so bedroht gefühlt.

»Warum haben Sie nicht erwähnt, dass Sie die Schwester von Pia, Andreas und Erling sind? Was habt ihr zu verbergen?«

»Warum sollte ich denn den Angehörigen meiner Patienten erzählen, mit wem ich verwandt bin?« Sie lachte amüsiert auf und Roland starrte einen Augenblick lang nur auf ihren Mund und die schiefen Zähne. Er konnte ihr nicht in die Augen sehen.

»Und genau das ist es, wovon Sie sich ganz fernhalten sollten! Vergessen Sie es! Es wird Ihnen auch nichts nützen, die Wahrheit zu kennen! Was glauben Sie eigentlich, weshalb Irene so schnell einen Spender gefunden hat?«

Roland schaute wieder auf Irene, aber er wusste nicht, was er antworten sollte, die Tatsachen erschütterten ihn tief.

»Haben Sie Irene deswegen verlegt? Weil wir dabei waren, zu dicht heranzukommen und die ganze furchtbare Wahrheit zu enthüllen? Drohen Sie mir nun damit, meiner Ehefrau etwas anzutun?« Er hatte gehofft, seine Stimme würde fester und bestimmter sein, aber Angst und Misstrauen schwangen darin mit.

»In der Flüssigkeit, die wir Irene geben, könnten Luftblasen entstehen, die zu einer Embolie führen können, und ...«

Roland stürzte auf sie zu, sodass sie erschrocken zurückwich. »Sie wagen es, mir zu drohen! Wenn Sie Irene etwas tun, dann ...« Er ballte die Hände, um nicht ihren dünnen Hals zu packen und zuzudrücken, wozu er im Moment die größte Lust hatte.

Sie lächelte wieder und kratzte sich am Hals. Weiße Schuppen rieselten auf ihren Kragen und jetzt erinnerte Roland sich, dass er das schon einmal gesehen hatte. Warum hatte er damals nicht daran gedacht?

»Sie haben Schuppenflechte!«, sagte er baff und beobachtete, wie sich Verwirrung auf Dorte Mathisens Gesicht abzeichnete.

»Na und?«

»Sie haben einen Dackel. Ich habe Ihre Kinder mit ihm spielen sehen. Einen rotbraunen Dackel.«

»Was faseln Sie da?« Irritiert bürstete Dorte Mathisen ihre Schultern mit schnellen Handbewegungen ab.

Plötzlich ging die Tür auf und Mikkel steckte den Kopf herein. Instinktiv stellte sich Roland vor das Bettende, damit Mikkel Irene nicht sehen konnte.

»Was zum Teufel ist hier los, Roland? Kurt hat angerufen. Wir sollen ... Andreas ist aus dem Koma aufgewacht, Isabella spricht gerade mit ihm. Vorläufig hat er deinen Verdacht bestätigt. Kurt hat grünes Licht gegeben!«

Roland sah direkt in Dortes Augen, sie waren genauso zusammengekniffen wie die ihres Mannes und ein gefährlicher Funke blitzte darin auf.

»Sie kommen mit mir«, sagte er, packte sie fest am Arm und zog sie mit auf den Flur. Er warf einen letzten Blick auf Irenes Gesicht, bevor er die Tür schloss.

»Behalt sie im Auge! Sie darf die Klinik nicht verlassen!«, schärfte er Mikkel ein und überhörte seine Antwort, eilte bloß den Flur entlang und an der Sofaecke vorbei.

Eine Krankenschwester, die gerade aus der Tür zum Operationssaal kam, versuchte ihn aufzuhalten.

»Sie dürfen hier nicht hinein, mein Herr. Das rote Licht bedeutet, dass operiert wird.«

Roland schlüpfte schnell hinter ihr hinein. Der Raum ähnelte der Rechtsmedizin, es gab einen Abzug in der Decke, Schläuche, Deckenlampen, die kaltes, weißes Licht verbreiteten und viele Geräte und Computer. Kenneth Rissvang stand am Tisch, zusammen mit einem weiteren Arzt und einer Krankenschwester. Er trug einen grünen Kittel, grüne Handschuhe und einen weißen Mundschutz. Etwas, das wie eine grüne Badekappe aussah, bedeckte wie eine Tarnmütze die Haare und den Großteil des Kopfes, aber Roland erkannte seine Augen über der Maske wieder. Er sah Überraschung darin, dann Entrüstung.

»Sofort raus hier und Tür zu.«, sagte er mit verblüffend ruhiger Stimme und konzentrierte sich wieder auf seinen Patienten. Es war das Baby, das auf dem OP-Tisch lag. Schläuche saugten das Blut aus dem Bauch, der mit Wundhaken offen gehalten wurde. Roland versuchte, das schmatzende Geräusch zu überhören und vermied es, den Jungen anzusehen.

»Ich muss Sie bitten zu gehen, Herr Kommissar! Gehen Sie wenigstens vor die Tür. Sie sind eine Infektionsgefahr.«

Die Krankenschwester, die hinausgegangen war, kam mit diversen Scheren auf einem Tablett zurück. Sie fasste ihn mit der freien Hand fest am Ellbogen und schob ihn auf den Flur.

»Es gibt Fenster in der Tür, da können Sie reingucken, wenn sie wollen«, sagte sie sanft und ihm wurde klar, dass sie ihn für einen Familienangehörigen des Jungen hielt. Vielleicht für seinen Vater.

Oder Opa. Olivias kleine Zwillinge tauchten wieder in seinen Gedanken auf. Er schluckte die Vorstellung hinunter, aber Tränen brannten in seinen Augen. Er stand ganz steif, als die Tür geschlossen wurde und starrte bloß auf die verschwommene Vorstellung hinter dem Glas im Fenster. Plötzlich stand Mikkel neben ihm.

»Sollten wir ihn nicht verhaften?«, fragte er gedämpft.

Roland schüttelte den Kopf.

»Noch nicht, kannst du nicht sehen, dass …«

»Er ist dabei, etwas Illegales zu tun, Roland. Wo kommt das Organ her?«

»Das ist eine Lebertransplantation. Das muss kein gestohlenes Organ sein«, knurrte Roland.

»Vielleicht ist es das aber! Würdest du vielleicht auch auf einen Mörder warten, der gerade jemanden umbringt, damit er ganz in Ruhe sein Werk vollenden kann? Kurt Olsen hat gesagt, dass …«

»Kurt Olsen hat keine Ahnung! Der Chirurg rettet Leben! Er gibt Kranken neue Hoffnung. Neues Leben! Hast du die Frau da draußen gesehen? Das ist die Mutter des Jungen. Sie wünscht sich bloß, dass ihr Sohn lebt. Ich glaube, ihr ist es egal, wo das Organ herkommt.«

»Roland, verdammt nochmal!« Mikkel zischte die Worte, griff sich ratlos an den Kopf und machte auf dem Absatz kehrt, als würde er gehen, blieb aber stehen. Kopfschüttelnd starrte er Roland an.

»Wo ist die Krankenschwester? Solltest du die nicht im Auge behalten?«, fragte der mit beherrschter Stimme und nahm den Blick nicht von dem Chirurgen, der dabei war, sich für die Sutur vorzubereiten.

»Ja, aber wenn du das so siehst, ist dir sicher egal, dass sie abgehauen ist!«

»Abgehauen? Was zum Teufel meinst du, Mikkel? Wo ist sie?«

»Keine Ahnung! Ich habe einen Anruf bekommen und plötzlich war sie weg. Wir finden sie schon. Wir wissen ja, wo sie wohnt. Sie sitzt sicher zu Hause im Garten und isst Steaks.«

»Du bleibst hier und lässt Kenneth Rissvang nicht aus den Augen!«, zischte Roland und lief den langen Flur zurück. Die Mutter des Jungen sah ihm beunruhigt nach. Er fand das Zimmer, in dem Irene lag und riss die Tür auf. Seine Knie wurden so schwach, dass sie kaum seinen Körper tragen konnten. Er stützte sich an den Türrahmen. Das Zimmer war leer. Es war nicht einmal ein Bett darin. Der erste Donnerschlag rumpelte hinter den geschlossenen Jalousien und dann ertönten die harten Schläge des Regens wie die Trommeln eines Scharfrichters gegen die Scheibe.

59

In der Rechtsmedizin war es leer, als Natalie aufschloss. Sie schaffte es gerade, bevor der Regen einsetzte und blitzschnell den Asphalt schwarz färbte. Eine Kollegin hatte die Obduktion eines tot aufgefundenen Junkies vorgenommen, der eingeliefert worden war, kurz bevor Natalie Amalie abholen sollte, sie war aber offenbar schon fertig. Die Stahltische glänzten und die Instrumente lagen in Reih und Glied und sahen fast so aus, als warteten sie ungeduldig darauf, wieder benutzt zu werden. Sie hatte ein paar Chemiker der Rechtsmedizin im Fenster des ersten Stocks gesehen. Alle toten Junkies wurden obduziert, um der Spur harter Drogen zu folgen. Die Kollegen, die die toxikologischen Analysen durchführten, machten heute sicher wieder Überstunden.

Sie war gerade hereingekommen und hatte den Computer angeschaltet, als er wieder anrief.

»Hast du schon alles gelöscht?«, fragte er fieberhaft.

»Oliver, lass mich jetzt mit Amalie reden. Wie geht es ihr?«

»Hast du alles gelöscht?«, wiederholte er.

»Wie ich sagte, es gibt da nichts zu löschen!«

»Warum bist du dann ins Institut gefahren?«

Natalie sah sich verstört um, als rechnete sie damit, ihn hinter dem Vorhang zu entdecken.

»Beschattest du mich? Wo bist du?«

»Ich beschatte dich nicht, ich habe bloß geraten. Aber jetzt weiß ich, dass du da bist. Wenn du nicht alles löschst, was du in diesem Sarg-Fall hast, Natalie, dann …«

»Dann was? Ich weiß, dass du einem unschuldigen kleinen Mädchen nichts tun wirst. Das weiß ich, Oliver! Worum geht es hier überhaupt? Du hast das Beweismaterial verschwinden lassen, stimmt's?«

»Es ist nicht gut, wenn du zu viel weißt, Natalie«, gab er zur Antwort und sie vernahm einen anderen Ton in seiner Stimme, als hätte er jetzt langsam genug davon. Vielleicht hatte er aber auch Angst.

»Jetzt sag es mir. Vielleicht kann ich dir helfen. Wir können mit Benito sprechen. Ich weiß, dass sie etwas Neues in dem Fall herausgefunden haben, vielleicht ist er aufgeklärt und dann ist das Ganze überstanden!«

»Ach, das glaubst du! Nein, dann fängt es erst richtig an.«

»Was denn?«, fragte sie und spürte, dass ihre Stimme im Rhythmus ihres pochenden Herzens zitterte. Sie setzte sich an ihren Computer und rief die Ergebnisse der Proben auf. Aber das waren nur Zahlen. Ohne die dazugehörigen Proben der Hautzellen konnte sie gar nichts beweisen und ohne die Person mit Schuppenflechte gab es überhaupt keinen Fall. Dasselbe galt für die Hundehaare.

Oliver atmete schwer am Telefon.

»Du weißt, wer den Jungen aus dem Sarg geholt hat, oder? Du weißt, was da los ist und wer die Schuppenflechte hat. Du beschützt diese Person, richtig? Wer ist es, Oliver?«

»Wie ich schon sagte ist es am besten, wenn du nichts weißt.«

Natalie hörte ein Kind weinen. So weinte ihre Tochter, wenn sie unzufrieden war oder erschöpft und müde.

»Lass mich mit Amalie reden, vielleicht beruhigt sie sich, wenn sie meine Stimme hört.«

»Du kannst mich anrufen, wenn du das erledigt hast. Und wenn du das nicht tust …« Er machte eine Pause, die ihr Angst machte.

»Das Gleiche gilt auch, sollte ich herausfinden dass du jemandem etwas gesagt hast!«

»Ich sage nichts, Oliver. Wenn du nur dafür sorgst, dass Amalie heim kommt. Sie erträgt große Veränderungen nicht!« Natalie merkte, dass Oliver bereits aufgelegt hatte. Sie verbarg das Gesicht in den Händen. Ihre Haut war klamm und kalt. Es hatte angefangen zu donnern und sie hatte das Gefühl, nicht richtig atmen zu können. Würde Oliver Amalie wirklich etwas zuleide tun? Was wusste sie eigentlich über ihn? Gert Schmidt musste ihn überprüft haben, bevor er angestellt worden war, aber Menschen konnten lügen.

Oliver beschattete sie nicht, hatte er gesagt, und das musste sie glauben, sonst würde sie Amalie einer großen Gefahr aussetzen durch das, was sie nach einer kurzen Bedenkzeit zu tun beschloss.

60

Es gelang Anne, den Arm so zu verdrehen, dass sie auf ihre Armbanduhr schauen konnte. Die Pressekonferenz musste bald anfangen, wenn sie es innerhalb der normalen Arbeitszeit hinter sich bringen wollten. Sie wusste nicht, worauf er wartete. Er hatte ihre Hände mit einem Stück Kabel hinter ihrem Rücken gefesselt und sie bäuchlings aufs Bett gelegt. Sie hatte sich leicht und wehrlos gefühlt, als er sie hochgehoben hatte. Dann hatte er auch ihre Füße gefesselt. Die Bettwäsche roch nach Esbens Deo. Ihr stiegen Tränen in die Augen.

»Wusstest du, dass ich kommen würde?«, fragte er plötzlich viel näher an ihrem Ohr, als ihr lieb war.

»Nein, ich erwarte nicht jeden Tag einen Schlosser«, murmelte sie in die Decke.

»Jetzt werd' ja nicht frech! Ich meine am Freitag. Wusstest du, dass ich kommen würde, oder hast du auf deinen gewalttätigen Mann gewartet?«

Anne antwortete nicht.

»Hast du!«, brüllte er ihr erzürnt direkt ins Ohr. Sie zuckte zusammen. Er drückte ihr Gesicht auf die Decke, sodass sie keine Luft mehr bekam. Dann hörte sie die Melodie ihres Handys aufmerksamkeitsheischend in ihrer Tasche spielen. Er ließ sie los und sie schnappte nach Luft.

»Das ist mein Kollege! Er muss mich erreichen«, keuchte sie. »Wenn ich nicht rangehe, kommt er her.«

»Was will er?«

»Wir müssen zur Pressekonferenz im Polizeipräsidium.«

»Weswegen?«

»Sicher deinetwegen! Und wegen Maja Andersen, deinem ersten Opfer!«

»Die habe ich nicht getötet. Die ist nicht gestorben, sie sollte nicht tot sein, sie ... Die haben mich beschuldigt. *Die* haben mich dazu gebracht!«

Verwundert registrierte Anne die Panik in seiner Stimme.

»Die Polizei? Weil sie dich dieses Mordes bezichtigt haben, hast du angefangen zu ...«

Er kicherte nervös hinter ihr. »Wenn sie mich eh schon als Mörder abgestempelt hatten, dann ...«

»Aber du bist kein Mörder, du bist nur ein Vergewaltiger, ist es nicht so?« Sie hatte den Kopf zur Seite gedreht und auch, wenn die Wunde unter dem Verband und der Nacken wehtaten, bekam sie wenigstens Luft.

»Ich vergewaltige niemanden! Ich gebe den Mädchen das, wonach sie sich sehnen. Etwas Besseres als dieses beschissene Spielzeug. Ja, auch dir, du kleine Schlampe!«

»Woher wusstest du, dass ich sowas habe? Verkaufst du das?«

»Verkaufen! Diesen Schweinkram! Nein, das machen *die*. Weil sie zwei verhurte lesbische Nutten sind!«

»Wer? Die, die diese Homepage betreiben?«

»Was soll diese Fragerei? Jetzt hältst du die Fresse!«

Das Klingeln des Handys hatte kurz pausiert, aber jetzt fing es wieder an. Sie war sich sicher, dass es Nicolaj war.

»Wenn ich nicht drangehe, kommt mein Kollege vorbei, um zu sehen, was nicht stimmt. Bind mich los, dann kriege ich ihn schon dazu, dass er keinen Verdacht schöpft.«

Aber stattdessen nahm er das Handy aus ihrer Tasche.

»Da steht Nicolaj auf dem Display!«, sagte er.

»Ja, das ist mein Kollege, ich muss mit ihm sprechen, wenn er nicht herkommen soll. Jetzt lass mich los.«

Er presste ihr das Handy ans Ohr. Das Display hatte sich in der Tasche aufgeheizt.

»Nein, das machen wir schön gemeinsam. Du sprichst jetzt mit ihm, aber wenn du auch nur ein falsches Wort sagst, dann weißt du, was ich mir dir mache …«

Die Messerspitze stach durch das schweißnasse Kleid in ihre Rippen. Sie konzentrierte sich auf Nicolajs Stimme.

»Anne! Wo zur Hölle steckst du? Was machst du? Ich habe mehrfach angerufen. Die Pressekonferenz ist in einer Stunde!«

»Fahr einfach allein hin, Nicolaj! Du brauchst mich nicht, ich …« Sie spürte, wie sich die Messerspitze tiefer in die Haut bohrte. »Ich habe gerade Schnecken gegessen und mir geht's echt nicht so gut. Ich bin ans Bett gefesselt, ich …«

»Okay … ich habe verstanden. Ich gehe selbst los. Du klingst auch nicht fit. Gute Besserung, Anne!«

Ihre Wangen waren tränennass. Nicolajs vertraute Stimme und das Gefühl, Kontakt mit der Außenwelt zu haben, verschwanden, als das Handy von ihrem Ohr entfernt wurde. Sie wollte Nicolaj eine letzte Nachricht zurufen, aber es war zu spät.

»Fein«, sagte die Stimme hinter ihr. »Wir müssen das nachholen, was wir letztes Mal nicht geschafft haben.« Etwas Hartes und Kühles berührte ihre Wange, sie verdrehte ihre Augen, um zu erkennen, was es war und sah den geschliffenen Kopf der Polygripzange. Sanft kniff er damit in ihre Wange. Für eine Sekunde stockte ihr der Atem und jeder Muskel in ihrem Körper spannte sich, als sie etwas am Kiefernholzgriff der Zange sah, die an ihren Augen vorbei glitt. Es sah wie geronnenes Blut aus. Sie wurde mit der Mordwaffe liebkost.

61

Die Polizeiautos rasten mit Blaulicht und heulenden Sirenen auf den Parkplatz der Privatklinik und parkten mit quietschenden Reifen Bremsen auf dem regennassen Asphalt. Kurt Olsen stieg aus einem der Wagen und lief zusammen mit den Beamten die Treppe zu dem Eingang mit der gläsernen Automatiktür hoch.

Mikkel wartete an der Rezeption.

»Gut, dass du Verstärkung gerufen hast. Wo zur Hölle ist Roland?«, zischte der Vizepolizeidirektor zwischen zusammengepressten Zähnen.

»Ich weiß es nicht. Sowohl er als auch die Krankenschwester sind verschwunden«, antwortete Mikkel mit einer Stimme, die kontrolliert klingen sollte.

»Ist der Chirurg verhaftet worden?«

»Roland hat es verhindert. Rissvang ist mitten in einer Operation.«

Kurt Olsen drückte wiederholt auf den Knopf für den Aufzug, obwohl die Ziffern auf der Digitalanzeige erkennen ließen, dass er bereits auf dem Weg nach unten war.

»Was er da tut, ist illegal! Isabella untersucht gerade, ob noch andere in diese Verschwörung verwickelt sind!« Die Aufzugtüren glitten auf und Kurt Olsen ging hinein, gemeinsam mit Mikkel Jensen, der ihm wie ein Schatten folgte. Die Beamten hatten die Treppe genommen und waren sicher bereits im vierten Stock.

»Hatte Andreas Spang auch etwas damit zu tun?«, wollte Mikkel wissen und drückte auf den Knopf. Der Aufzug begann seine Fahrt nach oben. Kurt Olsen sah sein Spiegelbild an der Aufzugwand und berührte vorsichtig die sonnenverbrannte Haut unter seinen Augen.

»Anscheinend nicht, aber er glaubt felsenfest daran, dass sein Vater, Johan Spang, ermordet wurde, weil er den illegalen

Organhandel entdeckt hat. Erling Spang hat so gut wie gestanden, als Niels ihn in die Mangel genommen hat.«

»Können wir uns auf seine Aussage denn verlassen?«, seufzte Mikkel.

»Er kann die anderen unter Druck setzen.«

Der vierte Stock war erreicht und der Aufzug blieb mit einem kleinen Ruck stehen. Auf dem Flur wimmelte es von Beamten. Zwei davon kamen mit Kenneth Rissvang in der Mitte auf sie zu.

»Hat man Sie über Ihre Rechte belehrt?«, fragte Kurt Olsen.

Kenneth Rissvang nickte. »Das muss ein schreckliches Missverständnis sein«, sagte er sehr ruhig und freundlich.

»Wir werden sehen. Die anderen Verdächtigen werden bereits verhört und sind auch bereit zu reden. Es handelt sich um die Mitarbeiter, oder besser gesagt die Inhaber der Pietät Spang. Sagt Ihnen diese Firma etwas?«

Olsen sah noch, dass der Chirurg blass wurde und die Fassung aus seinem Gesicht verschwand, bevor er aus seinem Blickfeld geführt wurde. Er ging zum Operationssaal. Krankenschwestern waren damit beschäftigt, sauberzumachen und aufzuräumen, auch wenn die Station auf den Kopf gestellt wurde, hier lief alles nach Plan weiter. Er musste ein Stück zur Seite gehen, als ein Bett aus der Tür gefahren wurde, durch die er gerade hereingekommen war. Flüchtig sah er ein Baby mit ungewöhnlich gelber Haut. Eine Frau mit langen, dunklen Haaren kam den Flur entlang auf sie zu gelaufen. Sie weinte, beruhigte sich aber augenblicklich, als die Schwestern mit dem Bett auf ihrer Höhe angelangt waren. Sie ergriff die Hand des kleinen Kindes und ging neben dem Bett her. Sie legte einen braunen Teddy auf das Kopfkissen und weinte wieder. Jetzt sah er, dass es Freudentränen waren. Die Frau weinte vor Freude, während sie neben dem Bett herlief und die kleine Hand nicht losließ. Kurt Olsen folgte ihnen mit den Augen, bis sie das Bett in ein Zimmer fuhren und die Tür schlossen.

»Wo zum Teufel steckt Roland Benito?«, murmelte er.

»Die Frau da hat Benito vorhin im Aufzug nach Irene gefragt. Ist das nicht merkwürdig?«, meinte Mikkel, der immer noch direkt hinter ihm war.

»Wann war das?«

»Im Aufzug. Als wir hochgefahren sind. Es wirkte, als würden sie sich kennen.«

»Roland und diese Frau da? Hmm. Ich erinnere mich dunkel daran, dass Roland davon erzählt hat, dass Irene Benito in einer Privatklinik liegt? Kann das hier sein?«

Mikkel nickte, als ob es ihm plötzlich klar wurde.

»Ja, darüber hat er nie viele Worte verloren. Aber natürlich!«, rief er aus.

»Mikkel, flitz runter zur Rezeption und finde heraus, in welchem Zimmer Irene Benito liegt. Da finden wir sicher auch Roland.« Er konnte die Missbilligung in seiner Stimme nicht verbergen. Was machte Irene Benito hier? Was zum Teufel ging hier vor? Er setzte sich auf ein Sofa in einer Wartenische. Die Aussicht war traumhaft. Sein Blick glitt hinaus in den Regen. Diese Abkühlung war im Moment das einzig Positive.

»Sie können Irene Benito nicht finden! Sie ist nicht in ihrem Zimmer!«, sagte Mikkel atemlos, als er zurückkam. Er hatte die Treppe genommen.

»Sind Roland und Irene beide verschwunden? Hast du herausgefunden, weshalb sie hier war?«

Mikkel nickte. »Sie hatte eine Rückenmarkstransplantation. Der Krankenschwester zufolge, mit der ich gesprochen habe, ist sie gut verlaufen.«

»Hat Roland das überhaupt nicht erwähnt? Du bist trotz allem sein Partner.«

»Nein, er hat nichts davon gesagt.«

Kurt Olsen stand auf.

»Du fährst zurück ins Präsidium. Kenneth Rissvang muss verhört werden. Vielleicht weiß er, wo sich Irene und Benito aufhalten.«

Nicolaj war gerade den Weg die Treppen hinunter, als sie auf dem Weg nach oben war. Er blieb abrupt stehen, als er sie sah.

»Natalie! Was machst du hier?«

»Ich muss mit dir reden, Nicolaj! Es ist wichtig. Du musst mir helfen! Es hat etwas mit Amalie zu tun.«

»Was ist passiert? Du wirkst so aufgewühlt. Komm mit nach oben.« Er drehte sich um und ging vor ihr her.

»Ja, aber bist du nicht auf dem Weg nach draußen?«

»Ja, in einer knappen Stunde ist Pressekonferenz, ich kann Anne nicht erreichen und ... aber das hier ist jetzt wichtiger. Was ist passiert?«

Er schloss die Redaktion auf. Es roch nach Zigaretten, Kaffee und ein bisschen nach Kloake. Ein Ventilator surrte. Natalie setzte sich vor einen Computer, der Annes sein musste. Ein Pausensymbol rotierte auf dem Schirm. Sie schaute Nicolaj an.

»Kannst du etwas über Oliver herausfinden? Oliver Thordal?«

Nicolaj setzte sich ebenfalls. Er wirkte unruhig, angespannt, aber so war er oft, wenn sie sich zufällig trafen.

»Wer ist das denn?«

»Er ist Kriminaltechniker.«

Nicolaj lehnte sich zurück und verzog das Gesicht. Ihm ging etwas im Kopf herum, das sah sie ihm an. War es Eifersucht?

»Ach, ist das nicht dein neuer Freund? Das musst du selbst klären, Natalie!« Er machte Anstalten aufzustehen.

»Nein, nicht mehr. Er ist mir nicht geheuer ... und er hat Amalie!«

Nicolaj ließ sich wieder auf seinen Stuhl fallen.

»Was meinst du damit, er hat Amalie?«

Plötzlich durchfuhr es sie wie ein Schlag. Es war ihre Schuld, dass ihre Tochter nun verschwunden war. Vielleicht in Gefahr.

Sie fing an zu weinen, auch für sie selbst ganz unerwartet.

Nicolaj kam nicht damit klar, wenn jemand weinte. Steif saß er auf seinem Stuhl und starrte sie an ohne zu wissen, was er sagen oder tun sollte. So war er immer gewesen.

»Er … er hat sie gekidnappt, Nicolaj. Er erpresst mich, und jetzt … jetzt will ich wissen, wer er eigentlich ist.«

»Womit erpresst er dich?«

Nicolaj ging in eine kleine Teeküche und kam mit einer Küchenrolle zurück, die er ihr reichte. Sie nahm sie und riss ein Stück ab, mit dem sie sich die Augen trocknete.

»Es hat etwas mit diesem Sarg-Fall zu tun. Deswegen komme ich zu dir.«

»Nur deswegen?« Nicolaj beugte sich über den Tisch und sah ihr in die Augen. Jetzt war er aufmerksam. Jetzt konnte er handeln.

»Was hat ein Kriminaltechniker damit zu tun? Ist es wegen der verschwundenen Beweise?«

Natalie nickte. »Ich bin mir nicht ganz sicher, aber er könnte es gewesen sein. Jedenfalls verlangt er von mir, alle Informationen, die ich dazu habe zu löschen, sonst tut er ihr etwas an. Ich weiß nicht, wo sie sind! Ich weiß nicht einmal, wo er wohnt.«

»Steht er nicht im Telefonbuch? Du hast doch wohl seine Nummer?« Seine Stimme zitterte jetzt auch.

»Ja, und ich habe es versucht, aber es gibt keinen Eintrag zu ihm, nichts!«

»Ich werde Zeit brauchen, um ihn zu finden, Natalie. Hast du überhaupt keine Idee, wo er sich aufhält? Hat er nie etwas erwähnt, woran du dich erinnerst?«

Natalie trocknete sich erneut die Augen und schüttelte den Kopf.

»Wie dumm ich war!«

Nicolaj griff über den Tisch und legte die Hand auf ihren Arm, drückte ihn.

»Das ist nicht deine Schuld. Aber was will er mit Amalie?«

»Ich weiß es nicht. Ich glaube nicht, dass er ihr etwas tun wird, aber er ist sicher nicht allein. Das hat er angedeutet.«

»Was hat er gesagt?«

»Nur, dass er nicht der Einzige sei, der zu bestimmen habe, was mit Amalie passieren soll.«

»Passieren soll! Hast du getan, was er gesagt hat? Hattest du etwas auf deinem Computer?«

»Ja, aber das ist nicht brauchbar, wenn die Polizei die Person nicht findet, von der die Spuren stammen. Ich habe es nicht gelöscht, es ist ja alles, was wir haben!«

»Gut, Natalie!« Er drückte ihren Arm erneut, dann zog er die Hand zurück und die Wärme verschwand. Sie hatte völlig vergessen, wie warm und beruhigend seine Hände sein konnten.

»Ich weiß ja nicht, was passiert, wenn Oliver das entdeckt. Mit wem arbeitet er zusammen?« Ihre Stimme zitterte immer noch.

»Kennst du keinen seiner Freunde?«

»Nein. Doch, einen, der ein Restaurant hat, aber das ist montags geschlossen, ich war schon dort.«

Nicolaj stand auf und schaute auf die Uhr.

»Versuch, ihn zu finden. Wenn du den Namen des Restaurants hast, kannst du wohl den Besitzer ausfindig machen?«

»Da bin ich mir nicht sicher. Das waren bloß ein paar wenige Räume …«

»Hmm. Tut mir leid, Natalie, aber ich muss jetzt zu der Pressekonferenz.« Nicolaj stand auf und öffnete die Tür.

»Wie kannst du jetzt daran denken! Du musst mir helfen, Nicolaj! Du kannst nicht einfach gehen!« Sie sprang auf und schmiss beinahe den Ventilator um, der nah an der Tischkante stand.

»Das ist meine Arbeit, weißt du. Vielleicht haben sie die Fälle aufgeklärt, das muss ich wissen!«

»Und dann ist dir Amalie einfach egal? Deine Arbeit ist dir wichtiger! So war es immer!« Ihre Augen schwammen in Tränen, ihre Nase lief und in ihrer Stimme lag Verzweiflung.

Nicolaj schloss die Tür wieder, ging ruhig auf sie zu und zog sie an sich. Sie versuchte sich loszumachen, wütend und verletzt, aber er hielt sie fest und streichelte ihr übers Haar. Sie gab nach und weinte an seinem Hals.

»Das hat auch etwas mit Amalie zu tun, Natalie. Wenn sie die Schuldigen verhaftet haben, ist das vielleicht eine Möglichkeit, sie zu finden. Jetzt habe ich noch einen weiteren Grund, zu dieser Pressekonferenz zu gehen.«

»Okay. Wir müssen sie einfach finden, bitte!«

»Das werden wir! Ich werde alles tun, was ich kann.«

Sie schaute mit tränennassem Gesicht zu ihm hoch. Jetzt konnte sie in seinen grünen Augen sehen, dass er ebenso große Angst hatte wie sie.

63

Das Geräusch der Rollen des Bettes, die über den Boden schrammten, war das Einzige, was sie hörte, als sie langsam die Augen öffnete. War sie von diesem Laut aufgewacht? Erst sah sie alles ganz verschwommen, dann nahmen die Dinge Form an. Die Deckenlampen rauschten in hohem Tempo über ihr hinweg, In ihrem Arm steckte ein Infusionsschlauch. Ihr war zu schwindelig, um darüber nachzudenken, was vor sich ging. Sie schloss die Augen.

Als das Bett zum Stillstand kam, schlug sie sie wieder auf. Es war kühl und sie sah eine Krankenschwester, die einen Infusionsständer neben das Bett stellte. Sie kannte die Frau.

»Was passiert hier, Dorte?«

»Wir haben Ihnen ein Schlafmittel verabreicht, deswegen fühlen Sie sich vielleicht müde.«

»Warum wurde ich verlegt?«

Sie konnte sich nicht daran erinnern, was passiert war, in ihrem Kopf war alles ebenso verschwommen wie vor ihren Augen. Das Einzige, was ihr wieder einfiel, war, dass Roland sie besuchen kommen wollte.

»Das kann ich Ihnen nicht sagen, darüber müssen Sie mit Kenneth Rissvang sprechen.«

»Wo ist er?«

»Er operiert gerade, aber werde ihn zu Ihnen schicken, sobald er fertig ist.«

»Unten?« Irene sah sich in dem halbdunklen Raum um und keuchte entsetzt. Außer ihr war nur noch ein Patient hier, doch es war nur ein Körper, der sich unter einem weißen Laken abzeichnete.

»Wo bin ich?«

»In unserem Leichenschauhaus, Irene.«

»Leichenschauhaus? Was mache ich hier? Warum …«

»Weil du hier landen wirst, wenn dein Mann nicht tut, was wir sagen«, entgegnete die Krankenschwester mit ruhiger Stimme, als lese sie ihr aus der Speisekarte vor.

»Was meinen Sie, Dorte? Ich verstehe nicht, was sie da sagen.« Sie spürte einen Anflug von Hysterie, der sich auch auf ihre Stimme übertrug. Ihr Gehirn leugnete, was hier gerade passierte, es leugnete die ganze absurde Situation.

Dorte sah sie warnend an, presste aber die dünnen Lippen zusammen. Sie nahm einen Beutel mit einer klaren Flüssigkeit und hängte ihn am Stativ auf, dann steckte sie den Schlauch in den Tropf in Irenes Arm.

»Was geben Sie mir?«

»Das ist bloß Kochsalzlösung, damit du nicht dehydrierst.«

»Ja, aber, ich kann doch trinken … kann ich nicht einfach etwas trinken …?«

Dorte antwortete nicht und richtete den Infusionsschlauch. Irene schaute zu ihren Händen hoch, und etwas an der Bewegung der Finger erinnerte sie ganz plötzlich an eine Situation die sie glaubte, schon einmal erlebt zu haben. War sie bloß benebelt von dem Schlafmittel? Ihr fiel der Traum ein, den sie eines Nachts gehabt hatte. Es passiert wieder. Es war die gleiche Hand, auf die sie nun starrte, die an dem Schlauch des Tropfs der jungen

Immigrantin gezupft hatte. Sie war sich ganz sicher. Sie erinnerte sich ganz genau an die weißen Schuppen auf ihrer blassen Haut und die Armbanduhr. Eine Rolex, Irene erkannte das Logo mit der Krone. Was hatten solche Details in einem Traum verloren? Und warum erlebte sie diesen Traum nun ein zweites Mal? Und wie konnte sich eine Krankenschwester überhaupt so eine teure Uhr leisten?

»Du hast das getan!«

Irene merkte erschrocken, dass sie laut gedacht hatte, doch nun war es auch egal.

»Du hast ihr etwas verabreicht, durch den Schlauch … und dann ist sie gestorben und ihr habt sie rausgebracht. Das war kein Traum! Das ist wirklich passiert und *du* warst es! Warum?«

Dorte schaute sie nicht an, aber es zuckte in ihrer Gesichtsmuskulatur. Sie hätte von einer so ernsten Anschuldigung brüskiert sein können, aber sie protestierte nicht dagegen, und das war für Irene Antwort genug.

»Ist es das, was Roland herausgefunden hat? Und jetzt drohst du ihm damit, auch mich zu töten, wenn er redet?«

Erst, als sie die Worte aussprach, wurde ihr klar, dass es so zusammenhängen musste, und sie spürte die Furcht wie einen schweren kalten Körper, der sich auf sie legte und sie zu erdrücken drohte.

»Es ist viel mehr als das, Irene. Aber lass uns nun sehen, wie weit er gehen wird.«

Irene wollte schreien, als sie die Kanüle in der Hand der Krankenschwester sah, wie in dem Traum, der gar kein Traum gewesen war, aber aus ihrem Mund kam kein einziger Laut. Er war so trocken geworden, dass ihre Zunge am Gaumen festklebte. Sie wollte dagegen ankämpfen, konnte aber kaum die Arme heben. Das Schlafmittel wirkte noch nach. Dorte hielt ihren Arm fest. Irene starrte auf das weiße Tuch über dem Körper neben sich. Die Nadel glitt in die Vene und ein warmes, brennendes Gefühl breitete sich aus. Ihre Lider wurden schwer und fielen zitternd und widerwillig zu. Alles wurde weiß.

Das Handy klingelte wieder auf dem Bett, wo er es hingeworfen hatte, und er lockerte seinen Griff. Das laute Geräusch störte ihn offenbar. Aus dem Augenwinkel sah sie, wie er die Augen zusammenkniff, als hätte er Schmerzen.

»Ich dachte, der Idiot hätte es kapiert! Warum ruft der schon wieder an?«

»Vielleicht ist er es ja gar nicht, ich habe auch noch andere Freunde«, antwortete Anne und sammelte all ihren Mut, während sie sah, wie er ihr Telefon nahm und es ausschaltete.

»Meine Freunde könnten herkommen, wenn ich nicht drangehe.«

»Ja, dann sollten wir uns lieber beeilen«, war seine Antwort, die ihr Blut zu Eis gefrieren ließ. Wie in einem Hitchcock-Film hatte es nun auch noch angefangen zu gewittern. Ein Blitz erhellte das Schlafzimmer und fast gleichzeitig ertönte das laute Krachen des Donners, dessen Echo zwischen den Häuserwänden widerhallte. Anne hätte laut über dieses Klischee gelacht, wenn sie nicht wieder das Messer gespürt hätte, dieses Mal an ihrem Hals.

»Ich liebe Gewitter einfach, du nicht auch?«, flüsterte er ihr ins Ohr. Sie spürte seinen heißen Atem und der Ölgeruch wurde intensiver. Sie war hilflos, vollständig seinen perversen Launen ausgeliefert. So war es auch den anderen Mädchen ergangen. Und die waren allesamt tot.

»Doch«, log sie. »Donner passt zu meinem Leben. Zu deinem auch?«

Vielleicht konnte sie Zeit gewinnen, wenn sie ihn zum Reden brachte. Ihre Angst zeigen wollte sie nicht, abgesehen davon würde es ihr sowieso nichts nützen.

»Sind das deine Mutter und dein Vater, die diese Homepage mit Sexspielzeug betreiben?«

»Mutter und Vater!« Er brach hinter ihr in lautes Gelächter aus. »Mutter und Vater«, wiederholte er knurrend, und die darauf folgende Stille ließ sie erschaudern. Ein neuer Donnerschlag ertönte.

»Er... erzähl mir von ihnen?«

»Glaubst du, ich falle darauf rein, kleine Anne? Du versuchst Zeit zu schinden, stimmt's? Glaubst du, dein Held kommt und rettet dich nochmal?«

»Nein, das tut er nicht, er ist im Gericht.« Sie sagte das hauptsächlich, um sich selbst daran zu erinnern, dass keine Hilfe kommen würde. Sie war ganz allein. Nicolaj war sicher zum Polizeipräsidium gefahren und hatte ihr ihre Ausrede offenbar abgenommen.

»Gut, dann haben wir Zeit, es uns gemütlich zu machen!«

Sirenen eines Polizeiautos ertönten unten von der Straße, aber es fuhr vorbei und der Klang erstarb langsam. Sie schloss die Augen fest, als er anfing, sie auszuziehen.

Das laute und durchdringende Krachen, das plötzlich erklang, war nicht der Donner. Anne hatte keine Ahnung, was hinter ihr vor sich ging, bis sie die Stimme hörte, so klar und deutlich, dass es keine Einbildung sein konnte.

»Es ist 16:05 Uhr. Sie sind verhaftet wegen Mordes an Maja Andersen, Tanja Bord und Filippa Bekman. Alles, was Sie sagen, kann vor Gericht gegen Sie verwendet werden ...«

Anne zitterte am ganzen Körper, und jetzt konnte sie auch die Tränen nicht mehr zurückhalten. Sie drehte sich mit einem Ruck auf die Seite und wäre fast vom Bett gefallen, aber zwei starke Hände fingen sie auf. Sie schaute hoch.

»Ni ... Nicolaj! Woher wusstest du ...?«

Er ging neben dem Bett in die Hocke und strich ihr die nassen Haare aus den Augen.

Er lächelte, aber es war ein nervöses und besorgtes Lächeln. Unsicher.

»Schnecken, Anne? Du hast immer gesagt, du würdest lieber sterben, als in eine Schnecke zu beißen. Und deine Stimme ... ich hatte das Gefühl, dass irgendetwas nicht stimmt, also ...«

»Du hast es verstanden! Gott sei Dank! Ich war mir nicht sicher, ob du dich an das mit den Schnecken erinnerst.«

»Natürlich.«
Er band ihre Hände los.
»Aber wieso hat es so lange gedauert? Er hätte ja …«
»Entschuldigung. Es ist etwas dazwischen gekommen, ich …«
»Und die Polizei …« Sie schaute den beiden Beamten nach, die ihren Peiniger aus der Tür führten. Der Rahmen war an einigen Stellen gesplittert, als die Beamten sie eingetreten hatten. Die Nachbarn waren aus ihren Wohnungen gekommen, standen herum und gafften. Die eifrige Frau Jansen war besonders neugierig und versperrte der Polizei den Weg, um einen Blick in Annes Wohnung erhaschen zu können. Anne beeilte sich, ihre Fußfesseln zu lösen und wunderte sich darüber, dass sie nicht fester gebunden waren. Sie hatte sich so hilflos gefühlt.
»… wie konntest du sie überzeugen, dich zu begleiten?«
»Ich war mir selbst so sicher, dass er dich wieder überfallen hat, dass sie es mir sofort geglaubt haben. Deine Stimme klang so starr vor Schreck, so habe ich dich noch nie gehört, und da ich gerade aus einem anderen Grund im Polizeipräsidium war …«
»Ja, die Pressekonferenz, aber …«
»Nein, die wurde verschoben, hat man uns gesagt.«
Einer der Beamten kam zu ihnen. Anne kannte ihn nicht. Aber er kannte sie anscheinend.
»Alles klar, Anne?«
»Ja, danke. Geht schon.«
»Du fasst hier nichts an. Gleich kommt jemand von der Spurensicherung.«
»Schaut euch diese Polygripzange mal näher an. Ich bin mir ziemlich sicher, dass er die benutzt hat, um die Frauen damit zu vergewaltigen und zu töten.«
Der Beamte nickte, verjagte die Gaffer vor ihrer Tür und folgte den anderen die Treppe hinunter.
»Du bist wirklich okay, ja, Anne? Soll ich dich nicht ins Krankenhaus fahren?«
Nicolaj legte ihr die Hand auf die Schulter.

»Nein, mir fehlt nichts. Verschoben? Wieso wurde die Pressekonferenz verschoben, was ist da los?«

»Da passiert sicher gerade etwas Wichtiges, das die Aufmerksamkeit des Vizepolizeidirektors persönlich erfordert.«

»Was?«

»Ja, Mensch, das weiß ich auch nicht, Anne.«

Sie bemerkte, dass seine Sorge gerade nicht nur ihr allein galt.

»Aber wenn die Konferenz ausgefallen ist, was hast du dann im Polizeipräsidium gemacht, Nicolaj?«

»Ich war dort, um nach einer Person zu suchen. Es geht um Kidnapping. Das hat vielleicht etwas mit dem Sarg-Fall zu tun.«

»Dem Sarg-Fall? Wie das? Wer wurde gekidnappt?«

»Ein kleines Mädchen, Anne.«

Nicolaj setzte sich auf den Boden neben ihr Bett. Er legte eine Hand über seine Augen, Zeige- und Mittelfinger presste er gegen die Stirn, Daumen und Ringfinger an den Nasenrücken. Sie konnte nicht sehen, ob er weinte, aber seine Schultern bebten.

»Sie ist erst vier ... und hat ... Asperger ...«

Anne konnte an seiner Stimme hören, dass sie jetzt besser nichts sagen sollte. Die Worte kamen in angestrengten Stößen.

»Sie ... sie heißt Amalie, und ... und ...«

Er schluckte und die Stimme war belegt, aber fest.

»Sie ist meine Tochter.«

65

Der Kugelgrill stand unter der überdachten Terrasse im Trockenen, und der Duft von Grillfleisch wogte über die Hecke. Aber Roland dachte gerade weder ans Essen noch hatte er Hunger. Er lief geduckt über den Gartenweg, als ob ihn das davor bewahren würde, nass zu werden. Das Hemd war sofort durchweicht und klebte an seinem Rücken. Der Hund bellte aggressiv und folgte ihm auf der anderen

Seite der Ligusterhecke. Er sah seinen kleinen dunklen Schatten zwischen den Blättern.

»Sie schon wieder?«, sagte Preben Mathisen, als er die Tür öffnete. Er kaute ungehemmt weiter, als wolle er Roland demonstrieren, dass er beim Essen störte. Ein wenig Fett glänzte an seinem Kinn.

»Ist Ihre Frau hier?«

»Nein, Dorte arbeitet noch, sie macht manchmal Überstunden.«

»Sie ist nicht in der Klinik. Wo ist sie dann?« Roland versuchte, seine Stimme zu beherrschen und hinter Prebens voluminösen Körper zu schauen, der die Tür versperrte, aber er entdeckte nur die beiden Jungs, die am Tisch saßen und Würstchen aßen.

»Sie ist in der Klinik, wo soll sie sonst sein?« Er wischte sich das Kinn mit der Hand ab und schluckte runter. »Das ist eine große Klinik, Sie müssen wohl einfach besser suchen, wenn Sie unbedingt mit ihr sprechen müssen.« Er wollte die Tür schließen.

»Hören Sie, wissen Sie etwas davon, dass ihr Schwager im Krankenhaus liegt?«

»Andreas? Ja, ich habe gehört, dass er einen Unfall hatte.«

»Einen Unfall hatte! Das hat man Ihnen erzählt?«

»Ja. Er ist hingefallen und hat sich den Kopf an einem der Särge angeschlagen, tragisch. Aber wir sehen diesen Teil der Familie nie, also …«

»Es ist sehr wichtig, dass ich Dorte erreiche. Können Sie versuchen, sie zu kontaktieren?«

»Machen Sie das selbst!«

»Ich habe es versucht.«

Preben zögerte. »Hat es etwas mit ihrem Bruder zu tun?«

»Ja. Ja, gewissermaßen.«

Er bedeutete Roland, ihm hinein zu folgen und schlurfte schwerfällig vor ihm her in die Küche.

»Möchten Sie ein Glas?«, fragte er und gestikulierte in Richtung der Rotweinflasche auf dem Tisch.

Roland zog die Schuhe im Eingangsbereich aus und schüttelte den Kopf, auch wenn er nicht übel Lust hatte die ganze Flasche zu leeren. Vielleicht würde das die innere Unruhe lindern, die in ihm rumorte. Preben nahm sein Handy und wählte eine Nummer. Er schaute zu den Jungs, die aßen, während er auf Antwort wartete. Sie wirkten wie eine ganz normale Familie. Den Fotos an der Pinnwand nach zu urteilen war Preben Feuerwehrmann. Auf einem der Bilder stand er zusammen mit seinen Kollegen vor einem roten Feuerwehrauto. Sie hatten Zipfelmützen auf. Sicher vom Weihnachtsbrunch. Alles war so typisch Dänisch hier. Reihenhaus, Grill, Ligusterhecke und Hund. Hund! Er musste die Kriminaltechniker erreichen, aber nichts von dem, was er tun müsste, schien gerade Sinn zu ergeben. Irenes Leben stand auf dem Spiel und er hatte keine Ahnung, wie gefährlich diese Menschen waren. Es ging immerhin um eine Menge Geld. Wie weit würden sie gehen? Roland ließ seinen Blick durch das angrenzende Wohnzimmer schweifen. Wofür brauchten sie das Geld überhaupt? Der Fernseher hatte mindestens 50 Zoll und das Sofa war zweifelsohne aus dem teuersten cremefarbenen Leder. Die Perserteppiche waren sicher auch echt. Preben schien Dorte erreicht zu haben. Roland sah ihn erwartungsvoll an.

»Wo bist du, Schatz? Bist du noch in der Klinik?« Er nickte und sah Roland beinahe triumphierend an. »Nein, nein, ich weiß, es geht auch nicht ums Essen. Der von der Polizei ist wieder hier. Es geht um deinen Bruder. Ich kann dir das Telefon geben, dann könnt ihr …« Es gab eine Pause, in der er lauschte. Roland hörte ihre Stimme, aber verstand nicht, was sie sagte. Dann nickte Preben. »Okay, ich werde es ihm ausrichten.« Er legte auf. »Sie *ist* bei der Arbeit, wie ich sagte. Ich soll Ihnen ausrichten, dass sie Sie kontaktieren wird, aber gerade ist sie bei einer Patientin. Sie steht kurz vor einem Herzstillstand, darum muss sie sich jetzt erst kümmern.« Teilnahmslos zuckte er die Schultern. Er verstand nicht, worum es ging, doch Roland begriff sofort. Er erkannte auch, das Preben Mathisen keine Ahnung davon hatte, was seine Frau und ihre Geschwister trieben. Oder er war einfach nur ein hervorragender Schauspieler.

»Sie wissen nicht, in welchem Zimmer sie sich aufhält?«

Preben lachte auf. »Natürlich nicht, danach müssen Sie schon in der Klinik fragen.« Er entdeckte die Jungen durch das Fenster. Sie rannten im Regen im Garten herum und spielten Ball, den der Hund zu ihrem großen Vergnügen jagte.

»Hey, kommt sofort wieder rein! Ihr seid klitschnass! Ihr wisst doch genau, dass ihr bei Gewitter nicht draußen spielen sollt!«, rief er von der Terrasse.

»Ja, aber es donnert ja nicht mehr, Papa. Es regnet nur!«

Es war so viel Normalität in dieser Situation, dass Roland sich plötzlich zurücksehnte. Wie einfach war doch alles gewesen, damals, als die Kinder noch klein waren und das Leben nicht so kompliziert. Bevor Irene im Rollstuhl gelandet war. Die Wirklichkeit kam ihm wie reine Einbildung vor. Wenn er es nicht besser wüsste, würde er glauben, dies alles wäre ein Traum.

Der Hund kam vor den Kindern durch die Terrassentür ins Haus gelaufen und schüttelte sich an Rolands Hosenbein. Jetzt war er kein Wachhund mehr, sondern ein Familienhund. Roland ging in die Hocke und tätschelte ihm das nasse Fell.

»Sie sollten Zitta lieber nicht zu viel streicheln, sie haart ziemlich«, sagte einer der Jungen, während sein Vater seine nassen Haare mit einem Handtuch trockenrubbelte.

»Ja, das ist der Nachteil bei einem Langhaardackel. Liegt an der Jahreszeit«, meinte Preben entschuldigend.

Roland richtete sich auf und schaute auf seine Hände, die voller rotbrauner Haare waren. Er nahm sein Taschentuch heraus, wischte sich die Finger ab, hoffte, dass niemand bemerkte, wie behutsam er die Haare in das Tuch wickelte, und steckte es zurück in die Tasche. Er verabschiedete sich und ging durch den Regen, den der trockene Boden gierig aufsaugte, zurück zum Auto. Der Regen prasselte auf die Windschutzscheibe und verschleierte die Sicht, während er eine Weile im Auto saß vor sich hinstarrte und versuchte, klar zu denken. Das Handy vibrierte wieder in seiner Hosentasche, er hatte es auf lautlos gestellt gehabt, um es nicht die ganze Zeit hören zu müssen. Es ging dabei nicht einmal um Irene. Niemand wusste schließlich, in welch großer Gefahr sie schwebte. Dann riss er sich zusammen. Er half ihr nicht, indem er resignierte und einfach hier sitzen blieb. Aber wo war sie bloß? Er musste sie in Sicherheit wissen, bevor die Aktion losging.

Er bremste scharf vor der Privatklinik, als er die blinkenden Blaulichter und die Polizeiautos sah. Mikkel hatte selbstverständlich Verstärkung gerufen. Kurt Olsens Auto stand ebenfalls da. War er nicht bei der Pressekonferenz? Roland grüßte ein paar Beamte, als er an ihnen vorbei zur Rezeption ging. Er beugte sich über den Tresen und schaute die Empfangsdame, die telefonierte, herausfordernd an. Ihre Pupillen waren geweitet, wodurch ihre Augen fast schwarz wirkten. Sie war aufgeregt, heute war für keinen von ihnen ein normaler Tag.

»Jetzt sagen Sie mir, wo ich Dorte Mathisen finde«, sagte er streng. »Oder vielleicht können Sie mir jetzt mitteilen, wo Irene Benito ist.«

Er beobachtete, dass der Blick der Rezeptionistin auf etwas hinter ihm gerichtet war. Er drehte sich um und stand Kurt Olsens sonnenverbranntem Angesicht gegenüber.

»Suchst du nach Irene, Roland?«

Roland konnte nicht sicher sagen, was da in seiner Stimme mitschwang, aber Mitgefühl war es ganz sicher nicht.

»Ha…habt ihr sie gefunden? Und die Krankenschwester?«

»Wo warst du?«

Roland kramte in der Tasche und holte das Taschentuch so vorsichtig heraus, als wäre etwas Gefährliches darin, das hinausschlüpfen könnte.

»Das hier muss sofort in die Kriminaltechnik.«

Kurt Olsen sah ihn eingehend an, sagte aber nichts, als er behutsam das Taschentuch aufklappte und ihm den Inhalt zeigte.

»Haare?«, fragte er.

»Hundehaare von einem rotbraunen Langhaardackel. Es war ganz sicher Dorte Mathisen, die die Leiche aus dem Sarg entwendet hat, Kurt. Die Beweise sind eindeutig.«

»Nun wissen wir ja nicht, ob die Haare, die in dem Sarg gefunden wurden, von genau diesem Hund stammen, oder, Roland?«

»Noch nicht. Deswegen müssen sie umgehend zur KTU und ...«

»Ich hoffe, dass du das Beweismaterial nicht verunreinigt hast, Roland. Ein Taschentuch!«

»Es ist frisch gewaschen und unbenutzt. Was sollte ich verdammt nochmal sonst machen?«

»Die Techniker rufen zum Beispiel. Du kennst doch das Prozedere, oder?«

Kurt Olsen ging hinüber zu einem Beamten, der an der Tür stand. Er gab einen kurzen Befehl, der Beamte nickte, nahm das Taschentuch entgegen und ging. Kurt kam mit schweren Schritten zu ihm zurück.

»Komm mal mit, Roland.« Sanft nahm er ihn am Arm und führte ihn mit sich, als wäre er unzurechnungsfähig und müsse vor sich selbst beschützt werden. Er setzte sich auf eines der weichen, grünen Sofas im Wartebereich und klopfte auf den Sitz neben sich. »Setz dich, Roland!«

Er gehorchte, konnte seinem Chef aber nicht in die Augen sehen. Die Sorge um Irene hatte die Kontrolle über seine Vernunft übernommen und er hatte Angst, dass der scharfsinnige Vizepolizeidirektor es merken würde.

»Ich kann dir mitteilen, dass der Chirurg Kenneth Rissvang verhaftet wurde. Er wird bereits verhört. Wir werden dann seine Aussage mit denen von Erling, Pia und Andreas Spang vergleichen.«

Roland kratzte sich die nassen Haare. »Hat Rissvang etwas über ... über Irene gesagt?« fragte er schließlich.

Kurt Olsen schüttelte den Kopf. »Was hast du mir zu sagen, Roland?«

Es war, als würden Ameisen in seinem Nacken kribbeln. Wusste Dorte Mathisen, dass der Chirurg und ihre Geschwister in Polizeigewahrsam waren? Dass die Falle zugeschnappt war? Und was bedeutete das für Irene? Je mehr Zeit verging, desto gefährlicher wurde es für sie. Er konnte nicht länger still sitzen und stand auf. Sein Kinn zitterte unkontrolliert und er spürte, dass er die Fassung verlieren würde.

»Die Krankenschwester hat sie in ihrer Gewalt, Kurt. Sie droht mir damit, Irene etwas anzutun, wenn ich … und ich weiß nicht, wo sie sind. Was kann sie vorhaben?«

»Beruhig dich, Roland. Setz dich wieder hin.« Kurt klopfte wieder auf den Sitz, als wäre Roland ein ungehorsamer Hund, der gehorchen sollte.

»Wir sind dabei, nach ihr zu suchen, aber falls sie die Klinik verlassen hat …« Kurt Olsens Stimme war ruhig und gedämpft.

»Das hat sie nicht. Ihr Mann hat gerade mit ihr telefoniert. Sie ist irgendwo hier in der Klinik!«

Kurt Olsen stand auf und strich sich die Hose glatt.

»Bleib hier sitzen und versuch dich zusammenzureißen.« Er ging zu einem Sicherheitsbeamten mit Bürstenfrisur, der an der Rezeption stand. Die Schulterklappen vermittelten den Eindruck, als sei er Polizist. Sie sprachen kurz miteinander und die Wache nickte eifrig. Sie gingen zu einer Tür neben der Rezeption. Roland verstand Kurt Olsens Blick und sein kurzes Nicken als Aufforderung, ihnen zu folgen. Er stand auf und ging zu den beiden hinüber. Es fühlte sich an, als würde er schweben. Etwas in ihm sagte ihm, dass es zu jetzt zu spät war, Irene zu helfen, und er wusste, wenn ihr etwas zustieße, würde er das nicht verkraften.

Die Wache saß in einem kleinen Raum auf einem Stuhl vor einer Menge Monitore. Kurt Olsen stand hinter ihm, machte jedoch Platz, als Roland hereinkam. Es waren die Bilder der Überwachungskameras, die sie vor sich sahen. Jetzt wurde Roland bewusst, wie sehr seine Panik sein Denkvermögen beeinträchtigt hatte. Diese Möglichkeit hatte er überhaupt nicht in Erwägung gezogen. Aber hätte er überhaupt die Befugnis gehabt, die Aufnahmen zu sehen? Vermutlich war das für Olsen kein großes Problem gewesen.

»In welchen Stock sollen wir gehen?«, fragte die Wache.

»In den vierten«, murmelte Roland.

»Okay. Station I.« Die Wache drückte eine Taste und das große Bild in der Mitte zeigte den Flur der Intensivstation.

»Können Sie zurückspulen?«, wollte Kurt Olsen wissen.

»Wie weit?«

Der Vizepolizeidirektor sah Roland an, aber der hatte jegliches Zeitgefühl verloren. Wann waren Irene und Dorte verschwunden? Er wusste es nicht.

»Vielleicht zwei Stunden?«, sagte er, aber es klang eher wie eine Frage.

Die Aufnahme lief rückwärts bis zum gewünschten Zeitpunkt, Roland konnte die Zeitanzeige in der unteren Bildschirmecke erkennen. Roland sah die Frau, die Olivia ähnelte, mit dem Teddy auf dem Sofa sitzen und dachte daran, wie es dem Jungen wohl gerade ging. Hatte Rissvang die Operation beenden können?

»Es ist diese Tür da«, sagte er und deutete darauf.

Auf dem Flur tat sich nichts. Ein Arzt ging vorbei, dann eine Krankenschwester, dann wieder ein Arzt. Die Zeitanzeige lief unten in der Ecke weiter und der Wachmann schaute sie an. Ihm stand die Langeweile ins Gesicht geschrieben.

»Wozu wird dieser Raum gebraucht?«, fragte Kurt Olsen.

»In der Regel wird er als Warteraum benutzt, wenn ein Patient aufs Röntgen oder eine andere Untersuchung im Keller vorbereitet wird.«

»Warten Sie mal, da war noch eine andere, breite Tür hinten links, ich habe versucht, sie zu öffnen, aber sie war abgeschlossen. Wo führt die hin?«

»Ach, das ist der Aufzug zum Keller. Der war abgeschlossen?«, fragte der Wachmann verwundert. »Der darf aus Sicherheitsgründen nicht abgeschlossen werden.«

»Lasst uns diesen Keller mal genauer ansehen«, drängte Kurt und verlagerte das Gewicht von einem auf das andere Bein. Er legte die Hände auf die Stuhllehne der Wache und beugte sich vor. Der Sicherheitsbeamte drückte wieder ein paar Tasten und ein langer Flur, der eher wie ein Tunnel mit grellem Deckenlicht aussah, war nun der Mittelpunkt in dem Mosaik der Monitore.

»Spulen Sie nochmal zurück. Versuchen Sie es dieses Mal mit drei Stunden.«

Der Mann tat, was Roland sagte, und wieder zeigten die Aufnahmen nichts Ungewöhnliches. Kurt faltete die Hände vor der Brust und lehnte sich wieder gegen die Stuhllehne. Roland fand einen Stuhl und setzte sich. Seine Anspannung war in Erschöpfung umgeschlagen.

»Stopp! Stoppen Sie da!«

Das Bild fror ein und Roland erkannte Dorte Mathisen wieder. Sie schob ein Bett vor sich her, und obwohl es aus diesem Winkel nicht erkennbar war, war er sich ganz sicher, dass Irene darin lag.

»Wohin geht sie?«, wollte Kurt wissen, als die Krankenschwester das Bett durch die Tür in einen Raum schob, der aus der Kameraperspektive nicht einzusehen war.

»Da drinnen haben wir leider keine Kameras. Das ist das Leichenschauhaus der Klinik«, sagte die Wache und drehte sich zu ihnen um, aber Roland war schon aus der Tür. Kurt Olsen klopfte dem Sicherheitsbeamten zum Dank auf die Schulter und lief Roland hinterher, der es aufgegeben hatte, auf den Aufzug zu warten und auf dem Weg die Treppe hinunter war. Kurt Olsen folgte ihm und forderte im Vorbeilaufen einige Beamte auf, mitzukommen.

Die Tür zum Leichenschauhaus war abgeschlossen. Panisch schaute Roland Kurt Olsen an und hörte Schlüssel rasseln, der Sicherheitsbeamte war also mitgekommen. Er steckte den Schlüssel ins Schloss und öffnete die Tür.

Es war kühl dort drinnen und es gab nur zwei Pritschen. Auf beiden lagen Menschen, die Konturen der Körper zeichneten sich deutlich unter den weißen Laken ab. Er rannte zu der ersten Pritsche und riss das Laken herunter. Sein Inneres gefror zu Eis und er schnappte nach Luft. Diese Frau war ohne jeden Zweifel tot, aber es war nicht Irene. Er lief zu der anderen Pritsche. Diesmal zögerte er kurz, bevor er das Tuch langsam entfernte. Da war sie. Ihre Haut war weiß und er konnte nicht erkennen, ob sie atmete. War sie tot? Der Venenkatheter steckte noch in ihrem Arm, aber es waren keine Schläuche zu sehen. Er nahm ihre eiskalte Hand, sank neben ihr auf die Knie herab und versuchte, ein Schluchzen zurückzuhalten, das sich ganz tief aus seinem Bauch den Weg nach oben bahnte. Er hörte Stimmen hinter sich, aber achtete nicht darauf, was sie sagten Kurt Olsen legte ihm eine Hand auf die Schulter und versuchte ihn sanft dazu zu bewegen, Platz zu machen. Der Wachmann hatte eine Krankenschwester und einen Arzt geholt. Roland erkannte Alexander Stubbe, der sich über Irene beugte und die Finger an die Halsschlagader legte. Er wollte protestieren, ihn wegstoßen, vielleicht steckte er ja auch mit ihnen unter einer Decke. Und jetzt war Irene dran. Er verstand selbst nicht, was er brüllte, als er außer sich vor Wut auf Strubbe losging. Jemand versuchte ihn zu stoppen, Roland schlug blindlings auf ihn ein. Jetzt versuchten seine Kollegen, ihn festzuhalten und er starrte mit aufgerissenen Augen auf die Spritze, die die Krankenschwester in der Hand hielt und mit der sie jetzt auf ihn zukam.

»Sie bekommen etwas zur Beruhigung«, sagte sie und klang wie ein Engel in weiter Ferne.

66

Nicolaj war in der kleinen Teeküche, die in der Redaktion eingerichtet war. Sie hörte ihn mit Geschirr klappern und lehnte sich in Annes Bürostuhl zurück, schloss die Augen. Amalie ging es nicht gut, das konnte sie spüren. Das konnte eine Mutter. Zum Glück hatte es aufgehört zu donnern. Wenn es das tat, hielt sich Amalie die Ohren zu und schrie ununterbrochen. Nichts konnte sie dann ablenken. Wenn die gewohnten Routinen unterbrochen wurden, verschlimmerte das ihren Zustand, und wie würde Oliver darauf reagieren?

»Denk nochmal nach, Natalie. Das hier ist wichtig!«, schärfte Nicolaj ihr von der Küche aus ein.

»Ja, aber mir fällt wirklich nichts ein, und ich kann mich auch an kein verdächtiges Geräusch erinnern, das mir verraten hätte, wo er sich aufhält. Die Polizei hat ja auch nach ihm gesucht, erfolglos ...«

Nicolaj kam mit zwei Bechern Tee herein, der seiner Aussage nach beruhigend wirken sollte; sie brauchte eher etwas Stärkeres. Alkohol oder Beruhigungspillen.

»Vertrau nicht immer auf die Polizei«, sagte er und reichte ihr den Tee. »Ich arbeite mit denen zusammen, Nicolaj.«

»Ja, und mit mir.« Er blinzelte ihr zu.

Natalie roch an dem Tee und stellte den Becher ab. Sie hatte keine Lust darauf. Nicolaj zündete eine Zigarette an. Das war seine Art, die Nerven zu beruhigen. Sie hatte seine Gewohnheiten nicht vergessen.

»Ja, dir helfe ich auch ein bisschen. Aber nur, weil ich finde, dass die Leute ein Recht darauf haben, die Wahrheit zu erfahren.«

»Genau. In dem Punkt sind wir uns ähnlich.«

»Aber ... willst du über das hier schreiben? Das geht ja jetzt um uns. Um Amalie. Sollen wir sie dem aussetzen?«

Nicolaj schüttelte den Kopf.

»Was ist mit Anne? Könnte sie nicht auf eine Idee kommen?«

»Doch, ganz sicher!«, sagte er mit Nachdruck und pustete den Rauch an die Decke.

»Wie geht es ihr?«

»Sie ist im Polizeipräsidium und macht dort ihre Aussage. Sie ist jetzt die wichtigste Zeugin in dem Fall – zum zweiten Mal. Aber sie ist echt tough, man merkt ihr nichts an. Und ihr Freund ist jetzt bei ihr.

»Dieser Anwalt?«

»Ja, der übernimmt den Fall wohl.«

»Der arme Mörder, den Prozess muss er ja verlieren, wenn es um die Freundin des Anwalts geht.«

»Ganz sicher.«

»Darf er das eigentlich? Gibt's da nicht diese Befangenheitsklausel?«

Nicolaj zuckte die Schultern.

Schnickschnack, dachte Natalie. Sie versuchte bloß sich abzulenken, indem sie Smalltalk machte. Tat Nicolaj das Gleiche? Sie dachte an damals zurück, als sie ihm erzählt hatte, dass sie schwanger war. Sie waren noch nicht besonders lange zusammen gewesen und so jung, aber reif genug, um miteinander ins Bett zu gehen, ohne an die Konsequenzen zu denken. Sie war verrückt nach ihm gewesen und träumte bereits damals von einem richtigen Familienleben mit Mann und Kindern. Vielleicht, weil ihre Eltern geschieden waren und sie das vermisste, was sie gehabt hatten. Sie hatte sich geschworen, dass ihre eigenen Kinder immer beide Eltern haben und geborgen aufwachsen würden. Sie war zu früh schwanger geworden, dass wusste sie, da war ja auch noch die Karriere, aber sie wollte dieses Kind einfach haben. Nicolaj hatte eine Abtreibung vorgeschlagen und das hatte sie tief verletzt. Irgendwann war er von ihrer Schwangerschaft mitgerissen worden, fasziniert von dem großen Bauch, den er mit geschaffen hatte, davon, das Kind sich bewegen zu spüren und Vater zu werden. Sie zogen zusammen. Sie war glücklich gewesen und hatte sich vorstellen können wie es war, eine Familie zu haben. Sie hatte es genossen. Aber dann wurde Amalie geboren. Sie würde nie Nicolajs Gesicht vergessen, als er sie zum ersten Mal sah. Sie kam mit einer Lippen-Kiefer-Gaumenspalte auf die Welt. Es war kein schöner Anblick gewesen, aber ihre Mutterinstinkte waren übermächtig. Sie hatte Amalie vom ersten Blick an geliebt, aber Nicolajs Zuversicht stürzte zusammen wie ein Kartenhaus. Er konnte nicht länger mit ihr zusammen sein. Sie stritten sich unaufhörlich darüber. Natalie verstand nicht, wie er sein kleines Mädchen nicht einfach lieben konnte, auch wenn sie nicht perfekt war. Nicolaj zog aus; sie dachte später oft darüber nach, ob es wegen Amalie oder ihretwegen gewesen war. Vielleicht war es die Tatsache, dass Amalie kein Wunschkind gewesen war. Für ihn erst recht nicht. Sie wurde eine junge, alleinerziehende Mutter mit einem Baby, das besondere Aufmerksamkeit brauchte. Amalie konnte aufgrund ihrer Fehlbildung nicht gestillt werden. Es wurde ein spezieller Sauger für eine Flasche hergestellt, aus der sie trinken konnte. Auf diese Weise entwickelte sie sich normal. Amalie wurde operiert, als sie vier Monate alt war. Auch das alleine durchzustehen war hart, aber sie war zu stolz und zu stur, um Nicolaj zu kontaktieren, der bei der Journalistenhochschule in Kopenhagen angenommen worden war und dorthin umgezogen war. Glücklicherweise war ihre Mutter eine große Hilfe. Obwohl sie Nicolaj immer Vorwürfe machte. Es fiel Natalie schwer, das zu akzeptieren, wenn es von anderen kam; sie glaubte, ihm verziehen zu haben, tief im Inneren verstand sie ihn sogar. Oft hatte sie selbst das Bedürfnis gehabt, einfach schreiend davonzulaufen und hatte das Gefühl, wahnsinnig zu werden. Nicolaj sah Amalie erst wieder, als er zurück nach Aarhus zog und Praktikant beim Tageblatt wurde. Da war sie bereits zwei Jahre alt und man konnte gar nicht mehr sehen, dass sie eine Fehlbildung gehabt hatte. Nicolaj erlag sofort ihrem Charme und ihren roten Löckchen, die sie von ihm geerbt hatte, und Natalie fing an zu hoffen, dass sie wieder als Familie zusammenfinden würden. Aber dann kam das nächste Problem. Amalies Verhalten war auffällig, die Diagnose: Asperger. Nicolaj hatte das Gefühl, nicht zu Amalie durchdringen zu können. Sie fingen wieder an, heftig zu streiten und er zog sich zurück. Seitdem waren sie allein klargekommen, Mutter und Tochter, Natalie hatte das als Herausforderung betrachtet und war auch ein bisschen stolz auf sich und ihre Tochter. Sie hielt Kontakt zu Nicolaj, indem sie ihm Informationen zuspielte, als sie den Job in der Rechtsmedizin bekam. Sie wusste, dass es für sie riskant war, doch sie nutzte ihr Wissen nicht nur, um öfter mit ihm sprechen zu können. Sie war tatsächlich der Meinung, dass die Medien die Öffentlichkeit oft dazu bewegen konnten, bei der Aufklärung zu helfen. Die Polizei war da anderer Auffassung. Sie konnte Nicolaj nur selten dazu überreden, Amalie für ein Wochenende zu nehmen, und wenn, dann tat er es widerstrebend. Aber jetzt sah sie in seinen Augen, dass er sich aufrichtig um seine Tochter sorgte.

Sie zuckten beide zusammen, als das Telefon klingelte. Nicolaj nahm ab. Offenbar hatte er auch einen Kontakt bei der Polizei, wurde ihr klar. Die Suche hatte etwas ergeben, einige Zeugen hatten einen Mann auf einem Motorrad mit einem Kind gesehen. Das war offenbar eine solche Seltenheit, dass sie keinen Zweifel daran hatten, dass es die entführte Amalie sein musste.

»Wo war das?«, fragte Natalie mit zitternder Stimme, als hätte sie Schüttelfrost.

»In einem Industrieviertel in Risskov. Irgendwo im Nordlandsweg. Da soll eine Garage sein. Eine Firma, die Motorräder repariert. Sagt dir das was?«

Natalie fasste sich an den Hals, wo der Puls klopfte. Sie stellte sich Amalie auf Olivers Schoß sitzend in vollem Tempo auf einem Motorrad vor. Wie erlebte ein kleines Mädchen so etwas? Dann wurde sie wütend. Oliver setzte ihre Tochter solchen Gefahren aus, damit würde er nicht davonkommen.

»Überhaupt nicht, das sagt mir nichts.«

»Die Polizei ist jetzt auf dem Weg dorthin, aber komm, wir brechen auch auf.«

Natalie folgte Nicolaj. Ihre Angst hatte sich in Zorn verwandelt, und der Zorn sich in brennende Rachsucht.

67

Der Regen hatte die Blätter und das Gras mit einem Nebel aus Feuchtigkeit überzogen, der im Sonnenlicht glitzerte. Die Luft war gereinigt und wieder klar. Selbst die Temperatur war etwas gesunken.

Alle schauten Roland überrascht an, als er vorsichtig die Tür zum Konferenzraum öffnete. Kurt Olsen saß am Kopfende, wo Roland normalerweise saß. Die Besprechung schien gerade angefangen zu haben.

»Roland!«, rief er aus und der leichte Vorwurf in seiner Stimme konkurrierte mit etwas, das ein Lächeln sein konnte. Es war immer noch hochrot, vielleicht mehr als vorher, und die Haut würde ganz sicher anfangen sich zu schälen. »Du musst doch nicht kommen, du …«

»Irene braucht Ruhe, also kann ich mich auch hier nützlich machen«, bemerkte er und setzte sich auf den Stuhl neben Kurt Olsen.

»Wie geht es ihr?«, erkundigte sich Isabella und schenkte Kaffee in eine Tasse ein, die sie ihm reichte.

»Wir haben sie gerade noch rechtzeitig gefunden. Sie war unterkühlt und …« Er warf dem Vizepolizeidirektor einen dankbaren Blick zu und nahm die Tasse entgegen.

»Hast du mit ihr gesprochen?«, fragte Kurt Olsen.

»Nein, sie schläft, seit wir sie gefunden haben. Sie haben ihr ein Medikament gegeben, damit die sich regenerieren kann. Wurde Dorte Mathisen gefunden?«

Kurt Olsen schüttelte den Kopf. »Noch nicht, aber wir haben jetzt ein paar Dinge über sie herausgefunden. Aber bist du sicher, dass du das hier schaffst, Roland?«

»Das Beruhigungsmittel, das ich bekommen habe, wirkt wohl noch ein bisschen.« Er lachte schief und räusperte sich.

»Eben! Genau das meine ich. Und eigentlich darfst du gar nicht hier sein. Der Staatsanwalt hat ein Auge auf dich.«

»Ich weiß, ich habe da wohl die Beherrschung verloren. Ich dachte, sie wäre tot und ich …«

»Es ist nicht nur das, Roland …«

»Ich habe bloß den sehnlichen Wunsch meiner Frau erfüllt, wieder ein normales Leben führen zu können. Ein Leben ohne diesen Rollstuhl, ein selbstbestimmtes Leben. War das denn so falsch?

Hättest du nicht für Eve das Gleiche getan? Hättet ihr das nicht alle für jemanden getan, den ihr liebt?« Er machte eine ausladende Geste mit der Hand, um sie alle einzubeziehen. Mikkel schaute zu Isabella, Hafid und Niels nickten. Kim sah auf den Tisch und schluckte.

»Lass uns später darüber reden, Roland.« Kurt ordnete einige Papiere.

»Zur Hölle mit den Staatsanwälten. Aber was wird die Presse daraus machen?«, schnaubte Mikkel. »Wenn dieser Chirurg Irene geholfen hat, dann …«

»Es ist und bleibt trotzdem illegal, Mikkel. Bei der Beweislage kann die Klinik dicht machen. Roland hat dafür bezahlt, Irene auf der Warteliste nach oben zu befördern, und darüber hinaus ist diese Behandlungsform bei uns nicht legal. Wie konntest du das nur tun, Roland? Das wird ganz sicher weder dem Staatsanwalt noch der Presse entgehen und wir haben unseren nächsten Skandal!«, fuhr der Vizepolizeidirektor fort, ohne Rolands Antwort abzuwarten, die er im Übrigen auch nicht hätte geben können.

»Aber Roland hat doch den Fall hier die ganze Zeit über geleitet. Wir können ihn doch jetzt nicht entbehren?«, rief Isabella aufgebracht.

»Er hat gerade ein Beruhigungsmittel bekommen, er hat geglaubt, Irene wäre tot. Er kann nicht klar denken, er …« Kurt Olsen schüttelte den Kopf.

Roland war auf dem Stuhl zusammengesackt, es war, als wäre er überhaupt nicht anwesend, aber jetzt richtete er sich auf.

»Ich bin klar genug, Kurt. Viel klarer als vorher. Jetzt, wo ich mich nicht mehr um Irene sorgen muss, will ich meinen Fall abschließen.«

»Wo ist Irene jetzt?«, fragte Mikkel.

»Sie liegt in Skejby, aber sie wird später für die Reha ins Neurozentrum Hammel überwiesen.«

»Soll das heißen, dass sie wieder laufen können wird?«, fragte Niels vorsichtig.

Roland nickte. »Die Chancen stehen gut. Kenneth Rissvang hat trotz allem hervorragende Arbeit geleistet …« Er sah Kurt Olsen vielsagend an, schwieg aber, als ihre Blicke sich begegneten.

»Okay, Roland. Du bist tiefer in dem Fall drin als jeder andere, daher lass ihn uns gemeinsam abschließen. Alles andere kommt später. Ich fasse zusammen: Pia und Erling Spang wurden beide mehrmals verhört. Seine Aussage wird gerade geprüft. Er hat schwerwiegende Schäden von der Kopfverletzung davongetragen, daher wissen wir nicht, wie glaubwürdig er ist. Seine Schwester hält daran fest, dass sie nichts Illegales getan haben. Sie sagt, sie hätten Rissvang lediglich geholfen, den Menschen ein besseres Leben zu geben.«

Sein Blick streifte kurz Rolands.

»Aber die Beweise sind nun klar genug. Bei der Durchsuchung des Bestattungsunternehmens haben wir, wie ihr wisst, einige schwere Eichenholzplatten gefunden, exakt wie die, die in David Lund Iversens Sarg gefunden wurde. Was die Leiche des Jungen angeht, müssen wir wohl der Tatsache ins Auge sehen, dass sie nie gefunden werden wird. Keiner der Verhafteten will etwas über diese Sache sagen. Mit Andreas Spang haben wir auch mehrfach gesprochen, er …«

»Wie geht es ihm überhaupt?«, unterbrach Isabella. Kurt Olsen kratzte sich die Stirn und räusperte sich.

»Er ist auf dem Weg der Besserung, aber ein offener Schädelbruch ist nichts, von dem man sich so leicht erholt. Er beschuldigt seine Geschwister, hinter dem Mordversuch zu stecken. Erling Spang war derjenige, der zugeschlagen hat, und die andere Schwester, Dorte, soll auch dabei gewesen sein. Andreas überraschte sie eines späten Abends, als sie im Hinterzimmer der Pietät an einer Leiche herumgedoktert haben. Es deutet alles darauf hin, dass sie die Kornea, also die Hornhäute entfernt haben und der Chirurg später kam, um sie abzuholen. Wir haben ja etliche dieser kleinen Transportkoffer gefunden. Vermutlich sollten die Organe ins Ausland verkauft werden. Im Kühlraum, der als Operationssaal genutzt wurde, wurden weitere Organe gefunden.«

»Weitere Organe?«, murmelte Niels und schielte zu Kurt Olsen.
»Ja, so wurde es ausgedrückt, wir bekommen noch detailliertere Informationen. Andreas Spang glaubt übrigens, dass sein Vater, Johan Spang, ermordet wurde, weil er die gleiche Entdeckung gemacht hat, aber das werden wir wohl nie herausfinden, da er eingeäschert wurde. Und wie gesagt, seine Geschwister halten dicht.«

»Wir wissen also nicht, wie umfassend das hier ist?«, fragte Roland.

»Nein, es ist schwer herauszufinden, wie viele Särge rund herum auf den Friedhöfen leer sind und wie viele einfach aus den Krankenhäusern verschwinden«, antwortete Kurt.

»Die Krankenhäuser werden doch sehr gründlich kontrolliert«, meinte Isabella.

»Die Privatklinik Mollerup vielleicht nicht gerade. Die arbeiten mit der Gesundheitsklinik des Roten Kreuzes zusammen und nehmen Kranke ohne Aufenthaltserlaubnis auf, einige sicher völlig außerhalb des Systems. Wenn die verschwinden …« Kurt Olsen ließ den Satz in der Luft hängen.

»Meine Güte«, kam es leise von Isabella.

Roland wurde an die junge Einwanderin erinnert, die im Bett neben Irene gelegen hatte. Sie war plötzlich verschwunden und Irene hatte diesen Traum gehabt. War das gar kein Traum? Er erwähnte den Vorfall.

»Sobald Irene dazu in der Lage ist, müssen wir hören, was sie zu erzählen hat«, stellte Kurt Olsen fest. »Hafid, versuch es bei der Gesundheitsklinik des Roten Kreuzes und hör dich um, ob irgendwelche Familienmitglieder nach einer jungen Frau gesucht haben.«

Hafid nickte und notierte. »Ist diese Klink nicht in Kopenhagen?«
»Ja, das ist korrekt«, nickte Kurt Olsen.

Sie wurden von einem schwachen Klopfen an der Tür unterbrochen. Der Diensthabende hatte es sich zur Gewohnheit gemacht, ihre Besprechungen zu unterbrechen, aber dieses Mal kam er mit guten Nachrichten. Amalie Davidsen war unversehrt aufgefunden und Oliver Thordal in einer Motorradwerkstatt im Nordlandsweg in Risskov verhaftet worden.

»Wer ist Amalie?«, fragte Roland verwirrt, als er die Erleichterung in den Gesichtern seiner Kollegen sah.

»Ja, das hast du verpasst. Natalie Davidsens vierjährige Tochter wurde von Oliver, diesem Kriminaltechniker, von dem du so begeistert warst, Roland, gekidnappt.«

»Natalie? Die Rechtsmedizinerin? Sind die nicht gerade ein Paar geworden, was war da los?«

»Das Ganze ist eine riesige Verschwörung. Nicht nur das Bestattungsunternehmen und Rissvang sind darin verwickelt, sie haben auch einen Mann im Kriminaltechnischen Zentrum gehabt, um unsere Spuren zu vernichten. Im Organhandel steckt das fette Geld und sicher haben alle ein großes Stück von dem Kuchen bekommen.«

»Also hat *er* das Beweismaterial verschwinden lassen?«, sagte Roland überrascht.

»Ja, aber die Hundehaare hast du uns ja wenigstens wiederbeschafft. Sie sind identisch mit den Haaren, die die Techniker in David Lund Iversens Sarg gefunden haben.«

»Dorte hat Psoriasis, es ist ihr Hund, hier haben wir also die direkte Verbindung zu dem Sarg. Aber wie können wir das beweisen, wenn die Beweise vernichtet wurden?«, fragte Roland.

»Natalie hatte selbst eigene Analysen angestellt und sie auf ihrer Festplatte gespeichert. Oliver wollte sie zwingen, die Dateien zu löschen, deswegen hat er auch ihre Tochter entführt. Sobald wir Dorte gefunden haben, können wir also auch feststellen, ob die Hautzellen von ihr stammen. Dieses Mal müssen die Analysen also zu den physischen Spuren passen und nicht umgekehrt.«

»Clevere Rechtsmedizinerin«, murmelte Roland und alle am Tisch nickten anerkennend.

»Aber wir müssen Dorte Mathisen noch finden«, stellte Kurt fest.

»Hat Kenneth Rissvang gestanden?«, wollte Roland wissen und reichte Isabella, die am dichtesten bei der Thermoskanne saß, seine leere Tasse. Gehorsam füllte sie sie nach.

»Wir machen nach der Besprechung mit ihm weiter. Kim hat seine Vermögensverhältnisse untersucht. Er besitzt eine Yacht, die vor einiger Zeit bei einer Kollision vor der Küste Bornholms gekentert ist; aus einem Artikel der Bornholmer Zeitung geht hervor, dass kein größerer Schaden entstanden ist und Kenneth Rissvang sich gütlich mit den Unfallteilnehmern geeinigt hat. Aber was hat der Chirurg in diesem Gewässer gemacht? Ich habe um einen Durchsuchungsbeschluss für die Yacht gebeten, damit wir etwas mehr gegen ihn in der Hand haben«, antwortete Kurt.

»Ich würde gerne dieses Verhör übernehmen …«, fing Roland an, aber Kurt Olsen unterbrach ihn mit erhobenen Händen.

»Du bist raus aus dem Fall, Roland. Ganz raus! Aber du kannst eine andere Vernehmung durchführen. Die von … Anne Larsen.«

Roland versuchte, entspannt zu wirken.

»Anne Larsen, aber …«

Kurt Olsen schmunzelte. »Ja, und den Täter kriegst du auch noch obendrauf.«

»Ihr habt ihn gefunden?«, rief Roland und fühlte sich auf eine merkwürdige Weise so, als hätte man ihn bestohlen. »Und Anne Larsen hat doch schon längst eine Erklärung abgegeben?«

»Ja, aber sie hat nochmal Besuch bekommen und der endete damit, dass der Täter verhaftet wurde, beinahe auf frischer Tat. Er heißt Rudy Steffensen, ist 25 Jahre alt, Single und wohnt auf einem alten Boot, das im Marselisborger Hafen liegt. Seine, äh, Eltern sind Charlotte und Bodil Steffensen.«

»Die mit der Homepage?«, rief Roland und erhielt einen kurzen, vorwurfsvollen Blick von Hafid, dem die beiden ja gleich verdächtig vorgekommen waren.

»Waren sie denn nicht schon immer homosexuell?«, fragte Hafid. Sein kritischer Blick unter den dunklen, dichten Augenbrauen wirkte fast wütend.

»Doch, als wir sie befragt haben, waren sie beide sehr offen und herzlich, sie stehen völlig zu ihrer Sexualität. Sie haben sich als Jugendliche getroffen und sind ziemlich schnell ein Paar geworden.«

»Haben sie Rudy dann adoptiert?«, wollte Isabella wissen.

»Nein, Charlotte ist seine leibliche Mutter. Sie war bei einer Samenbank im Ausland, der Spender war anonym. Das war damals in Dänemark für Homosexuelle ja noch illegal«, Kurt Olsens Blick glitt wieder hinüber zu Roland, der tat, als bemerkte er es nicht.

»Sie hätten lieber ein Mädchen gehabt, daraus haben sie keinen Hehl gemacht, aber das kann man sich halt nicht aussuchen. Sie bekamen also Rudy. Ich schätze, dass sie keine Ahnung haben, was ihr Sohn verbrochen hat.« Kurt trank von seinem Kaffee.

»Haben wir Zugang zu den Käufern des Webshops und der Adresskartei?«, fragte Roland.

Kurt nickte. »Ja, wir haben den Computer konfisziert. Die IT ist ihn durchgegangen und es ist ganz offensichtlich, dass der Sohn seine Opfer dort gefunden hat. Er hatte Zugang dazu, weil er regelmäßig die Homepage aktualisiert und die neuen Produkte im Webshop hochgeladen hat. In seinem Boot haben wir ein Notizbuch mit den Namen und Adressen gefunden. Die meisten waren durchgestrichen, Majas, Tanjas und Filippas Namen hatte er förmlich ausgelöscht, das Papier war richtig zerfetzt, aber Annes nicht. Die anderen Mädchen auf der Liste müssen wir noch ausfindig machen. Vielleicht haben wir den Täter weiterer unaufgeklärter und vielleicht auch einiger nicht angezeigter Vergewaltigungsfälle dingfest gemacht.«

»Dann hat Anne Larsen also Sexspielzeug gekauft?«, murmelte Roland.

»Ihr Name und ihre Adresse standen sowohl in der Kartei als auch im Notizbuch, ja.«

Am Tisch wurde es eine Weile still, dann räusperte sich Kurt Olsen und reichte ihm einen Bericht.

»Keine Panik, Roland. Mit Anne Larsen haben wir schon gesprochen.« Er zwinkerte verschmitzt. »Aber Steffensen muss verhört werden, ich hätte gerne, dass du das morgen übernimmst. Aber jetzt gehst du nach Hause und schläfst. Ich werde dich natürlich auf dem Laufenden halten, versprochen.«

68

Roland hatte auf einem Stuhl neben Irenes Bett in der Uniklinik Skejby geschlafen. Er hatte keine Lust gehabt, die Nacht irgendwo anders zu verbringen. Ihr Zustand besserte sich und Kurt Olsen und Mikkel Jensen waren gekommen, um mit ihr zu sprechen. Hafid hatte beim Roten Kreuz erfahren, dass sie einen Anruf einer Irakerin erhalten hatten, die auf der Suche nach ihrer Tochter war. Die Identität der Frau wollten sie jedoch geheim halten, da sie eventuell mit Abschiebung rechnen musste. Sie war bereits einmal verwiesen worden. Irene hatte Roland später am Abend erzählt, was sie erlebt hatte, während sie seine Hand drückte, die schweißnass war, aber keiner von beiden wollte loslassen. Natürlich würde sie noch einmal von jemand Unbefangenem befragt werden müssen. Heute konnte er sich auf einen Besuch des Staatsanwalts gefasst machen, hatte Kurt Olsen bei der Morgenbesprechung gewarnt, und das war nichts, worauf er sich freute. Vielleicht würde er auch andere Vorfälle ausgraben, wenn er erst anfing, die Kollegen über seine Zurechnungsfähigkeit auszufragen. Besonders Mikkel Jensen. Würde er etwas verraten? Wieder wäre dann Irene seine Achillesferse.

Roland war gerade damit fertig, die Ergebnisse der kriminaltechnischen Untersuchung durchzusehen, als er die Nachricht erhielt, dass der Verdächtige bereit zum Verhör sei. Er schloss den Bericht, klemmte ihn unter den Arm und ging zum Vernehmungsraum. Obwohl er während seiner Laufbahn schon viele Kriminelle verhört hatte, war er in diesem Fall ganz besonders gespannt zu sehen, mit wem er es hier wohl zu tun hatte. Was war das für ein Mensch, der so bestialische Morde an jungen Frauen verüben konnte. Die technischen Untersuchungen zeigten, dass es Blut- und Gewebespuren auf der Polygripzange gab, die Anne Larsen zufolge die Mordwaffe war. Die Blessuren an Majas, Tanjas und Filippas Körper und Kopf konnten zweifelsohne dieses Werkzeug verursacht worden sein, das Gleiche galt für die Unterleibsverletzungen bei allen dreien. Die Fingerabdrücke, die überall auf dem Griff waren, stimmten mit Rudy Steffensens überein. Es gab nichts zu leugnen. Die Gesichtserkennung hatte auch Hinweise geliefert, dass es sich bei ihm um den Mann handeln konnte, den Tanja ungewollt im Gedächtnispark fotografiert hatte. Aber Roland zweifelte daran, dass diese Indizien vor Gericht ausreichen würden. Ein besserer und klarerer Beweis war der Schuhabdruck auf dem Waldboden, der zweifelsohne von einem Paar Schuhe des Verdächtigen stammte, das bei der Durchsuchung auf dem Boot gefunden worden war, genau wie die Jason-Latexmaske. Die Analyse der Erde, die auf Tanja Borgs Balkon sichergestellt worden war, war derselbe Typ Erde wie die im Gedächtnispark, was Rudy Steffensen mit dem Tatort in Verbindung brachte. Außerdem fanden die Kriminaltechniker auf den Briefumschlägen, die Anne Larsen bekommen hatte, ebenfalls seine Fingerabdrücke. Auch den Drucker, mit dem die Briefe ausgedruckt worden waren, fanden sie auf seinem Boot. Roland hoffte, dass die erdrückende Beweislast Steffensen zu einem schnellen Geständnis bewegen würde, damit er so schnell wie möglich wieder zurück zu Irene konnte.

Isabella wartete bereits vor der Tür auf ihn.

»Lass ihn ruhig ein bisschen schwitzen«, meinte Roland. Sie warteten zehn Minuten, dann gingen sie hinein.

Rudy Steffensen saß am Tisch, er hatte die Arme verschränkt und wirkte extrem abweisend. Aber der Psychologe, der kurz mit ihm gesprochen hatte, schätzte, dass er der Typ war, der durchaus mit seinen Taten prahlte. Roland spürte die Spannung, das Kribbeln im Nacken. Der Kampf konnte beginnen.

Auf dem Tisch stand ein Blumenstrauß in einer hübschen Vase und die Plastikbecher waren durch bunte Porzellanbecher ersetzt worden. Der Vernehmungsraum war gar nicht wiederzuerkennen. Ein bisschen Einfluss hatte diese Studentin offenbar gehabt. Roland stellte die Vase auf den Boden, damit er den Verdächtigen besser sehen konnte, und setzte sich ihm gegenüber neben Isabella. Die Stühle waren auch gegen sehr viel bequemere ausgetauscht worden. Laut und deutlich sagte er in das Diktiergerät, dass es 10:15 Uhr sei und die Vernehmung von Rudy Steffensen beginne. Er belehrte ihn über seine Rechte und sagte, wer anwesend war. Dann erörterte er die Beweislage und führte das Beweismaterial vor. Steffensen betrachtete die Bilder seiner Opfer kurz und Roland rechnete damit, dass er nun anfangen würde zu reden.

»Das da war ich nicht«, sagte er schließlich und sah nur Isabella an.

»Das waren Sie nicht? Was glauben sie dann, wer es war? Jemand, den Sie kennen?«, fragte Roland und beobachtete den Mann. Es war schwer sich vorzustellen, dass dieser große, dünne Mann mit den nervösen braunen Augen und der vernarbten Haut eine so dunkle Seite haben konnte. Er wirkte wie ein eingeschüchterter Teenager.

Rudy schüttelte den Kopf und schaute weiterhin nur Isabella an.

»Wie ärgerlich, ich dachte schon, wir hätten jetzt den Richtigen erwischt, aber ich sagte es ja, der hier ist nicht erfahren genug.« Isabella fing Rolands Blick auf und verstand seine Methode.

»Nein, ich glaube auch nicht, dass er es gewesen ist«, antwortete sie und sah wieder Rudy an.

Roland bemerkte einen gekränkten Ausdruck in den Augen des Verdächtigen, der ihn davon überzeugte, dass sie an dieser Vorgehensweise festhalten sollten.

»Was meinen Sie?«, fragte Rudy verwirrt. Auch seine Stimme klang gekränkt.

»Nur ein hartgesottener und erfahrener Verbrecher kann solche gelungenen Übergriffe auf Mädchen begehen, ohne erwischt zu werden. Er musste die Ruhe und den Überblick bewahren können, während er in ihren Wohnungen darauf wartete, dass sie nach Hause kamen und sogar, bis sie eingeschlafen waren. Das kann sicher viele Stunden gedauert haben, glauben Sie nicht?« Roland schaute Rudy Steffensen herausfordernd an. Der wollte etwas sagen, schwieg aber und fixierte weiterhin Isabella. Roland bemerkte, dass sein Blick sie irritierte, vielleicht sogar beunruhigte.

»Isabella, würdest du uns noch mehr Kaffee holen?«, fragte er und sie verstand ihn wieder, stand auf und verließ den Raum.

»Na, jetzt sind nur noch wir zwei Männer hier, Rudy. Wir wissen doch genau, was die Mädels wollen, oder?« Roland blinzelte ihm vielsagend zu und sah zuerst Verwirrung in dem Gesicht vor sich. Er tippte energisch mit dem Zeigefinger auf jedes einzelne Foto auf dem Tisch vor sich.

»Sie wollten es doch so. Mädchen, die Sexspielzeug kaufen, sind billig, oder? Ist es nicht das, was Sie denken?«

Endlich schaute Rudy sich die Bilder an. Er starrte fast, der Blick wurde leer, als verschwände er in sich selbst.

»Wir haben Ihr Notizbuch gefunden, Rudy. Unmengen von Namen junger Frauen, auch einige, die Sie nicht getötet haben. Mit wie vielen Vergewaltigungen sind Sie davongekommen? Maja war nicht die Erste, oder?«

»Ich habe ihr nichts getan«, sagte er so leise, dass Roland es kaum hörte.

»Was sagen Sie, Rudy? Wiederholen Sie es bitte.«

Rudy schaute zu Roland hoch, er schien entrüstet.

»Ich habe ihr nichts getan«, wiederholte er verbissen. »Aber dann stand plötzlich im Internet, ich hätte sie getötet. *Ihr* habt mich als Mörder abgestempelt!«

»Das war die Presse, Rudy. Das war etwas, dass *die* erfunden haben. Aber dann haben Sie angefangen, die Mädchen zu töten, nachdem Sie sie vergewaltigt haben. Ist es so?«

»Das ist eure Schuld«, murmelte er und schaute wieder auf die Bilder. Da war keine Empathie, keine Reue.

»Die anderen Namen in Ihrem Buch, wer sind diese Frauen? Wir wissen, dass Sie die Adressen von der Homepage haben. Sie haben alle Sexspielzeug gekauft.«

»Ja, und ist ein Mann denn nicht besser? Die haben selbst darum gebettelt.«

»Sie glaubten also, Sie würden Ihnen ein Geschenk machen, auf das sie gewartet hatten? Was ist dann passiert? Haben sie angefangen zu schreien? Wollten sie bei dem Spiel nicht mitmachen?«

Gleichgültig zuckte er die Schultern.

»Die Stellung, in die Sie die Mädchen danach gelegt haben, was sollte das bedeuten? Was wollten Sie damit sagen?«

Jetzt lächelte er und schüttelte still den Kopf, als fände er Roland entsetzlich dumm, weil er nicht selbst darauf kam.

»Sollten sie die Schuld haben?«

»Wer?«

»Ihre Mutter und Ihr Vater. Oder wie nennen sie sie eigentlich?«

Roland lehnte sich auf dem Stuhl zurück. Rudys Gesicht war rot geworden und die Augen glühten.

»Sie wurden in der Schule gehänselt, oder? Fertiggemacht?«

Rudy atmete schwer und wirkte wie ein Vulkan, der jederzeit ausbrechen konnte. Darauf wartete Roland.

»Die konnten Männer nicht leiden, oder, und das haben Sie ihr ganzes Leben gespürt. Sie hätten ein Mädchen sein sollen und daraus haben die keinen Hehl gemacht. Rudy ist auch ein Mädchenname.«

Er reagierte immer noch nicht.

»Jetzt sollten *die* bestraft werden. Die sollten die Schuld haben, wenn wir herausfinden würden, dass die Homepage der Schlüssel war.«

Es klopfte an der Tür und Isabella guckte herein. Er nikte ihr diskret zu. Sie kam hinein und stellte eine Thermoskanne auf den Tisch. Auch die war neu. Knallrot, ähnlich wie Rudys Gesichtsfarbe. Roland wollte noch mehr sagen, ihn provozieren, zum Reden bringen, aber Isabella, die sich nicht gesetzt hatte, legte eine

Hand auf seinen Rücken, um ihn zu stoppen. Jetzt sah er erst, dass Rudy Steffensen am ganzen Körper zitterte.

»Er hat Entzugserscheinungen, Roland. Wir müssen hier stoppen!«, sagte sie.

Roland beugte sich zu ihm.

»Sie müssen nichts mehr sagen oder etwas gestehen. Die Beweise sind so eindeutig, dass sie vor Gericht leicht standhalten werden.«

Er sammelte die Fotos zusammen und legte sie in den Ordner, dann stand er auf und verkündete, dass es 10:45 Uhr und die Vernehmung von Rudy Steffensen beendet war. Er verließ den Raum gemeinsam mit Isabella. Ihnen kamen zwei Beamten und ein Arzt entgegen, der sich um Steffensen kümmern würde. Aber die Frau mit dem kastanienbraunen Pagenschnitt kannte er nicht, die zusammen mit Kurt Olsen auf ihn wartete Als Olsen die beiden einander vorstellte, musste Roland seine Überraschung verbergen. Roland hatte nicht im Traum damit gerechnet, dass der Staatsanwalt eine Frau war.

69

Der Kellner kam mit einem Tablett und stellte jedem von ihnen eine kalte Platte hin, wo vorher zwei halbleere Rotweingläser gestanden hatten. Esben hatte sie zum Mittagessen eingeladen, und jetzt lief ihr beim Anblick der Köstlichkeiten das Wasser im Mund zusammen: Hausgemachtes Brot, Fisch, Kartoffelsuppe, Ochsenbrust, Käse und Olivenpaste, Würstchen und Schokoladenkuchen. Sie hatten gerade die kleinste Glocke des Doms zwölfmal schlagen hören, darauf war die Betglocke ertönt; es klang laut, weil sie direkt hinter der Kirche unter dem Sonnenschirm an einem Tisch vor dem Café Hack neben dem hübschen Eingang des Aarhuser Theaters saßen.

»Meine Güte! Ob ich das alles essen kann?«, japste sie.

»Ja, das kannst du, Anne. Wir hätten auch gerne noch zwei Gläser Rotwein. Nein, wir nehmen eine ganze Flasche«, sagte Esben zum Kellner gewandt, der die Bestellung auf seinem Block notierte und ins Café verschwand.

Esben zog die Jacke aus und hängte sie über die Stuhllehne. Es war schwül und er trug einen Anzug, weil er gerade aus dem Gericht gekommen war. Sie hatte sich noch nicht daran gewöhnt, ihn so stilvoll gekleidet zu sehen. Das Hemd war weiß mit dezenten hellgrauen Streifen, die Krawatte hatte er ausgezogen und sie in die Tasche der dunkelgrauen Hose gesteckt.

Er hob das Glas und prostete ihr zu. Anne nippte an dem Wein. Sie würde wohl nie lernen, ihn so zu genießen wie er.

»Ich finde, es war jetzt mal an der Zeit, dass wir ein bisschen feiern. Weil du das alles hier überstanden hast, Anne. Darüber bin ich unendlich glücklich. Und dann habe ich heute auch noch den Fall bekommen!!«

»Du hast ihn bekommen? Gott, Glückwunsch!«

»Danke, meine Liebe!«

Er nahm Messer und Gabel und fing an zu essen. Sie tat das Gleiche, während sie ihn verstohlen ansah. Sein Haar war dunkel und sehr kurz geschnitten, ein sexy Kontrast zu dem Anzug, fand sie. Die Tattoos auf den Oberarmen konnte man durch das Hemd nicht sehen, aber sie wusste, dass sie da waren, das machte ihn zu einem noch schärferen Anzugträger. Sie schmunzelte bei dem Gedanken, wie sehr man sich doch mit den Jahren verändern konnte. Er hatte auch zu dem linksextremen Flügel gehört; jetzt war er Anwalt, hatte gerade einen Fall bekommen und war versessen darauf, ihn zu gewinnen.

»Wann fängt der Prozess an?«, fragte sie gespannt.

»Das weiß ich noch nicht, so etwas braucht ja in der Regel Zeit, aber es gibt auch eine Menge vorzubereiten.«

Der Kellner kam mit dem Wein und schenkte ihnen ein. Sie warteten schweigend, bis er sich wieder entfernt hatte. Währenddessen schwiegen sie. Das mussten Kellner oft erleben, sie unterbrachen Gespräche mit ihrer bloßen Anwesenheit.

»Ja, natürlich. Aber ich bin stolz auf dich, Esben. Es freut mich so, dass du diesen Fall bekommen hast. Du gewinnst ja immer!«, sagte sie eifrig, als der Kellner wieder gegangen war.

Esben lächelte schief. »Naja, nicht immer, aber …«

»Ja, das Leben ist echt voller Überraschungen. Ich bin noch nicht darüber hinweg, dass Nicolaj Vater einer vierjährigen Tochter ist und erst recht nicht, dass die Mutter die Rechtsmedizinerin Natalie Davidsen ist.«

»Ja, verrückt, aber gut, dass ihre Tochter wieder wohlbehalten zu Hause ist. Was ist da eigentlich passiert?«

»Ach, du liest wohl nicht Nachrichten-Online, was, mein Freund? Der Kriminaltechniker, der einer der Verdächtigen in dem Sarg-Fall ist, hatte Amalie gekidnappt, um Natalie zu erpressen. Sie sollte Beweismaterial verschwinden lassen. Ob die Beweise vor Gericht standhalten?«

Esben kaute nachdenklich.

»Ja, müssten sie. Aber wurde diese Krankenschwester gefunden? Ich gebe offen zu, dass ich den Fall nicht mitverfolgt habe. Der, in den du involviert warst, hat meine ganze Aufmerksamkeit erfordert.«

»Danke Esben, und jetzt bist du tatsächlich der Anwalt in diesem Fall! Nochmal Prost!« Sie stießen an. »Ja, Dorte hat sich gestellt, sie hat wohl begriffen, dass es aussichtslos war. Ihr Mann hat auch auf sie eingewirkt. Was glaubst du, wie viele Jahre wird sie bekommen?«

»Lebenslänglich, wenn es nach mir ginge!«, antwortete Esben und guckte einer jungen, sonnengebräunten Frau in einem Minirock nach, die an ihrem Tisch vorbeilief. Anne fühlte einen kleinen Stich Eifersucht und ärgerte sich darüber. Dann tröstete sie sich damit, dass dieses Mädchen sicher seine ausgefallenen sexuellen Fantasien nicht so befriedigen könnte wie sie es tat. Sie guckte ihr auch nach. Vielleicht konnte sie es ja doch. Vielleicht war sie eine von denen, mit denen er zusammen im SM-Club war. Sie begegnete Esbens Blick.

»Ist das dein Ernst?«, beeilte sie sich zu fragen, um ihre unbegründete Eifersucht zu verbergen.

»Organhandel ist abscheulich und dass ein Bestattungsunternehmen, ein Chirurg, eine Krankenschwester und ein Kriminaltechniker zusammenarbeiten und aus reiner Profitgier Organe von Hirntoten stehlen, erfordert das höchste Strafmaß.«

»Ganz sicher. Was für eine Familie! Die Kinder haben nun auch nicht gerade eine schöne Kindheit gehabt. Der Vater hat sie bestraft, indem er sie in einen Sarg eingesperrt hat. Bei dem Ältesten, Erling, ist es schiefgegangen. Er hat einen epileptischen Anfall bekommen und war zu lange ohne Sauerstoff. Die Mutter hat ihm keinen Einhalt geboten, sondern ihn und ihre Kinder obendrein noch verlassen. Kein Wunder, dass sie sie hassen!«

»Tun sie das denn? Woher weißt du das alles?«, wollte Esben wissen, der Messer und Gabel beiseitegelegt hatte und interessiert zuhörte.

»Ich habe mit Andreas gesprochen, der wohl der normalste von ihnen ist. Zum Glück trägt er von dem Überfall keine bleibenden Schäden davon. Stell dir vor, sein Bruder hat ihn von hinten mit einem Hammer niedergeschlagen und seine Geschwister hätten ihn eingeäschert, wenn Benito es nicht verhindert hätte. So haben sie es sicher auch mit ihrem Vater, Johan Spang, gemacht, der auch unter merkwürdigen Umständen gestorben ist. Man glaubt es nicht! Und Maja Andersens Tod ist auch verdächtig. Was ist da passiert? In der Nacht, als sie so plötzlich gestorben ist, war Dorte Mathisen die Krankenschwester. Vielleicht gibt es noch einen leeren Sarg, und ich habe mich dafür eingesetzt, dass untersucht wird, wie viele Migranten pro Jahr verschwinden, die am System vorbei hier leben und nicht bei den Behörden gemeldet sind. Niemand vermisst sie außer ihren Familien, die sich nicht trauen, nach ihnen suchen zu lassen, aus Angst, ausgewiesen zu werden.«

»Die sind ja bereits ausgewiesen oder gar nicht erst irgendwo registriert, insofern ...«

»Ja, aber Dänemark ist Mitglied der UN, und deren Konventionen besagen, dass jeder Mensch das Recht auf medizinische Versorgung hat. Alle in der Gesundheitsklinik des Roten Kreuzes arbeiten ehrenamtlich, da wird uns ja nichts weggenommen!«

»Stimmt es, dass die Frau des Kriminalkommissars auch involviert war?«

Anne versuchte, den Schokoladenkuchen zu probieren, bevor sie antwortete. Sie war ohne Grund wütend auf Esben. Herrgott, er guckte bloß einem attraktiven Mädchen nach, wie sie selbst auch Männern nachschaute, ohne dass das etwas zu bedeuten hatte.

»Ja, Irene Benito wurde auch von dem Chirurgen operiert, aber das lief anscheinend gut. Sie ist zur Reha ins Neurozentrum Hammel gekommen.«

»Aber er hat also dafür bezahlt, das System zu umgehen und illegal gehandelte Organe gekauft?«

»Stammzellen, ja. Ich weiß noch nicht, wie verboten das jetzt ist. Wenn sie aus befruchteten Eizellen stammten, dann ...«

»Sicher eine Überschrift für Nachrichten-Online!«, rief Esben.

Anne trank einen Schluck und sah ihn ernst an.

»Ich habe noch nicht darüber geschrieben.«

»Hast du nicht?«

Sie konnte nicht entscheiden, ob seine Überraschung gespielt oder echt war.

»Roland Benito hat genug Ärger. Die Staatsanwaltschaft untersucht die Sache.«

Esben leerte seinen Teller und wischte sich den Mund mit der Serviette ab.

»Weißt du, wer?«

»Ich habe gehört, sie heißt Bertha Sigurtsen«, antwortete Anne und ließ den letzten Rest Kuchen übrig.

Esben brach in lautes Gelächter aus, sodass sich die anderen an den Tischen umdrehten. »Armer Benito. Sie ist hart!«

»Bestimmt nicht härter als du!« Sie hob erneut ihr Glas. »Ich möchte gerne darauf trinken, dass Rudy Steffensen nun seine gerechte Strafe bekommt.«

Sie hatte immer noch Alpträume von den Überfällen, wachte nachts mit klopfendem Herzen auf, konnte sich nicht erinnern, was sie geträumt hatte, aber wusste bloß, dass es ein Traum von ihm gewesen war. Die äußeren Narben waren am Heilen, aber die inneren würden nie ganz verblassen. Allein der Gedanke, dass sie eine von ihnen hätte sein können. Esben hatte sie das erste Mal gerettet, Nicolaj das zweite Mal. Sie hatte ihnen viel zu verdanken. Jetzt würde Esben, der fähigste Anwalt, den sie kannte, Rudy seiner gerechten Strafe zuführen. Es war, als ob sich der Kreis schloss. Der Kreis der Gerechtigkeit.

Esben trank zögernd aus seinem Glas und stellte es ab. Sie sah ihn fragend an.

»Was, Esben?«, lächelte sie.

»Es gibt da etwas, dass du wissen solltest, Anne.« Er drehte das Glas, ohne sie anzuschauen. »Ich bin nicht Rudy Steffensens Ankläger. Ich bin sein Verteidiger.«

Anne verschluckte sich an ihrem Rotwein und hustete heftig.

»Verteidiger! Du wirst dieses Schwein verteidigen!« Sie war fassungslos und spürte die Tränen in ihre Augen schießen. Das musste ein Scherz sein.

Esben versuchte ihre Hand zu nehmen.

»Er war kurz davor mich zu töten, Esben. Zwei Mal! Eigentlich warst du es sogar, der ihn überhaupt auf mich aufmerksam gemacht hat mit diesem Scheißdildo, den du gekauft hast!« Sie bemerkte, dass sie so laut gebrüllt hatte, dass alle sie gehört hatten, aber es war ihr egal.

Esben ermahnte sie zischend, leiser zu sein. »Ich habe dich aber auch gerettet, Anne. Wäre ich nicht gekommen …«

»Ja, und jetzt willst du ihn plötzlich verteidigen, auf freien Fuß setzen! Warum?«

Sie riss ihre Hand aus seiner und sprang auf. Das Glas fiel um und zerbrach auf den Pflastersteinen. Der Wein sah wie Blut aus, das überall hinspritzte.

»Weil es mehr Geld bringt, Anne. Der Verteidiger bekommt mehr Geld als der Ankläger. Das kommt uns beiden zugute, wir ...«

Anne hörte gar nicht, was er sagte. Sie drehte ihm den Rücken zu, machte einen großen Schritt über die vermeintliche Blutlache und ging.

70

Angolo sprang an ihm hoch mit dem Eifer und der Wiedersehensfreude eines Schäferhunds, sobald er zur Tür hereinkam. Eine Geste, die er vermisst hatte, während der Hund zusammen mit Rikke, Tim und Marianna im Campingurlaub gewesen war. Und auch wenn ihm die Tour gut getan zu haben schien, merkte er, dass der Hund ganz seiner Meinung war: Zu Hause war es einfach am schönsten!

»Hallo, mein Freund.« Roland tätschelte ihm den Kopf und stellte die Einkaufstüten auf den Küchentisch. Angolo folgte ihm auf Schritt und Tritt, während er auspackte und die Lebensmittel in den Kühlschrank räumte.

»Ja, lass uns einfach sofort Gassi gehen.«

Er nahm die Leine und klickte sie ans Halsband. Angolo schritt majestätisch an seiner Seite die Rampe hinunter auf den Bürgersteig. Roland schaute zurück. Jetzt konnten diese Rampe vielleicht bald entfernt werden. Das wäre ein unvorstellbarer Gewinn für sie beide. Vor allem für Irene. Er freute sich über ihre Fortschritte in der Reha. Sie waren sehr kompetent dort und Irene hatte angefangen, einige Stunden am Tag mit einer Gehhilfe zu laufen. Das machte es das Ganze wert. Sein eigenes Schicksal war noch nicht entschieden. Kurt Olsen war gezwungen gewesen ihn zu suspendieren, während der Fall verhandelt wurde.

Sie gingen den Ulmenweg entlang, umgeben vom betörenden Fliederduft aus den Gärten, und bogen in den Wald ab, wo die Schatten der Bäume sofort eine angenehme Kühle verbreiteten. Roland fror fast in dem dünnen kurzärmligen Hemd und den Bermudashorts. Angolo wollte diesen Weg gehen, auf irgendeine Weise landeten sie immer im Wald. Roland ließ den Hund sein Geschäft verrichten, während er den Vogelstimmen lauschte und sie zu unterscheiden versuchte, aber er hatte die meisten vergessen. Würde das hier sein neuer Alltag werden? Sein Leben? Tief in seinem Inneren glaubte er nicht, dass er entlassen werden würde, aber man konnte nie wissen, wie die Sache enden würde, wenn alle Instanzen in Gang gesetzt wurden. Zweifelsohne würde es auf einen Prozess hinauslaufen, und ihm graute vor dem Ergebnis und davor, was sonst noch ausgegraben werden konnte. Es fiel ihm schwer, morgens nicht zur Arbeit zu fahren, sondern stattdessen Polizeiberichte auf der Homepage der Ostjütländischen Polizei zu lesen, und er wusste, das würde ihm auf Dauer nicht reichen. Würde er nun seine Strafe bekommen, genau wie die Verbrecher, die er jahrelang hinter Gitter gebracht hatte? Wie zum Beispiel Rudy Steffensen, Dorte Mathisen, Pia und Erling Spang. Kenneth Rissvang erklärte sich in allen Anklagepunkten für nicht schuldig, aber so, wie die Sache aussah, deutete viel darauf hin, dass der Chirurg in illegalen internationalen Handel mit Organen und Körperteilen verwickelt war. War Roland selbst auch nicht besser als sie?

Angolo zog an der Leine und wollte weiter in den Wald.

»Nein, Angolo. Heute nicht!« Roland zog ihn zurück, sie drehten um und machten sich auf den Heimweg.

Ein Nachbar grüßte distanziert aus einem Garten, an dem er vorbeiging. Roland hatte nie Freundschaften mit den Nachbarn gepflegt, aber obwohl Anne Larsen ihn zu seiner großen Verwunderung geschont und nur eine kleine Randnotiz zu seiner Suspendierung gebracht hatte, fand er, dass sie sich distanzierter verhielten. Viele konnten oder wollten ihm nicht einmal mehr in die Augen sehen. Was hätten sie selbst gemacht, wenn sie in seiner Situation gewesen wären? Wenn Irene erst einmal nicht mehr im Rollstuhl saß, vielleicht würden sie ihre Meinung dann ändern. Im Moment verbreitete sich das Getratsche wohl über die Hecken von Villenweg zu Villenweg und er war sich sicher, dass er nicht wissen wollte, was sie tratschten.

Angolo lief, sobald er ihn abgeleint hatte, in sein Körbchen im Wohnzimmer und rollte sich zusammen. Er setzte sich in seinen Sessel und hörte das Leder knarzen. Es war kühl und angenehm. Er wollte sich ein bisschen ausruhen, bevor er nach Hammel fuhr und Irene besuchte. Rikke, Tim und Marianne sollten auch kommen und Olivia kam mit den Zwillingen am Wochenende aus Rom zu Besuch. Sein Schwiegersohn, Giuseppe, würde nicht dabei sein und das freute ihn. Er war noch nicht mit ihm warm geworden und hatte das Gefühl, dass irgendetwas im Busch war. Er konnte es an Olivias Stimme hören, aber sie würde es *ihm* bestimmt nicht sagen wollen. Vielleicht würde sie es Irene erzählen, und so würde er es auch erfahren. Sie waren immer offen zueinander gewesen, besonders, was die Kinder betraf. Es gelang ihm, einen kleinen Powernap zu machen. Angolo hob den Kopf und schaute ihm nach, als er aufstand und seine Jacke über die Schulter warf.

»Schlaf ruhig weiter, ich komme bald wieder nach Hause«, sagte er zu dem Hund, der es sich, als ob er die Worte verstünde, im Korb wieder gemütlich machte.

Er setzte sich ins Auto, das im Schatten unter der Blutbuche stand. Die Garage war leer, Irenes Hyundai verkauft. Er drehte sich ganz im Sitz um, als er das Auto rückwärts entlang der Steintöpfe mit blauen Hortensien über den Bürgersteig auf die Straße lenkte. Er schaltete das Radio an und fand einen Kanal mit klassischer Musik.

Der Verkehr auf dem Viborgweg war zu dieser Tageszeit nicht so dicht. Das Seitenfenster war heruntergelassen und die Haare wehten ihm um den Kopf. Die Temperatur war jetzt angenehmer. Weiße Wolken lagen am Horizont wie eine schneebedeckte

Bergkette. Er dachte an seine Heimat Italien und die Sehnsucht versetzte ihm einen Stich in die Brust. Die Urlaubsreise nach Neapel hatten sie in den Herbst verschoben, wenn Irene entlassen sein würde, aber er freute sich sehr, seine italienische Familie wiederzusehen. Vielleicht ginge es dieses Mal ganz ohne Rollstuhl. Plötzlich lächelte er, als ihm bewusst wurde, dass er nichts bereute. Das mit dem Geld würden sie schon hinkriegen, auch wenn die Beförderung zum Vizepolizeidirektor nun wohl dahin war. Selbst wenn sie die Villa verkaufen müssten, wäre es das Ganze trotzdem wert. Irene war bei ihm. Irene und seine ganze Familie, und sie konnten ihm helfen durchzustehen, was jetzt auf ihn zukommen würde.

Danksagung der Autorin

Leichen bluten nicht spielt wie meine fünf vorherigen Krimis der Serie um Roland Benito in Aarhus und Umgebung. Das meiste ist Fiktion, vermischt mit wahren Begebenheiten.

Die Geschichte des Mannes, der mit einem Spaten in der Hand tot in einem offenen Grab aufgefunden wurde, ist wahr. Sie ist 1950 in Louisiana passiert. Der Fall wurde nie aufgeklärt, aber die Polizei ist sich sicher, dass der Fünfzigjährige, der keinen Ausweis bei sich trug, der Täter einer Reihe von Grabschändungen auf dem Friedhof war. Der Arzt in Crowley meinte, er sei an einem Herzinfarkt aufgrund der Anstrengungen gestorben. Aber wie in einem Artikel der Lafayette Daily Sun stand, kennen nur die Engel auf dem Friedhof die Lösung des Rätsels.

Organspende ist ein Thema, zu dem jeder Position beziehen sollte, damit die Hinterbliebenen nicht diese große emotionale Verantwortung zu tragen haben. Illegaler Handel mit Organen und Körperteilen ist aufgrund der großen Nachfrage und des Mangels an Spendern ein ernstes Problem. Deswegen war ich der Meinung, dass es spannend wäre, dieses Thema aufzugreifen, um es aus verschiedenen Blickwinkeln zu beleuchten.

Die Privatklinik Mollerup gibt es in Wirklichkeit nicht, sie ist nur meiner Fantasie entsprungen. Das Gleiche gilt für den Kindergarten Zauberstaub und alle seine Personen.

Ich hätte diesen Krimi nicht ohne die Hilfe zahlreicher Menschen schreiben können, an die ich mich wenden musste, um die richtigen Informationen zu bekommen. Danke, dass ihr mir alle so wohlwollend weitergeholfen habt. Ich habe mit Bestattern gesprochen, die man jedoch in keinster Weise mit denen im Buch vergleichen darf. Sie haben mir nur mit Details zu ihren Arbeitsabläufen geholfen und wussten nichts über die Handlung des Romans. An dieser Stelle möchte ich gerne Kasper Emkjær vom der Städtischen Pietät und Peter Kingo vom Bestattungsunternehmen H.J. Madsen danken.

Vielen Dank auch an: Erik Bach, Referent, Sekretariat Natur und Umwelt, Stadt Aarhus, der meine Fragen bezüglich des Krematoriums auf dem Westfriedhof beantwortet hat.

Dem Rechtsmediziner Markil Gregersen danke ich für die Hilfe und den Hinweis auf Peter Holm-Nielsen, Dozent und Facharzt am Institut für Biomedizin – Anatomie an der Aarhuser Universität, der mir eine sehr große Hilfe gewesen ist und mich zu einem Besuch ins Institut eingeladen hat. Hier habe ich erfahren, was mit toten Körpern passiert, die der Wissenschaft und Forschung gespendet werden. Es war sehr spannend, die Abläufe zu beobachten, und die guten Gespräche, die wir darüber hinaus über das Thema Organspende hatten, haben mir sehr viel Inspiration für die Handlung gegeben. Gleichzeitig bin ich sehr dankbar für die Hilfe beim Durchsehen auf fachliche Fehler.

Tausend Dank an Per für das Durchgehen des Manuskripts mit aufmerksamen und kritischen Augen samt Verbesserungsvorschlägen – und nicht zuletzt für den Rückhalt und die Aufmunterung, wenn ich sie gebraucht habe.

Ein weiteres Mal ein besonderes Dankeschön an meine Redakteurin Susanne Jespersen, *Writers Aid*, für die unentbehrliche Hilfe beim Korrekturlesen, Redigieren und das nötige Feedback.

Und das Wichtigste überhaupt: Danke an alle Leser, die es ermöglichen, die Serie um Rolando Benito fortzusetzen. Danke für die vielen schönen E-Mails, die mir Mut und Motivation geben, weiterzuschreiben.

Inger Gammelgaard Madsen

Band 1 der Reihe

Inger Madsen
Der Schrei der Kröte
Kriminalroman
Aus dem Dänischen
von Hanne Olsen
Deutsche Originalausgabe
354 Seiten
Broschur
ISBN 978-3-95510-106-0

In einem Abfallcontainer in Aarhus wird die Leiche eines zehnjährigen Mädchens gefunden. Polizeikommissar Roland Benito stößt bei seinen Ermittlungen auf einen Zeitungsartikel der Reporterin Anne Larsen, der erste Hinweise liefert. Das Mädchen hat sich offenbar in Chatrooms zu freizügigen Fotos hinreißen lassen. Bald häufen sich die Verdachtsmomente. Als ein weiteres Kind verschwindet, beginnt für Benito und Larsen ein Wettlauf gegen die Zeit.

Spannung aus der dänischen Erfolgsschmiede! Auftakt für ein außergewöhnliches Ermittlerduo.

Band 2 der Reihe

Inger Madsen
Mord auf Antrag
Kriminalroman
Aus dem Dänischen
von Kirsten Krause
Deutsche Originalausgabe
317 Seiten
Broschur
ISBN 978-3-95510-107-7

Kommissar Roland Benito wird auf einen schwierigen Fall angesetzt: Zwei Jungen finden in einem Moor bei Mundelstrup eine Frauenleiche. Den gerichtsmedizinischen Untersuchungen zufolge liegt der Mord bereits zwanzig Jahre zurück. Während bei der Aarhuser Polizei erste Spuren nach Afrika führen, klingelt bei Anne Larsen, Journalistin der Dagens Nyheder, das Telefon. Ein anonymer Anrufer behauptet, die Identität des Opfers zu kennen. Und er prophezeit weitere Morde.

Band 3 der Reihe

Inger Madsen
Letzte Umarmung
Kriminalroman
Aus dem Dänischen
von Kirsten Krause
Deutsche Originalausgabe
333 Seiten
Broschur
ISBN 978-3-95510-118-3

Es sieht nach einem der üblichen Einbrüche in ein Landhaus aus, doch diesmal findet man einen Bewohner bestialisch erschlagen auf dem Küchenfußboden. Zur gleichen Zeit, in der Roland Benito seine Untersuchungen aufnimmt, wird die Journalistin Anne Larsen arbeitslos, da das Tageblatt in der Finanzkrise schließen muss. Als ein Obdachloser tot aufgefunden wird, beginnt sie, auf eigene Faust Nachforschungen anzustellen. Diese führen sie bis in die Wikingerzeit zurück und zu einer kleinen Schar von Anhängern des Asenglaubens.

Band 4 der Reihe

**Inger Madsen
Die Beichte**
Kriminalroman
Aus dem Dänischen
von Kirsten Krause
Deutsche Originalausgabe
339 Seiten
Broschur
ISBN 978-3-95510-119-0

Nach einem Partyabend mit Freunden im Nachtleben von Aarhus verschwindet ein junger Mann spurlos. Bei seinen Untersuchungen stößt Inspektor Roland Benito in der Familie des Gesuchten auf grausige Geheimnisse. Benito kommt in diesen Ermittlungen zunächst nicht voran, bis eine junge Frau unter unheimlichen Umständen in einem Kloster tot aufgefunden wird. Auch privat hat Benito mit Dämonen zu kämpfen. Seine Frau wird im Sozialamt von einem Klienten bedroht, ein Fall, in den auch die Journalistin Anne Larsen verwickelt wird.

Band 5 der Reihe

Inger Madsen
Gestohlene Identität
Kriminalroman
Aus dem Dänischen
von Kirsten Krause
Deutsche Originalausgabe
370 Seiten
Broschur
ISBN 978-3-95510-132-9

Eine Karnevalsreise nach Venedig endet für Sara Dupont und ihren Freund unerfreulich: Ihre Tasche wird gestohlen und am nächsten Morgen wird im Kanal vor ihrem Hotel eine junge Dänin tot aufgefunden. Ein Jahr später flieht eine junge Frau, die wegen Mordes einsitzt, aus der Gerichtspsychiatrie in Risskov und ermordet auf der Flucht eine Krankenschwester. Schnell stellt sich für Roland Benito die Frage, ob beide Fälle zusammenhängen. Und nicht nur für ihn. Auch die Journalistin Anne Larsen, die sich mit ihrem früheren Praktikanten Nicolaj selbständig gemacht hat, begibt sich auf die Spur der Mörderin.